全国船舶工业职业教育教学指导委员会推荐教材

船舶管理(二/三副)

主　编　袁富春
副主编　范利军　龚　婷
主　审　王吉宣

哈尔滨工程大学出版社
Harbin Engineering University Press

内 容 简 介

本书为“中国特色高水平高职学校和专业建设计划”专业教材，以航海技术专业学生的就业为导向，力求全面覆盖知识点，内容丰富，针对性与实用性强。全书共设9个项目和45个学习任务，每个任务选用一个实例，通过实例引导学生思考学习，充分体现“任务引领、实践导向”的课程思想，将学生的学习场景带入实际工作情景中。

教材配套数字教材、数字教案、数字课件和学习题库，适合船海技术专业学生线上和线下学习，也为教师在“教法”上提供便利。本教材可作为高职院校航海技术专业教材和船员培训二/三副“船舶管理”课程参考用书。

图书在版编目(CIP)数据

船舶管理 ：二/三副 / 袁富春主编. —哈尔滨 ：哈尔滨工程大学出版社，2023. 8

ISBN 978-7-5661-3970-2

Ⅰ. ①船… Ⅱ. ①袁… Ⅲ. ①船舶管理-教材 Ⅳ. ①U692

中国国家版本馆 CIP 数据核字(2023)第 140137 号

船舶管理(二/三副)

CHUANBO GUANLI(ER/SANFU)

选题策划 史大伟 雷 霞

责任编辑 张 彦 刘思凡

封面设计 李海波

出版发行 哈尔滨工程大学出版社

社 址 哈尔滨市南岗区南通大街 145 号

邮政编码 150001

发行电话 0451-82519328

传 真 0451-82519699

经 销 新华书店

印 刷 黑龙江天宇印务有限公司

开 本 787 mm×1 092 mm 1/16

印 张 23. 25

字 数 582 千字

版 次 2023 年 8 月第 1 版

印 次 2023 年 8 月第 1 次印刷

定 价 59. 00 元

http://www. hrbeupress. com

E-mail:heupress@ hrbeu. edu. cn

前　言

本书为“中国特色高水平高职学校和专业建设计划”专业教材。为了更好地指导在校学生和社会船员的二/三副适任教学、培训，提高海船船员船舶管理理论知识水平，哈尔滨工程大学出版社组织一批具有丰富教学、培训和航海实践经验的教师，依据《1978年海员培训、发证和值班标准国际公约马尼拉修正案》和《海船船员考试大纲(2022版)》的要求编写本教材。教材以项目和任务为教学向导，力求全面覆盖知识点，内容丰富，针对性与实用性强。

全书共设9个项目和45个学习任务，每个任务选用一个实例，通过实例引导学生思考、学习。项目1涉及船舶管理概述；项目2讲述船员职务，主要介绍船员职务与基本职责、职务变动交接、开航前准备与靠离泊操纵；项目3为船舶安全管理规章，涉及船舶航行安全管理、法定记录的记载与管理等；项目4为国际公约和法规，主要介绍国际海上人命安全公约、国际载重线公约、国际吨位丈量公约、国际安全管理规则、港口国监督程序、国际劳工组织公约、国际卫生条例等；项目5为海洋法与海洋环境保护，介绍与海洋环境相关的国内法律法规和相关国际公约，如海洋法基础知识、国际防止船舶造成污染相关公约、海洋环境保护法、防治船舶污染海洋环境管理条例等；项目6涉及国内海事行政法规，介绍了与船舶安全管理相关的海上交通安全法、船舶最低安全配员规则、海船船员值班规则、船舶安全检查规则、我国船舶进出口岸管理办法、船舶升挂国旗管理办法、船舶载运危险货物安全监管管理规定、海上交通事故调查处理条例、海上海事行政处罚规定、船员管理法规等；项目7为船舶检验与船舶登记，介绍了船舶检验的目的、机构和种类，及船舶登记条例和国际船舶登记制度；项目8为船舶应急，介绍了船舶应急反应计划、应急组织与应变部署、船舶应急行动与应急措施、应急演习与训练要求、应急设备检查与维护；项目9为领导力与团队合作，介绍了船上人员的管理和培训、船舶有效资源管理、团队决策制定技巧、团队任务和工作量管理。

本教材的内容以航海技术专业学生的就业为导向，充分体现“任务引领、实践导向”的课程思想，将学生的学习场景带入实际工作情景中，以各种“工作要点”为主线，辅以必会的理论知识、经验指导和典型案例任务分析等，明确学生的学习目的，激发学生的学习兴趣，提升学生实践能力，符合航海类专业“课证融通、理实一体”的职业教育特点。

教材配套数字教材、数字教案、数字课件和学习题库，适合学生线上和线下学习，也为教师在“教法”上提供便利。本教材可作为高职院校航海技术专业教材和船员培训二/三副“船舶管理”课程参考用书。

本教材由袁富春担任主编；范利军、龚婷担任副主编，王吉宣(北京鑫裕盛船舶管理有限公司)担任主审。陈安定(武汉华洋海事服务有限公司)、黄耀、何林甫、李冰、雷必军、李祐学、聂靖、王斌(北海引航站)、吴梅平、张伟(长江海事局)、周志红、赵贵竹、郑好、张映文等老师共同参与了编写工作，张选军为本书编写提供了宝贵的资料和建议，全书由袁富春统稿。在本教材的编写过程中得到了各海事管理机构、航运院校、船员培训机构以及船员管理公司等的关心和帮助，在此表示感谢！

与船舶安全管理相关的国际公约、国内法律法规、行业标准和规定仍在不断完善，加上本书编写时间仓促，编者能力有限，如有未尽之处，欢迎广大读者批评指正。

编　者

2023 年 5 月 20 日

目　　录

项目1

船舶管理概述

学习目标

1. 了解船舶管理概念。
2. 了解船舶安全管理特点与管理方法。
3. 保护海上人命、财产安全及增强保护海洋环境意识。

项目概述

海上船舶运输具有运量大、运价低等优点，因此在国际贸易中承担着绝大部分的货运任务。海洋运输历来是高风险行业，因船上设备资源有限、远离岸基支持，加上海上环境复杂恶劣，难免会发生各种海事。狭义的“海事”属于安全范畴，指船舶、海上设施在航行、停泊和作业中发生的海损事故。海事意味着海上人命财产损失和海洋环境污染，英文常用maritime accident, maritime casualty, ship accident(casualty)等表示。海事种类包括碰撞、搁浅、触礁、进水、倾覆、沉没、船体断裂、火灾、爆炸、主机故障、甲板机械损坏、货损、水域污染损害、浪损以及航行中发生影响适航性的机件或重要属具损坏、灭失等。

重大海事往往会造成人命财产和环境的严重损害，事故分析也促进了针对船舶建造技术和营运管理水平的提高。例如，“泰坦尼克”号海难促成了《国际海上人命安全公约》(SOLAS公约)的制定，“托利卡尼翁”号溢油事件催生了《国际防止船舶造成污染公约》(MARPOL公约)。

海事的频繁发生是人们重视船舶安全管理的主要原因。20世纪80年代发生的数起严重海上交通事故，如“自由企业先驱”号客滚船倾覆等灾难，引起人们对船舶管理水平的重视。事故原因调查和统计分析表明，80%以上的海上交通事故与人的因素有关，管理不善在事故中也扮演了重要的角色。国际海事界认识到，以往制定的规则或公约对船舶技术比较重视，忽视了人的因素以及管理的作用。1993年，国际海事组织(IMO)针对人的因素和管理制定了《国际船舶安全营运和防止污染管理规则》(ISM规则)，要求公司和船舶建立安全管理体系，确保公司和船舶的营运，特别是安全管理和防污染工作应按体系的要求进行运作，避免出现重效益而不重安全的倾向。ISM规则旨在为公司的管理提供一个国际最低标准，其目标是保证海上安全，防止人员伤亡，避免对环境，特别是海洋环境造成危害或给财产带来损失。

任务1.1 船舶管理的概念与管理方法

任务情景

我国进出口货物运输总量的80%~90%是依靠海上运输的。船舶是海上运输的主要工具，既要保证货物运输质量，又要尽量缩短运输时间，降低运输成本，最重要的是要保证海上人命安全、货物和船舶安全，以及海洋环境的安全。

本任务从船舶安全管理的角度出发，讨论如何维护船舶海上人命安全、货物与船舶安全，以及海洋环境安全。

任务目标

1. 了解船舶安全管理的目的。
2. 掌握船舶安全管理的方法。

任务分析

1. 船舶安全管理的目的：科学管理船舶，确保人员安全、货物安全、船舶机器设备安全和海洋环境的安全。

2. 船舶安全管理的方法：一切管理在于人，人的管理在于制度，人与制度应科学融合。制度是建立在现有的国际公约与国家法律法规框架之下，规范船舶技术标准；运用现有的法律法规、公司规章制度，加强船员教育与培训，提高其工作技能，规范其安全行为，从而实现船舶的安全管理。

知识获取

一、船舶安全管理的概念

船舶管理属于管理科学的范畴，管理科学的一般原理同样适用于船舶安全管理。一般管理适用于组织及其管理人员，船舶安全管理适用的对象则是船舶营运系统，涉及船舶组织及其各级管理人员，包括船上人员和岸上有关人员；一般管理的职能包括计划、组织、实施和控制，船舶安全管理人员同样需要践行旨在保障船舶营运安全及防止污染环境的计划、组织、实施和控制等管理职能；一般管理的目标是保证效益和效率，船舶安全管理的目标是保证船舶安全高效地在清洁的海洋上营运，简而言之，就是保证船舶安全。

因此,船舶安全管理可以理解为设计并保持一种良好的船舶环境,使船员或船舶管理人员高效地实现既定安全目标的过程。它利用计划、组织、实施和控制等管理职能,控制来自气象、航道、船舶、货物的不安全因素以及船员的不安全行为,避免发生事故,保障船员和乘客的健康和生命安全,避免船舶污染海洋,保证船舶安全营运。

为了保证船舶安全,船舶安全管理人员在事故发生前需要运用计划、组织、控制技术,落实安全措施,预测和预防可能出现的危险,保证船舶处于可接受的安全状态。一旦事故发生,需要实施事前制定的应急预案,协调好人员、部门、船岸之间的关系,对突发事件和危险状况进行紧急处置。事故发生后,需要对事故进行处理,除了赔偿损失分清责任外,重点是进行事故原因调查分析,以便采取纠正措施。

二、船舶安全管理的方法

从系统工程的角度分析,可以将船舶营运系统分为船舶、船员、航行环境以及组织(船公司管理)四个要素,这四个要素是有机结合的。船舶安全管理也涉及船舶技术状况管理、船员管理、航行环境管理和公司安全营运及防污染管理等要素。

1. 法治方法

法治方法就是依法管理船舶安全,也是船舶管理的主要手段和方法,船舶安全立法是促进船舶安全的法律、规则、规章和公约的总和。国际海事法规和公约就是实施船舶安全法制管理的重要保障。涉及船舶安全管理的国际公约是为船舶管理制定的国际标准,公约在海上安全和防止污染等方面都建立了一般原则,同时又清楚地建立了各缔约国的义务,其对船旗国在安全方面的义务的规定覆盖了船舶营运的整个周期和各个方面。

2. 行政方法

行政方法是指依靠行政组织的权威,运用命令、指示、通知、规定、准则、制度、实施细则等行政手段,按照行政系统和层次,以权威和服从为前提,直接指挥下属工作的管理方法。

我国负责船舶安全管理的行政单位主要有交通行业主管部门,如交通运输部水运司海事局等。海事局又根据安全管理的需要,依区域设置了一些分支机构,它们是行政法的执行者和监督者,依法管理船舶安全事务,保证辖区内的船舶及其人员处于安全状态。船公司的安全管理属于船公司内部的行政事务,按照国家的相关安全法规以及本公司的补充规定进行管理。

3. 经济方法

经济方法是采用经济手段,按照经济规律的要求进行船舶安全管理的方法。从严格意义上讲,经济方法就是物质利益方法。在船舶安全管理中,常采用的方法是给予船员及有关人员浮动工资、奖金、综合或单项的物质奖励,以鼓励船员及有关人员注重安全管理。除了给予奖励等正面推动外,还有罚款、物质制裁等反面推动形式。应当指出,经济方法不是万能的,它只能在经济关系领域或船舶人员物质生活领域内发生作用。在其他领域,如文化关系领域、社会领域、人际关系领域,它的作用是很小的,有时甚至根本无效。

4. 教育与培训方法

教育与培训方法是以提高人的素质为目的,对受教育者的诸方面施加影响的一种有计划的方法。安全教育和技能培训是防止船员产生不安全行为、减少人为失误的重要途径。安全教育可以分为安全知识教育、安全技能教育和安全态度教育。安全知识教育能使船员掌握有关事故的基本知识,了解船舶营运过程中潜在危险因素和防范措施。安全技能教育实际是安全技能训练或培训，使受教育者通过反复的实际操作掌握安全技能，并达到熟能生巧的程度。安全态度教育则是安全教育中最重要的教育。船员掌握了安全知识和技能后，能否在船舶营运中使用安全技能则完全由个人的思想意识支配。安全态度教育的目的就是使船员尽可能自觉地运用安全知识，使用安全技能，保证船舶安全营运。

任务1.2 船舶管理的国际性特点

任务情景

中国某航运公司一艘巴拿马型散粮船，由新加坡一家船舶管理公司负责管理和派船员。船上任职的船长、轮机长、大副和大管轮是中国籍，其他船员均来自东南亚国家，该轮期租给欧洲某航运公司经营，长期在欧美及加勒比水域航行。

本任务从船舶管理的国际性特点出发，讨论船旗国和港口国如何实行船舶的安全管控。

任务目标

1. 了解船旗国对船舶安全管理的责任。
2. 了解港口国和沿海国对船舶安全管理的作用。
3. 了解与船舶安全管理有关的国际行业性组织。

任务分析

1. 船旗国应在船舶构造、装备、适航、信号、通信、避碰、船员、海事调查等方面，确保船只的设计、建造、装备和人员配备等，遵守国际规则。

2. 港口国依据公约和其他国际规则，制定法律和规章，对船舶航行安全与海上交通管理做出规定，避免船旗国在安全管理方面出现疏忽。国际相关公约赋予缔约国政府一种权力，对到港的外籍船舶进行监督检查。除了缔约国加入的公约以外，船舶还应遵守港口国的相关法律和规定，维护港口国权益和沿海水域交通秩序，保证航行安全和海洋环境。

知识获取

船舶运输具有强烈的行业特征，国际航行船舶需要经过登记获得国籍，航行时可能需要航经或抵达另一国家的沿海水域或港口水域。保证船舶营运安全和保护海洋环境的根本责任在于船旗国、船公司、船舶所有人及船舶经营人，但对于国际航行船舶来说，由于海上交通运输具有国际性、流动性等多方面的特点，港口国和沿岸国也有同样的义务。

一、船舶航行水域特点

根据沿岸国家的权益、法律地位和法律制度的不同，沿海水域可分为内水、领海与毗连区、专属经济区、大陆架、公海、国际海底区域等海域。在安全管理方面，船长和船舶驾驶人员应当了解不同海域的界定和法律地位，尤其是沿海国对船舶的航行权和管辖权的相关规定。

国内航行船舶仅在本国主权水域内营运，通常情况下不会进入另一国家的主权水域。但国际航行船舶则不同，经常需要进入另一国家的港口或其他主权水域，如果发生海上交通或污染事故，也会对沿岸国家构成危害，甚至引起国际争端，因此需要遵守到港国家或沿岸国家的法律制度。

二、船旗国管理

所谓船旗国，是指船舶所挂旗帜的国家。船舶获得国籍的前提条件一般是船舶登记。船舶登记是一项法律行为，各个国家对在本国登记的船舶都有自己的规定。船舶在获得船籍后就必须遵守船旗国的法律及其他有关规定。保证悬挂本国国旗的船舶符合相关的要求是每一船旗国政府的责任。

1. 海上安全管理

船旗国应对船舶采取措施以保障海上安全。这些措施涉及船舶构造、装备、适航、信号、通信、避碰、船员、海事调查等方面，以确保悬挂其旗帜或在其国内登记的船只遵守国际规则和标准的规定，否则禁止其出海航行，同时确保船舶持有各种有效证书，并受到定期检查等。

2. 海洋环境保护

在海洋环境保护和防止海洋污染的权利和义务方面，船旗国应制定法律和规章，以防止、减少和控制悬挂其旗帜或在其国内登记的船舶对海洋环境的污染。对船舶的违法污染行为，船旗国应设法立即进行调查，且不论违法行为在何处发生，也不论这种违法行为所造成的污染在何处发生，如认为有充分证据，船旗国应对被指控的违法行为履行司法程序。船旗国的法律和规章对悬挂其旗帜的船只所规定的处罚应足够严厉。

三、港口国与沿海国管理

保证悬挂本国国旗的船舶符合相关要求是每一船旗国政府的责任。大多数船旗国认为，港口国和沿岸国同样也有管理的义务，如搜救、船舶交通服务系统（VTS）、避难地、航标、引航、疏浚、接收设施、溢油反应和联合事故调查等。

1. 港口国责任

港口国是指船舶到达港口所在的国家。除了缔约国加入的公约以外，船舶应当遵守港口国的相关法律和规定，维护该国权益和沿海水域交通秩序，保证航行安全和海洋环境。

为了保证船舶安全，避免船旗国在安全管理方面的疏忽，国际相关公约赋予缔约国政府一种权力，对到港的外籍船舶进行监督检查，即港口国控制（PSC）。港口国当局对抵港的外籍船舶依法检查船舶技术状况、操作性要求、船舶配员、船员的生活和工作条件，以确保船舶和船员生命财产安全，防止海洋污染，维护本国利益。

港口国防污染的管辖范围一直延伸至岸外设施，港口国应在实际可行的范围内采取行政措施，以阻止已查明未达到适用国际规则和标准而存在损害海洋环境的威胁的船只航行。港口国可对在其港口和岸外设施停靠的外籍船舶进行任何排放相关的调查并履行司法程序。港口国必须确保船舶的出海对海上环境不产生危害或威胁，才准其开航。

创建 PSC 的最初设想是协助船旗国对船舶进行管理，现被公认为保障国际公约完全一致实施的最有效手段，而且地区性 PSC 具有很大的优越性，可以避免当局对挂靠在该地区港口的同一船舶进行重复检查或遗漏检查。

2. 沿海国管理

沿海国家对船舶的安全航行负有重要义务。沿海国可依据公约和其他国际规则制定法律和规章，特别是在航行安全与海上交通管理、保护助航设备和设施及其他设施或设备、保全沿海国的环境，以及防止、减少和控制环境受污染等方面。

在公海和专属经济区，每个沿海国应促进搜寻救助服务的建立、经营和维持，并应在需要时通过相互的区域性安排与邻国合作。所有国家应尽最大可能进行合作，以制止在公海或在任何国家管辖范围以外的其他地方的海盗行为。

沿海国为保护其海岸或有关利益（包括捕鱼），可以在其领海范围以外采取和执行与实际的或可能发生的损害相称的措施，以免受海难或有关行动所引起的或能合理预期的重大有害后果的污染或污染威胁。沿海国可在专属经济区某一明确划定的特定区域采取防止来自船只污染的特别强制性措施。

四、船舶管理的国际组织

因船舶运输具有强烈的行业特征，船舶安全管理具有国际性、流动性等特点，也存在国家和地区之间的差异甚至争端，因此需要国际化的组织来协调。从事船舶安全管理的组织机构涉及方方面面，包括国际组织和外国主管机关，如联合国海洋事务管理部门、国际海事组织、国际船级社协会等行业组织机构均在船舶安全管理中发挥着积极的作用。

1. 联合国海洋事务管理部门

联合国法律事务厅内的海洋事务和海洋法司是联合国负责海洋事务的管理部门，也是“联合国海洋法公约”的秘书处。它为缔约国会议提供服务，并努力向各国和各个政府间组织提供信息、咨询意见和援助。该司密切关注着有关公约、海洋事务和海洋法的一切事态发展，并每年就此向联合国大会提交报告。它还向大会和其他政府间论坛提出建议。

2. 国际海事组织

IMO 管理船舶安全的途径主要是通过其制定和不断修正的公约、议定书规则、决议、通函、指南等，在安全、环境保护、责任与赔偿等方面规范船旗国、沿海国和港口国的行为。IMO 要求缔约国主管机关履行和实施关于船舶安全和防污染方面的管理规定，由船旗国履行对船公司、船舶、船员的管辖，并由港口国对到港船舶的实施监控，进而达到船旗国、船级社以及船公司进行安全管理的目的。

3. 国际劳工组织（International Labor Organization，ILO）

国际劳工组织是以改善工作条件为目的而设立的，成立于 1919 年，总部设在瑞士日内瓦，1946 年成为联合国的一个专门机构。ILO 的宗旨是促进社会公正、保障国际公认的人权和劳工权益，其成员为政府、雇主和雇员三方代表，三者共同参与 ILO 的各项活动。ILO

以公约和建议书的形式制定国际劳工标准,确定基本劳工权益。

ILO 下设的海运工业公司(Maritime Industries Branch,MIB)分管海事方面的 ILO 活动。MIB 主要由政府、船东和船员代表组成,三方代表协同工作,以改善船员的生活、工作条件和提高海上运输效率为目的,制定了许多国际海事劳工公约和建议案。该组织成立至今,共召开过 9 次专门涉及船员的海事大会,通过了 40 个公约、1 个议定书以及 29 个建议书。2006 年 2 月,ILO 通过了将众多公约综合在一起的《2006 年海事劳工公约》。这一公约的通过,对船舶安全管理产生了重要的影响。

4. 世界卫生组织(World Health Organization,WHO)

世界卫生组织是联合国下属的一个专门机构,总部设其在瑞士日内瓦,只有主权国家才能参加,是国际上最大的政府间卫生组织。世界卫生组织大会是其最高权力机构,每年 5 月在日内瓦召开一次。其主要任务是审议总干事的工作报告、规划预算、接纳新会员国和讨论其他重要议题。委员会为 WHO 最高执行机构,每年举行两次全体会议。WHO 分 6 个地区委员会及地区办事处:世卫组织非洲区域、世卫组织美洲区城、世卫组织东南亚区域、世卫组织欧洲区域、世卫组织东地中海区域、世卫组织西太平洋区城。世界卫生组织的宗旨是使全世界人民获得尽可能高的健康水平。世界卫生组织给“健康”下的定义为“身体、精神以及社会活动中的完美状态”。

5. 区域性的 PSC 备忘录组织

PSC 备忘录组织是港口国当局对抵港的外籍船舶依法检查其船舶技术状况、操作性要求、船舶配员、船员的生活和工作条件,以确保船舶和船员生命财产安全、防止海洋污染、维护本国利益的组织。

到目前为止,在全球范围内已有 9 个备忘录组织在运作,包括巴黎备忘录(Paris MOU)、拉丁美洲协定、亚太地区 PSC 谅解备忘录(东京备忘录 Tokyo MOU)、加勒比海地区 PSC 谅解备忘录、印度洋 PSC 谅解备忘录(印度洋备忘录)、西中非洲 PSC 谅解备忘录(阿布亚备忘录)、黑海地区 PSC 谅解备忘录、地中海地区 PSC 谅解备忘录、海湾合作理事会(GCC)谅解备忘录(利雅得谅解备忘录),我国加入的是东京备忘录。

经过国际海事组织及各国政府的共同努力,PSC 网络已覆盖了世界上绝大部分海域,这迫使所有从事国际航行的船舶严格遵守作为国际统一标准的 IMO 海事公约。这一措施已经使海运秩序、效率、安全、环境保护得到改善。

6. 国际行业组织(International Industry Association,IIA)

国际上还有许多行业组织,包括航运组织和非航运组织,除承担该组织的有关技术工作外,还列席国际海事组织会议,参与各类国际海事公约、规则、决议、通函等的制定工作,成为船旗国、港口国外的重要船舶安全管理力量。

项目2

船员职务

学习目标

1. 了解船舶部门分工和船员基本职责。
2. 了解船员设备管理职责和船员交接的基本职责。
3. 了解船舶开航前准备与靠离泊操纵。

项目概述

船舶营运最终必须通过船员来实现，船舶营运安全与船员的职业素质和工作效能密切相关。船员按工作性质形成部门和分工，明确各部门和人员的职责，能有序高效地发挥船员的能力，使海上人命财产安全、海洋环境保护和船舶营运效益得到保障。

任务2.1 职务分工与基本职责

任务情景

某同学在学校学习航海技术专业知识，期待毕业后上船工作生活。通过本任务学习，其可了解船上部门分工，了解甲板部实习生的归属部门。

任务目标

1. 了解船上部门分工和船员职能与职责。
2. 了解船员在船舶应急时的分工与职责。

任务分析

1. 在现代大型货船上，负责驾驶船舶和客货运输的甲板部以及负责船舶动力和机电设备的轮机部是船上最重要的两个部门。此外，有些船舶还配有事务部，普通货轮的事务部通常归属甲板部（图 2-1-1）。

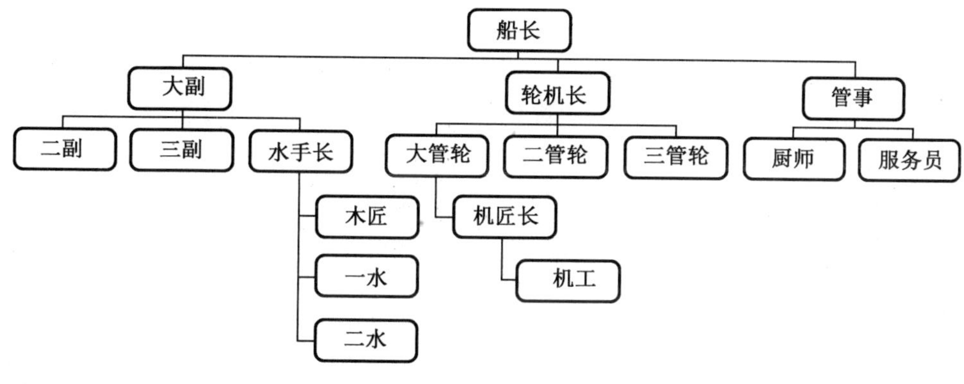

图 2-1-1 船舶部门分工

2. 船长是船舶的最高指挥官，对全船的安全经营负责，大副是甲板部的负责人，是船长的主要助手。甲板部实习生在大副和水手长的领导下开展日常工作。

3. 按照公司体系文件要求，所有新上船船员还必须熟悉安全管理体系（SMS），熟识船上工作职责和安全规则。

知识获取

船员部门分工以及船员职能随航运发展和科技进步而演化，并因船舶种类和公司具体规定而异，但现代大型货船上船员的分工以及船员的职能大致相同。各船公司应保证指派到船上任职的每一个值班船员均能熟悉本人职责以及船上的有关设备和船舶特性，并能有效地开展安全和防污染工作。

一、部门分工

1. 甲板部

甲板部负责船舶营运，包括业务联系、货物积载与装卸、途中保管、单证处理；负责船舶的安全航行；负责船体保养、驾驶与甲板设备、器材的使用和养护；主管舵设备、锚设备、系缆设备、装卸设备及其属具的使用和机械部分的一般性保养；主管货舱系统与在机舱外的淡水、压载水、污水系统的使用和保养；主管救生、消防、堵漏工作及其设备器材的管理；负责船舶停泊安全、对外联系、人员上下船安全；无医生时负责全船医务；其他有关事项。

2. 轮机部

轮机部负责主机、发电设备、舵机、锚机、锅炉、各种辅机和管系的管用养修；负责全船电力系统及用电设备的管理;负责全船的明火作业、舱面机械转动部分的保养、修理及舱面管系的修换;负责其他有关事项。

3. 事务部

事务部负责全船人员的伙食、公共场所卫生、卧具管理、来客招待等,并主管船舶财务,如配备医生,应负责全船医务。客船的大型化需要专司旅客事务的客运部,以及为全船人员服务的事务部(供膳部)等。

二、船员职能

船员职能按照部门和等级进行分工。船员的技能标准由《海员培训、发证和值班标准国际公约》(STCW 公约)进行全球化、法规化的控制:值班船员必须接受规定的培训并持有适任证书;不同等级证书对应相应的基础知识、理解和熟练程度以及资历要求。

随着船舶自动化程度的迅速提高,无人值班机舱和无人驾驶台的快速发展,使 STCW 公约的职能发证成为可能,船员由高级船员(管理级、操作级)和普通船员(支持级,生活服务人员)组成,高级船员可跨部门从事其适任证书许可的职能,表现为一职能多人和一人多职能,可根据情况需要灵活地组织值班。基于职能配员的船员组织的优点在于,打破部门界限共享人力资源,能随时调集足够的技术力量解决某职能块中的问题。船员职能发证能够适当地减少总人数,从而使船舶营运成本降低。

三、船员职责

船员的职责由公司通过体系文件确定并应符合有关的法律规定,一般由其聘用的岗位职责决定,船员的岗位职责通常符合国际的惯例,但不能超过其适任证书对应的职能等级。ISM 规则要求船舶安全管理体系应当保证依据有关规定,为每艘船舶配备合格、持证并健康的船员,并保证涉及安全和环境保护工作的新聘与转岗人员适当熟悉其职责。

1. 船长的责任和权力

船长是船舶领导人,负责驾驶船舶和管理船舶,在船公司领导下全面负责船舶的安全生产、经营管理、航行工作、行政管理、应变指挥。船长是船舶的最高管理领导人,应当执行有关的法律规定和主管机关的有关指令,保证船舶、船员和旅客、所载货物的安全以及水上交通安全,保护海洋环境,在安全和防污染事务方面具有绝对的权力。船长的管理和操纵指挥的责任通常应符合有关的国际法、国际惯例和国内的法律,例如我国的船员条例对船长的责任就做出了明确详细的规定。

2. 甲板部高级船员职责

甲板部高级船员包括大副、二副和三副。其中大副是甲板部的负责人,是船长的主要助手。除航行值班(一般值班时间为 04:00—08:00 及 16:00—20:00)并协助船长搞好安全航行外,还应在船长领导下全面负责甲板部工作,主管货物装卸运输和甲板部的维修保养。

高级船员在值班期间是船长的代表,代表船长处理航行和停泊期间的日常事务,并保证船舶安全。航行值班时,特别在关系到避免碰撞和搁浅时,他们负责船舶的安全航行;停泊值班时,他们负责保持船上秩序和日常工作,遵守国际、船旗国及港口国的规定,确保所有与货物作业有关的安全操作,确保人命、船舶、货物、港口和环境的安全。除了值班以外,高级船员在船舶日常维护和应急工作中还负责具体的专项职责。

3. 二副职责

二副在船长、大副的领导下履行航行值班(一般值班时间为00:00—04:00及12:00—16:00)和停泊值班的职责;按大副的指示管理货物装卸;大副因故不能履行职责时代理大副职务。

(1)航行和停泊值班

二副在航行和停泊值班期间是船长的代表,应熟悉并遵守值班、联系制度以及航行安全、技术操作方面的规章;及时收取和阅读气象报告、航行警告及其他电文,将重要信息及时报告船长;值班时,应监督并指导值班水手的工作;装卸货期间,巡视全船状况,按配载计划和要求监督检查装卸过程,记录有关事项,发现问题及时处理,必要时报告大副或船长;值班时负责迎送引航员并保证引航员登、离船时设备和装置的安全。

(2)进出港、靠离移泊操纵

二副在进出港、靠离移泊操纵时,在船尾按船长的指示指挥工作,并将现场情况和周围环境及时报告船长。

(3)日常管理

①主管罗经、全球定位系统(GPS)、雷达等驾驶台仪器设备的管用养修:负责编制并张贴导航仪器设备的操作规程;妥善保管各导航仪器使用操作说明书;正确填写并负责保管导航仪器设备的工作和维护保养记录;负责提出所管仪器、设备的添置或更新报告;负责所管设备需修理的申请和验收工作;坞修时应对测深仪和计程仪发射接收体的水下部分进行检查、保养并做好记录;向新到任的驾驶人员介绍仪器设备的性能和操作要领。

②负责航海图书资料的管理、改正和报填;保证国旗、号旗、号灯、号型以及驾驶台求救信号和器材充足且有效;保持所管库室的整洁;负责管理天文钟和船钟,按时校正船钟;经常核对装在驾驶台而属于轮机部管理的仪表的正确性,发现异常现象应立即通知有关人员检修。

③开航前按船长指示备妥要用的国旗和航海图书资料,画妥航线,检查并启动有关助航设备(实际中,开航前通常由值班驾驶员启动检查,二副应保证助航设备处于正常的状态);海上航行时,每天填写并与二管轮交换正午报告;航次结束后及时填报航次报告。

④船上无电子员时负责无线电通信设备有关资料的申领、改正、保管工作;全球海上遇险与安全系统(GMDSS)通信设备和其他通信设备(包括广播系统和电源)的周期性试验、检查、保养、维修与记录工作等。

⑤做好船长和大副指派的其他工作。

4. 三副职责

三副在船长、大副的领导下履行航行值班(一般值班时间为08:00—12:00及20:00—24:00)和停泊值班的职责;按大副的指示管理货物装卸;航行中晚餐时,替换大副用餐30 min;二副因故不能履行职责时,代理二副职务。

(1)航行和停泊值班

三副在航行和停泊值班期间是船长的代表,应熟悉并遵守值班、联系制度,以及航行安全、技术操作方面的规章;及时收取和阅读气象报告、航行警告及其他电文,重要信息及时报告船长；值班时，应监督并指导值班水手的工作；装卸货期间，巡视全船状况，按配载计划和要求监督检查装卸过程，记录有关事项，发现问题及时处理，必要时报告大副或船长；值班时负责迎送引航员并保证引航员登、离船设备和装置的安全。

(2)进出港口、靠离移泊、抛起锚操纵

三副在船舶进出港、靠离移泊、抛起锚操纵中主要负责以下工作：

在驾驶台协助船长、引航员瞭望，维持驾驶台秩序；执行船长、引航员的车钟令，记录航海日志、车钟簿、重要船位和有关情况；传达船长、引航员给船首、尾的指令及逆向的报告；负责驾驶台与机舱的联系、甚高频通信系统(VHF)；督促并检查一水及时正确显示有关号灯、号型和旗帜；将有关助航仪器调至最佳工作状态，监视有关仪器、仪表、指示信号，监督水手操舵的正确情况；执行船长的其他指示。

(3)日常管理工作

三副在船舶日常工作中负责管理全船救生、消防设备及器材，具体职责包括：

将全船救生、消防设备及器材认真登记入册，定期进行检查、保养并做好记录，确保其处于良好技术状态；管理救生艇、救生圈、救生衣及其属具备品，定期检查、清洁、保养，更换淡水、食品和电池，使其处于有效使用状态，保持各种救生信号的有效(有些船舶驾驶台的救生信号由二副负责保管)；按规定制作并在船上有关场所布置救生、消防图表及规章；熟悉各种消防及火警报警系统的操作方法，按规定向船员讲解救生、消防知识和各种设备、器材的操作及使用方法；开航前按大副指示编妥船舶应变部署表及船员应变任务卡，经大副审核、船长批准后公布执行，及时向新到船员介绍应变岗位和具体职责；负责救生、消防设备及器材的养护和维修、厂修申报；修船时，做好所管项目的自修、监修和验收；完成船长、大副交办的其他工作。

四、船员应急分工

船舶所处的环境复杂多变，在出现事故和险情且难以立即得到外援的情况下，必须立足自救。为了保证应急的有效实施，每一船舶都应按主管机关规定的格式与要求编制应变部署表与应变须知(中国籍200总吨及以上的运输船舶，都必须配备我国海事局和船舶检验局认可并统一印制的货船或客船应变部署表)。船舶应根据本船设备和人员情况，明确指定每个人在紧急情况发生时的岗位及任务，并定期进行训练及演习，以便在发生紧急情况时能做到统一指挥，恪尽职守，减少船、货、人的损失。

1. 应急分工原则

船舶应变部署应根据每个船员的职务、特长、工作能力及是否有训练合格证书等，来安排每个人在应急反应中的岗位和任务。基本原则包括：关键部位和动作派得力人员；根据本船情况可以一职多人或一人多职；人员编排应最有利于应变任务的完成。

船上紧急集合、消防和救生演习以及国家法律法规和国际规则规定的演习，应以对休息时间的干扰最小且不导致海员疲劳的方式进行。船舶在航行中进行规定的演习时，为了减小对值班船员作息时间的干扰，习惯上安排在午后进行。因此，通常船舶甲板部的应急任务分配如下：船长是应变总指挥，大副是应变现场指挥(除机舱抢险外)，二副在驾驶台负责航行值班，三副与其他人员的具体任务根据应急反应种类而异。

2. 二副应急任务

二副在应急反应中的任务通常是：

在驾驶台负责航行值班，协助船长定位、记录，并负责应急现场、船长（驾驶台）、机舱之间通信联络；弃船时任救生艇艇长（根据情况需要）；弃船时协助船长携带国旗、航海日志、相关海图、重要文件与物品等离船。

3. 三副应急任务

在应急反应中，如果三副正在值班，应按照应变部署将值班任务转交二副，执行应急任务。由于三副主管救生设备，弃船时三副任救生艇艇长，救助时任救助艇艇长；消防应变部署分消防、隔离和救护三队，消防队由三副或水手长任队长，直接负责现场灭火；堵漏应变部署分堵漏、排水、隔离和救护四队，隔离队由三副任队长，负责关闭水密门、隔舱阀等，木匠负责测量各舱水位；溢油应变演习中，如果溢油入海，通常由三副带领溢油回收组放艇回收溢油。

任务2.2 设备管理职责

任务情景

一艘正常营运的船舶，船上装设有各种保证船舶适航的设备，包括舵设备、锚设备、系泊设备、拖拽设备、起货设备、通信导航设备、救生设备、防油污设备、舱底水系统、压载系统、日用水系统、消防设备、通风空调制冷设备等。除此以外，还有图书资料和各种备件。为了保证船上的设备处于良好的工况，每种设备都应有专人维护管理。

任务目标

1. 了解二副设备管理职责。
2. 了解三副设备管理职责。

任务分析

公司管理体系中明确船载设备管理的分工，二、三副应该熟悉分管设备管理与维护要求，按规定时间间隔向公司报告分管设备的使用与维护状况。三副可以从公司船舶文件或货船设备安全证书（格式E）设备记录（图2-2-1）中找到本船必须配备的设备种类与数量。

THE CARGO SHIP SAFETY EQUIPMENT

CERTIFICATE(FORM E)

This Record shall be permanently attached to the Cargo Ship Safety Equipment Certificate

EECORD OF EQUTIPMENT FOR COMPLIANCE WITH

THE INTERNATIONAL CONVENTION FOR THE SAFETY OF LIFE AT SEA，1974，A8 MODIFIED BY THE PROTOCOL

OF 1988 RELATIMG THERETO

Information of ship

Name of ship --

Distinctive number or letters --

Details of life-saving appliances

1 Total number of persons for which life—saving appliances are provided		
	Port side	Starboard
2 Total number of lifeboats	-------	-------
2.1 Total number of persons accommodated by them	-------	-------
2.2 Number of lifeboats with a self-contained air support system（regnlation III）/31 and LSA code，section 4.6）	-------	-------
2.3 Number of lifeboats with a self-contained air support system（regulation III/31 and LSA code,section 4.8）	-------	-------
2.4 Number of fire-protected lifeboats（regulation III/31 and LSA code,section 4.9)	-------	-------
2.5 Other lifeboats	-------	-------
2.5.1 Number	-------	-------
2.5.2 Type		
2.6 Number of free fall lifeboats	---------------	
2.6.1 Totally enclosed（regnlation III/31 and LSA code,section 4.7)	---------------	
2.6.2 Self-contained（regulation III/31 and LSA code,section 4.8)	---------------	
2.6.3 Fire-protected（regnlation III/31 and LSA code,section 4.8）	---------------	
3 Number of motor lifeboats（included in the total lifeboats shown above）	---------------	
3.1 Number of lifeboats fitted with searchlights	---------------	
4 Number of rescue boats	---------------	
4.1 Number of boats which are included in the total lifeboats shown above	---------------	
5 Life rafts	---------------	
5.1 Those for which approved launching appliances are required	---------------	
5.1.1 Number of life rafts	---------------	
5.1.2 Number of persons accommodated by them	---------------	
5.2 Those for which approved launching appliances are not required	---------------	
5.2.1 Number of life rafts	---------------	
5.2.2 Number of persons accommodated by them	---------------	
5.3 Number of life rafts required by regulation IIII/31.1.4	---------------	
6 Number of lifebuoys	---------------	
7 Number of life jackets	---------------	
8 Immersion suits	---------------	
8.1 Total number	---------------	
8.2 Number of suits complying with the requirements for life jackets	---------------	
9 Radio installations used in life-saving appliances	---------------	
9.1 Number of radar transponders	---------------	
9.2 Number of two-way VHF radiotelephone apparatus	---------------	

图 2-2-1 货船设备安全证书(格式 E)

知识获取

除了值班以外，高级驾驶员在船舶日常维护和管理中分别负责具体的专项职责。如前节所述，按照通常船舶的职务分工，二副负责驾驶台助航仪器设备以及航海图书资料的管用养修，三副负责管理全船救生消防设备和器材。二、三副还负责向新任的驾驶人员介绍所主管的仪器设备的性能和操作方法。

一、二副设备管理职责

二副负责保持驾驶台与海图室的卫生和秩序，保管各种助航仪器、设备，航海图书资料、文件等,资料和文件未经船长批准不得任意销毁或携带出驾驶台。

1. 航海仪器管理

二副应建立设备、备件、工具和资料的清册,以便于养护和检查,在交接时按册清点;操作比较复杂或新安装的仪器时,应将操作规程、注意事项张贴在操作位置附近醒目的地方;负责向新来的驾驶员介绍仪器性能、使用方法、操作注意事项;对航海仪器建立养护检修记录簿和误差校测记录簿,并定期清洁、加油、检查;开航前,必须对仪器进行工作检试,如发现异常,应立即报告船长;提出所管仪器、设备的添置或更新报告和备件请领清单;应保证航海仪器说明书、图纸完整、清晰,如有短缺,应申报补充、更新;航行中妥善地利用各种条件核对仪器误差并记录;定期养护操舵仪,经常核对装在驾驶台而属于轮机部管理的仪表,如发现异常,应立即通知有关人员检修;靠泊中,驾驶台无人值守时,应将可携带的贵重物品(如望远镜等)妥善收藏,锁闭门窗;对非连续使用的仪器,如标准罗经、陀螺罗经、分罗经、雷达等,均应设置防潮、防尘护罩,不用时罩妥;如需检修、安装助航仪器设备,应在驾驶台配合进行;进厂修理、养护检修时,在其他必要情况下关闭陀螺罗经并负责启动误差校正(通常停港期间不关闭陀螺罗经);船舶进坞后、出坞前,应对测深仪、计程仪等的水下部分进行检查、保养并做好记录;按时向大副提出仪器设备的修理项目;验收所主管的设备的修理项目。

如果船上没有专职的无线电操作员,而指定二副履行无线电操作员部分职责时,二副还应注意:①负责无线电通信设备有关资料的申领、改正、保管工作,保持资料齐全有效;②负责 GMDSS 通信设备和其他通信设备的周期性试验、检查、保养、维修工作,并记入无线电日志;③无线电通信设备经修理、安装或更新后,做好调试、验收工作;④负责 GMDSS 设备和其他通信设备有关物料、备件的申领、保管工作,并建立台账;⑤开航前,保持通信设备处于良好工作状态,GMDSS 各设备打印纸齐全;⑥负责通信费用的统计工作;⑦负责保管有关文件、图纸、说明书、报底、电稿、账单和无线电日志;⑧负责对船员进行无线电遇险通信设备使用的培训,并记入无线电日志。

2. 张贴规则

二副应按规定在驾驶台内张贴:①驾驶台规则;②驾驶台与机舱联系制度;③重要仪器设备的操作说明;④操舵装置遥控系统和动力装置转换操作说明及方框图;⑤船体破损控制图;⑥磁罗经自差表;等等。

3. 航海图书资料管理

航海图书资料的管理是二副的主要责任之一,其职责包括:①建立并管理航海图书资料清册,负责登记、改正、清点和领退,职务变动时移交;②根据本船情况,将全部海图分成中外文版图、专用图、常用图和其他图等几类,按图号顺序存放;③航海图书资料应放在海图室内固定的位置,二副应经常检查、清点“内部”使用的中文版图书资料,如发现遗失,应查找原因并立即报告船长;④未经船长同意,不允许其他人将航海图书资料携带出驾驶台或海图室,督促他人将从驾驶台或海图室临时借出的航海图书资料及时送回;⑤尽可能从公司领取航次所需的各种航海图书资料,若来不及从公司领取且航次急需,应及时报告船长,可就地、就近购买,事后补办申领手续,报废海图(尤其是中文版的),一律返回公司;⑥本航次所需海图按使用先后顺序用铅笔编号,依次放在便于取用的抽屉内,航次结束后,将顺序号擦掉(海图作业的内容通常保留,直到下一次使用),以便下一次另编;但作为海事证明的海图,应交由船长保管;海图改正的顺序应根据缓急,首先改妥本航次的海图,尽快改妥常用海图,抓紧改正其他海图;⑦任期内海图改正情况是职务变动交接的重要项目;⑧在国外港口,二副应报告船长通过代理购买、补齐外文版航行通告及补编;⑨得到新的通告后,应立即填入海图卡片;⑩航行通告及补编应按年份和中、外文版分别装订保管;二副应根据航行警告的内容,用铅笔在海图上标注,然后将警告专卷装订备查,保留1年,所有驾驶员均应阅读航行警告并签名。

二、三副设备管理职责

三副通常主管全船的救生和消防设备及器材,负责张贴救生消防有关的图表和规章,并按规定向船员讲解救生、消防知识和各种设备、器材的操作使用方法。

1. 救生设备的管理

三副在日常救生设备检查和保养工作中应注意下列各点:保持救生设备的标记清楚,救生艇编号应由首至尾,左舷艇为双号、右舷艇为单号,乘员定额标在艇首左右两舷;救生圈、救生衣的数量应符合规定的要求,放置在指定地点,并按规定配备自亮灯浮、自发烟雾信号、可浮救生索等;救生艇软梯、绳索、踏板不得霉烂,外面应加防护罩;应为每种救生设备制定符合要求的维护保养须知或维护保养计划,按时进行每周检查和月度检查,并将检查情况记入航海日志。

其中,救生信号应保持在有效期内(有的船舶驾驶台的救生信号由二副负责);救生艇淡水每月更换一次,救生口粮按保质期要求及时更换;每月按救生艇属具清册清点、检查,发现失效、短缺的项目应及时补充和更换;机动救生艇每周进行正车和倒车运转(机舱负责发动),时间不少于3分钟;通用应急报警系统每周试验一次;气胀式救生筏及静水压力释放器应在不超过12个月的间隔期内,送检修站检修(在外观正常和合情合理的情况下,可展期到17个月);注意吊艇索的保养,在其因变质不能安全使用时,或在不超过5年的间隔期内应予以换新。

应保证所有救生设备在船舶离港前及航行中处于正常工作状态,并立即可用;确保卫星应急无线电示位标(EPIRB)处于正常工作状态,如在恶劣天气中航行,应经常检查其放置是否牢固;在某些港口停泊时,为防止丢失,可视具体情况将其收回房间保管,开航前放置回原处。

2. 消防设备管理

三副管理全船消防设备、器材和火警报警设备,定期养护、检查和更新,在日常管理时应注意下列各项:消防设备、器材应造册并逐项登记;消防设备布置图应与其实际布置情况相一致;防火控制图装入舷梯口附近风雨密筒内;火警报警装置及烟火探测系统保持正常工作状态;管理并能熟练地操作固定式灭火系统(主副机扫气箱所属除外),保持管系和分路阀的铭牌、标志鲜明;应保持大型灭火系统房间内清洁、整齐、无杂物、通风、标志清楚,并附中、英文操作说明,房间门外有备用钥匙;CO_2 间的室温应在45 ℃以下,有适当的照明和有效的通信设备;所有 CO_2 气瓶,每2年进行称重检查,若瓶内 CO_2 净重减少达10%时应予以填充,并做好记录;手提式灭火器应按时检查、换新、登记。CO_2 灭火器每年检查一次重量,净重减少达10%时应予以填充;干粉灭火器每年检查一次干粉是否结块,CO_2 是否渗漏,压力是否处于正常范围。

3. 图表与规章张贴

三副应按规定制作并在船上有关场所布置下述救生、消防图表及规章:全船救生、消防设施和器材布置总图(包括防火控制图);船舶的应变部署表和船员应变任务卡;船员日常防火防爆守则;安全防火巡回路线图;固定灭火系统操作规程(注明施放数量);逃生路线图;救生艇起落操作规程(由大副制定);救生筏施放示意图;救生衣穿着示意图;其他重要须知、图解和标志。

4. 培训职责与培训安排

三副的培训职责包括向船员讲解救生、消防知识和各种设备、器材的操作使用方法,向新到船员介绍应变岗位和具体职责等。

其中救生和消防的培训时间要求为:不迟于船员上船(如果是定期安排轮派上船的船员应在不迟于第一次上船)后的两周内进行救生、消防设备的船上训练;在装有吊架降落救生筏的船上,在不超过4个月的间隔期内进行一次该项设备用法的训练。

任务2.3 职务变动交接

任务情景

船员休假交接班是船舶管理工作中的重要环节,是船舶各项工作连续稳定和正常营运的重要保障。船员交接班过程的平稳、交接内容的全面、交接双方的密切配合、交接双方的良好交流,将有利于接班船员在最短时间内熟悉本职工作的现状、存在的问题及下一步的工作重点,熟悉所分管设备的运行情况及特点,尽快进入角色,保证船舶各岗位的工作不因人员更换而中断,避免接班人员因不了解情况而走弯路,避免因不知隐患所在而引发故障或事故,从而从整体上保证船舶各项工作的连续稳定和正常安全营运。

任务目标

1. 了解船员职务交接程序。
2. 了解二、三副职务交接注意事项。

任务分析

SMS对船员交接班提出了要求,交接班必须做到“五清三交接”,五清指看清、讲清、问清、查清、点清;三交接指文档交接、现场交接、实物交接。

交班人员在交班前必须如实填写《交接班报告书》,特别应列明船舶、设备和设施存在的缺陷和处理情况,船舶及设备的保养情况,相关安全检查缺陷整改情况,其他影响船舶安全的主要隐患和问题等。以某公司三副职务交接为例(表2-3-1)进行任务分析。

表 2-3-1 三副交接班检查表

<table>
<tr><td colspan="2">CHECKLIST FOR THIRD OFFICER HAND-OVER/TAKE-OVER</td></tr>
<tr><td>Ship's Name:________________</td><td>Date:________________</td></tr>
<tr><td colspan="2">Please be familiarized with all items, and hand-over to the sign-on in details</td></tr>
<tr><td>HAND-OVER ITEM</td><td>SIGN-ON REMARK</td></tr>
<tr><td>1. Condition of all fire fighting (FFA) and life saving appliance (LSA)
2. ISM documents and files with regard to the 3/O
3. Where to stow signals and flags
4. Where to stow life-saving appliance
5. Summary important data for LSA and FFA (see attachment)
6. LSA/FFA maintenance plan
7. Training manual of life-saving and fire fighting
8. Other relevant items (describe in detail).
※Please attach with the necessary information to be forwarded to the Company</td><td></td></tr>
<tr><td colspan="2">Important articles handovered:</td></tr>
<tr><td colspan="2">Note:
If no 3/O is available on board, the hand-over items shown above belongs to the 2/O</td></tr>
<tr><td>(Signature)

Sign-off</td><td>(Signature)

Sign-on</td></tr>
</table>

知识获取

船员交接,特别是船上重要人员的交接是船舶生产和作业中的重要环节。在船员公休、因故奉调离船,或在原船变动职务并有人接任时,均应按规定交接。

一、一般规定

交班船员接到调动通知,应按规定做好交接准备,抓紧完成阶段工作,集中并整理好各种应交物品,随时交接。接班船员到船后,应立即向直管领导报到并按指示抓紧接班,不得借口拒绝和拖延接班(外派船舶交接通常仅 1 h,交班后立即离船)。

交接应详细具体，设备问题和遗留工作一定要交代清楚。交班船员中凡涉及事故处理、各种海损、机损、货损报告以及保险索赔等手续的当事者和有关负责人等均应亲自办理完毕，不得移交给接班船员代办，但应向接班船员说明情况。

交接完毕应共同向直管领导汇报，经其认可或监交签署后，交接工作方告完毕。干部船员应办理“调动交接记录”，双方签署后，由直管领导签署监交。各种现存问题、遗留工作、正在进行尚未结束的工作及重要待办事项等均应详细交接并记入交接记录簿。持船员适任证书的，不论离职或到任，应由船长、轮机长、电台负责人分别在有关日志中记载并签署；船长、轮机长、大副、电台负责人交接后应分别在航海日志、轮机日志、电台日志上共同签署。

二、交接过程

职务变动交接由情况介绍、现场交接和实物交接三部分组成。

1. 情况介绍

交班船员应向接班船员介绍以下情况：本船、本部门和本专业的概貌、特点、总的技术状况和存在的主要问题；涉及本专业和本职的各项规章制度，包括引导熟悉 SMS 并介绍重点文件；本职在本船的具体分工职责及有关规定；需协调的工作项目及其主从关系和工作习惯等；有关工作计划及其执行情况；正在进行的和待办的工作及领导指示；下航次计划和开航准备的进行情况；下属船员的技术业务能力、思想表现、工作态度和其他特点等。

2. 现场交接

现场交接涉及船舶设备的使用、养护以及船舶备件、物料等管理的交接，一般应在现场进行。本职在应变部署中的岗位和职责，救生衣、应变任务卡及应携带或操作的设备、器材的位置、用途、性能、使用方法、注意事项等内容通常也应实地交代。

3. 实物交接

个人保管的工具、仪表、图书、文件、公用衣物、住室的门和柜的钥匙，均应按配备清单清点交接。实物短缺时，一般物品应在交接记录中注明，重要物品或虽为一般物品但数量甚多者，应报告领导处理，实物交接时应结合介绍情况。

三、交接事项

职务变动交接的事项主要涉及船员职务范围的事物交接，具体根据职务和工作情况确定。

1. 二副交接事项

二副离船进行交接时，应交接下列各项：航海仪器的技术性能和现状及操作注意事项；航海仪器计划修理的项目或正在修理的项目；开航前的准备情况，如海图、航线及仪器设备检试情况；航次报告填报情况；移交航海仪器清册、航海图书资料清册及其他记录簿、说明书；任期内海图改正的情况；本职所使用的工具、物品及库房钥匙；在港值班应特别注意的事项及船长、大副交办的事项。

2. 三副交接事项

三副离船进行交接时，应注意交接下列各项：救生消防设备的分布、技术状况及有关清册；救生消防设备养护情况及有关记录；救生消防设备待修、待检项目及正在修理检验的项目；开航前救生消防设备的检查及其他准备工作的情况，如应急部署的编制等；本职工作所用工具、物品及库房钥匙；在港值班注意事项及船长、大副交办的事项。

任务2.4 开航前准备与靠离泊操纵

任务情景

开航是船舶从港口停泊状态离港变为海上航行状态，靠离泊是船舶从海上航行状态变为进港停泊状态。船舶进出港口操纵是航运过程中重要的环节，开航前与靠离泊过程中各部门人员需要分工协作，保证涉及船舶安全和防污染的工作正常进行。

某轮从位于西澳大利亚州西北海岸的加斯科因鲨鱼湾港口完货，计划2小时后上引水，开往中国连云港，值班驾驶员如何做好开航前的准备工作？

任务目标

1. 了解船舶开航准备和检查制度。
2. 了解靠离泊工作分工。

任务分析

以某公司驾驶台开航前检查为例（表2-4-1）进行任务分析。

表2-4-1 驾驶台开航前检查表

PRE-DEPARTURE CHECK LIST

VESSEL:________ PORT:________ DATE/TIME:________

	PLEASE TICK
1. Has a passage plan for the intended voyage been prepared?	
2. Personnel keeping first watch are adequately rested?	
3. Are charts for the intended voyage and other nautical publications corrected up to date and courses laid off?	
4. Are the latest navigational messages and weather reports for the area available?	
5. Have the main engine been tried out in ahead & astern directions?	
6. Has the following equipment been checked and found ready for use?	

表 2-4-1(续)

PRE-DEPARTURE CHECK LIST

VESSEL:______ PORT:______ DATE/TIME:______

	Anchors, including clearing away	
	Ancillary bridge equipment (e. g. binoculars)	
	Bridge movement book	
	Course and engine movement recorded	
	Deck power, emergency lighting and emergency power source	
	Echo sounder	
	Electronic navigational position fixing aids	
	Gyro compass and repeaters	
	Magnetic compass and repeaters	
	Pilot embarkation/disembarkation arrangements. (Combination ladder is necessary to if vertical height of pilot ladder is more than 9 meters)	
	Radar and associated plotting aids	
	Speed/distance recorder	
7. Has the following equipment been tested and found ready for use?		
	Bridge and engine room telegraphs, including revolution indicators	
	Communications facilities-internal, external and portable	
	Navigation lights/shapes, including emergency navigation lights and lights/shapes for "Not-under-command" and at anchor	
	Ship's whistle (keep air open if applicable), signaling lamps	
	Steering gear, including manual, auto-pilot and emergency changeover arrangements and rudder indicators (as per guidance S-04)	
	Window wipers/clear-view screens	
8. Have the ship's clocks been synchronized to correct local time?		
9. Security searches carried out as required (stowaway, drug, ...)		
10. All lights in cargo holds switched off and disconnected.		
11. Has the crew been informed of the time of stand by at stations for leaving harbour?		

OFFICER OF THE WATCH:______ MASTER:______

知识获取

航次开始前，由船长根据航次任务及时通知各部门有关负责人做好各项开航前准备工作。其中，船舶证书、船员证件检查、运输单证及港口文件等由船长负责检查；航次所需各种燃物料、淡水以及备品的数量由部门长（大副、轮机长）与船长协商预先确定并落实；航行计划由船长和驾驶员在研究有关资料后事先做好(通常船舶由二副具体执行)。其他船员则应根据各自的职责做好相应的开航前准备工作。

一、船舶开航准备和检查制度

为保证船舶航行安全及适航要求,开航前船舶应做好以下开航准备和检查工作:

1. 证书

检查并确认船舶和船员证书齐全有效。检查并确认船员配备符合最低安全配员要求。

2. 航海出版物

备齐本航次所需海图,并改正或更新。备齐本船应配备的航海出版物,并改正或更新。

3. 航次计划

根据航路指南和有关航海图书资料提供的所经海区的水文、气象、助航标志、危险障碍物、分道通航制、航行规章以及航区的政治情况等,结合本船性能、设备技术状态和人员的技术水平及经验,制订航次计划、航行计划并计划航线。

检查并确认已备妥足够的燃油、淡水、伙食和物料等。

及时接收航行警告并阅签与标识;及时接收天气预报,并进行气象分析。

4. 救生、消防设备

(1)检查并确认救生艇外观良好;艇内属具及备品齐全、救生信号在有效期内;救生筏外观良好、证书有效;救生圈、救生衣及保温服齐全并无破损。

(2)检查并确认大型灭火系统处于有效工作状态;灭火器放置在规定位置,可以随时使用;消防管系、消防栓、消防水带无破损、泄漏、锈死;国际通岸接头及配件齐全;消防员装备齐全并分开放置;探火、失火警报装置正常;防火门自闭装置及通风筒防火挡板开闭正常。

(3)船员有变更时,修改应变部署表并报船长批准后公布。

5. 航海仪器、信号设备

(1)检查、试验、测试并确认:雷达调试图像清晰正常;陀螺罗经的主、分罗经误差不超过±0.5°;磁罗经经校正后的剩余自差标准磁罗经不超过±3°,操舵磁罗经不超过±5°;测深仪测试零点显示准确,其深度误差浅水不超过±1 m,深水不超过±5 m,或指示深度的±5%,取其大者;卫星通信设备功能正常;GPS 工作正常;船舶自动识别系统(AIS)已输入本航次相关数据;GMDSS 中高频收发信机功能正常;船舶呼叫系统(DSC)能在 70 频道上正常工作;双向 VHF 无线电话收、发信正常,有备用电池;EPIRB 检测正常;航行警告(电传)系统(NAVTEX)接收、打印清晰;搜救雷达应答器(SART)测试正常;船舶航行记录仪(VDR)及简易航行数据记录仪(SVDR)测试正常;电子海图(ECDIS)工作正常;各类报警装置测试正常。

(2)检查、试验并确认:航行灯、号灯及其报警功能正常;号型、信号旗齐备;音响信号齐备,汽笛使用正常;遇险求救信号及抛绳器备齐并在有效期内。

6. 锚、舵等装置

开航前 12 h 对操舵装置进行检查并试验;开航前 1 h 进行备车和对舵,并测试车钟、校对船时;检查确认锚设备、甲板水密装置、大舱进水报警装置及排水系统无异常;检查确认吊货索具已固定,舱盖已关严并密封;检查引航员登、离船装置及照明均正常。

7. 船舶开航状态

检查确认船舶吃水没有超过与当时季节、航行水域相适应的载重线标志;确认船舶稳性符合稳性规范或港口当局对稳性的要求；检查确认船舶横倾角不超过1°，吃水差适当；检查确认舱内货物已采取必要的防止移动的措施；检查确认装载机械、车辆、集装箱、卷钢、大件货及甲板货已采取可靠的绑扎、固定或防止移动的措施。

8. 其他

确认PSC、船旗国监督检查（FSC）的检查缺陷项及影响航行安全的缺陷均已纠正；确认对主管机关开出的其他缺陷均已制定纠正措施。

二、值班驾驶员开航前准备工作

值班驾驶员开航前准备工作包括：装卸结束后，值班驾驶员应观测水尺，并记入航海日志；封舱前，应下舱检查货物堆码及绑扎情况，注意有无火警苗头或偷渡迹象；应掌握全船人员动态，确保开航前所有人员已经回船；开航前1 h，值班驾驶员应会同值班轮机员核对船钟、车钟、试舵等，并分别将情况记入航海日志、轮机日志及车钟记录簿内；主机试车前（值班轮机员应征得值班驾驶员同意），应确认推进器附近无障碍物，不致碍及他船，不致损坏舷梯、跳板、缆绳、装卸属具及港口设施等方可进行，并注意查看和采取必要的预防措施；开航前对即将使用的船上的航行设备做操作试验，这些试验应予记录；启用通信设备，保持在国际遇险频率和港口规定的频道守听并进行相关的通信；离泊前通知无关人员离船，督促收进安全网、绳梯，绞起舷梯，并备妥引航梯及其安全、照明设备，引航员上船后通知各相关部门、人员；将开航准备的各项工作载入航海日志，完成船舶安全管理体系要求的各项记录。

1. 二副开航前准备职责

（1）准备工作

二副开航前应做的准备工作包括：备齐并改妥航次所需国旗、海图、航海图书资料及其他出版物；对电子助航设备进行航前检试，并将情况报告船长；检查驾驶台内救生信号和器材的有效期；按船长指示，做好航行计划，画妥航线；确保GPS、ECDIS、雷达（RADAR）等助航仪器已输入本航次相关数据。

（2）航行计划

航行计划内容至少包括：航线的总里程和预计航行总时间；各转向点的经纬度；各段航线的航程和预计到达各转向点的时间；预计航线上的气象和海况；复杂航段的航法及避险手段；特殊航区的注意事项。

航行计划应充分并恰当地运用预定航线上所必需的、有效的以及最新改正的航海图书资料和其他航海出版物，在考虑了所有有关信息且核实了航行计划后，开航前计划航线应清楚地标绘在有关海图上，并且确保在航行期间可供值班驾驶员随时使用。驾驶员在使用之前应认真核实每一个准备采取的航向。

2. 三副开航前准备工作

三副开航前应做的准备工作包括：如船上人员变动，根据船员调动情况，重新填写船舶应变部署表（通常不需要重新布置应变任务卡），交船长签署后布置妥；检查每位人员居住处的应变任务卡、救生衣是否齐备合格并在规定位置；检查救生艇及其属具备品，应确保救生艇内空气箱密封、属具齐全，食品和淡水充足且在有效期内，吊艇设备技术状况良好；检查救生筏和降落装置是否正常，送检的救生筏是否已妥善就位；检查救生圈是否按规定配备齐全，自亮浮灯及救生绳情况是否正常；检查探火系统、警铃系统是否正常，所有风筒的风闸是否活络,所有消火栓是否活络和方便操作,水龙带等是否放置在规定位置,固定灭火系统及其控制设施、管路是否正常可用,所有可携式灭火机是否放置在规定位置。

三、靠离泊工作分工

在船舶进出港口、靠离泊操纵,以及在狭水道、交通密集区或航行中遇到恶劣天气、海况时,根据相关的规定,船长应当上驾驶台指导,必要时亲自指挥。船舶靠离泊以及绞缆移泊操纵是较困难和危险的作业,需要船长亲自指挥,即使引航员在引航,也不能解除船长管理和驾驶船舶的责任。由于靠离泊操纵同时需要进行系解缆绳的作业,通常船舶上驾驶员的分工是大副在船头协助、二副在船尾指挥带缆,三副在驾驶台协助船长。应注意的是,驾驶员的分工因公司和船舶而异,有的公司要求大副在驾驶台协助船长,二、三副分别在船头、船尾指挥带缆。在某些配员较少的船舶上,驾驶台可能没有足够的驾驶员协助,而带缆作业则可能需要其他部门的船员参与。

1. 二副靠离泊职责

二副在靠离泊操纵过程中通常在船尾指挥带缆、执行船长命令、报告船尾和周围情况,具体责任有:督促水手长检查船尾系泊系统、备妥撇缆和防鼠挡等;检查操作人员穿着是否符合安全要求;向船尾全体人员交代操作意图;将无关人员遣离操作现场;指挥船尾操作人员进行正确操作,离开泊位后督促水手收好防鼠挡;靠离完毕后经船长同意方可离开船尾。

2. 三副靠离泊工作

(1)驾驶台工作职责

三副在靠离泊操纵过程中通常在驾驶台协助船长,具体职责包括:在驾驶台协助船长、引航员瞭望,维持驾驶台秩序;执行船长或引航员车钟令,记录重要船位和有关情况;传达船长、引航员给船首、尾的指令及逆向的报告;负责驾驶台与机舱的联系、VHF 通信;将有关助航仪器调至最佳工作状态,监视有关仪器、仪表、指示信号;督促并检查一水及时正确显示有关号灯、号型和旗帜,监督水手操舵;执行船长的其他指示。

(2)航海日志记录

对于船舶进出港口、靠离移泊的全过程,三副应在航海日志右页记录。

船舶离港时包括如下事项:引航员登船时间,引航员离船时间;拖船来靠时间及其船名、编号,带上拖缆时间,拖船解缆和离开时间;开始绞锚及锚离底时间;最后一根系缆解除时间,开航行灯时间;航经主要航标的时间及主要船位;本船重要的动态等;

船舶进港时记录包括:备车时间;航经主要航标的时间和主要船位;引航员登船时间;助泊拖船的名称、编号和带上拖缆时间;抛下第一锚的时间、锚别和链长;带上第一根缆绳的时间和靠妥泊位的时间;引航员离船及拖船解拖、离去时间;完车、完舵、关闭航行灯时间等。

项目3

船舶安全管理规章

学习目标

1. 了解船舶安全管理规章。
2. 了解船舶航行安全管理。
3. 了解法定记录簿的记载与管理。

项目概述

根据安联全球企业及特殊风险（Allianz Global Corporate & Specialty，AGCS）报告统计，截至2021年5月1日，2020年全年100总吨及以上船舶事故数量为2 703起。其中不列颠群岛、北海、英吉利海峡和比斯开湾区域报告的船舶事故案例数量最多，达579起，占比为21.4%；机损为全球航运事故的首要原因，占比达40%；全损船舶案例为49起，对比过去十年（2011—2020年）年平均全损数量的88起减少了近一半。船舶安全问题得到了显著改善，这反映出航运业在如船舶安全监管、船舶设计和技术的改进以及风险管理方面的进步。

海因里希法则表明，安全的对立面不是事故，而是风险。事故虽是随机事件，但偶然中也有必然，也有其固有的规律，只有遵循风险与事故的演变规律，消除大量的习惯性风险行为，才能实现让安全成为一种习惯、让习惯变得更安全的航运良好生态。因此船员遵守船舶安全管理规章，对减少船舶事故、风险非常重要。

任务3.1 船舶安全管理规章

任务情景

在建立健全船舶安全管理规章制度的过程中，“NEAR MISS REPORT”是船上开展安全教育的一个重要警示手段。本任务以“NEAR MISS REPORT”工作为例，帮助提高船员自觉严格遵守船舶安全管理规章的意识。

任务目标

1. 了解并遵守船舶安全作业规章制度。
2. 了解驾驶与机舱联系制度。
3. 了解能见度不良时航行注意事项。

任务分析

在公司管理、船况、船员配备状况既定的条件下，船上的安全管理就取决于全体船员，特别是船长和高级船员对国际、国内和公司有关规定的切实执行，对下级船员执行的指导和监督，以及每个管理者和操作者明确自己的职责，严格遵守相关的安全操纵规程和安全管理规定。“NEAR MISS REPORT”即可杜绝个别船员的侥幸心理，避免船舶安全事件的发生(表 3-1-1)。

表 3-1-1　NEAR MISS REPORT

NEAR MISS REPORT		
VESSEL NAME	VESSEL TYPE	DATE
DESCRIPTION OF EVENT		
POSSIBLE CONSEQUENCES e. g. Personal injury such as fall, hit, burn, contact with toxic substance etc, damage (e. g. collision, grounding, fire, pollution etc) or any other.		
RELEVANT FACTORS/CONDITIONS SURROUNDING THE EVENT (e. g. weather, lighting etc)		
IMMEDIATE ACTION TAKEN		
DIRECT CAUSE (e. g. failure to follow procedures, inadequate or defective equipment etc)		
ROOT CAUSE (e. g. lack of training/familiarization, personal factors, job factors, control management factors, instructions not clear or enforced, lack of supervision)		
ACTION TAKEN ON BOARD TO AVOID RE-OCCURRENCE		
ANY OTHER REMARKS		
Closed out on board/Office support required (delete as applicable)		

填写：

(1)事情发生过程。

(2)该事情可能导致的后果,如船员坠落、击伤、烧伤、接触有毒物质等;船舶碰撞、搁浅、活着、污染等;其他情况。

(3)事情发生时,当时的环境影响因素。

(4)立即采取的行动。

(5)直接导致该事情的原因:船员没有遵守船舶安全管理规章;操作时缺少或者携带的劳动工具不足以保证自身工作安全。

(6)导致该事情发生的根源:缺少培训或者不熟悉、个人侥幸心理、工作特殊因素、日常管理因素、得到的指导不清晰或者不严格、做事前缺乏安全评估等。

(7)船上采取何种措施以避免类似事件再次发生。

知识获取

船上操作尤其是关键性操作的失误可能导致严重的后果,船舶安全管理体系应建立文件化的操作程序。对于一些常见的重要船上操作,国际公约或国内的法规已有明文规定的操作程序,或者存在权威、普遍认可的通常做法。本节针对船上部门规章制度等有关规定以及高空、舷外作业等常见船上关键性操作,介绍有关的法律规定和通常的安全操作程序。

一、船舶日常防火防爆守则

1. 防火原则

船舶消防必须坚持"防消结合、以防为主"的原则,全体船员均应严格遵守日常防火防爆守则,严防烟火、明火、电火、摩擦火和化学能源引起的火灾与爆炸。

2. 防火规定

(1)吸烟时,烟头火柴杆必须熄灭后放入注了水的烟灰缸内,不能乱丢或向舷外乱扔,也不准扔在垃圾桶内,点燃的香烟不能乱放;禁止在机舱、货舱、物料间或储藏室内吸烟,在卧室内禁止躺着吸烟;装卸货或加装燃油时禁止在甲板上吸烟。

(2)在油船上,不得随身携带火种或易燃物品,不在油轮甲板上使用老花镜,不使用非防爆式手电筒,不穿底有铁钉的鞋靴。

(3)垃圾桶必须清洁,桶内注水并应勤倒。

(4)易燃易爆物品必须集中保管,不准私自存放;禁止在船上任意烧纸或燃放烟花爆竹;禁止擅动救生信号弹。

(5)离开房间时应随手关闭电灯和电扇等电器,靠近窗口的台灯尤应关熄;风雨或风浪天气应将舷窗关闭严密,航行中禁止锁门睡觉。

(6)禁止私自使用移动或明火电炉。使用电炉、电水壶、电熨斗、电烙铁等电热器具时,必须有人看管,离开时必须切断电源。

(7)不准擅自接拆电气线路;不准在电热、蒸汽器上烘烤衣服、鞋袜等。

(8)大舱货灯必须妥善保管,使用时要检查灯泡及护罩,如有损坏应及时换新,电缆应防止压坏,用后应放在指定地点。

(9)室外各类照明灯具应保持水密,防止上浪、下雨致使电线短路而引发火灾,物料仓库照明灯具垂直下方不得放置易燃物。

(10)废弃的棉纱头、破布应放在指定的金属容器内,不得乱丢、乱放;潮湿或油污的棉毛织物应及时处理,不准堆放在闷热的地方,以防自燃。

(11)明火作业须经船长同意,遵守船舶劳动作业安全操作规范和明火作业审批表的要求,在港内作业时必须事先报经当局批准;作业前须严格清除、隔离现场周围的易燃物,特别要查明焊接处是否通向油舱;当进行气焊作业时,要严防回火事故;作业中应有专人备妥消防器材在旁监护;作业完毕应仔细检查有无残留火种和复燃可能。

(12)严格遵守与防火防爆有关的安全操作规程和有关规定,发现任何不安全状态和行为应及时制止和报告。

二、驾驶台规则

为维护驾驶台的良好秩序和环境,保证航行安全,《海船船员值班规则》要求各公司应编制驾驶台规则并张贴在易见之处,并要求全体船员遵守执行。我国船舶驾驶台规则大多采用权威、普遍认可的统一版本。

1. 驾驶台范围

驾驶台是船舶航行的指挥中心,属于保安限制区域,其范围包括操舵室、海图室、GMDSS 设备室、两翼甲板及标准罗经甲板等处所。航行中,除船舶领导和当值人员外,其他人员非工作必要不得随意进入。

2. 驾驶台管理

(1)驾驶台当值人员必须严肃认真、集中精力工作;不做与值班无关的事;不得嬉笑闲谈、高声喧哗或收听广播;除船长和引航员外,不得坐着值班,不得在驾驶台用餐和睡眠。

(2)驾驶台值班人员应穿着整洁,不得仅穿背心、内裤、拖鞋,进出国外港口时,船长和驾驶员应穿着制服制帽,仪容端正。

(3)驾驶台必须经常保持内外整洁,窗要明亮,桌、柜、四壁、地板要干净;禁止随地吐痰和丢弃杂物。航行中每天 04:00—08:00 班水手负责驾驶台内外清洁,到港前尤应彻底清洁;离港前一小时,值班驾驶员应通知值班水手进行全面的清洁和整理。

(4)航行中,操舵室的门窗在任何时候都不可全部关闭,尤其在能见度不良时,瞭望人员应在两翼甲板值守。

(5)驾驶台各种仪器、仪表、设备、航海文件、通告、图表、资料等,无关人员不得擅动,未经船长许可,不得任意销毁或携出驾驶台。

(6)操舵室和标准罗经附近不可放置铁质或磁性物件,必要的航行用具和物品,应在限定地点放置整齐。

(7)夜间航行时,严禁有碍正常航行和瞭望的灯光外露。

(8)驾驶台无人值守时,二副应将可携带的贵重仪器和重要物品收藏柜内并加锁,驾驶台所有门窗均应闭锁,未经船长、政委批准,不准外人参观;若有外人参观或检修,应派有关人员陪同配合。

(9)值班驾驶员有责任维持驾驶台秩序,保持驾驶台的清洁,严格执行规则。

3. 驾驶台常规命令

航行期间,以下驾驶台常规命令中对驾驶员的要求,应视为驾驶台规则的一部分。

(1)经常检查和确认号灯、号型、操舵装置、标准罗经和陀螺罗经、GMDSS 设备、AIS 设备以及其他航行设备的工作状况和误差情况。

(2)始终遵守海上避碰规则、港口规章及特殊水域的特别规定,严格执行船长的常规命令和特殊指示,确保船舶航行安全。

(3)保证对在值班期间获悉的所有与船舶航行安全有关的每一信息进行处置。

三、船长夜航命令簿规则

为了保证船舶夜间航行以及锚泊期间的安全,正确执行航次计划,应设船长夜航命令簿(目前有部分船公司设船长命令簿,其作用与船长夜航命令簿相似)。船长夜航命令簿用完后由船长或二副负责保存,保存期为1年。

1. 命令的发布

(1)在夜间航行、锚泊或出现其他必要情况时,船长应在就寝前将航行、锚泊有关要求及注意事项详细而明确地写入船长夜航命令簿中,并放在海图室内规定的地点。

(2)当船长夜航命令簿发生有写错字或内容时,应按航海日志的改正要求进行改正,内容不得随意涂改。

(3)船长临时增改命令内容时,应通知值班驾驶员,并在更改处签字。

2. 命令的执行

(1)值班驾驶员接班时必须阅读并充分理解船长夜航命令簿内各项指示,阅读后用钢笔签字,并严格执行。

(2)值班驾驶员如对船长夜航命令有任何疑问时,应立即请示船长。

(3)值班驾驶员在执行船长夜航命令簿内指示时,如遇情况变化,执行有困难时,应及时报告船长,以便船长修改命令。

四、驾驶、轮机联系制度

《海船船员值班规则》的内容涉及驾驶、轮机联系制度,就不同情况下驾驶台和机舱部门以及船员之间的联系程序和内容做出明确规定。

1. 开航前联系规定

(1)开航时间

船长应提前24 h将预计开航时间通知轮机长,如停港不足24 h,应在抵港后立即将预计离港时间通知轮机长;轮机长应向船长报告主要机电设备情况、燃油量和炉水存量;如开航时间变更,须及时更正。

(2)开航准备

开航前1 h,值班驾驶员应会同值班轮机员核对船钟、车钟、试舵等,并分别将情况记入航海日志、轮机日志及车钟记录簿内。

主机冲车前,值班轮机员应征得值班驾驶员同意。待主机备妥后,机舱应通知驾驶台。

2. 航行中联系规定

(1)每班下班前,值班轮机员应将主机平均转数和海水温度告知值班驾驶员,值班驾驶员应回告本班平均航速和风向风力,双方分别记入航海日志和轮机日志;每天中午,驾驶台和机舱校对时钟并互换正午报告。

(2)航行中备车船舶进出港口,通过狭水道、浅滩、危险水域或抛锚等需备车航行时,驾驶台应提前通知机舱准备。如遇大雾或暴雨等突发情况,值班轮机员接到通知后应尽快备妥主机。判断将有风暴来临时,船长应及时通知轮机长做好各种准备。

(3)如因等引航员、候潮、等泊等须短时间抛锚时,值班驾驶员应将情况及时通知值班轮机员。

(4)因机械故障不能执行航行命令时,轮机长应组织抢修并通知驾驶台速报船长,并将故障发生和排除时间及情况记入航海日志和轮机日志。停车应先征得船长同意,但若情况危急,不立即停车就会威胁主机或人身安全时,轮机长可立即停车并通知驾驶台。

(5)轮机部如调换发电机、并车或暂时停电,应事先通知驾驶台。

(6)在应变情况下,值班轮机员应立即执行驾驶台发出的信号,及时提供所要求的水、气、汽、电等。

(7)船长和轮机长共同商定的主机各种车速,除另有指示,值班驾驶员和值班轮机员都应严格执行。

(8)船舶在到港前,应对主机进行停、倒车试验,当无人值守的机舱因需要改为有人值守时,驾驶台应及时通知轮机员。

(9)抵港前,轮机长应将本船存油情况告知船长。

3. 停泊中联系规定

(1)抵港后,船长应告知轮机长本船的预计动态,以便安排工作,动态如有变化应及时联系;机舱若需检修影响动车的设备,轮机长应事先将工作内容和所需时间报告船长,取得同意后方可进行。

(2)值班驾驶员应将装卸货情况随时通知值班轮机员,以保证安全供电。在装卸重大件或特种危险品或使用重吊之前,大副应通知轮机长派人检查起货机,必要时还应派人值守。

(3)如因装卸作业造成船舶过度倾斜,影响机舱正常工作时,轮机长应通知大副或值班驾驶员采取有效措施予以纠正。

(4)对船舶压载的调整及可能涉及海洋污染的任何操作,驾驶和轮机部门应建立起有效的联系制度,包括书面通知和相应的记录。

(5)每次添装燃油前,轮机长应将本船的存油情况和计划添装的油舱以及各舱添装数量告知大副,以便计算稳性、水尺和调整吃水差。

五、进入封闭舱室作业规定

船上的封闭舱室是指诸如液货舱、压载舱、淡水舱、污水舱、污水井、燃油舱、滑油舱、空隔舱、泵间、箱形龙骨、锅炉内部、主机扫气道、大型压缩空气瓶内、尾轴弄,以及油船的空舱、散装化学品船和液化气船罐体内等封闭或基本封闭的舱室、场所。

1. 封闭舱室潜在的危险

(1)空舱或其他封闭舱室若已封闭了一段时间,里面的氧气含量可能非常少。

(2)船舶燃油舱、油柜、锅炉内部、主机扫气道、罐体、容器等封闭空间和装载木材、粮食、鱼粉、生铁、松节油等耗氧货物的二层柜、大舱以及通风不良的泵间等,都具有潜在的或明显的缺氧危险,并可能伴随其他有害气体,如CO等。

(3)由于货物泄漏,泵间、空隔舱、箱形龙骨等船上的封闭舱室可能存在有毒、有害、可燃、可爆的气体。

(4)与货油舱、燃油舱以及装载危险货物的舱室或舱柜相毗邻的舱室或其他封闭舱室,也都可能存在有毒、有害、可燃、可爆的气体。

(5)曾载运过油类、化学或气体货物的货舱或其他舱柜,仍可能遗留有毒、有害、可燃、可爆的气体。

2. 作业准备

(1)由一名高级船员(通常为部门长)负责拟订行动计划,并报船长批准。行动计划应包括:拟进入封闭舱室的名称;拟进入封闭舱室人员的名单;封闭舱室外守护人员名单;封闭舱室内外人员之间的通信联络手段;预计完成作业的时间;封闭舱室内通风系统及通风情况、备用的进出口、紧急信号和紧急撤离程序、应急救人计划等。

(2)在进入封闭舱室前应对该场所进行彻底的、不间断的通风,然后进行空气质量测定。

(3)在作业前把进入封闭舱室的安排告知值班驾驶员和轮机员。并在封闭舱室入口处挂上“里面有人”的警告牌。

(4)在进行封闭舱室作业前,应对作业进行严密的组织,强调安全注意事项。在进行封闭舱室内作业的船员身体应无影响安全作业的疾病或不适。

(5)对封闭舱室内外人员之间的通信联络手段进行测试,确定安全可靠。

(6)把救援设备放置在封闭舱室的入口处。这些救援设备应包括自给式呼吸器连同备用气瓶、救生索、救援带,以及可以在易燃、易爆空气中使用的防爆手电筒和低压防爆工作灯。如有必要,需要准备好将体力不支人员吊离场地的器材和设备。

(7)对需要使用的呼吸器做好气压和供气量、低压警报、面具正压和密封性测试。

3. 作业安全注意事项

(1)所有进入封闭舱室的船员应熟悉紧急信号和紧急撤离程序。

(2)未经船长或指定负责人的许可,任何人不得进入封闭舱室。进入封闭舱室的船员数量,只限于真正需要在该场所内作业的人数。当有人员在封闭舱室内作业时,应至少有一名船员在入口处守护。

(3)当有人员在封闭舱室内作业时,应通知有关部门封妥有关设备和控制阀,并贴上“禁止启动”或“禁止打开”告示或安全标志牌,防止因误操作而危及舱室内作业船员的人身安全。

(4)当有人员在封闭舱室内作业时,场所内必须保持不间断通风,同时必须定时测试场所内的空气情况。当空气中的氧气含量低于标准,或有毒、有害气体的含量高于标准,或空气情况正在变差,或通风系统发生故障而不能正常进行通风时,必须通知场地内的所有船员全部撤离。封闭舱室内各处的氧气含量应不低于18%,CO_2含量应不高于2%,有毒有害气体的含量应为零。

(5)除非处理紧急事故或在封闭舱室内的行动严重受阻,否则进入封闭舱室内的船员应能够获得两种及两种以上供气方式。如果只需在封闭舱室内做短暂停留,可采用单一供气方式,但在这种情况下,戴上呼吸器进入封闭舱室的人员必须身处适当的位置,以便一旦发生意外时可以马上被拉出。

(6)由于自给式呼吸器供气时间有限(一般不超过1 h),因此,当需要在封闭舱室内长时间作业时,应使用供气式呼吸器,由场外为场内的作业船员连续提供新鲜的空气。但使用供气式呼吸器时,必须采取安全措施,以免场外的空气供应中断,若空气是由机房供应,更需特别留意。

六、自动舵使用规定

使用自动舵可以使船舶保持在设定的航向(或航线)航行,从而消解人工操舵引起的疲劳。但自动舵的安全性能取决于具体的控制系统及船舶和环境条件，尚不能保证任何情况下的航行安全，通常在船舶通航密度不大的开阔水域且天气、海况条件较好时可以使用自动舵航行。《1974年国际海上人命安全公约》（SOLAS公约）和STCW公约规定了使用自动舵的时机、程序和要求。

1. 使用权限

是否使用自动舵应由船长根据航道、海面、气象等条件决定，必须确保航行安全。值班驾驶员和值班水手未经船长同意，均不得擅自使用自动舵。

在使用自动舵航行时，为了安全需要，船长或值班驾驶员可以随时下令改用手操舵，操舵水手必须坚决执行。如果手操舵时间较长，为避免疲劳操作，保证航行安全，通常应有两名（或以上）舵工轮换操舵。

2. SOLAS公约附则第Ⅴ章对首向和/或航迹控制系统的使用规定

（1）在高密度航运区域，在能见度受限制的条件下以及在所有危险的航行情况下，使用首向和/或航迹控制系统时，应能立即确立人工操舵；

（2）在上述情况下，应毫不迟延地为值班驾驶员配备1名合格的舵工，该舵工应随时准备接过操舵工作；

（3）从自动操舵转换为人工操舵，以及从人工操舵转换为自动操舵时，应由1名负责的驾驶员操作或在其监督下进行操作；

（4）在长期使用首向和/或航迹控制系统以后，以及在进入需要特别谨慎驾驶的区域以前，均应试验人工操舵。

在需要特别谨慎驾驶的区域，船舶操舵装置的各台动力设备如能同时工作，则这种设备应有1台以上进行工作。

3. STCW规则第Ⅷ章值班标准的规定

负责航行值班的船舶驾驶员应做定期检查，以确保舵工或自动舵正操作在正确的航向上；自动舵应至少每班手动测试一次；负责航行值班的船舶驾驶员应切记，始终遵守《1974年国际海上人命安全公约》中适用的规定。航行值班的船舶驾驶员应考虑到：使舵工就位并及时改为手动操舵以使潜在的危险局面转危为安的必要性；使用自动舵的船舶，如让局面发展到使负责航行值班的船舶驾驶员得不到帮助以致不得不中断瞭望而采取紧急措施的危险性。

4. 禁用情况

根据SOLAS公约规定和海上通常做法，下列情况不论日夜均不得使用自动舵：

（1）进出港口，航经狭水道、分道通航区、冰区和船舶密集水域时；

（2）能见度不良，视程少于5 n mile时；

（3）驶近渔区或发现前方有较多小船时；

（4）避让及其前后改变航向，或他船追越距本船较近时；

（5）海况恶劣，航向难以把定时；

（6）其他不宜使用自动舵时。

5. 转换操作

操舵水手操舵与自动舵的相互转换由值班驾驶员负责，转换操作由值班驾驶员亲自执行或在其监督下执行。操舵水手在转换操作时，值班驾驶员应认真进行监督和检查，注意开关和控钮是否处于正确位置、航向是否正确和稳定、运转是否处于最佳工作状态，如有不当，应立即予以纠正。

6. 使用自动舵的检查和注意事项

使用自动舵时操舵水手不可离开操舵岗位，且应认真监督自动舵的运转情况，密切注意电、磁罗经航向和舵角的变化，发现不稳定和异常情况应立刻报告值班驾驶员或转换为手操舵；值班人员更应认真瞭望，需要避让时，应相距他船至少 5 n mile 时即转换为手操舵；值班驾驶员至少每小时检查一次自动舵的运转情况并核对电、磁罗经的航向是否正确；每班至少进行一次手操舵、自动舵转换试验，并记入航海日志；抵港或过运河前，应进行手操舵试验，并记入航海日志；水手如要练习手操舵，应先征得值班驾驶员同意。

七、救生艇安全操作

救生艇的主要功能是在船舶遇险时帮助船员和旅客脱离难船，在救助落水人员或其他紧急情况下也可能用到救生艇。救生艇的操作除了遵守公约和法规的相关规定以外，还应按照操作规程（因船因艇而异）释放和回收，保证艇和人员的安全。

1. 救生艇放艇前的检查

（1）除演习操练及应急救助外，不得随意使用救生艇，用艇须经船长同意。港内用艇还应征得主管机关批准。

（2）除演习外，操艇人员由船长决定，非机动艇不少于 7 人，机动艇不少于 5 人，其中必须有驾驶员 1 人、轮机员 1 人、水手 2 人、机匠 1 人，由驾驶员任艇长、轮机员任副艇长，正副艇长应持有一份人员名单。操作人员应穿工作服、工作鞋，戴安全帽、手套，所有随艇上下人员必须穿救生衣。

（3）放艇前，应检查备齐艇内属具及备品，装好艇底塞，机动艇尤其要检查储油是否充足，并必须发动艇机一次。吊艇机械应进行检查试验，制动器应完好，确保稳艇索、保险钩等已处于无妨碍位置，艇摇把已取下，每个导向滑车、吊艇滑车、钢丝缆及吊艇钩均应检查确认无损。首尾缆必须带好，并派专人看管。

（4）按船舶应急部署同时放艇时，由各艇长分别负责检查和指挥；放一艘艇时，由大副和水手长负责检查指挥；机械部分由轮机长派人检查。

（5）负责检查和指挥放艇的人，应向船长报告放艇前的准备工作情况，经认可并确证下方无障碍物后方可放艇。

2. 救生艇释放的一般规定

（1）在使用救生艇时，应严格按起落操作规程进行救生艇的起落。任何人员不应站在艇下方无护栏保护的甲板边缘以及吊艇钢丝一旦崩断可能回甩伤人的地方。

（2）航行中放艇，船长应掌握放艇时机，要在停车后余速不大时放艇入水。

（3）应尽可能做到同时解脱前后钩，大船有进速时应避免先脱前钩。目前大多救生艇上配备有联动脱钩装置，当艇着水后拉动脱钩装置，首、尾吊艇钩同时解脱。

（4）救生艇在降落时应备有碰垫，同时用艇篙支撑，防止艇与大船之间的碰撞。

（5）对吊索下滑车，事先应用绳索套住，脱钩后，及时拉紧，防止滑车晃动伤人。

（6）机动救生艇的艇机应在落水之前启动起来，脱掉吊艇钩后立即驶离大船。

（7）航行中放艇，船长应掌握放艇时机，要在停车后余速不大时，才可放艇入水。一般情况下应放大船下风舷的艇，大船偏顶浪 20°~30°，稳定航向，将艇放至水面后，迅速解脱吊艇钩。风浪中放艇，应防止艇身与大船碰撞。解脱吊艇钩，应在艇身被波峰抬起前后吊艇索都松弛时进行，尽可能做到前后同时脱钩，动作要协调，防止先脱前钩。随艇下的人员应不多于3人，而且一定要握牢保险绳，其余人员由软梯上下艇。旅客均由搭乘甲板登艇。

(8)大副应根据本船吊艇架和动力装置的具体情况，制定救生艇起落操作规程，由船长批准后张贴在救生艇附近并严格执行。

(9)救生艇在行驶中应保持与大船的联系，大船值班人员应加强瞭望，注意救生艇动态，救生艇返回大船后应立即吊起，放尽积水（低温时三管轮应放尽艇机冷却水），不准在水上过夜。

(10)使用救生艇后，应将艇号、使用原因及时间详细记入航海日志。

3. 封闭式救生艇释放操作程序

封闭式救生艇的吊艇架一般都为重力式，放艇操作程序为：

(1)解除救生艇的稳索，打开救生艇的舱门，松开外接充电电源插头，打开吊艇架的安全插销；

(2)全体登艇人员依次登艇坐好并系好安全带，只留1人在艇甲板上；

(3)留下的1人解开外面的系索后登艇；

(4)艇长检查全体艇员登艇后关闭救生艇舱门；

(5)艇长再次检查确认登艇人员的就位情况后，于驾驶位发动艇机，挂空挡；

(6)艇长发出放艇指令和警报并提示登艇人员注意；

(7)拉动艇内释放手柄或钢丝，使吊艇机闸松动，降下救生艇；

(8)救生艇降到水面后，采用承载或正常释放方式脱开艇钩；

(9)拉动艇缆脱离装置的控制杆，解掉艇缆，操纵救生艇离开难船。

4. 自由降落式救生艇释放一般规定

自由降落式救生艇的释放规定与封闭式救生艇释放规定基本相同，其放艇操作程序为：

(1)解除救生艇的稳索，打开救生艇的尾部舱门，松开外接充电电源插头，摘除艇尾部的释放钩，检查确认放艇通道和艇落水区域无障碍物；

(2)全体登艇艇员依次登艇，由前至后坐好，系上安全带；

(3)艇长最后登艇并在艇内关闭尾门；

(4)艇长再次检查确认登艇人员的就位情况后，于驾驶位发动艇机，挂空挡；

(5)艇长发出放艇指令和警报并提示登艇人员注意；

(6)艇长启动液压施放装置，救生艇靠自身重力沿滑道自由下滑降落入水，然后从水中浮起；

(7)艇长开动艇机，操纵救生艇离开难船。

5. 其他要求

救生艇在行驶中应保持与大船的联系，大船值班人员应加强瞭望，注意救生艇动态。救生艇返回大船后应立即吊起，放尽积水。救生艇不准在水上过夜。使用救生艇后，应将艇号、使用原因及时间详细记入航海日志。

6. 特殊环境和条件下释放救生艇应注意事项

(1)大风浪中放艇

①大风浪中应放大船下风舷的艇。大船尽量减速，把定航向，在下风舷海面比较平静时放艇。应避免横风横浪导致的剧烈横摇，必要时可使用镇浪油。

②救生艇放至登乘甲板时,系上止荡索,带上首尾缆(首尾缆可适当带远点),使用碰垫和艇篙,以避免救生艇撞击大船船舷,保证人员安全登艇。

③大船横摇较大时,应等待有利时机。在两三个大浪过后海面相对平静时立即解除止荡索,降艇下水,保证艇在大船横摇至中间位置时,艇已放至水面。

④艇处于波谷时做好准备,当艇身被波峰抬起,利用大船向救生艇一侧横摇,前后吊艇钩都松弛时,尽量前后同时解脱吊艇钩,防止先脱前钩。

⑤若大船一舷不止一艘救生艇,大船顶浪时应先放靠近船尾的救生艇。

(2)大船横倾情况下放艇

①固定横倾较小时应先放高舷艇,横倾较大以致高舷艇无法施放时,应立即放低舷艇。艇入水后,立即依次摘去后吊艇钩、前吊艇钩后驶离,大船有前进速度时严禁先脱前钩,以防拖翻救生艇。

②降放高舷救生艇时,救生艇会斜压在大船船舷上,应慢慢滑下。为避免吊艇索过度松弛,艇内舷下滑受阻而倾覆,艇首尾可用艇篙抵住大船船舷,以加强滑降能力。

③低舷救生艇容易放至水面,但船艇之间间距大,应利用定位索并装上止荡索,使艇员能够登艇。从登乘甲板继续降放时,应先解定位索,然后慢慢送出止荡索,避免救生艇在降放过程中剧烈摇晃,撞击大船。

八、高处作业安全规定

高处作业又称高空作业,凡在坠落高度基准面2米以上(含2米)有可能坠落的地方进行的作业均为高处作业。

1. 作业准备

(1)在进行高处作业前,应对作业进行严密的组织,强调安全注意事项。

(2)在进行高处作业前,应确认参加高处作业的船员身体健康,无妨碍从事高处作业的疾病。酒后、过度劳累、情绪异常的船员不得从事高处作业。

(3)从事高处作业的船员应认真做好各项准备工作,并对高处作业使用的绳索、滑车、跳板、座板、脚手架、活动梯、安全带、保险绳等进行认真检查。有需要时,应张挂安全网。安全带的系挂点必须牢固,不准将安全带系在活动物件上,也不得将多根安全带系挂在同一系挂点上,亦不得将安全带和座板或跳板系在同一系挂点上。

(4)从事高处作业的船员必须戴好安全帽并系紧帽带,穿着连体工作服,穿着防滑软底鞋(不得穿着长筒靴、塑料底鞋以及拖鞋、凉鞋)并系紧鞋带,系好安全带。

(5)若要在汽笛、无线电天线、雷达附近进行高处作业,现场指挥应通知驾驶台,确保相关设备停止使用,直到作业完成。

(6)若作业区有冰、雪、霜冻或沙石、油脂等,须在作业前清扫(除)干净,防止滑跌。夜间进行高处作业,应保持整个作业现场有足够的照明。

2. 作业安全注意事项

(1)甲板部在进行高处作业时,大副或水手长必须亲临现场检查、指导或担任指挥;轮机部在进行高处作业时,轮机长和机工长必须亲临现场检查、指导或担任指挥,必要时,应请水手长到现场进行指导。

(2)在进行高处作业时,现场应安排专人负责照看。高处作业下方可能坠落的范围内禁止有人从事其他作业。根据作业高度 H 的不同,可能坠落范围的半径 R 也不同。当 H 为

2~5 m时，R为2 m；H为5~15 m时，R为3 m；H为15~30 m时，R为4 m。

(3)高处作业使用的工具、材料及零部件必须用吊桶、吊袋、吊绳系好后再进行上下传送，禁止抛掷。上下梯子时必须面向梯子双手握牢，禁止一手携物，一手扶梯上下。使用舱内的壁梯上下时不得手持工具或物品。禁止两人在同一梯子上紧跟上下，或两人站在同一梯子上作业。

(4)正在从事高处作业的船员不得将工具放置在容易跌落的地方。暂时不用的工具和物料应放置在专用容器内，并置于稳当、可靠的位置。

(5)高处作业应使用安全可靠的登高工具，严禁使用一般起重设备吊运或采用攀爬的方式登高。如果作业的地方是船员通常不能触及的地方，应使用梯子、跳板或座板。用活动梯子上高或登箱作业时，必须有专人扶住梯子，以防止梯子倾滑。

(6)在舱盖未关闭的舱口围上作业应视为高处作业，须采取相应的安全措施。舱盖未关闭时，禁止在舱口围上行走。由于船舶二层舱的舱口围四周无围栏，因此在船舶二层舱的舱口附近作业时应特别小心，防止意外坠落底舱。

(7)高处作业的现场指挥应随时检查作业情况，纠正违章行为。发现危险情况有权立即停止作业。在作业过程中，现场指挥不应离开作业现场。

(8)除特殊情况外，雷雨、大雾或阵风风力达6级或6级以上等恶劣天气条件下，应停止高处作业。

九、舷外、水面作业安全规定

舷外作业指在空载水线以上的船体外部进行工作。水面作业是指在漂浮于水面的浮具(包括艇筏)上进行工作。

1. 作业准备

(1)在进行舷外、水面作业前，应对作业进行严密的组织，强调安全注意事项。

(2)从事舷外、水面作业的船员必须身体健康，无妨碍从事舷外或水面作业的疾病。酒后、过度劳累、情绪异常的船员不得从事舷外或水面作业。

(3)从事舷外、水面作业的船员应认真做好各项准备工作，并对舷外、水面作业所需的如绳索、滑车、跳板、座板、安全带、保险绳等进行认真检查。

(4)在舷外高处作业时应穿好救生衣，并且准备一个具有足够长度绳索的救生圈；水面作业时必须穿好救生衣，备妥救生圈。

2. 作业安全注意事项

(1)作业时，大副或水手长应在现场检查、指导或担任指挥。现场应有专人负责照看。

(2)上下跳板或浮具时，应使用软梯，禁止攀爬跳板的吊索，禁止人员随同浮具起落。工具材料等必须用吊桶、吊袋、吊绳系好上下传送，禁止抛掷。

(3)船舶在航行中禁止进行舷外作业。在有风浪的情况下，即使船舶处于停航状态，也不应安排舷外或水面作业。若情况特殊，停航期间必须在有风浪的情况下进行舷外或水面作业时，应将救生艇或救助艇准备妥当，以便随时用于救助，水手长必须在现场紧密监视和照看。夜间不得进行舷外、水面作业。

(4)在进行水面作业时，船上应悬挂慢车信号，并注意过往船舶掀起的波浪。如果过往船舶的船行波较大，应及时通知和提醒浮具或艇筏上的作业船员，以防发生意外。

(5)舷外、水面作业的现场指挥，应随时检查作业情况，纠正违章行为。如发现危险情况，现场指挥有权立即下令停止作业。在作业过程中，现场指挥不应离开作业现场。

十、系、离泊作业安全要求

系、离泊作业是船舶营运过程中常规的操作，为保证船舶、码头和操作人员的安全，船长和船员应该按照各自的职责和规定的操作程序进行作业。按照目前船舶的通常做法，离泊作业时，船长在驾驶台负责指挥，大副和二副带领其他人员在船头和船尾负责系解缆绳作业，安全操作规程应当包括以下两方面。

1. 系、离泊作业准备

船舶在确知进、出港的时间后，应认真做好系、离泊准备工作。有关人员应认真检查主机、副机（发电柴油机）、舵机、锚机、绞缆机。驾驶和轮机值班人员要密切配合，按驾驶、轮机部门联系制度，做好对时、对车钟、对舵、冲车，试验汽笛，检查号灯、号型和备车等工作。每次系、离泊作业前，船长应将操作部署和安全措施向驾驶员和其他有关人员介绍清楚，然后分头贯彻，船长如需改变原部署，应尽可能通知大副、二副，以利于安全操作；三副会同大副、二副检查对讲机以保证联系畅通；离泊前，值班驾驶员结合看开航水尺，检查首尾系缆，使之能顺利解除；系泊所需的撇缆、引缆、制动索（链）、卸扣、碰垫、锚球等用品应提前备妥；系缆、拖缆均应置于随时可带之处；木匠、水手长应分别试转起锚机和绞缆机；大副、二副应将出缆次序和挽桩部署向全体操作人员布置清楚。

2. 系、离泊作业安全事项

操作人员提前到达现场落实分工做好准备；操作人员必须规范穿戴工作帽等劳防用品，不准穿拖鞋、赤脚和赤膊操作，衣服须扣紧或缚牢，以防卷入绞缆机；禁止无关人员进入现场；抛锚前，大副确保在锚的下方无船驳时方可抛锚；注意不得在禁锚区内抛锚；抛锚和松链前，应确知锚链舱内无人，现场工作人员不可站在锚链前方或骑跨在锚链上，靠妥泊位后，外挡如有开锚，应将锚链绞起或松至垂直状态，如未抛开锚，应将备抛之锚收进；使用拖轮帮助离靠时，操作人员要站在系缆桩的后面，禁止站在钢丝绳圈内，防止在拖缆破断或滑出时伤及人身；在抛掷撇缆时，应先招呼后撇缆，防止撇缆头伤人。

靠离时，大副在船首指挥，木匠协助，大副应注意船速、有无障碍物，并随时向驾驶台报告首前距离及其安全情况和缆绳的收、放情况；二副在船尾指挥，水手长协助，二副尤应及时向驾驶台报告船尾物距及动态和缆绳收放情况，尤其是最后一根缆绳出水应及时报告驾驶台；船尾只有在取得驾驶台同意后才可带缆或解脱，以免动车时将缆绳缠入推进器，倘系缆已上缆桩或浮筒，驾驶台需要动车时，应通知大副、二副注意；收带缆时应切实执行驾驶台命令，动作要正确、迅速，不可站在导缆孔、锚链筒口附近；绞缆时，缆绳在滚筒上应有足够的圈数，持缆者应与滚筒有足够的安全距离，切勿站在缆圈中，其他人禁止跨越，前倒缆应派有经验人员操作，缆绳挽桩须绕四圈以上；带缆操作，首尾必须和驾驶台密切配合，使首尾缆绳均匀受力，及时调整系缆受力，使船舶均匀贴紧泊位，如船体靠拢困难，应暂停绞缆，待弄清原因再处理，切忌盲目操作，以防损伤绞缆机或发生断缆、搁浅；系缆根数由船舶吨位、装载和风流等因素决定。

系缆不得挽在绞缆机或锚机非专用滚筒上代替挽桩，大风急流时，应停止使用自动张力绞缆机的自动张力装置；靠妥泊位后，应使每根系缆均匀使力，在缆绳和导缆孔接触处垫衬帆布或麻袋以防磨损缆绳，靠泊后应在每根系缆上装妥防鼠挡；缆绳在系解完毕后应放置和绑罩妥善，现场工具收回放妥；离泊后，锚机刹车要刹紧，上妥制链器和防浪盖，长时间海上航行者应将缆绳收藏到物料间保存或盖帆布罩绑扎牢固；系离泊完毕，经船长同意方可离开现场；可能受到台风威胁的系浮筒船舶，船首必须系带锚链，船尾加带保险缆；冬季，船首尾系带缆现场如有冰冻，可在甲板和滚筒上洒黄沙或其他防滑物，以利于安全操作。

十一、船舶在港停泊留船人员的规定

根据“中远海”船员值班制度和我国海船船员值班规则提出以下要求：

(1)正常情况下在港内系泊或锚泊的所有船上必须安排适当而有效的值班，对于具有特种形式推进系统，以及装载有危害的、危险的、有毒的、易燃物品的船舶还应按有关规定的特殊要求值班。

(2)停泊值班人员应包括一名值班驾驶员和至少一名水手，驾驶员由大副、二副、三副轮值昼夜班；经船长同意，可由驾驶助理代替大副值班，但大副仍应在船上负责；未配备驾驶助理的船上，大副值白天班，二副、三副轮值夜班，每班不超过 12 h，水手每班不超过 6 h。

(3)无论何时，船长和大副、轮机长和大管轮不能同时离船（高于现行安全配员规则要求）。

(4)锚泊或装卸重大件、加添淡水、排注压载水时，木匠和水手长不能同时离船。

(5)在港内停泊时，护船人员一般情况下不少于全船人数的 1/3，在封闭式锚地和开敞式锚地锚泊时，留船人数应分别不少于全船总人数的 1/2 和 2/3。

(6)对于载运散装危险货物的船舶，即使船舶已安全地系泊或锚泊，甲板部和轮机部也应各由至少一名高级船员和若干名普通船员进行安全值班。

(7)特种船和定员少的船舶，船长有权视具体情况临时规定护船人数。

(8)因故不能参加值班时，一般船员经部门负责人的同意，三副、三管轮以上船员必须经船长同意。

(9)开航前，全体船员必须按船长规定的时间返船，通常应提前 2 h 回船做开航准备。

十二、在能见度不良水域中航行的安全制度

1. 进入能见度不良水域航行前的准备

严格执行安全管理体系文件中的相关规定，并按照《能见度受到限制水域航行检查表》认真进行检查，完成各项安全准备工作；及时抄收天气预报、气象传真、航海警告和雾航警报；船长和驾驶员应充分掌握雾情资料、航区特点、潮流情况、通航密度并选用合适的定位方法；船长应督促驾驶人员对各种航行仪器、雾号和航行灯进行检查，以确保在能见度不良水域中航行时正常使用；船长应督促有关人员检查排水和水密设备，使之处于良好状态；轮机长应按船长要求备足供主机变速的燃油；值班驾驶员在雾袭来以前，应抓紧时机测定船位并观察海面周围情况。

2. 进入能见度不良水域中航行

驾驶人员应保持正规瞭望，仔细观察，从灯光、水天线、目标等的变化中判断视线是否正在恶化，船舶是否正在进入能见度不良水域。当能见度小于 5 n mile，并且能见度在进一步降低时，即认为能见度不良，船舶应处于航行戒备状态，并做好一切船舶在能见度不良水域中航行的准备。驾驶员应报告船长并通知机舱，开启雷达，将雷达调整到最佳工作状态并正确使用，注意守听 VHF 16/70 频道和加强瞭望。当能见度小于 3 n mile 时，即认为能见度严重不良，应按规定施放雾号，通知船长上驾驶台，不得以任何理由迟叫或不叫船长，并

通知机舱备车，进行雷达标绘、系统观测。不论白天、夜间必须开启航行灯。能见度严重不良时，船长必须立即到驾驶台指挥或指导船舶操纵，坚持在驾驶台值守。值班驾驶员应将船位、四周环境和已采取的措施报告船长。

船长应研究核实能见度不良水域航行安全措施的实施情况，督促值班驾驶员认真瞭望，勤测船位；机舱接到备车航行通知后，应立即报告轮机长，轮机长应下机舱检查核实机舱操纵的一切准备，并严格执行驾驶台的备车、用车命令；每一船舶在任何时候均应使用安全航速行驶，以便能采取适当而有效的避碰行动，并能在适合当时环境和情况的距离内把船停住；全船应保持肃静，禁止喧哗，以免干扰驾驶员的听觉。船舶在能见度不良水域中航行，必须利用一切有效手段保持正规瞭望，禁止进行与工作无关的交谈，打开驾驶台门窗，充分利用视觉、听觉观察可疑动向和声响；当航经近岸、船舶密集、狭窄水道等复杂水域遇雾时，应视情派员瞭头。瞭头人员应及时将所发现的情况及疑点报告驾驶台；持续守听VHF 16/70 频道，并使用 VHF 16/70 频道在通话空隙发布本船雾航警报。

雾航警报用中、英文交替发出，力求简明。其内容包括船名、时间、船位、航向、航速、意向，并提醒过往船舶注意，并充分利用 AIS 相关功能获取来船的动态与信息，以便协调避让；在能见度不良水域中航行时，严禁使用自动舵；船长和值班驾驶员应对危险来船进行雷达连续观测和标绘，以判断来船动向及最近会遇距离，对危险来船实施预操作；为确保船舶在能见度不良水域中的航行安全，当视线恶劣、渔船密集、避让困难、航道复杂及船长对航行安全无把握时，在条件许可的情况下，船长有权择地锚泊或滞航，切勿盲目航行。

任务3.2 船舶航行安全管理

任务情景

长期以来，船舶安全一直是航运界非常关注的问题，世界各海运国家在船舶安全方面做了大量工作。然而，随着近年来航运业的快速发展，全球范围内的船舶碰撞、搁浅、火灾、爆炸、污染等事故屡屡发生，并造成了严重后果。综合分析这些事故可以发现，影响船舶航行安全的因素主要有人为因素、船舶因素和环境因素三方面。

本任务以某公司体系中关于船舶沿岸航行安全管理为例，讨论驾驶员如何做好沿岸安全航行管理，本内容所涉航行检查表（沿岸/分道能航）见表 3-2-1。

表 3-2-1　航行检查表(沿岸/分道通航)

SHIP NAME	
NAVIGATION CHECKLIST (COASTAL WATERS AND TRAFFIC SEPARATION SCHEMES)	
This checklist is to be completed by the officer on watch once per watch and a log entry made.	INITALS
Have all charts and nautical publications to be used, been corrected up to date?	
Have the folowing factors been taken into consideration in preparing the passage plan?	
Advice/Recommendations in sailing directions?	
Ships draught?	
Effect of "squat" on underkeel clearance in shallow water?	
Tides and currents?	
Available navigational aids and their accuracy?	
Weather, particularly in areas renowned for poor visibility?	
Position fixing method to be used?	
Daylight/Night time passing of danger points?	
Any requirements for traffic separation/routing schemes?	
Traffic likely to be encountered-flow type, volume?	
Are local/coastal warning broadcasts being monitored?	
Is participation in area reporting systems being followed?	
Is the ship's position being fixed at regular intervals and is "continuous track monitoring" in use?	
Have courses been laid off well clear of obstructions?	
Are the errors of gyro/magnetic compasses being checked regularly?	
Is the echo sounder in operation where required?	
OOW's SIGNATURE:　　　　DATE:	

任务目标

1. 了解船舶交通服务系统的作用。
2. 了解各国船舶报告制度。
3. 了解船舶引航管理。

任务分析

遵守沿岸国管理规定，遵守国际避碰规则，听从 VTS 引导航行，遵守公司沿岸航行管理规定，逐项完成沿岸航行检查要求的检查内容并如实记录，注意：

(1)为了确保沿岸航行安全，要求每班驾驶员完成列表内容的各项检查工作。

(2)海图与相关图书已经改正到最新，遵守航行计划和航路指南安全航行。

(3)正确使用导航设备、按要求及时定船位。

(4)注意白天或者夜晚通过危险点的航法，船舶富裕水深及障碍物的避离。

(5)及时关注沿岸发布的警告、气象信息、交通流等。

(6)航行值班过程中，如有任何疑问，及时请示船长。

知识获取

船旗国管理与港口国监督属于船舶安全管理的符合性检查，通常在船舶在港内停泊或船舶进出港口时进行。而对船舶航行安全的监督和控制相对而言要更困难，是船舶安全管理的重要环节，需要船旗国和沿海国家负起责任。为了维护国家主权和保证船舶在港口和沿海水域的航行安全，目前沿海国家大都采用船舶定线制、交通管理系统强制引航、船位报告系统等国际通常做法，并采用立法等程序以达到强化对船舶航行安全管理的目的。这些系统和制度对船舶航行安全起到了积极作用。

一、船舶交通服务系统

为加强船舶交通管理，保障船舶交通安全，提高船舶交通效率，保护水域环境，各沿海国普遍在其沿海及内河或港口水域设有 VTS，对管辖区域内航行、停泊和作业的船舶、设施(以下简称船舶)进行通航安全管理。VTS 的主要功能是根据交通流量和通航环境及港口船舶动态计划实施交通组织，并通过船舶报告、提供信息等手段对船舶航行进行管理和服务。

二、VTS 监督管理规则

为了加强船舶交通管理、保障船舶交通安全、提高船舶交通效率、保护水域环境，我国交通运输部颁布《船舶交通管理系统安全监督管理规则》，该规则自 1998 年 1 月 1 日起施行。

1. 适用范围

本规则适用于在中华人民共和国沿海及内河设有船舶交通管理系统的区域内(VTS 区域)航行、停泊和作业的船舶、设施及其所有人、经营人和代理人。

2. 主管机关

中国海事局是全国船舶交通管理系统安全监督管理的主管机关。主管机关设置的船舶交通管理中心(VTS 中心)是依据本规则负责具体实施船舶交通管理的运行中心。

3. 船舶报告

(1)船舶在 VTS 区域内航行、停泊和作业时，必须按主管机关颁发的 VTS 用户指南所明确的报告程序和内容，通过甚高频（VHF）无线电话或其他有效手段向 VTS 中心进行船舶动态报告。

（2）船舶在 VTS 区域内发生交通事故、污染事故或其他紧急情况时，应立即通过 VHF 无线电话或其他一切有效手段向 VTS 中心报告。

（3）船舶发现助航标志异常、有碍航行安全的障碍物、漂流物或其他妨碍航行安全的异常情况时，应迅速向 VTS 中心报告。

（4）船舶与 VTS 中心在 VHF 无线电话中所使用的语言应为汉语普通话或英语。

4. 船舶交通管理

（1）在 VTS 区域内航行的船舶除应遵守有关避碰的规则外，还应遵守交通部和主管机关颁布的有关航行、避让的特别规定。

（2）船舶在 VTS 区域内航行时应用安全航速行驶，并应遵守交通部和主管机关的限速规定。

（3）船舶在 VTS 区域内应按规定锚泊，并应遵守锚泊秩序。

（4）任何船舶不得在航道、港池和其他禁锚区锚泊，紧急情况下锚泊须立即报告 VTS 中心。

（5）船舶在锚地并靠或过驳须符合交通部和主管机关的有关规定，并应及时通报 VTS 中心。

（6）船舶在 VTS 区域内航行、停泊和作业时，应在规定的 VHF 通信频道上正常守听，并应接受 VTS 中心的询问。

5. 船舶交通服务

（1）应船舶请求，VTS 中心可向其提供他船动态、助航标志、水文气象、航行警（通）告和其他有关信息服务。

（2）应船舶请求，VTS 中心可为船舶在航行困难或遇到恶劣气象环境时，或在船舶出现故障或损坏时，提供助航服务。船舶不再需要助航时，应及时报告 VTS 中心。

（3）为避免紧迫局面的发生，VTS 中心可向船舶提出建议、劝告或发出警告。

（4）VTS 中心认为必要的时候，或应船舶或其所有人、经营人、代理人的请求，可为其传递打捞或清除污染等信息并协调救助行动。

三、船舶身份识别与跟踪

船舶的身份识别与跟踪主要用于船舶保安和避碰以及海事管理，能够对船舶航行的静态和动态信息进行连续的监视和管理。

船舶自动识别系统（automatic identification system，AIS）由岸基（基站）设施和船载设备共同组成，是一种新型的集网络技术、现代通信技术、计算机技术、电子信息显示技术为一体的数字助航系统和设备，配合 GPS 将船位、船速、改变航向率及航向等船舶动态结合船名、呼号、吃水及危险货物等船舶静态资料由 VHF 频道向附近水域船舶及岸台广播，使邻近船舶及岸台能及时掌握附近海面所有船舶之动静态资讯，得以立刻互相通话协调，采取必要的避让行动，这对船舶安全有很大帮助。除了船舶保安和避碰以外，AIS 用于海事管理，能够对船舶航行的静态和动态信息进行连续的监视和管理。AIS 信息接入 VTS 系统，能够增强 VTS 功能，提高船舶的识别精度和信息量，延伸船舶的交通服务范围。

1. 船舶信息服务

AIS 为船舶提供的服务包括：水域交通动态和交通指引；航行警告、航行通告和交通管制信息；影响船舶航行的因素，气象、水文、航标等信息；应答船台对岸台的求助。

2. 海事监管服务

AIS 可为海事部门监管工作提供的服务包括：提供船舶动态、静态信息，相对于航道的位置以及周围船舶的位置和意图；发布航行警告、航行通告、交通管制等信息。

3. 社会信息服务

AIS 通过客户机和服务端（C/S）及浏览器和服务器（B/S）模式，为船舶、船公司、航运部门、政府、港口、生态、救援、海洋和大气研究、统计公共访问、VTS、反恐等提供服务。

全球航运业的不断发展和企业信息化管理功能的不断完善，使得对船舶航行过程的动态监控的需求日益提高。船务公司、港航管理部门、货物代理公司等都希望能够直接了解船舶的动态，进而指导工作，提高效率。随着 AIS 在船舶应用中的迅速普及，岸站建设的逐步展开以及在互联网上进行船舶航行信息的发布与共享，AIS 船岸网络的形成必将在船舶导航、船舶避碰、船船通信、船岸通信、航运信息化建设等方面发挥出日益重要的作用。

四、船舶引航管理

为了维护国家主权、保障水上人命财产安全，港口国或沿岸国通常对在港口水域、内河甚至包括沿海特殊水域航行和作业（包括航行、靠泊离泊、移泊等活动）的船舶强制要求申请引航员引航。强制引航的船舶一般为外籍船，但某些种类和等级的本国船舶也可能适用强制引航的规定。此外，对某些符合条件的外籍船舶港口国或沿岸国也可能不强制引航，准许船舶自行操纵，俗称“自引”。

1. 主管机关

中华人民共和国海事管理机构负责引航安全监督管理工作，具体包括贯彻执行有关引航的法律、法规、规章和政策；负责筹建引航机构；负责监督管理引航收费；负责引航业务监督和协调。海事管理机构负责引航安全监督管理工作，具体包括贯彻执行有关引航的法律、法规、规章和政策；组织实施引航员培训、考试和发证工作等。

2. 引航员和船长责任权限

引航员在引领船舶时，并不免除被引船舶船长管理和驾驶船舶的责任，被引船船长具有监督引航员的作业、提出自己的怀疑、及时提醒和指出引航员的错误、必要时即行使纠正的权利和义务。

3. 引航机构与引航员

船舶引航服务通常由专业引航机构提供。引航机构负责制订引航方案和引航调度计划，接受引航申请，提供引航服务，并负责引航费的计收和财务管理工作。引航机构通常为独立的法人和专业机构，除了提供引航服务和管理以外，还参与涉及引航的港口、航道等工程项目的研究工作，按国家规定负责引航信息统计工作等。

引航员通常由持有有效引航员适任证书，并在提供专业引航服务的引航机构从事引航工作的专门人员担任。引航员应当经过规定的培训考试，取得培训合格证和引航员适任证书。按海港和内河两个系列，引航员任职资格分为一级引航员、二级引航员和三级引航员。海港引航员的引领范围是沿海港口及附近水域，内河引航员的引领范围是内河港口和航线。

4. 引航申请

申请引航的船舶或者其代理人应当向相应的引航机构提出引航申请,不得直接聘请引航员或者让非引航员登船引航。申请引航的船舶或者其代理人应当向引航机构提供被引船舶的下列资料:船公司船名(包括中、英文名)、船籍、船舶呼号;船舶的种类、总长度、宽度、吃水、水面以上最大高度、载重吨、总吨、净吨、主机及侧推器的种类功率和航速;装载货物种类数量;预计抵、离港或者移泊的时间和地点。在内河干线航行的船队,还应当提供拖带的方式和队形以及其他需说明的事项等。

引航机构在接到船舶引航申请后,根据相关规定为船舶提供引航服务,制定引航方案,安排持有有效证书的引航员,并将引航方案通知申请人。引航机构根据船舶状况和通航条件,制定合理的拖船使用方法。被引航船舶应当根据引航机构提供的拖船使用方法的要求安排拖船或者委托引航机构安排拖船,并承担相应的费用。

下列船舶在交通运输部划定的海上引航区内航行、停泊或者移泊的,应当向引航机构申请引航:

(1)外国籍船舶,但交通运输部报经国务院批准后规定可以免除的除外;

(2)核动力船舶,载运放射性物质的船舶、10 万总吨及以上油船;

(3)可能危及港口安全的散装液化气船、散装危险化学品船;

(4)长、宽以及吃水或者水面以上高度接近相应航道通航条件限值的船舶。

前款第(3)项、第(4)项船舶的具体标准,由交通运输部直属海事管理机构根据进口航道实际情况制定并公布。

5. 引航员登离船

引航员上船引领时,被引船舶应当在其主桅悬挂引航旗。任何船舶不得在非引领时悬挂引航旗。船舶接受引航服务,应按照 SOLAS 公约的规定,为引航员提供方便、安全的登离船设备,采取必要的措施确保引航员安全登离船舶,并为引航员提供工作便利,配合引航员实施引航。

引航员离船时应当向船长或者接替的引航员交接清楚,在双方确认安全的情况下方可离船。因恶劣的天气或者海况导致引航员不能离开船舶时,船长应当做出合理的等待方案或者将船舶驶抵能使引航员安全离开船舶的地点,并负责支付因此造成的相关费用,但事先应当征得海事管理机构的同意。

6. 引航实施

引航员登船后,应向被引船舶的船长介绍引航方案,船长应当向引航员介绍本船的操纵性能以及其他与引航业务有关的情况。船舶由引航员引航时并不解除船长管理和驾驶船舶的全部责任。船长和值班驾驶员应与引航员紧密合作,并保持对船位和船舶动态随时进行核对。船长对引航员的错误操作应及时指出,必要时立即纠正。船长发现引航员的引航指令可能对船舶安全构成威胁时,可以要求引航员更改引航指令,必要时还可要求引航机构更换引航员,并及时向海事管理机构报告。

引航员在遇到下列情况之一时,有权拒绝、暂停或者终止引航,并及时向引航机构、海事管理机构报告:恶劣的气象、海况;被引船舶不适航;航道或者码头条件不满足被引船舶的航行作业、停泊的安全要求;被引船舶的引航员登离装置不符合安全规定;引航员身体不适,不能继续引领船舶;其他不适于引航的原因。引航员在做出上述决定之前,应当明确地告知被引船舶的船长,并对被引船舶当时的安全做出妥善安排,包括将船舶引领至安全和不妨碍其他船舶正常航行、停泊或者作业的地点。

引航员发现海损事故、污染事故或违章行为时，应当及时向海事管理机构报告。在引航过程中被引船舶发生水上安全交通事故时，引航员应当采取有效措施减少事故损失，尽快向引航机构和海事管理机构报告并接受、配合或者协助水上交通事故调查。

引航员应当将被引船舶从规定的引航起始地点引抵规定的引航目的地。引航结束时船长和引航员应当准确填写引航签证单。被引船舶或者其代理人应当按规定支付引航费。

五、船舶报告系统

船舶报告系统的法律依据是《1974 年国际海上人命安全公约》第Ⅴ章以及《1979 年国际海上搜寻救助公约》附录第Ⅵ章的有关规定。系统可提供船舶资料，为组织协调指挥船舶参与搜寻救助提供相关信息。避免或减少海上人员伤亡和财产损失，保障人命安全。同时，船舶报告系统能够向有关的主管机关提供船位和航线信息，这有利于主管机关对船舶航行安全和海洋环境安全进行指导和监控。

由于 GMDSS 采用了 DSC、窄带直接印字电报（NBDP）、国际海事卫星系统（INMARSAT）、EPIRB、NAVTEX、增强群呼（EGC）等先进的通信技术，因此，该系统的投入使用不仅提高了海上船舶移动电台遇险报警的自动化程度和通信效率，也为船舶报告系统的开发、完善奠定了良好的基础。

许多国家遵照 SOLAS 公约以及救助公约的规定，并参考美国的船舶自动互助报告系统，先后建成了各国的船舶报告系统，各国船舶报告制度要求的详细信息在无线电信号表中均可以查到。

1. 美国的船舶自动互助报告系统

船舶自动互助报告系统（Automated Mutua1assistance Vessel Report System，AMVER）是美国海岸警卫队为促进海上人命财产安全而建立的自愿性质的全球船舶报告系统。AMIVER 的主要功能之一是能应施救单位的要求以最快的速度提供失事船附近各船舶的船位、动态及性能的信息。世界上任何航程超过 24 小时的商船，都可以自愿参加 AMVER 船舶报告系统。

2. 澳大利亚船舶报告系统

澳大利亚船舶报告系统（Austra1ian Ship Reporting System，AUSREP）由堪培拉海上救助协调中心控制管理，该船舶报告系统适用于航行在 AUSREP 业务海域的在澳大利亚登记的商船和从抵达澳大利亚的第一个港口直到离开澳大利亚的最后一个港口的外籍船舶。AUSREP 的主要功能包括在船舶没有发出遇险信号时，缩短从发现船舶失踪到开始搜救行动的时间；缩小搜救行动的海域；在搜救行动中，提供在该海域内其他可参与救助船舶的最新信息。

3. 日本船舶报告系统

日本船舶报告系统（Japan Ship Reporting System，JASREP ）可提供发生遇险事件船舶动态的最新信息。无论船舶吨位大小、悬挂哪国国旗和船舶类型如何，只要进入 JASREP 系统的业务海域，均可自愿参加 JASREP 系统。JASREP 系统业务覆盖由其国土与 17°N、165°E 围成的海域。

4. 中国船舶报告系统

我国为《1974 年国际海上人命安全公约》《1979 年国际海上搜寻救助公约》的缔约国，

履行国际公约，保障海上人命及船舶安全是我国的国际义务。根据公约“各缔约国须提供海上搜寻救助服务”的要求，我国建立了中国船舶报告系统（China Ship Reporting System，CHISREP）。

中国船舶报告系统适用于9°N以北，130°E以西的海域（其他国家领海和内水以外）。在中国船舶报告制区域内航行的船舶可自愿加入该系统，但系统也规定了在中国船舶报告区域内航行时间超过6 h的下列船舶必须参加：航行于国际航线300总吨及以上的中国籍船舶、航行于中国沿海航线1 600总吨及以上的中国籍船舶、2005年1月1日后航行于中国沿海航线的300总吨及以上的中国籍船舶。当然，中国政府也鼓励外籍船舶和上述规定以外的中国籍船舶自愿加入中国船舶报告系统。

加入中国船舶报告系统的船舶必须严格遵守《中国船舶报告系统管理规定》，并按照规范格式和有关程序发送船舶报告。中国船舶报告系统将时刻关注报告船舶的航行安全，维护海洋环境清洁。

任务3.3 法定记录的记载与管理

任务情景

相关船舶法定文书是船舶安全和防污染工作的原始记录，是公司和船员履行安全主体责任的证明，也是海事调查中的重要证据来源，更是海事部门现场检查的重点内容之一，不按规定配备、记录和保存将会承担法律责任，可能面临罚款和扣分。据统计，2020年全国直属海事系统对国内航行海船涉及船舶法定文书的行政处罚超2 000件次。

船上的法定文书主要包括航海日志、轮机日志、油类记录簿、垃圾记录簿、车钟记录簿、货物记录簿。执法人员通过查验记录内容是否及时、准确、完整和真实性来验证船员的适任能力和职责。这些法定文书具有法律效力，是海事调查中的重要证据来源。通过了解中华人民共和国海事局监制航海日志的记录内容，加强对本任务学习内容的理解。

任务目标

1. 了解船上的法定记录法定地位。
2. 熟悉航海日志和车钟记录簿的记录要求。
3. 了解船载油类记录簿的记录与管理要求。
4. 了解船舶生活垃圾分类与记录管理。

任务分析

航海日志反映了船舶航行的实际情况，是分析和总结航海经验、判断和处理海损事故的重要依据。

知识获取

船舶法定记录是反映船舶运输生产的原始记录，是主管机关对船舶进行检查和监督的重要内容，也是分析总结航海经验和判断处理海事的重要依据，船长和驾驶员必须认真记录和妥善保管。本节主要介绍航海日志、轮机日志、车钟记录簿、《国际防止船舶造成污染公约》(MARPOL 公约)要求的船舶油类记录簿、垃圾记录簿的记载和管理要求。

一、航海日志的记载与管理

航海日志是反映船舶运输生产工作的原始记录和重要法定文件之一，必须严肃、认真地将记录与保管工作做好。国家质量监督检验检疫总局 2000 年 5 月 8 日发布、2001 年 1 月 1 日实施的《中华人民共和国国家标准——航海日志》(GB 18093-2000)中明确规定了航海日志的记载和管理要求。标准适用于所有国际航行的中国籍海船和 500 总吨以上沿海航行的中国籍海船，500 总吨以下沿海航行的中国籍船舶可参照执行。

1. 记载要求

(1)航海日志是反映船舶运输生产工作的原始记录和重要法定文件之一，必须严格、认真、如实地记载(图 3-3-1)。

航海日志

DECK LOG BOOK

船名____________________

M. V ____________________

自____年____月____日至____年____月____日

中华人民共和国海事局监制

<table>
<tr><th colspan="13">航行记录</th><th colspan="13">气象海况记录</th><th colspan="2">值班</th></tr>
<tr><th colspan="2" rowspan="2">时间</th><th colspan="5">罗经航向</th><th rowspan="3">真航向</th><th rowspan="3">风流压差</th><th rowspan="3">计划航迹向</th><th rowspan="3">计程仪读数</th><th rowspan="3">实测时速</th><th rowspan="3">推进器转/分</th><th rowspan="3">观测时间</th><th rowspan="3">天气现象</th><th rowspan="3">能见度</th><th rowspan="3">气压</th><th colspan="2" rowspan="2">气温</th><th rowspan="3">海水温度</th><th colspan="2" rowspan="2">风</th><th colspan="2" rowspan="2">云</th><th colspan="2" rowspan="2">波浪</th><th rowspan="3">驾驶员</th><th rowspan="3">水手</th></tr>
<tr><th colspan="2">陀螺</th><th colspan="3">磁罗经</th></tr>
<tr><th>时</th><th>分</th><th>航向</th><th>改正量</th><th>航向</th><th>磁差</th><th>自差</th><th>干</th><th>湿</th><th>向</th><th>级</th><th>状</th><th>量</th><th>向</th><th>级</th></tr>
<tr><td></td><td></td><td></td><td></td><td></td><td></td><td></td><td></td><td></td><td></td><td></td><td></td><td></td><td></td><td></td><td></td><td></td><td></td><td></td><td></td><td></td><td></td><td></td><td></td><td></td><td></td><td></td><td></td></tr>
<tr><td></td><td></td><td></td><td></td><td></td><td></td><td></td><td></td><td></td><td></td><td></td><td></td><td></td><td>04:00</td><td></td><td></td><td></td><td></td><td></td><td></td><td></td><td></td><td></td><td></td><td></td><td></td><td></td><td></td></tr>
</table>

图 3-3-1　航海日志记录内容

													08:00															
													12:00															
													16:00															
													20:00															
													24:00															

舱水测量记录

		饮水柜和压载水舱												污水沟					
上午8时	左																		
	中																		
	右																		
下午4时	左																		
	中																		
	右																		

中午测算

船位		纬度	经度
实测			
推算			

		消耗量	添加量	现存量
油水存量	重油			
	轻油			
	淡水			

两洪间统计	
昼夜航程	
昼夜平均航速	
航行时间	
实际航程/计程仪	
距下港航程	
日出时间	
日没时间	

记事栏	重大事项记录

图 3-3-1（续）

（2）航海日志应使用不褪色的蓝黑或黑色墨水，用中文（地名、人名、船名可写原文）和规定缩写代号或符号记载。字体要端正、清楚，词句准确、简练，不得任意删改或涂抹。如果记错或漏写，应将错误字句用红色墨水笔画一横线删去，被删字句仍清楚可见，改补字句写在错漏字句上面，改正人在改正字句后加括弧签字。

（3）船舶主要资料经船长审查后应由大副或二副负责填入航海日志簿首页。

（4）左、右页要依时间对应顺序进行记录，不得间断。每日终了，左、右页应同时换新页后继续记录。

（5）大副应每天审阅记录是否符合要求，并逐日签字；船长应对监督航海日志记载正确和完整负全部责任，并逐日签字。

（6）根据记载内容，事后能重新绘出当时航迹和掌握当时航行及生产的主要情况。

2. 保管要求

（1）航海日志必须严格认真保管。

（2）航海日志每册100页（必须有漆封），启用前大副应对其进行认真检查，保证漆封完好，没有漏页、重页和装订错误。启用新本航海日志时，应与轮机日志核对页数，并保持一致。航海日志要按顺序记载，不得撕毁或增添。大副负责航海日志的保管，用完后存船2年，然后送船舶所有人保存5年方可销毁。

（3）船舶发生海事时，船长应将航海日志及有关海图妥善保管，弃船时应将其带下，以供海事调查之用。

3. 制作、登记和签发

航海日志由中华人民共和国海事局统一编号制作，由海事局授权单位登记并签发。登记时应注明所签发航海日志的编号、上册航海日志的编号及签发机关。船舶每次可申请签发4册。空白航海日志需经国家海事局授权机构签发（盖章）后方可投入使用。

4. 左页记载内容

（1）航行记载部分

①除每班记录两次外，当航向、风流压差值、罗经改正量有变动时，应增加记录次数，如果航向、航速变化频繁，可写“船长（引航员）领航，航向、航速不定”；

②罗经航向：记录陀螺罗经和标准磁罗经度数，即罗经北和船首向之间的夹角；

③罗经改正量：记录陀螺罗经和标准磁罗经改正量，偏东其符号为“+”，偏西其符号为“-”；

④真航向：记录真北向（子午线）与船首向之间的夹角，即真航向=罗经航向+罗经改正量（偏东其符号为“+”，偏西其符号为“-”）；

⑤风流压差值：记录风流压差值和符号，左舷来风或来流其符号为“+”，右舷来风或来流其符号为“-”；

⑥计划航迹向：记录真北向（子午线）与海图上计划航线之间的夹角，即计划航迹=真航向+风流压差值；

⑦计程仪读数：记录计程仪读数，精确到1/10海里；

⑧实测时速：记录实测船位取得的平均时速；

⑨推进器转速：记录推进器转速表每分钟平均转速，转速变换频繁时记“不定”。

（2）气象海况记载部分

①每班记录两次，当遇恶劣天气或天气突变时应增加观测和记录次数；

②气压记录订正后的大气压;

③风向、风力记录真风向、真风力,风向以 N、NNE、NE 等十六点表示,风力以蒲福等级表示;

④云量:将天空分为十等份,0 为无云,10 为满天云。

(3)舱水测量

舱水测量每日两次(08:00 和 16:00),由大副记录,必要时应增加测量和记录的次数。

(4)正午统计

每日中午由二副统计填入,实际航程是实测船位所得的航迹线上的实际里程。轮机长应提供主机平均转速、燃料的消耗与存量。

5. 右页记事栏记载内容

无论航行、停泊,还是修理,凡有关船舶的动态、现象及动作,当班驾驶员均应按时间顺序逐行详细记录,交班时在本班栏右下角签字。记载的内容包括:

(1)抵、离港前,对影响航行安全的主要航行设备的试验和检查结果,船首尾吃水,特种船舶的特殊操作。

(2)离靠码头(浮筒)泊位时,扼要记载操纵措施、领航员姓名、上下船时间及地点、拖轮船名及靠上和解拖时间及动态、系上第一根缆和靠妥时间、开始解缆和解掉最后一根缆的时间、抛锚及锚抛妥或开始绞锚及锚离底时间、泊位名称、锚位及水深底质、左(右)及锚链链长、号灯号型、备车、用车、完车、定速时间、船位及掉头等情况。

(3)航行中,凡与海图作业有关的事务,以及用以保证航行安全的操作、观测、记录结果、采取的措施都应记载,主要包括但不限于下列内容:

①船位:天测、推算和交接班船位应准确到分以下小数点一位的纬度和经度记载;陆测、测深、雷达和无线电助航仪器等船位,应记其观测数据,若出现位移差时,应记录其数据,以及采取的措施;

②经长时间航行初显的重要物标或经过重要物标的时间、方位和距离,进出分道通航区或特殊区域的时间,以及经过主要航标的时间和正横距离;

③改变航向的时间、船位和计程仪读数,罗经改正量的测算时间和数据(如条件允许,每班或转向后应测算罗经差);

④计程仪开启、停止时间,计程仪改正量及测校时间、数据和方法;

⑤开始或停止使用风流压差的时间、船位、风向、风速、流向及流速的数据;

⑥发现对我船安全有影响的来船情况,及避让中采取的重要措施和时间;

⑦气象和海况发生突变的时间及所采取的安全措施;

⑧货舱的检查和保管货物的措施;

⑨每班巡回检查的情况;

⑩航道和航标变异,发现漂浮物和其他异常的情况;

⑪日视出没、开关航行灯、升降国旗及各种信号的时间,拨钟时间和数据;

⑫发生海事的情况,自救或救助他船的经过、措施及效果;

⑬自动和手操舵转换的时间。

(4)停泊时,应记录内容包括:锚泊、系泊及移泊情况,气象、水文情况,日视出没、升降旗和号灯开关时间,装卸货时应记开工/停工时间、舱号和原因,各舱装卸情况,船舶首尾吃水、安全巡视情况,上下客时间,油轮洗舱、打入或打出压舱水的时间和情况;补给淡水和燃料的时间及数量、船舶主要部分及设备的预防检修措施、船舶厂修的主要项目及进度情况。

6. 航海日志右页重大事项记录栏的记载

航海日志右页重大事项记录栏记载船上非经常性及较重大事件，以及国际公约要求航海日志记载的内容。重大事项记录栏由船长、大副填写，航海日志记载中严重错漏的更正应由船长亲自填写。

下列情况应填写航海日志重大事项记录栏：船舶交接与试航的情况；发生海事、人员伤亡事故、船员严重失职和违纪现象；自然人的出生与死亡；海难救助与共同海损措施；船舶遭遇司法扣押或被主管机关滞留的基本情况；对救生、消防器材检查的时间和情况；应急演习的时间、地点及详细情况；到离港时的货物、燃料、淡水、压载的总数（如有旅客，包括旅客人数），以及到离港时的船舶六面吃水、初稳性高度值；船长或大副调动及交接手续办理完毕的时间以及航海日志记载中有严重错漏的更正。

二、车钟记录簿记载和管理要求

车钟记录簿是船舶的重要法定记录之一，发生海事时，可供海事调查之用。驾驶台和机舱均应备有车钟记录簿，并由值班驾驶员和值班轮机员同时负责记录，记录必须严肃、认真、准确，记录者应在每页下面签名，船长、轮机长在每航次结束后审阅。国家质量监督检验检疫总局 2001 年 9 月 3 日发布、2002 年 4 月 1 日实施的《中华人民共和国国家标准——轮机日志和车钟记录簿》（GB 18436-2001）中明确规定了车钟记录簿的记载和管理要求。

1. 车钟记录簿的记载要求

船舶在营运过程中，当动用车钟和主机时，驾驶台和机舱应分别记录备车的日期和原因；应依次用正确的符号记录主机的每一动作和准确时间，每次备车另起一行，应连续记录，不留空页；有自动车钟记录仪的船舶，在驾驶台操纵主机时，允许车钟记录簿上只记录对时和车钟、备车（包括冲车和试车）以及机动操纵完毕的时间，不必记录每一车钟令；应在摇预备车钟前，记录校准机舱及驾驶台时钟的时间；备车前，驾驶台和机舱的车钟必须校准，并记入航海日志中；值班驾驶员和值班轮机员必须记录每次用车的准确时间；应在主机投入运转前，记录校对车钟的时间；应使用不褪色的蓝黑或黑色墨水，用中文或规定的符号记载；符号准确，不得任意删改或涂抹，如记错或漏写，应将错误符号用红墨水笔画一横线删除，被删除符号应清楚可见，改正人在改正符号后加括弧签字；应在动态栏记录船舶进港、出港、移泊、抛锚及其他机动动作；应由值班驾驶员和值班轮机员分别记录并签字。

2. 车钟记录簿保管要求

甲板部和轮机部均应备有车钟记录簿；使用中的车钟记录簿应分别由驾驶员与轮机员保管；使用过的车钟记录簿应分别由船长与轮机长保管；用完的车钟记录簿应在船上保管 2 年，然后交公司处理；船舶发生海事时，应将车钟记录簿与航海日志及轮机日志妥善保管。

3. 车钟记载符号

根据《中华人民共和国国家标准——轮机日志和车钟记录簿》（GB18436-2001），车钟记录簿的车钟令使用规定的符号记载，具体见表 3-3-1。

表 3-3-1　车钟记载符号与含义

符号	符号内容	符号	符号内容	符号	符号内容
⊙	校对时钟、车钟		微速前进		微速后退
⊗	备车		慢速前进		慢速后退
×	停车		半速前进		半速后退
○	完车		快速前进		快速后退
	定速				

三、船舶油类记录簿的记载和管理

根据 MARPOL 73/78 公约附则Ⅰ的规定,凡 150 总吨及以上的油船和 400 总吨及其以上的非油船,应备有油类记录簿(oil record book)第Ⅰ部分(机器处所的作业);凡 150 总吨及以上的油船,还应备有油类记录簿第Ⅱ部分(货油和压载作业记录)。油类记录簿可以作为航海日志的一部分或作为其他文件,格式均应符合 MARPOL73/78 公约附则Ⅰ中的要求。

油类记录簿是船舶的重要法定文书之一。凡经船长证明的任何记录事项的正确副本,均可在法律诉讼中作为该项记录所述事实的证据。

1. 管理注意事项

对持有国际防止油污证书(IOPP)的船舶应用英文或法文或西班牙文的一种进行记录,如使用船旗国官方文字记录,则遇有争议时,应以船旗国官方文字为准。记录簿的第Ⅰ部分适用于所有适用船舶机器处所的作业,由轮机长负责记录与保管。第Ⅱ部分适用于油船货油和压载的作业,由大副负责保管,存放在随时可取来检查的地方。每项作业完成后由负责的驾驶员或有关作业的负责人记录,每记完一页由船长审核签字。记录簿用完后留船保存 3 年。

2. 油类记录簿的记录

根据 MARPOL73/78 公约附则Ⅰ中有关油类记录簿记载细目一览表的要求,船舶每当进行下列任何一项作业时,均应按规定记入油类记录簿:

(1)第Ⅰ部分(PART A)应当记录以下机器处所作业情况(适用所有船舶)

燃油舱的压载或清洗;残油(油泥)的收集、过驳和处理;机器处所积存的舱底水非自动开始排放舷外、过驳或其他方法的处理;机器处所积存的舱底水自动开始排放舷外、过驳或其他方法的处理;滤油设备的状况;意外或其他异常的排油;燃油或散装润滑油的灌装。

(2)第Ⅱ部分(PART B)应当记录以下货油/压载作业(适用油船)

货油的装载;航行中货油的内部转驳;货油的卸载;货油舱和清洁压载舱的压载;货油舱的清洗(包括原油洗舱);污压载水的排放(从专用压载舱排放的除外);污油水舱的水的排放;污油水舱的水排放后,阀门或类似装置的关闭;污油水舱水排放后,为清洁压载舱与货油和扫舱管路隔离所需阀门的关闭;残油和其他未经处理油类混合物的收集、过驳和处理。

另外,排油监控系统的任何故障以及意外的或其他异常的排油也应进行记录。对于从事特定贸易的油船,还应记录压载水的加装、船内压载水的重新配置和压载水排入接收设施的情况。

(3)油类记录簿的管理与检查

①上述每项作业应由高级船员或有关作业的负责人员记入油类记录簿并签字,且每记完一页由船长签字。油类记录簿中的记录应使用船旗国的官方文字,对于持有 IOPP 证书的船舶,则还需有英文、法文或西班牙文的记录。当有争议或不一致的情况时,以船旗国官方文字的记录为准。

②油类记录簿应存放在随时可取来检查的地方,除了没有配备船员的被拖船舶外,均应存放在船上。油类记录簿应在进行最后一项记录后保留 3 年。

四、船舶垃圾记录簿的记载和管理

根据 MARPOL 73/78 附则Ⅴ第 9 条的规定,400 总吨及以上的船舶和核准载运 15 人及以上且航行前往其他缔约国港口或近海装卸站的船舶,以及从事海底勘探、开发的所有固定和移动平台,均应备有垃圾记录簿。垃圾记录簿的格式应符合附则 V 要求。每次垃圾排放或焚烧作业都应予以记录,其中包括排放入海、排入接收设施或其他船舶。

1. 垃圾种类

(1)垃圾定义

“船舶垃圾”系指船舶在正常营运期间,需要连续或定期排放的所有食物垃圾、内部垃圾、操作废弃物、塑料制品、货物残渣、食用油、渔网、动物尸体等,不包括现有规范其他附则中所定义或列举之物。同时,还不包括在航行途中捕获的鲜鱼及其他水产品,也不包括养殖的水产品。

(2)垃圾分类

就垃圾记录簿而言,垃圾可分为以下几类:

垃圾记录簿第一部分(PART Ⅰ):A 类-塑料(plastics)、B 类-食品垃圾(food wastes)、C 类-生活垃圾(domestic wastes)、D 类-食用油(cooking oil)、E 类-焚烧炉灰渣(incinerator)、F 类-作业废弃物(operationa1 wastes)、G 类-动物尸体(anima1 carcasses)、H 类-渔具(Fishing gear)、I 类 电子垃圾(e-waste);

垃圾记录簿第二部分(PART Ⅱ):J 类-对海洋环境无危害的货物残余(cargo residues)(NON-HME),K 类-对海洋环境有危害的货物残余(cargo residues)(HME)。

排放入海或接收设施处理的垃圾需要列出各类别的估算量。货物残留的排放需要记录开始和停止的位置。

2. 垃圾记录簿的填写

在下述各种情况下均须填写垃圾记录簿:

(1)当垃圾排放入海时,应记录:①排放的时期和时间;②船位(经度和纬度),特别是货物残留的排放还应包括排放开始和停止的位置;③所排放垃圾的种类;④排放每种垃圾的估计量(以 m^3 计);⑤负责操作的高级船员的签字。

(2)当垃圾排入岸上接收设施或其他船舶时,应记录:①排放的日期和时间;②港口或设施或船名;③所排放垃圾的种类;④排放每种垃圾的估计量(以 m^3 计);⑤负责操作的高级船员的签字。

船长须从港口垃圾接收设施的操作人员或垃圾接收船的船长处得到一份具体注明所转移的垃圾估计量的收据或证明。该收据或证明须与垃圾记录簿一起在船上保存两年。

(3)当船上焚烧垃圾时,应记录:①焚烧开始与结束的日期和时间;②船位(经纬度);③焚烧垃圾的估计量(以 m^3 计);④负责操作的高级船员的签字。

(4)意外或其他特殊情况下的垃圾排放,应记录:①发生的时间;②发生垃圾排放时所在的港口或船位;③垃圾种类和估计量;④垃圾的处理、泄漏和丢失的情况,造成的原因和一般情况。

(5)应对船上的垃圾数量做出估计(以 m^3 计),可能的话,应分类进行估计。垃圾记录簿中有多处要求填入垃圾的估计量。但在填写和对记录进行说明时要考虑到:有关垃圾估计量的精确度问题有待研究,垃圾处理前后对体积的估计将有所不同,一些处理程序可能不允许对垃圾的体积做出估计,如对食品垃圾的连续处理。

3. 垃圾记录簿管理

垃圾记录簿是船舶重要的法定记录之一。经船长证明的副本在任何法律诉讼中应作为该项记录中所述事实的证据。

垃圾记录簿应记录每次排放或完成焚烧作业情况,并应由主管高级船员在焚烧或排放当日签署。船长应在垃圾记录簿完成记录的每一页上签署。

垃圾记录簿上每项记载至少应用英文、法文或西班牙文书写。如果记录也使用该船船旗国官方语言书写,在发生争执或有不同意见时,则以船旗国的官方语言记录为准。

垃圾记录簿应保存在船上随时可取来检查的地方,在进行最后一项记录后保存 2 年。

4. 垃圾收据

船舶送交垃圾后,船长应从港口接收设备的经营人或接收垃圾船船长那里得到注明送交垃圾估计数量的证明或收据,该收据或证明应与垃圾记录簿一起在船上保存 2 年。

项目4

国际公约和法规

学习目标

1. 了解船舶安全管理相关的国际公约和法规。
2. 了解国际航行船舶要求随船携带的证书和其他文件。
3. 了解港口国监督程序。

项目概述

国际海事组织公约原称“政府间海事协商组织公约”。1948 年 3 月 6 日在日内瓦召开的联合国海事会议上获得通过,1959 年 1 月成立政府间海事协商组织,其宗旨和任务是促进各国间的航运技术合作;鼓励各国在促进海上安全、提高船舶航行效率、防止和控制船舶对海洋造成污染等方面采用统一标准;处理与上述事项有关的法律问题。

航运船舶的流动性使船舶安全管理成为国际性问题,公约是缔约国统一管理标准的重要保障。涉及船舶安全管理的国际法规和公约分别由联合国、国际海事组织、国际劳工组织以及其他一些国际组织所制定和管理。其中最重要的国际海事组织公约包括《国际海上人命安全公约》(SOLAS)、《国际防止船舶造成污染公约》(MARPOL)、《海员培训、发证和值班标准国际公约》(STCW)、《海事劳工公约》(MLC)等。这些公约的制定大多与海上事故有关,是从事故中汲取经验教训后的总结,对引导船旗国和港口国政府、船舶所有人和经营人、船长和船员,以及保障船舶航行安全上起到了非常重要的作用。

任务4.1 国际海上人命安全公约

任务情景

国际海事组织(IMO)、国际引航协会(IMPA)、各国船级社、航海界和各国的引航机构都非常重视引航员的登离船安全。一次又一次发生的引航员伤残事故,促使 IMO、IMPA 等组织不得不针对各种缺失修改、完善引航员登离船装置及其在船上的布置规则,并强制要求船舶实施。

本任务涉及 SOLAS 公约对引水梯的安放要求。

 任务目标

1. 了解公约对船舶构造安全的要求。
2. 了解公约对船舶设备的要求。
3. 掌握引航员软梯、舷梯的安全收放和维护保养的方法。
4. 了解船舶保安设备与管理要求。

 任务分析

国际海事组织海上安全委员会 88 次会议上,通过了第 308 号关于 SOLAS 公约修正案的决议,于 2013 年 7 月 1 日生效。修正案全面修改了 SOLAS 第Ⅴ章第 23 条,对引航员登离船装置提出了新的要求,主要是取消了机械式引航员软梯绞车的使用,对引航员软梯以及组合梯的型式有了一定的修改,并且发布了新的引航员登离船装置示意图(图 4-1-1)。

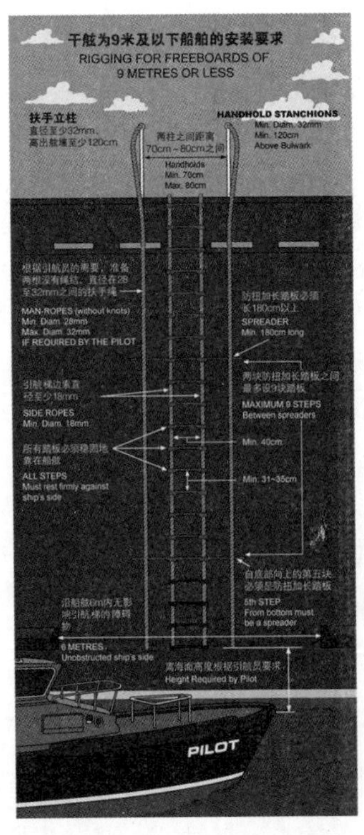

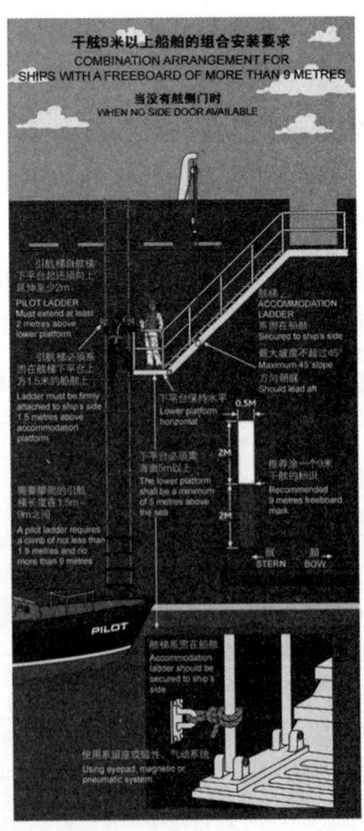

图 4-1-1 引航员登离船装置示意图

知识获取

SOLAS公约的制定与1912年发生的“泰坦尼克”号海难有着密切的关系。该惨剧引起了全世界对海上安全的关注,因此制定一部世界认可的安全准则势在必行。1913年底,在英国伦敦召开了首次国际海上人命安全会议,讨论制定了安全规则。1914年1月20日,出席本次会议的13个国家代表签订了第一个世界上认可的海上安全准则《国际海上人命安全公约》。公约重点对客轮提出了安全要求,其中对船舶构造、分舱、救生及防火和救生设备做出了严格的规定,并要求配备无线电设备。

《1974年国际海上人命安全公约》即SOLAS 1974公约,于1980年5月25日生效,是涉及海上安全的各种国际公约中最重要的一个公约。我国政府于1980年1月7日核准了该公约。现行的公约由SOLAS 1974公约、附则及附属于公约附则的单项规则、1988年议定书(2000年2月3日起生效),以及若干不同年份中不断对其附则加以修改、补充和更新的SOLAS 1974公约修正案组成。近期的修正案大都按“默认接受”程序生效。“默认接受”程序使SOLAS 1974公约保持了旺盛的生命力,从此不再被新公约取代,而是在其框架下不断完善修正。

IMO每年通过大量的SOLAS公约及相关强制性文件修正案,且生效时间不一,应用实施不便。为解决此问题,IMO第93届海上安全委员会批准了MSC. 1/Circ. 1481通函,明确相关修正案每4年一次生效周期的基本原则,并拟定如下细则:首次4年周期为2016年1月1日至2020年1月1日。在首次4年周期中,2018年7月1日之后的修正案原则上不早于2024年1月1日生效。在2014年或2015年通过的修正案,其生效日期由MSC决定。该通函明确规定,最小生效间隔为18个月,距离4年周期末日不足18个月,则延至下一个4年周期之末。4年周期不适用于有其自有生效机制的强制性文件,如国际海运危险货物规则(IMDG)、散装固体货物运输规则(IMSBC)等。以下例外情况可以不考虑4年周期:意外事故或可能引发潜在巨大影响的事故;由于其他强制性文件的生效机制发生变化而需要修改修正案,而且问题不能在4年周期内解决。

一、公约概况

1974年通过并经两次议定书的修改和多次修正之后的《国际海上人命安全公约》由公约部分的13个条款、1978年议定书、1988年议定书以及一个附则组成。公约附则是公约的核心内容,实施公约的技术性要求都体现在这里。附则中有些章节还有专门的规则作为技术支撑,例如《消防安全系统规则》(FSS Code)、《救生设备规则》(LSA Code)、《国际安全管理规则》(ISM Code)和《船舶和港口设施保安国际规则》(ISPS Code)等。各缔约国有义务实施公约和附则,凡引用公约,同时也就引用了附则。

1. 主要内容

(1)公约内容

SOLAS 1974公约的主要目的是规定与安全相关的船舶构造、设备及操作的最低标准,由船旗国负责确保悬挂其国旗的船舶达到这一要求。SOLAS 1974公约的13个条款规定了缔约国的法律义务,包括颁布一切必要的法律、法令、命令和规则,并采取一切必要的其他措施使公约充分和完全有效，以便从人命安全的观点出发，保证船舶符合其预定的用途。同时确定了公约的适用范围，允许船舶在紧急情况下载运多于公约允许的人数，以及要求各缔约国将认可组织的名单和就公约范围内所颁布的法律、法规、命令和规则文本送交IMO保存。此外还规定了SOLAS 1974公约与以往公约、协定等之间的关系，明确了公约的修改、批准、接受、加入、文本等事宜。

(2)附则主要内容

SOLAS 1974公约及其1988年议定书自制定和生效后，随着海上安全和保安形势的变化，又经过多次修改。目前的公约附则共包括14章和1个附录。

公约附则是公约的核心内容，实施公约的技术性要求都由该附则表达出来。各缔约国有义务实施公约和附则，凡是引用公约，同时就是引用附则。附则各章分别为：第Ⅰ章，总则；第Ⅱ章，构造（Ⅱ-1为结构、分舱与稳性、机电设备；Ⅱ-2为防火、探火和灭火）；第Ⅲ章，救生设备及布置；第Ⅳ章，无线电通信设备；第Ⅴ章，航行安全；第Ⅵ章，货物和燃油装运；第Ⅶ章，危险货物的载运；第Ⅷ章，核能船舶；第Ⅸ章，船舶安全营运管理；第Ⅹ章，高速船安全措施；第Ⅺ章，加强海上安全（Ⅺ-1）和保安（Ⅺ-2）的特别措施；第Ⅻ章，散货船安全附加措施；第ⅩⅢ章，符合性验证；第ⅩⅣ章，极地水域运行安全要求（于2017年1月1日生效）。附则中的附录向缔约国提供了船舶证书的标准格式。

2. 适用范围

除另有规定外，附则仅适用于从事国际航行的船舶，但不适用于500总吨以下的货船、军用舰艇和运兵船、非机动船、制造简陋的木船、非营业性的游艇和渔船。附则各章中的适用范围，均在各章中详加规定。

3. 检验与证书

SOLAS 1974公约主要是规定与安全相关的船舶构造、设备及操作的最低标准，船舶必须通过规定的检验并取得持有公约规定的证书，作为该船舶已达到公约标准的证明。

(1)检验

SOLAS 1974公约规定的检验有：初次检验、年度检验、期间（中间）检验、定期检验、船底外部检验、附加检验和换新（证）检验。

①客船应接受下列检验：

初次检验，在船舶投入营运前进行；

换新检验，每12个月进行一次；

附加检验，视情况进行。

②货船（500总吨及以上）救生设备和其他设备的检验：

初次检验，在船舶投入营运前进行；

换新检验，间隔期不超过5年；

定期检验，在货船设备安全证书的第二个周年日之前或之后3个月内进行；

年度检验，在货船设备安全证书的每一个周年日之前或之后3个月内进行；

附加检验，视情况进行。

③货船（300总吨及以上）无线电设备和雷达设备的检验：

初次检验，在船舶投入营运前进行；

换新检验，间隔期不超过5年；

定期检验，在货船无线电设备安全证书的第一个周年日之前或之后3个月内进行；

附加检验,视情况进行。

④货船(500 总吨及以上)结构、机器和设备的检验:

初次检验,包括在船舶投入营运前对船底外部的检验;

换新检验,间隔期不超过 5 年;

期间(中间)检验,在货船构造安全证书的第二个周年日之前或之后 3 个月内进行;

年度检验,在货船构造安全证书的每一个周年日之前或之后 3 个月内进行;

船底外部检验,5 年内至少 2 次,2 次的间隔期不得超过 36 个月;

附加检验,视情况进行。

检验后状况的维持:①应保持船舶及其设备状况符合本公约的各项规定,以确保船舶在所有方面保持适合于出海航行而不危及船舶及船上人员的状态;②对船舶进行的任何检验完成后,未经主管机关许可,已经检验的结构布置、机器、设备及其他项目均不得作任何变动;③当船舶发生事故或发现缺陷,对该船的安全或救生设备或其他设备的有效性或完整性产生影响时,该船船长或船东应尽早向负责签发有关证书的主管机关、指定的验船师或认可的组织报告。该主管机关、指定的验船师或认可的组织应立即着手调查以确定是否需要进行必要的检验。

(2)证书的期限和有效性

符合 SOLAS 1974 公约要求的船舶通过规定的初次检验或换证检验,由主管机关签发下列证书:①客船安全证书,有效期不超过 12 个月;②货船构造安全证书,有效期不超过 5 年;③货船设备安全证书,有效期不超过 5 年;④货船无线电设备安全证书,有效期不超过 5 年;⑤免除证书(按规定对船舶给予免除时,应颁发免除证书)有效期与相关的证书相同;⑥对符合要求的货船可发给货船安全证书,来代替货船构造安全证书、货船设备安全证书、货船无线电设备安全证书。

以上证书均由主管机关或其正式授权的任何个人或组织签发,还可委托另一缔约国政府代为签发证书,但无论由谁签发,主管机关都应对证书完全负责。

除客船安全证书外,如果所发证书的有效期少于 5 年,在进行相应检验的情况下,主管机关可延长证书的有效期至其最长期限。

如果已完成换证检验但在原证书失效日期之前不能获得新证书,则原证书可展期不超过 5 个月。如证书失效时船舶不在其接受检验的港口,在正当合理的情况下,主管机关可延长该证书的有效期,但此项展期仅以能使船舶完成其驶抵上述港口的航次为准,展期不得超过 3 个月,船舶抵达后必须换妥新证书方可驶离,换证检验完成后,新证书的有效期自现有证书展期前的期满日起算。

发给短途航行船舶的证书未按规定展期的,主管机关可给予自该证书期满之日起至多 1 个月的宽限期。

证书在下列任何一种情况下不再有效:①有关的检验和检查没有在规定的期限内完成;②没有按规定对证书进行签证;③船舶更换船旗,在缔约国之间的变更未在 3 个月内完成换证工作。

二、构造:结构、分舱与稳性、机电设备

公约附则共包括 12 章,第Ⅱ章为船舶构造,分为两部分,第Ⅱ-1 部分为结构、分舱与稳性、机电设备,第Ⅱ-2 部分为防火、探火和灭火。

1. 货船分舱和破损稳性

公约附则第Ⅱ章通过对分舱、防撞舱壁、水密舱壁、水密门、双层底、舱底排水等方面建造要求的控制来保证船舶在破损情况下仍保持一定的浮力和稳性,从而达到保证海上人命安全的最终目的。

(1)干货船破损控制

干货船(适用于1992年2月1日以后建造的船)要求在驾驶室内应有固定永久显示的或可随时使用的破损控制图,用于指导船上负责的高级船员,该图应清晰地标明:

①各层甲板及货舱水密舱室的界限、界限上的开口及其关闭设施和任何控制位置,以及因浸水产生横倾后的扶正装置。此外,还应给高级船员提供包含上述资料的手册。

②水密舱壁上的所有滑动门和铰链门都应设有指示器,并在驾驶台显示这些门的开、闭状态。

③一般的安全须知,包括船舶正常营运时为保持水密完整性的设备、条件和操作程序。

④特别的安全须知,包括对船舶安全和船员的生存至关重要的各种事项(即关闭装置、货物系固和声响报警等)。

(2)散货船以外的单舱货船水位探测器

根据MSC.194(80),2007年1月1日以前建造的散货船以外的单舱货船,应在不迟于2007年1月1日以后进行的第一次中间检验或换证检验之日前装设水位探测器。对船长小于80 m或1998年7月1日以前建造的、船长小于100 m的船舶,如干舷甲板以下设置单一货舱或干舷甲板以下设置数个货舱,未由至少一道达到该层甲板的水密舱壁所分隔,则应在该单一处所或数个处所内装设水位探测器。

要求的水位探测器应:当货舱水位达到内底以上不少于0.3 m时发出一次听觉和视觉报警,当水位达到不超过货舱平均深度15%时再发出一次听觉和视觉报警;设在货舱后端或货舱最低部分以上(如内底不与设计水线相平行时)。如桁材或局部水密舱壁设在内底以上,主管机关可要求增设探测器。气体运输船或在货舱长度范围内每舷设有水密边舱且至少从内底延伸至干舷甲板的船舶,不必装设水位探测器。

(3)货船水密舱壁和内部甲板上的开口

根据公约附则第Ⅱ章关于货船分舱和破损稳性的规定,为适应船舶设计和船舶正常作业,水密分隔上的开口数量应保持最少。凡是为了人员出入、管路、通风、电缆等需要而穿过水密舱壁和内部甲板时,须设有保持水密完整性的装置。如果浸水能易于控制并且不损害船舶安全,则主管机关可以允许放宽对干舷甲板以上开口的水密性要求。

为确保在海上使用的内部开口的水密完整性而设置的门须是滑动水密门,该门能从驾驶室遥控关闭,也能从舱壁的每一边就地操纵。在控制位置应装设显示门是开启或关闭的指示器,并且在门关闭时发出声响报警。在主动力失灵时,动力、控制和指示器应能工作。特别应注意减少控制系统失灵的影响。每一个动力操纵的滑动水密门应有一个独立的手动机械操纵装置。该装置应能从门的任一边用手开启和关闭该门。

用以保证内部开口的水密完整性且通常在航行时关闭的出入门和舱盖,应在该处和驾驶室装设显示这些门或舱盖是开启还是关闭的设施。每一个此类门或舱盖必须附贴一个通告牌,其大意是必须保持关闭。这类门或舱盖的使用应经值班驾驶员批准。

可以装设结构良好的水密门或坡道用作大型货物处所的内部分隔,条件是主管机关确信此种门或坡道是必要的。这些门或坡道可以是铰链的、滚动的或滑动的,但不应是遥控操纵的。此类门或坡道应在开航前关妥,并应在航行中保持关闭。此类门或坡道在港内开启的时间和船舶离港前关闭的时间应记入航海日志中。如果在航行过程中需要通过任何此类门或坡道,则应设有适当装置以防未经授权开启。

为保证内部开口的水密完整性,在海上保持永久关闭的其他关闭装置应有一个通告牌贴于其上,其大意是必须保持关闭。用螺栓紧固盖子的人孔不必设此通告牌。

(4)货船外部开口

所有通向在破损分析中假定为完整的且位于最终水线以下的舱室的外部开口,应要求水密。要求水密的外部开口应有足够的强度,除货舱盖外,在驾驶台应设有指示器。在限制垂向破损范围的甲板以下的船壳外板上的开口,在海上应保持永久关闭。如果在航行中需要使用任何这类开口,则应设有适当装置以防未经授权开启,如为了船舶的操纵需要并且在不损害船舶的安全的情况下,主管机关可授权船长根据需要打开某些特殊的门。

为保证外部开口的水密完整性,在海上保持永久关闭的其他关闭装置,应有一个通告牌贴于其上,其大意是必须保持关闭。用螺栓紧固盖子的人孔不必设此通告牌。

(5)稳性

客船以及船长24米及以上的货船应在完工时做倾斜试验,并确定其稳性要素。应向船长提供:确证符合有关稳性要求和最小营运初稳性高度(GM)对吃水的关系曲线,或最大许用重心高度(KG)对吃水的曲线,或与这些曲线等效的其他资料;扶正因浸水产生横倾的装置的操作说明;破舱后维持稳性所必需的所有其他数据和辅助措施。

2. 机器设备

(1)操舵装置

除另有规定外,每艘船舶应配备符合主管机关要求的主操舵装置和辅助操舵装置。主操舵装置和辅助操舵装置的布置应使两者中之一在发生故障时,不会导致另一装置不能工作。

操舵装置要求:①主操舵装置和舵杆应具有足够强度,并能在验证的最大营运前进航速下操纵船舶,能在船舶最大吃水和以最大营运前进航速前进时,将舵自一舷35°转至另一舷35°,以及于相同条件下在不超过28秒内将舵自一舷35°转至另一舷30°;②辅助操舵装置应具有足够强度并保证足以在可航行的航速下操纵船舶,并能于紧急时迅速投入工作,能在船舶最大吃水和以最大营运前进航速的一半或7节前进时(取大者),在不超过60秒内将舵自一舷15°转至另 舷15°;③主操舵装置和辅助操舵装置的动力设备的布置应满足失电后再次获得电源供应时能自动再启动,能从驾驶台某一位置投入工作。操舵装置的任何一台动力设备失电时,应在驾驶台里发出听觉和视觉报警。如果操舵装置包括两台或几台相同的动力设备,则可不必设置辅助操舵装置,但在客船上,当任一台动力设备不能运转时,主操舵装置仍能要求操舵。在货船上,当所有动力设备都运转时,主操舵装置能按要求操舵;④驾驶台和舵机房之间应设有通信设施。

(2)驾驶台对机器的控制

对船舶推进和安全所必需的主机与辅机应设置有效的操作和控制装置。如推进机械由驾驶台遥控,而机器处所有人值班,则应满足下列要求:航速、推进方向以及螺旋桨螺距(如适用时)应在所有航行(包括操纵)条件下,均可在驾驶台进行完全控制;对每一独立的螺旋桨,应由一个控制装置进行遥控,该控制装置的设计和制造应使其在运行时无须对机器的操作细节予以特别注意。如多螺旋桨设计为同时运行,则可由一个控制装置进行控制。

主推进机械应设有位于驾驶室的独立于驾驶台控制系统的紧急停机装置。驾驶台发出的推进机械指令应在主机控制室或适当的操纵台指示出来。推进机械在同一个时间内仅能由一处进行遥控，在这些处所可允许有互相连接的控制位置。每一处所应有指示何处在控制推进机械的指示器。驾驶台和机器处所之间的控制转换，只能在主机处所或主机控制室内进行。此系统应包括将控制由一处转换到另一处时防止螺旋桨推力发生显著变更的措施。

应保证即使在遥控系统的任一部分发生故障时，推进机械仍能就地进行控制。遥控系统的设计应在发生故障时能报警。除非主管机关认为不可行时，在就地控制动作以前，预定的螺旋桨速度和推进方向仍应保持。

驾驶台应设置指示器以指示：固定螺距螺旋桨的转速和转动方向；可调螺距螺旋桨的转速和螺距位置。在驾驶台和机器处所应设有一个报警装置以指示出能再次启动主机的启动空气的规定低压。如推进机械的遥控系统设计成自动启动，启动失败的自动连续启动次数应加以限制，以使就地启动时能有足够的启动空气压力。

自动控制系统的设计应确保及时向负责航行值班的驾驶员发出推进系统即将紧急减速或停车的临界报警，以评估应急情况下的航行条件。尤其是该系统在提供给负责航行值班的驾驶员手动干预机会的同时，应能控制、监视、报告和发出报警，并采取减速或停车的安全措施，但短时间内手动干预所导致的机器和/或推进设备完全失灵的情况，例如过速的情况除外。

(3)驾驶台与机器处所之间的通信

从驾驶台到机器处所或控制室中通常控制发动机的位置上，应至少设置两套独立的通信设施，其中一套应为在机器处所和驾驶室均能直接显示指令和回令的车钟。其他能控制发动机的任何处所也应配备适当的通信设施。

对于1994年10月1日及以后建造的船舶，从驾驶台到机器处所或控制室中通常控制推进器速度和方向的位置上，应至少设置两套独立的通信设施，其中一套应为在机器处所和驾驶室均能直接显示指令和回令的车钟。其他任何可以控制推进器速度和方向的位置也应配备适当的通信设施，以便接收来自驾驶台和机舱的指令。

3. 应急电源

船舶应设有一个独立的应急电源，并满足下列要求：

(1)在船舶处于正浮状态和横倾角达22.5°或纵倾角达10°时，或在这些范围内的任何组合的倾角时能全额、定功率供电；

(2)在服务和居住处所的走廊、梯道出入口、乘人电梯，储藏消防员装备的处所，操舵装置处，航行灯、信号灯处，甚高频无线电话装置及其他GMDSS设备处，客船能保证36 h、货船能保证18 h的应急供电；

(3)对救生艇筏的每一集合点、登乘地点和舷外的应急供电时间，货船为3 h，客船为36 h。

(4)当主发电机发生故障时，应急发电机应能自动启动应急电源可以是一台独立的发电机，也可以是一组蓄电池。

三、构造：防火、探火和灭火

公约附则第Ⅱ-2部分为防火、探火和灭火，分别规定与安全相关的船舶构造、设备的最低标准。

1. 消防安全目标与功能要求

(1)消防安全目标

SOLAS 1974 公约附则第Ⅱ-2 章消防安全目标为:防止火灾和爆炸的发生;减少火灾造成的生命危险;减少火灾对船舶、船上货物和环境的破坏危险;将火灾和爆炸抑制、控制、扑灭在火源舱室内;为乘客和船员提供充分和随时可用的脱险通道。

(2)功能要求

为了使船舶的防火、探火和灭火达到安全目标,船舶消防应当满足下列功能要求:用耐热与结构性限界面,将船舶划分为若干主竖区和水平区;用耐热与结构性限界面,将起居处所与船舶其他处所隔开;限制可燃材料的使用;探知火源区域内的任何火灾;遏制和扑灭火源处所内的任何火灾;保护脱险通道和消防通道;保证灭火设备的随时可用性;将易燃货物蒸汽着火的可能性减至最低。

(3)消防安全目标的实现

船舶消防安全目标应通过确保符合公约附则关于火灾和爆炸的防止、火灾的抑制、脱险、操作性要求或特殊要求的规定来实现,或通过符合规定的替代设计和布置来实现。

2. 防止失火和爆炸

(1)引燃的可能性

为防止可燃材料或易燃液体被引燃。船舶应满足以下功能要求:①应提供控制易燃液体渗漏的装置;②应提供限制易燃蒸汽聚集的装置;③应降低可燃物质的引燃性;④应限制着火源;⑤应将着火源与可燃材料和易燃液体隔离开;⑥应将货舱内的空气维持在不发生爆炸的范围内。

(2)火势扩大的可能性

为限制船舶每一处所内火势扩大的可能性,船舶应满足以下功能要求:①应提供控制处所空气供给的措施;②应提供控制处所内易燃液体的措施;③应限制可燃材料的使用。(IMO MSC. 282(86)决议对公约第Ⅱ-1 章船舶结构部分第 3~5 条进行了修正:“自 2011 年 1 月 1 日起,对于所有船舶,应禁止新装含有石棉的材料。”)

(3)烟气产生的可能性和毒性

为了减少在人们通常工作或生活的处所发生火灾时产生的烟气和生成的毒性物质所造成的生命危险,应限制包括表面涂料在内的可燃材料在火灾中释放出的烟和毒性物质的数量。

3. 火灾控制

(1)探测和报警

为了探测到火源处的火灾,并发出安全撤离和灭火行动的警报,船舶应满足以下功能性要求:①固定式探火和失火报警系统装置应适合于处所的性质,降低火灾扩大的可能性和烟气产生的可能性;②应有效地布置手动操作呼叫点,以确保通知方式的随时可用,符合《国际消防安全系统规则》的手动报警按钮应遍布起居处所、服务处所和控制站。每一出口都应装有手动报警按钮点。在每一层甲板的走廊内,手动报警按钮的位置应便于到达,且走廊的任何位置距手动报警按钮的距离都不得超过 20 米;③消防巡逻应提供一种探测和确定火灾位置以及向驾驶台和消防人员发出警报的有效方式。

船舶应按照公约的规定提供固定式探火和失火报警系统,所要求的固定式探火和失火报警系统以及取样探烟系统应为认可型号并符合《国际消防安全系统规则》。固定式探火和失火报警系统的功能应在安装后经过各种通风条件下的试验,并应定期进行试验,达到主管机关的要求。试验应使用能产生按探测器设计要求作出反应的适当温度热空气或适当浓度及颗粒尺寸的烟或悬浮颗粒或与早期火灾相联系的其他现象的设备。

(2)防止烟气的蔓延

为了控制烟气的蔓延从而最大限度地减少烟气的危害,船舶应提供能控制天井、控制站、机器处所和隐蔽处所内烟气的措施。

(3)火灾的抑制

为了将火灾抑制在火源处,船舶应满足以下功能性要求:①应通过耐热和结构界限面将船舶划分成若干区;②界限面的隔热应充分考虑到处所及其相邻处所的火灾危险;③在开口和贯穿处应保持分隔的耐火完整性。

(4)灭火

为抑制并将火灾迅速扑灭在火源处,船舶灭火设备应满足下列功能要求:①应安装固定式灭火系统,并充分考虑到受保护处所的潜在火势增大的风险;②灭火器材应随时可用。

4. 船舶消防设备要求

船舶应根据公约附则配备要求来配备消防设备,这些设备应为认可型号并符合《国际消防安全系统规则》。

(1)供水系统要求

为了抑制并将火灾迅速扑灭在火源处,船舶应安装固定式灭火系统,并充分考虑到受保护处所的潜在火势增大的风险,灭火器材应随时可用。船舶应设有符合使用要求的消防泵、消防总管、消火栓和消防水带。

①消防总管和消火栓

消防总管和消火栓不得使用遇热易于失效的材料(除非其有充分的保护),消火栓的位置应便于连接消防水带。管子和消火栓的布置应防止冻结。消防总管应设有适当的排水设施。用于消防以外目的的所有开敞甲板上的消防总管的支管应装有隔离阀。在可载运甲板货物的船上,消火栓的位置应随时易于接近,消防管的布置应尽可能避免被甲板货物损坏。供水系统应满足随时可以供水的布置要求。

消火栓的数量和位置应保证至少能有两股从不同消火栓喷射出的水柱,其中一股应仅靠 1 根消防水带的长度即可射至船舶在航行时乘客或船员经常到达的任何部分、任何货物处所空舱时的任何部分、任何滚装处所或任何车辆处所,两股水柱中每股应仅靠 1 根消防水带的长度即可射至处所的任何部分。此外,消火栓应位于靠近被保护处所的出入口处。

②国际通岸接头

500 总吨及以上的船舶应至少设有一个符合《国际消防安全系统规则》的国际通岸接头及其配套属具,应有使此种接头能用于船舶任何一舷的设施。

③消防泵

船舶应按下述要求配备独立驱动的消防泵:对于客船,4 000 总吨及以上至少配备 3 台,4 000 总吨以下至少配备 2 台;对于货船,1 000 总吨及以上至少配备 2 台,1 000 总吨以下至少配备 2 台,其中之一应为独立驱动。

卫生泵、压载泵、舱底泵或通用泵均可作为消防泵,但它们通常不得用于抽送油类,且如其偶尔用于驳运或泵送燃油时,应装设合适的转换装置。

1 000 总吨及以上的客船,应保证任何一个舱室失火时,都不会使所有消防泵失去作用;1 000 总吨以下的客船和货船,如果任何一个舱室失火时可能使所有消防泵失去作用,应配备 1 台符合《国际消防安全系统规则》的应急消防泵作为替代设备,该泵的动力源和通海连接件位于主消防泵或其电源所在处所之外。

④消防水带

消防水带应由经主管机关认可的不腐蚀材料制成,并具备足够的长度将水柱喷射到可能需要使用水带的任何处所。每条消防水带应配有一支水枪和必要的接头。消防水带应与其必要的配件和工具一起,存放在供水消火栓或接头附近的明显位置,以备随时取用。此外,在载客超过 36 人的客船的各内部处所,消防水带应一直保持与消火栓相连接。消防水带的长度应至少为 10 m,但不超过下述长度:机器处所 15 m;其他处所和开敞甲板 20 m;最大型宽超过 30 米船舶的开敞甲板 25 m。除非船上每一消火栓配备 1 条消防水带和 1 支水枪,否则各消防水带接头与各水枪应能完全互换使用。

客船上每个消火栓应至少配有 1 条消防水带,并且这些水带应只用于灭火或在消防演习和检验时作为试验灭火设备。对于 1 000 总吨及以上的货船,应配备的消防水带数量为每 30 米船长配备 1 条并有 1 条备用,但无论如何总数不得少于 5 条(不包括机舱或锅炉舱所要求的消防水带)。对于 1 000 总吨以下的货船,在任何情况下,水带的数量不得少于 3 条。

每条消防水带应配有一支水枪和必要的接头。除非船上每一消防栓配备 1 条消防水带和 1 支水枪,否则各消防水带接头与各水枪应能完全互换使用。船上配备的水枪应为设有关闭装置的水雾/水柱两用型。

(2)手提式灭火器

起居处所、服务处所和控制站内应配备适用和数量足够的手提式灭火器。1 000 总吨及以上的船舶应至少备有 5 个手提式灭火器。在起居处所内不得布置二氧化碳灭火器。在控制站和设有船舶安全所必需的电气设备、电子设备或装置的其他处所,所配备灭火器的灭火剂应既不导电也不会对设备和装置产生危害。灭火器应位于易于看到的位置并随时可用。该位置在失火时应便于人员到达,且灭火器所处位置应不会使其可用性受到天气、振动或其他外部因素的影响。手提式灭火器应配有注明其是否已被用过的标志。

能够在船上进行再充装的灭火器,其备用灭火剂的数量应按前 10 个灭火器的 100%和剩下其他灭火器的 50%进行配备。备用灭火剂的总数不必超过 60 个。船上应备有充装说明。对于不能在船上进行充装的灭火器,应额外配备相同灭火剂量、型号、能力和数量的手提式灭火器以代替备用灭火剂。

每个干粉或 CO_2 灭火器的容量至少应为 5 kg,而每一泡沫灭火器的容量至少应为 9 L。所有手提式灭火器的质量应不超过 23 kg,而且必须有至少相当于一个 9 L 液体灭火器的灭火能力。

(3)固定式灭火系统

①固定式灭火系统的类型

公约要求的固定式灭火系统可以为以下任何系统:符合《国际消防安全系统规则》规定的固定式气体灭火系统;符合《国际消防安全系统规则》规定的固定式高倍泡沫灭火系统;符合《国际消防安全系统规则》规定的固定式压力水雾灭火系统。

如果安装了非公约要求的固定式灭火系统,则该灭火系统应满足有关规则和《国际消防安全系统规则》的要求。禁止使用以卤代烷 1211、1301 和 2402 以及全氟化碳作为灭火剂的灭火系统。

一般而言,主管机关应不允许在固定式灭火系统中将蒸汽作为灭火剂。如果主管机关允许使用蒸汽,应只用于限定区域内作为所要求灭火系统的附加灭火措施,并应符合《国际消防安全系统规则》的要求。

对于2002年7月1日以前建造的船舶,其用于保护机器处所和货泵舱的固定式二氧化碳灭火系统应在2010年1月1日以后首次计划进干坞前符合《国际消防安全系统规则》第5章的规定,设置两套二氧化碳灭火系统释放控制装置。

除非另有规定,货物处所可用的二氧化碳量应足以放出体积至少等于该船最大的装货处所总容积30%的二氧化碳气体。机器处所可用的二氧化碳量应足以放出体积至少等于下列两者中较大者的自由气体:被保护的最大机器处所总容积的40%,该容积不包括机舱棚上部,该部分从舱棚的一个水平面起算,该水平面的面积等于或小于从舱顶到舱棚最低部分的中点处的舱棚水平截面面积的40%;被保护的最大机器处所包括舱棚在内的总容积的35%。

对小于2 000总吨的货船,若有两个或两个以上的机器处所未完全隔开,应被视为一个处所,上段所述的两个百分数可分别减至35%和30%。

二氧化碳自由气体的容积应以0.56 m^3/kg计算。机器处所的固定管路系统应能在2 min内将85%的气体注入该处所。

二氧化碳系统应符合下列要求:

a. 应设置两套独立的控制装置,以将二氧化碳释放至被保护处所,并确保警报装置的启动。一套控制装置用于开启将气体输送到被保护处所的管路上的阀门,另一套控制装置用于将气体从贮存的容器中放出;

b. 两套控制装置应位于一个标明具体控制处所的释放箱内,如果放置控制装置的箱子上加锁,则钥匙应放在位于控制箱附近明显位置的设有可击碎玻璃罩的盒子里。

②固定式气体灭火系统的关闭装置

如使用固定式气体灭火系统,要保证让空气进入或允许气体排出的被保护处所的开口应能从该处所外部予以关闭。

③灭火剂储存室

如果灭火剂储存在被保护处所的外面,则应储存在前防撞舱壁之后的舱室内,且该舱室不作他用。如果位于甲板下或未设有能从开敞甲板进出的处所,则应在处所内设机械通风装置,用于排出处所底部的废气。通风装置应具有至少每小时换气6次的能力。储存室应视作防火控制站。入口的门应向外开启,并且保证在这种储存室和毗连围蔽处所之间构成限界面的舱壁和甲板,包括门和关闭其任何开口的其他装置均应气密。

④其他灭火系统的水泵

除用于消防总管的泵以外,需保证为各灭火系统供水的泵及其电源和控制装置应安装在该系统所保护的处所外部,且保证其布置应在被保护处所失火时,不会造成任何此种系统停止工作。

(4)机器处所的灭火设备

内设燃油锅炉或燃油装置的A类机器处所、设有内燃机的A类机器处所、总输出功率不少于375 kW的汽轮机或闭式蒸汽机的处所,应设有规定的任何一种固定式灭火系统和附加灭火设备(包括手提式泡沫枪装置、手提式泡沫灭火器或等效灭火器等)。

主管机关认为存在失火危险的任何机器处所，应在该处所或与其相邻处所设置主管机关认为数量足够的经认可的手提式灭火器或其他灭火装置。

载客超过 36 人的客船，其每一 A 类机器处所应至少设有 2 具适宜的水雾枪。

500 总吨及以上的客船和 2 000 总吨及以上的货船，容积超过 500 m^3 的 A 类机器处所，除要求的固定式灭火系统外，还应根据 IMO 制定的指南，由一个经认可的固定式水基或等效的局部灭火系统来保护。对于周期性无人值班机器处所，该灭火系统应能自动和手动释放。对于连续有人值班的机器处所，仅要求该灭火系统能手动释放。任何局部使用灭火系统启动时，应在被保护的处所和连续有人值班的处所发出视觉报警和清晰的听觉报警。

2002 年 7 月 1 日起生效的 SOLAS 公约 I1-27 章要求对 500GT 及以上客船、2000GT 及以上货舱，其 A 类机器处所容积超过 500 m^3 时，应增设固定式局部高压水雾灭火系统，用来对下述危险失火区域进行保护：主机、发电机、内燃机可能失火部位，锅炉燃烧器部位，焚烧炉，加热油滤器。系统采用手动或遥控操作，施放时无须撤离人员。该规定对现有客船予以追溯，即 2002 年 7 月 1 日以前建造的 500GT 及以上客船，应在 2005 年 10 月 1 日后满足本要求。

（5）控制站、起居处所和服务处所的灭火设备

载客超过 36 人的客船，应在所有控制站、起居处所和服务处所，包括走廊和梯道装设符合《消防安全系统规则》要求的认可型号的自动喷水器、探火和失火报警系统。载客不超过 36 人的客船，如果仅在起居处所的走廊、梯道和脱险通道设有符合《国际消防安全系统规则》规定的固定式探火和失火报警系统，应根据要求安装自动喷水器系统。

货船应根据要求安装自动喷水器、探火和失火报警系统。

油漆间应由下列系统保护：二氧化碳系统，设计成能至少释放出相当于所保护处所总容积 40% 的自由气体；干粉系统，设计喷射能力至少为 0.5 kg 干粉/m^3；水雾或喷水器系统，设计供水能力为每分钟 5 L/m^2。水雾系统可连接在船舶消防总管上或主管机关认为能提供等效保护的系统上。在任何情况下，该系统均应能从所保护处所的外部进行操作。

易燃液体储藏室应由经主管机关认可的适宜的灭火设备予以保护。

对于不通往起居处所甲板的面积小于 4 m^2 的易燃液体储藏室，可以接受用手提式二氧化碳灭火器代替固定式灭火系统，该灭火器应能至少放出相当于所保护处所总容积 40% 的自由气体。在储藏室中应设有喷放孔，保证无须进入该受保护处所就可以用灭火器向内喷放。所要求的手提式灭火器应存放在喷放孔附近。作为替代，可以布置注水口或水带接头以便于使用消防总管的水。

深油烹饪设备安装在围壁处所中或开敞甲板上，应装有下列装置：按国际标准试验过的自动或手动灭火系统；1 个主恒温器和 1 个后备恒温器，以及 1 个在任一恒温器出现故障时可引起操作人员警觉的报警装置。

（6）货物处所的灭火设备

1 000 总吨及以上的客船的货物处所、2 000 总吨及以上货船的货物处所（除滚装处所和车辆处所外）应由符合《国际消防安全系统规则》规定的固定式二氧化碳灭火系统或固定式惰性气体灭火系统加以保护，或由能提供等效保护的固定式高倍泡沫灭火系统给予保护。

如能证明并使主管机关确信此规定对航程短的客船以及对 1 000 总吨以下的船舶的要求为不合理，则该船可自行调整货物处所灭火系统的布置，但应使主管机关认可，且该船须

安装钢质舱口盖和关闭所有通风口及其他通往货物处所开口的有效装置。对于专门为载运矿砂、煤、粮食、未干透的木材、不燃货物或主管机关认为具有较小失火危险的货物而建造的货船,主管机关可免除对其货物处所的要求,但需要船舶安装钢质舱口盖和关闭所有通风口及其他通往货物处所开口的有效装置。

使用任何货物处所载运危险货物的船舶应设有符合《国际消防安全系统规则》规定的固定式二氧化碳或惰性气体灭火系统,或设有主管机关认为能为所载运货物提供等效保护的灭火系统。

(7)液货舱保护

20 000 载重吨及以上的液货船应安装符合《国际消防安全系统规则》规定的固定式甲板泡沫灭火系统,但主管机关考虑到船舶的布置和设备情况,可以接受其他固定式装置来代替上述系统(只要这些装置能提供与上述系统等效的保护)。对替代的固定式装置的要求应与规定的要求相符。代替固定式甲板泡沫灭火系统的等效固定式装置应能够扑灭溢油失火,并能预防溢油着火和破裂液货舱内的火灾。

低于 20 000 载重吨的液货船应安装符合《国际消防安全系统规则》要求的甲板泡沫灭火系统。

(8)液货船液货泵舱的保护

液货泵舱应安装一个适合于 A 类机器处所的灭火系统。每一液货泵舱应安装一个符合《国际消防安全系统规则》规定的二氧化碳灭火系统、高倍泡沫灭火系统、固定式压力水雾系统,且可以在液货泵舱外部一个随时可到达的位置进行操作。

如果用于液货泵舱系统的灭火剂也用于为其他处所服务的系统,则所配备的灭火剂数量或其施放率不必超过最大舱室所需的最大量。

(9)消防员装备

①消防员装备构成

消防员装备由个人配备和呼吸器组成。个人配备包括:防护服、消防靴和手套、1 顶消防头盔、1 盏电安全灯(手提灯,照明时间至少为 3 h)、1 把太平斧;呼吸器可以是一具带有空气泵的防烟面具或 1 具自给式压缩空气呼吸器(可使用 30 min)并附带 1 根耐火救生绳。

②消防员装备配备要求

船舶应携带至少 2 套消防员装备,客船按其乘客和服务处所的甲板长度每 80 m 应备有 2 套消防员装备和 2 套个人配备。对载客超过 36 人的客船,每一主竖区内应增配 2 套消防员装备,并应为每副呼吸器配备 1 支水雾枪,水雾枪应邻近于该呼吸器存放。主管机关在充分考虑到船舶大小和类型的情况下,可以要求增加个人配备和呼吸器的数量。每具所要求的呼吸器应配备 2 个备用充气瓶。对载客不超过 36 人的客船以及货船,其在适当的位置配有无污染充装全部气瓶的设备时,只需为每具所要求的呼吸器配备 1 个备用充气瓶。对载客超过 36 人的客船,则应为每具呼吸器至少配备 2 个备用充气瓶。

消防员装备和个人配备应储存于易于到达之处并保证随时可用,该位置应有永久性的清晰标志。如果消防员装备和个人配备不止 1 套,则储存位置之间应尽量远离。在客船上,应可以在任一存储位置上获得 2 套消防员装备和 1 套个人配备,在每一主竖区内应至少存放 2 套消防员装备。

在 2010 年 7 月 1 日及之后建造的载客超过 36 人以上的客船须在适当位置设有再充装呼吸气瓶的装置。再充装装置须是由主配电盘和应急配电盘供电的,或是独立驱动的呼吸气体压缩机，其最小容量为每具所要求的呼吸器 60 L/min，但不超过 420 L/min，或压力适于再充装船用呼吸器的独立式高压存储系统，其中自由空气的容量为每具所要求的呼吸器至少 1 200 L，但不超过 50 000 L。

(10)防火控制图

船上应有固定展示的防火控制总布置图供高级船员参考，图上应清楚地标明每层甲板的控制站、A 级分隔围蔽的各防火区域、B 级分隔围蔽的各防火区域，以及连同探火和失火报警系统、喷水器装置、灭火设备和各舱室、甲板等的出入通道与通风系统的细节，包括风机控制位置、挡火闸位置和服务于每一区域的通风机识别号码的细节。作为替代，经主管机关同意，上述细节可列入 1 本小册子，每个高级船员人手 1 本，另有 1 本应放于船上易于到达的地方，以便随时取用。控制图和小册子应保持更新，任何改动应尽可能随时记录。此种控制图和小册子的说明文字应以主管机关所要求的一种或几种语言写成。如果该语言既不是英文也不是法文，则应包括其中一种语言的译文。

应在甲板室外面有明显标志的水密盒子中永久存放 1 套防火控制图的副本或 1 本含有防火控制图的小册子，用以给岸上消防人员提供帮助。

四、救生设备与装置

SOLAS 公约附则第Ⅲ章内容为救生设备和装置，A 部分为通则，B 部分给出了船舶和救生设备的要求，在船上通信与报警系统，应急部署表与应急须知，救生艇筏的布置与存放，救生艇筏的登乘、降落与回收，以及应急训练与演习等方面规定了船舶应达到的标准。

1. 通信

所有客船和 300 总吨及以上的所有货船应当配备无线电救生设备、遇险火焰信号、船上通信与报警系统，适用的客船还应设置一套公共广播系统。

(1)无线电救生设备

①双向甚高频(VHF)无线电话

每艘客船和每艘 500 总吨及以上的货船，应至少配备 3 台 VHF 无线电话设备。每艘 300 总吨及以上，但小于 500 总吨的货船，应至少配备 2 台 VHF 无线电话设备。该设备所符合的性能标准应不低于 IMO 通过的性能标准。如果在救生艇筏上装有固定式 VHF 无线电话设备，其所符合的性能标准也应不低于 IMO 通过的性能标准。

②搜救定位装置

搜救定位装置包括搜救雷达应答器(SART)和搜救 AIS 发射器(AIS-SART)，两者可以互换。在 2010 年 1 月 1 日及以后上船雷达应答器产品的性能标准经 MSC. 247(83)修订，其天线极化方式应该是水平极化或圆形极化。

每艘客船和每艘 500 总吨及以上的货船，每舷应至少配有 1 台搜救定位装置。每艘 300 总吨及以上，但小于 500 总吨的货船应至少配有 1 台搜救定位装置。该搜救定位装置所符合的性能标准应不低于 IMO 通过的性能标准。搜救定位装置应存放在能迅速放入任何救生艇筏的位置(船首的救生筏除外)，或应在每一救生艇筏上存放 1 台搜救定位装置(船首的救生筏除外)。在至少配有 2 台搜救定位装置以及配备自由降落救生艇的船上，其中的一台搜救定位装置应存放在一艘自由降落救生艇内，另一台放在紧邻驾驶室之处，以便能在船上使用，并能便于转移至其他任一救生艇筏上。搜救定位装置能在 9 GHz 频带或 AIS 特定频率工作。

(2)遇险火焰信号

所有客船和300总吨及以上的所有货船应配备不少于12支符合要求的火箭降落伞火焰信号,并应存放在驾驶室或其附近。

(3)船上通信与报警系统

船舶应配备1套由固定式或手提式设备构成的或由这两种形式共同构成的应急设施,供船上应急控制站、集合站和登乘站及要害位置之间的双向通信联系使用。还应配备符合要求的通用应急报警系统,以供召集乘客与船员至集合站和采取应变部署表所列行动之用,所有船舶的居住处所和船员正常工作处所均应能够听到通用应急报警系统的警报。该系统应以符合要求的公共广播系统或其他适宜的通信设施作为补充。当通用应急报警系统启动时,娱乐声响系统应自动关闭。客船通用应急报警系统应在所有开敞甲板上都能听到。配备海上撤离系统的船舶应确保登乘站和平台或救生艇筏之间的通信联络。

2. 应变部署表与应变须知

根据SOLAS公约附则第Ⅲ章要求,所有船舶应为船上每个人员配备1份在紧急情况下必须遵循的明确的须知。如为客船,这些须知应使用船旗国要求的一种或数种语言以及英语写成。符合要求的应变部署表和应变须知应展示在全船各个显著之处,包括驾驶台、机舱和各船员起居处所。应在乘客舱室内张贴配有适当文字的示意图和应变须知,并在集合站及其他乘客处所明显地展示出来,以告知乘客集合站的位置、紧急情况下必须采取的重要行动和救生衣的穿着方法。

应变部署表应写明规定的通用紧急报警信号和公共广播系统的细则,并规定发出警报时船员和乘客应采取的行动。应变部署表还应写明弃船命令将如何发出。每艘客船应具有寻找并救出困在客舱内乘客的适当的程序。

应变部署表应在船舶出航前制定。在应变部署表制定后,如船员有所变动而必须更改应变部署表时,船长应修订该表或制定新表。

客船上使用的应变部署表的格式应经主管机关认可。

3. 救生艇筏的配备

(1)客船要求

从事非短程国际航行的客船应配备符合要求的部分封闭或全封闭救生艇,其每舷的总容量应能容纳不少于船上人员总数的50%。

主管机关可准许以相等总容量的救生筏来代替救生艇,但船舶每舷必须配备容纳不少于船上人员总数37.5%的救生艇。气胀式或刚性救生筏应符合要求,而且应使用均等分布在船舶每舷的降落设备,总容量应至少能容纳船上人员总数的25%。这些救生筏应使用每舷至少1台降落设备或是能在两舷均可使用的等效认可设备。

为船上人员总数弃船所需配备的所有救生艇筏,应能在发出弃船信号后30 min内,载足全部乘员及属具后降落水面。30 min的操作包括所有人员应自发出弃船信号开始一直到穿着救生衣在艇上就座。

(2)货船要求

①货船应每舷配备1艘或多艘符合要求的全封闭救生艇,其总容量应能容纳船上人员总数,并配备符合要求的1只或多只气胀式或刚性救生筏,其存放在一个能在单层开敞甲板上方便做舷对舷转移的地方,并且其总容量能容纳船上人员总数。如果上述救生筏不是存放在能在单层开敞甲板上方便做舷对舷转移的地方,则每舷可用的总容量应能足以容纳船

上人员总数。可以快速从一舷移至另一舷的救生筏重量应不大于 185 kg,且应在同一个开敞甲板上,转移筏的通道中不应有障碍物。重量大于 185 kg 的布置(例如用小车从一侧移向另一侧,小车和筏的重量加起来大于 185 kg)不能作为满足此要求的救生筏。

②为代替满足上述要求,货船可配备 1 艘或多艘符合要求的能在船尾自由降落下水的救生艇,其总容量应能容纳船上人员总数,并另在每舷配备 1 只或多只符合要求的气胀式或刚性救生筏,其总容量应能容纳船上人员总数,至少在船舶一舷的救生筏应使用降落设备。

③为代替满足①或②的要求,除油船、化学品液货船和气体运输船外,长度为 85 m 以下的货船可每舷配备 1 只或多只符合要求的气胀式或刚性救生筏,其总容量应能容纳船上人员总数。除非是存放在一个能在单层开敞甲板上方便做舷对舷转移的地方,否则应配备附加救生筏,使每舷可用的总容量能容纳船上人员总数的 150%。如救助艇也是符合要求的全封闭救生艇,则可计入要求的总容量,但船舶任何一舷可用的总容量应至少是船上人员总数的 150%,并在任何一艘救生艇筏掉失或不能使用的情况下,每舷可供使用的救生艇筏,包括存放在一个能在单层开敞甲板上方便做舷对舷转移的地方的救生艇筏,应能容纳船上的人员总数。

④对于从船首最前端或船尾最末端至最靠近的救生艇筏存放地点最近一端之间的水平距离超过 100 m 的货船,除配备要求的救生筏外,还应在合理和可行的范围内配备 1 只救生筏,其尽量靠前或靠后存放,或 2 只救生筏,1 只尽量靠前存放,另 1 只尽量靠后存放。该救生筏或该 2 只救生筏可按能用人力脱开的方式系牢,且不必为能用认可的降落设备降落的类型。

⑤除特殊要求外,为船上人员总数弃船需配备的所有救生艇筏,应能在发出弃船信号后 10 min 内,载足全部人员及属具后降落水面。

⑥载运散发有毒蒸汽或毒气的货物的化学品液货船和气体运输船,应配备符合要求的有自备空气补给系统的救生艇,以替代全封闭救生艇。

⑦载运闪点不超过 60℃(闭杯试验)货物的油船、化学品液货船和气体运输船应配备符合要求的耐火救生艇,以替代全封闭救生艇。耐火救生艇在水面时应能保护其额定乘员经受持续油火包围该救生艇不少于 8 min。

另外,货船应至少配备 1 艘符合要求的救助艇。如救生艇也符合对救助艇的要求,则可以接受此救生艇作为救助艇,如果兼做救助艇,则应满足公约对艇、降落装置和回收装置的所有相关要求。

4. 救生艇筏的配员要求

(1)所有船舶应有足够数量的受过培训的人员来召集和协助未受培训的人员。

(2)船上应有足够数量的船员(他们可以是驾驶员或持证人员)来操作船上全体人员弃船所需要的救生艇筏及其降落装置。

(3)每艘要使用的救生艇筏,均应设置 1 名驾驶员或持证人员负责指挥。但主管机关在适当考虑到航程的性质、船上人数和船舶的特点后,可以准许精通救生筏操纵和操作的人员来代替具有上述资格的人员负责指挥救生筏。如为救生艇,还应指派 1 名副指挥。

(4)救生艇筏负责人应有 1 份该救生艇筏船员名单,并应确保在其指挥下的船员是熟悉他们的各项任务的。救生艇的副指挥亦应有 1 份该救生艇船员名单。

(5)应为每艘机动救生艇筏指派 1 名能操作发动机和进行小调整的人员。

(6)船长应确保受训人员、操作艇筏和指挥艇筏的人员妥善地分配到本船救生艇筏中。

5. 救生艇筏的布置与存放

(1)每艘救生艇筏的存放应:①使该救生艇筏及其存放装置,均不会妨碍存放在任何其他降落站的任何其他救生艇筏或救助艇的操作;②在安全和可行的情况下尽可能靠近水面,并且对除需抛出船外降落的救生筏外的救生艇筏,在船舶满载时纵倾至10°和任何一舷横倾至20°或横倾至船舶露天甲板的边缘浸入水中的角度(取较小者)的不利情况下,其存放处应使其登乘位置在水线以上不少于2 m;③持续处于准备使用状态,使2名船员能在5 min内完成登乘和降落准备工作;④配齐公约和规则所要求的装备;⑤在切实可行的情况下,位于安全的并有遮蔽的地方,并加以保护,使其免受火灾和爆炸引起的损坏,尤其是油船上的救生艇筏,除为从船首最前端或船尾最末端至最靠近的救生艇筏存放地点最近一端之间的水平距离超过100 m而额外配备救生筏外,不应存放在货油舱、污油舱或其他含有爆炸性或危险性货物的液舱上或其上方。

(2)顺船舷降落的救生艇应存放在推进器前方尽量远的地方。在船长为80 m及以上但少于120 m的货船上,每艘救生艇应存放在使该救生艇尾端在推进器前方不少于该救生艇长度的地方。在船长为120 m及以上的货船与船长为80 m及以上的客船上,每艘救生艇应存放在使该救生艇尾端在推进器前方不少于该救生艇1.5倍长度的地方。如适合,船舶的布置应对在存放位置的救生艇加以保护,使其免受巨浪引起的损坏。

(3)救生艇应附连于其降落设备。

(4)救生筏的存放要求:①每只救生筏的存放应将其首缆牢固地系在船上;②每只救生筏或救生筏组的存放应设有一个符合要求的自由漂浮装置,以使每只救生筏能自由漂浮,如为气胀式,在船舶下沉时能自动充气;③救生筏的存放应能在用人工将其从系固装置上解脱时,一次释放1只筏或容器;④上述①和②项要求不适用于为从船首最前端或船尾最末端至最靠近的救生艇筏存放地点最近一端之间的水平距离超过100 m而额外配备的救生筏。

(5)吊艇架降落的救生筏应存放在吊筏钩可到达的范围内,除非设有某种转移设施,该设施在规定的纵倾和横倾范围内应能操作,并不能因船舶运动或动力故障而无法操作。

(6)用于抛出舷外降落的救生筏的存放,应能便于转移到船舶的任一舷降落,除非船舶每舷已按要求的总容量存放了救生筏,且能在任一舷降落。

6. 救生艇筏的降落与回收装置

除另有明文规定外,所有救生艇筏应配备符合要求的降落和登乘设备:

(1)每艘救生艇应设有1台能降落和回收该救生艇的设备。此外,还应配备放开救生艇的装置,以便在不受载的情况下释放装置进行维护保养。

(2)降落与回收装置应使该设备的操作人员在救生艇筏降落期间,以及在救生艇回收期间,能随时在船上观察到救生艇筏。

(3)船上所配备的类似救生艇筏应仅使用同一种型号的释放机械装置。

(4)在任一降落站,救生艇筏的准备和操作不应妨碍任何其他降落站的任何其他救生艇筏或救助艇的迅速准备和操作。

(5)吊艇索(如使用)应有足够的长度,以便船舶在最轻载航行时在纵倾至10°和任何一舷横倾至20°时,可使救生艇筏到达水面。

(6)在准备和降落过程中,救生艇筏及其降落设备以及准备降落的水域,应根据情况使用所要求的应急电源供电的照明系统予以足够的照明。

(7)在弃船过程中,应有能防止船舶的任何排水排放到救生艇筏内的设施。

(8)如救生艇筏有被船舶减摇翼造成损坏的危险,则应有由应急电源驱动的、能将减摇翼收回船内的设施;驾驶台应设有应急电源操纵的指示减摇翼位置的指示器。

(9)如配备符合要求的部分封闭救生艇,应装设吊艇架横张索,在其上设置不少于2根足够长度的救生索,以便船舶在最轻载航行时在纵倾至10°和任何一舷横倾至20°的不利情况下,可使救生艇到达水面。

上述要求不适用于下列艇筏:

①从最轻载航行水线以上少于4.5 m高度的甲板上登乘的救生艇筏,且其质量不大于185 kg或可在纵倾至10°和任何一舷横倾至20°的不利情况下直接从存放地点降落下水。

②超过按船上总人数200%所配备的救生艇筏范围的救生艇筏,且其质量不大于185 kg或可在纵倾至10°和任何一舷横倾至20°的不利情况下直接从存放地点降落下水。

③连同海上撤离系统一起使用并符合要求的救生艇筏,且存放方式为可在纵倾至10°和任何一舷横倾至20°的不利情况下直接从存放地点降落下水。

7. 救生艇筏标记

救生艇上应以经久的明显字迹标明所批准的救生艇的乘员定额、救生艇所从属的船舶名称,船籍港应以粗体罗马字母标明于艇首两侧;识别救生艇所从属船舶和救生艇号码的标志应能从空中看清。

救生筏上应标明所从属的船舶名称和船籍港;制造厂名或商标;出厂号码;认可机关名称;每个进口处应写明乘员定额,字高不小于100 mm,颜色与救生筏颜色有显著的差异;内装应急袋的型号;首缆长度;水线以上最大许可存放高度(投落试验高度);降落须知。

8. 救生艇速度要求

当载足全部乘员和属具并且发动机驱动的所有辅助装置均运转时,救生艇在平静水中前进速度应至少为6 kn,当拖带1只载足全部乘员与属具的25人救生筏或其相等负载时救生艇在平静水中前进的速度应至少为2 kn。应配备适用于船舶营运航区预期温度范围内的燃料,而且应足够供满载的救生艇以6 kn的速度运转不少于24 h。

救助艇应至少能在6 kn航速时进行操纵,并保持此航速至少为4 h。救助艇应在海浪中具有充分的机动性和操纵性,以能从水中拯救人员、集结救生筏并能以至少2 kn航速拖带船舶所配备的载足全部乘员及属具或相当重量的最大救生筏。

当船舶在平静水中以5 kn航速前进时救生艇能降落水中并被拖带。

9. 个人救生设备

(1)救生圈

货船上配置的救生圈应:①分布在船舶两舷易于拿到之处;②分放在所有延伸到船舷的露天甲板上;③至少有1个应放在船尾附近;④能随时从其存放处迅速取下,而不应以任何方式永久系牢。

对于不同船长(L)的货船,救生圈配备数量至少应满足$L<100$米时,8只;100米$\leqslant L<$150米时,10只;150米$\leqslant L<200$米时,12只;200米$\leqslant L$时,14只。货船每舷至少有1个救生圈应设有可浮救生索,其长度不少于其存放处在最轻载水线以上高度的2倍或30米(取较大者)。

货船上配置的所有救生圈中至少有一半应设有自亮灯(配备在液货船上的救生圈自亮灯应为电池型),其中至少2个还应设有自发烟雾信号,并应能自驾驶台迅速抛投。设有自亮灯以及同时设有自亮灯和自发烟雾信号的救生圈(不包含装有救生索的救生圈),应均等地分布在船舶两舷。

每个救生圈应以粗体罗马大写字母标明其所属船舶的船名和船籍港。救生圈反光带应按4个等分距离,沿径向两两对称环绕粘贴。

救生圈应具有不少于2.5 kg的质量,但驾驶台两侧带灯、带烟的救生圈应不少于4.3 kg。

救生圈可浮救生索应不扭结,直径不小于8 mm,破断强度不小于5 kN。

(2)救生衣

在货船上,应为船上每个人配备1件救生衣。另外还应配备足够数量的救生衣,以供值班人员使用,并供设置在远处的救生艇筏站使用。供值班人员使用的救生衣应存放在驾驶台、机舱控制室和任何其他有人值班的地方。救生衣应放在容易到达之处,其位置应予以明显标示。

除自由降落救生艇外,用于全封闭救生艇上的救生衣应不妨碍人员进入救生艇或在艇内就座,包括系好安全带。为自由降落救生艇选用的救生衣及其存放和穿着方式应不妨碍人员进入救生艇、乘员安全或该艇的操作。

每件救生衣应配备一只救生衣灯和一只用系绳系牢的哨笛。每件救生衣应贴反光带(5 cm×10 cm至少8块),并以粗体罗马大写字母标明其所属船舶的船名和船籍港。

(3)保温救生服

①货船上每艘救生艇应配备至少3件保温救生服。

②如主管机关认为必需和可行时,应为货船上每人配备1件保温救生服。如未能为货船上每人配备1件保温救生服,则应为货船上未配有保温救生服的人员配备保温用具。

③对于全封闭或部分封闭救生艇,其总容量能容纳船上人员总数,并且能从存放地点直接登乘和降落,或船舶一直在主管机关认为无须低温保护的低纬度的温暖气候区域航行,则不必配备这些保温救生服和保温用具。

五、无线电通信设备

1. 无线电通信设备配备

根据SOLAS公约附则第Ⅳ章无线电通信设备A部分通则的要求,公约附则适用的所有客船和300总吨及以上的货船应设有:

(1)1台能发送和接收的VHF无线电装置:①在156.525 MHz(70频道)频率上使用的DSC,其应能从船舶通常驾驶的位置,在70频道上启动遇险报警的发送;②在156.300 MHz(6频道)、156.650 MHz(13频道)和156.800 MHz(16频道)频率上使用的无线电话。

(2)1台能在VHF 70频道上保持连续DSC值班的无线电装置,该装置可以与上述所要求的功能分开或相结合。

(3)1台能在9 GHz频带或AIS专用频率上工作的搜救定位装置,该搜救定位装置应安装在可方便使用的地方,且可以是救生艇筏要求的搜救定位装置之一(由于INMARSAT公司E站业务的关闭,MSC第81次会议删除了涉及1.6 GHz示位标的内容)。

(4)1台能接收国际NAVTEX业务广播的接收机(如果船舶航行在具有国际NAVTEX业务的任何区域)。

(5)1 台接收来自 INMARSAT 增强群呼系统的海上安全信息的无线电设备(如果船舶航行在 INMARSAT 所覆盖的,但不具有国际 NAVTEX 业务的任何区域内)。但是,如果船舶仅航行在具有高频(HF)直接印字电报海上安全信息业务的区域,而且该船已装设了能接收这种业务的设备,则可免除本要求。

(6)1 台卫星 EPIRB(仅航行于 A1 海区的船舶可以装有 1 台能在 VHF 70 频道上使用 DSC 发送遇险报警并通过在 9 GHz 频带上工作的雷达应答器提供定位的 EPIRB 代替卫星 EPIRB),该 EPIRB 应:①能够通过 406 MHz 频带上工作的极轨道卫星业务发送遇险报警;②安装在易于接近的位置;③可随时由人工释放并能由 1 人携入救生艇筏;④当船舶沉没时,能自由漂浮,并在浮起时,能自动启动发送遇险报警;⑤能人工启动发送遇险报警。

每艘客船都应设有从船舶通常驾驶的位置与现场用航空频率 121.5 MHz 和 123.1 MHz 进行以搜救为目的的双向无线电通信的设备。

2. 无线电值班

每艘船舶在海上的无线电值班要求:

(1)根据各海区配备要求,如安装有 VHF 无线电装置,应在 VHF 70 频道保持连续值班。

(2)根据各海区配备要求,如安装有中频(MF)无线电装置,应在 DSC 遇险和安全频率 2 187.5 kHz 上保持连续值班。

(3)根据各海区配备要求,安装有 MF/HF 无线电装置的船舶,在 DSC 遇险和安全频率 2 187.5 kHz 和 8 414.5 kHz 频率上以及至少在 DSC 遇险和安全频率 4 207.5 kHz、6 312 kHz、12 577 kHz 或 16 804.5 kHz 中的一个频率上保持连续值班,视一天中的时间和船舶所在的地理位置确定。可用扫描接收机来保持该值班。

(4)根据配备要求,安装有 INMARSAT 船舶地面站的船舶,应对卫星岸对船的遇险报警保持连续值班。

每艘船舶在海上时,应在向该船舶航行区域发布海上安全信息的适当频率或多个频率上,对海上安全信息的播发保持无线电值班。

每艘船舶在海上时,如实际可行,应在船舶通常驾驶的位置上在 VHF 16 频道上保持连续守听值班。

六、航行安全

SOLAS 公约附则第Ⅴ章航行安全就船舶交通服务、船载航行系统和设备的配备、海图和航海出版物、危险通报等有关船舶航行安全的多方面内容做出了规定。

1. 船载航行系统和设备的配备要求

在 2002 年 7 月 1 日或以后建造的船舶,应配备满足规定要求的航行系统和设备,在 2002 年 7 月 1 日以前建造的船舶应在不迟于规定的日期配备相应的航行系统和设备。

船载航行设备和系统的具体要求如下:

(1)所有船舶,不论其尺度大小,均应设有:①1 台经过适当校正的标准磁罗经或其他装置,且独立于任何电源,用于确定船舶首向并在主操舵位置显示其读数;②1 台哑罗经或罗经方位装置或其他装置,独立于任何电源,用于在水平 360°弧度范围内量取方位;③用于随时按真实值校正首向和方位的装置;④海图和航海出版物,用于计划和显示船舶预定航程的航线以及标绘和监视整个航程的船位,电子海图显示与 ECDIS 可视为满足本节的海图配备要求;⑤满足上述④之功能要求的后备装置,应满足该功能全部或部分由电子装置来完成;⑥1 台全球导航卫星系统或陆地无线电导航系统的接收机或其他装置,适合于由自动设备在船舶整个预定航程内随时确定和更新船位;⑦如果船舶小于 150 总吨且如果实际可行,1 台雷达反射器或其他装置,使船舶能被其他航行船舶通过 9 GHz 和 3 GHz 雷达探测到;⑧若船舶驾驶室是完全封闭的或主管机关另有规定,1 套声响接收系统,或其他装置,使值班驾驶员能够听到声响信号并确定其方向;⑨1 部电话或其他装置,用来向应急操舵位置(如设有)传递船首向信息。

(2)所有 150 总吨及以上的船舶和不论尺度大小的客船,除满足上述要求外,还应设有:①1 台可与标准磁罗经进行互换的备用磁罗经或其他装置,用于通过替换或双套设备来执行相应的功能。②1 套白昼信号灯或其他装置,用于在白天和夜晚通过灯光进行联络(使用电源,但非唯一依靠船上电源供电)。③驾驶台航行值班报警系统(BNWAS),其设置时间要求在 2011 年 7 月 1 日或以后建造的 150 总吨及以上的货船和不论尺度大小的客船;在 2011 年 7 月 1 日以前建造的不论尺度大小的客船,不迟于 2012 年 7 月 1 日以后的第一次检验;在 2011 年 7 月 1 日以前建造的 3 000 总吨及以上的货船,不迟于 2012 年 7 月 1 日以后的第一次检验;在 2011 年 7 月 1 日以前建造的 500 总吨及以上但小于 3 000 总吨的货船,不迟于 2013 年 7 月 1 日以后的第一次检验;在 2011 年 7 月 1 日以前建造的 150 总吨及以上但小于 500 总吨的货船,不迟于 2014 年 7 月 1 日以后的第一次检验。

船舶在海上航行途中的任何时候,驾驶台航行值班报警系统均应保持运行。

在 2011 年 7 月 1 日以前安装的驾驶台航行值班报警系统,主管机关可自行决定此后让其免于完全符合本组织通过的标准。

(3)所有 300 总吨及以上的船舶和不论尺度大小的客船,除满足上述的要求外,还应设有:①1 台回声测深仪或其他电子装置,用于测量和显示可用水深;②1 台 9 GHz 雷达或其他装置,用于确定和显示雷达应答器、其他水上船艇、障碍物、浮标、海岸线和航标的距离与方位,借以助航和避碰;③1 套电子标绘装置或其他装置,用电子方式标绘目标的距离和方位,以便确定是否有碰撞危险;④航速和航速测量装置或其他装置,用于指示船舶相对于水的航速和航程;⑤1 台经过适当校正的首向传送装置或其他装置,用于传送首向信息以输入雷达、电子标绘装置和 AIS 设备中。

(4)所有 300 总吨及以上的国际航行船舶、500 总吨及以上的非国际航行货船以及不论尺度大小的客船,应按下列要求配备 1 台 AIS:

①在 2002 年 7 月 1 日或以后建造的船舶。

②在 2002 年 7 月 1 日以前建造的国际航行船舶:客船不迟于 2003 年 7 月 1 日;液货船不迟于 2003 年 7 月 1 日或以后的第一次安全设备检验;除客船和液货船外,50 000 总吨及以上的船舶不迟于 2004 年 7 月 1 日;除客船和液货船外,300 总吨及以上但小于 50 000 总吨的船舶不迟于 2004 年 7 月 1 日以后的第一次安全设备检验或在 2004 年 12 月 31 日以前,以较早者为准。

③在 2002 年 7 月 1 日以前建造的非国际航行船舶,不迟于 2008 年 7 月 1 日。

④若船舶在上述②和③所规定的实施日期以后两年内永久退役,则主管机关可对这些船舶免除安装 AIS 的要求。

⑤AIS 应满足:自动向配有相应设备的岸台、其他船舶和飞机提供信息,包括船舶识别码、船型、船位、航向、航速、航行状况,以及其他与安全有关的信息;自动从其他装有类似设备的船舶接收这种信息;监视和跟踪其他船舶;与岸基设施交换数据。

⑥在有国际协议、规则或标准规定要保护航行信息的情况下,⑤的要求应不适用。

⑦AIS 的操作应考虑到 IMO 通过的指南。配备 AIS 的船舶应使 AIS 始终保持运行状态,但国际协定、规则或标准规定要保护航行信息的情况除外。

(5)所有 500 总吨及以上的船舶,除满足 300 总吨及以上船舶(不包括电子标绘装置和首向传送装置)和 AIS 的要求外,还应设有:①1 台陀螺罗经,或其他装置,用于通过船载非磁性装置来确定和显示船舶首向并传送首向信息以输入雷达、AIS 和自动标绘仪设备中。②1 台陀螺罗经首向分罗经,或其他装置,用于将可视首向信息传送到应急操舵位置(如设有)。③1 台陀螺罗经方位分罗经,或其他装置,通过使用陀螺罗经或其他装置,在水平 360°弧度范围内量取方位。小于 1 600 总吨的船舶应尽可能配备该装置。④舵、螺旋桨、推力、螺距和工作模式指示器,或其他装置,用于确定和显示舵角、螺旋桨转速、推力和推力方向,以及(如适用)侧推的推力和方向、螺距与工作模式,所有这些指示器都应在指挥驾驶位置清晰可读。⑤1 台自动跟踪仪,或其他装置,用于自动标绘其他目标的距离和方位,以确定碰撞危险。

(6)在所有 500 总吨及以上的船舶上,1 台设备的故障不应降低船舶满足公约要求的测定航向、方位和显示航线与船位的能力。

(7)所有 3 000 总吨及以上的船舶,还应设有:①1 台 3 GHz 雷达,或(如果主管机关认为合适)第 2 台 9 GHz 雷达,或其他装置,用于确定和显示其他水上船艇、碍航物、浮标、海岸线和航标的距离和方位,借以助航和避碰,并在功能上独立于公约要求的第 1 台 9 GHz 雷达;②第 2 台自动跟踪仪,或其他装置,用于自动标绘其他目标的距离和方位,以确定碰撞危险,并在功能上独立于公约要求的第 1 台自动跟踪仪。

(8)所有 10 000 总吨及以上的船舶,还应设有:①1 台自动雷达标绘仪,或其他装置,与 1 台指示船舶相对于水的航速和航程的装置相连,用于自动标绘至少 20 个其他目标的距离和方位,以确定碰撞危险和模拟试验性操纵;②1 套首向或航迹控制系统,或其他装置,用于自动控制,保持首向或直航迹。

(9)所有 50 000 总吨及以上的船舶,还应设有:①1 台回转速率指示仪,或其他装置,用于确定和显示回转速率;②1 台航速和航程测量装置或其他装置,用于指示船舶前进方向和横向的相对于地的航速和航程。

(10)IMO MSC. 282(86)决议要求适用的船舶要满足决议中关于电子海图显示和 ECDIS 的详细配备要求,船舶分船种和吨位对 ECDIS 的配备提出不同的时间要求,并于 2011 年 1 月 1 日生效:①在 2012 年 7 月 1 日或以后建造的 500 总吨及以上的客船;②在 2012 年 7 月 1 日或以后建造的 3 000 总吨及以上的液货船;③在 2013 年 7 月 1 日或以后建造的 10 000 总吨及以上的液货船以外的货船;④除液货船外,在 2014 年 7 月 1 日或以后建造的 3 000 总吨及以上但小于 10 000 总吨的货船;⑤在 2012 年 7 月 1 日以前建造的 500 总吨及以上的客船,不迟于 2014 年 7 月 1 日或以后的第一次检验;⑥在 2012 年 7 月 1 日以前建造的 3 000 总吨及以上的液货船,不迟于 2015 年 7 月 1 日或以后的第一次检验;⑦除液货船外,在 2013 年 7 月 1 日以前建造的 50 000 总吨及以上的货船,不迟于 2016 年 7 月 1 日或以后的第一次检验;⑧除液货船外,在 2013 年 7 月 1 日以前建造的 20 000 总吨及以上但小于 50 000 总吨的货船,不迟于 2017 年 7 月 1 日或以后的第一次检验;⑨除液货船外,在 2013 年 7 月 1 日以前建造的 10 000 总吨及以上但小于 20 000 总吨的货船,不迟于 2018 年 7 月 1 日或以后的第一次检验。

若上述船舶将在⑤至⑨所规定的实施日期以后两年内永久退役,则主管机关可让这些船舶免于装设电子海图显示与 ECDIS 的要求。

2. 船舶的远程识别和跟踪

根据经 MSC.202(81)决议修订的 SOLAS 公约的第Ⅴ/19-1 条,适用的船舶应于 2008 年 12 月 31 日开始在船上安装远程识别跟踪系统(LRIT)。远程识别跟踪系统的作用应使各缔约国政府能进行船舶远程识别和跟踪。有关船舶远程识别和跟踪的性能标准和功能要求的规定不得损害各国按国际法规定(特别是公海、专属经济区、毗邻区、领海或用于国际航行的海峡和群岛海路的法律制度规定的)权利、管辖权或义务。

(1)远程识别和跟踪信息

远程识别跟踪系统要求能够自动传送船舶识别码、船舶位置(经度和纬度)并提供船位的日期和时间。

满足要求的系统和设备应符合不低于 IMO 通过的性能标准和功能要求。任何船载设备应为主管机关认可的类型。

(2)适用船舶和安装要求

下列船舶应配备一个自动传送规定的信息的系统:①2008 年 12 月 31 日或以后建造的船舶;②2008 年 12 月 31 日以前建造并核准在 A1、A2 或 A3 海区作业的船舶不迟于 2008 年 12 月 31 日以后的第一次无线电设备检验。

无论何时建造,配备 AIS 并专门在 A1 海区内作业的船舶,不要求配备远程识别和跟踪系统。除 A1 海区内作业的船舶以外,LRIT 规定应适用于从事国际航行的客船(包括高速客船)、300 总吨及以上的货船(包括高速船)和海上移动式钻井平台。

(3)关闭和停止

满足本条要求的系统和设备应能在下列情况下在船上关闭或停止发送远程识别和跟踪信息:①国际协议、规则或标准规定要保护航行信息时;②在船长认为作业有损船舶安全或保安的特殊情况下并在尽可能短的时间内。在这种情况下,船长应及时通知主管机关,并记录航行活动和事件的记录中,说明所做决定的理由并指出系统或设备关闭的周期。

3. 航行数据记录仪(VDR)

(1)为了给事故调查提供帮助,从事国际航行的适用船舶,应按下列时间要求装设航行数据记录仪:①在 2002 年 7 月 1 日或以后建造的客船;②在 2002 年 7 月 1 日以前建造的客滚船,不迟于 2002 年 7 月 1 日或以后的第一次检验;③在 2002 年 7 月 1 日以前建造的除客滚船以外的客船,不迟于 2004 年 1 月 1 日;④在 2002 年 7 月 1 日或以后建造的除客船以外的 3 000 总吨及以上的船舶。

(2)为了协助事故调查,货船在从事国际航行时,应按下列时间要求装配一台 VDR,它可以是一台简易的航行数据记录仪(S-VDR):①2002 年 7 月 1 日之前建造的 20 000 总吨及以上的货船,2006 年 7 月 1 日后的首次计划的干坞检验,但不得晚于 2009 年 7 月 1 日;②2002 年 7 月 1 日之前建造的 3 000 总吨及以上但小于 20 000 总吨的货船,2007 年 7 月 1 日后的首次计划的干坞检验，但不得晚于2010年7月1日；③如果货船在①和②项规定的实施日期后2年内永久退役，主管机关可以对货船免除要求。

(3)除客滚船以外，对于2002年7月1日以前建造的船舶，如果能够证明VDR与船上的现有设备连接不合理或不可行，则主管机关可对其免除配备VDR的要求。

4. 引航员登离船装置

(1)通则

供引航员登离船使用的所有装置均应有效地达到使引航员安全登船和离船的目的。装置应保持干净，且进行适当维修和存放，并应定期检查，保证它们能安全使用。它们只能用于人员的登船和离船。引航员登离船装置的安装和引航员的登船，应由负责的驾驶员进行监督，该驾驶员具有与驾驶台进行联系的通信设备，还应安排护送引航员经由安全通道前往和离开驾驶台的事宜。应向安装和操作任何机械设备的人员就所采用的安全程序进行指导，并且应对设备进行使用前试验。

(2)登离船装置

应设有能使引航员从船舶的任一舷安全登船和离船的装置；在所有船舶上，当从海平面至登船处或离船处的距离超过9 m，并欲将舷梯或引航员机械升降器或其他同样安全方便的装置与引航员软梯一起供引航员登船或离船使用时，应在每舷均装有这种设备，除非该设备能够转移以供任一舷使用。船舶应设置引航员软梯、与引航员软梯相连的舷梯、引航员机械升降器，以供其安全方便地登船或离船。

引航员软梯要求所需爬高不小于1.5 m，离水面高度不超过9 m，其位置和系固应做到：避开任何可能的船舶排水孔；在平行船体长度范围内，并尽可能保持在船中一半船长的范围内；每级踏板稳固地紧靠于船舷；如结构特性，例如护舷材妨碍规定的实施时，应做出满足主管机关要求的特别布置，以确保人员能安全登船和离船；引航员软梯的单一长度能从登船处或离船处抵达水面，并充分考虑所有的装载状况和船舶纵倾与15°的不利横倾；安全加固点、卸扣和系索的强度应至少与扶手索相同。

当从水面至登船处的距离超过9 m时，应使用与引航员软梯相连的舷梯，或其他同样安全方便的装置。舷梯应导向船尾设置。在使用时，舷梯的下端应稳固地紧靠于平行船体长度范围内的船舷，并应尽可能保持在船中一半船长的范围内，且避开所有的排水孔；引航员机械升降器位置应在平行船体长度范围内，并应尽可能保持在船中一半船长范围内，且避开所有的排水孔。

(3)到甲板的通道

在引航员软梯的上端或任何舷梯或其他设施的上端与船舶甲板之间应装设安全、方便和无障碍的通道，供任何人员登船和离船。如果这种通道是在栏杆或舷墙中开门，则应设有适当的扶手；如果是舷墙梯，则应设有两根扶手支柱，其根部或接近根部处以及较高的几处应以刚性方式系固在船舶结构上。舷墙梯应牢固地固定在船舶上，以防翻转。供引航员登离船用的舷门不应向外开启。

(4)引航员机械升降器

引航员机械升降器及其辅助设备应是主管机关认可的形式。引航员升降器应设计成像活动梯一样的工作方式，供1人在船舷升降，或像平台一样供1人或多人在船舷升降。设计和构造应确保引航员能安全地登船和离船，包括设计从升降器到甲板及从甲板到升降器的安全通道，这种通道应由有栏杆可靠保护的平台直接构成。引航员机械升降器应设置有效的手动装置以降下或送回所载人员，且保证在动力失效时随时可以使用。升降器应牢固地固定在船舶结构上。其固定不应仅依靠船舷栏杆，而应在船舶的每舷上为可携式升降器提供适当和牢固的系固点。如果在升降器位置处装有外护舷材，则这种外护舷材应予充分截短，以使升降器可以靠在船舷上工作。引航员软梯应装在升降器附近，并可供立即使用，以便从升降器行程的任何位置上均可接近并使用。引航员软梯应能从其自身的登船处直达海面。在升降器下降的船舷位置上应有标志。可携式升降器应有适当保护的储存位置。天气较冷时，为避免结冰危险，应在临近使用之前将可携式升降器安装就位。

（5）相关设备

应在近处配备下列相关设备，以备在人员登离船时可使用：两根安全绳（如引航员要求），直径不小于 28 mm，牢固地系在船上；带有自亮灯的救生圈及抛缆绳。当到甲板的通道有需求时，应配备支柱和舷墙梯。

（6）照明

应配备适当照明，以照亮舷外的登离船装置、甲板上人员登船和离船位置以及引航员机械升降器的控制装置。

5. 操舵装置的试验和演习

（1）船舶开航前 12 h 之内，应由船员对操舵装置进行校核和试验。试验（如适用时）应包括下述装置：①主操舵装置；②辅助操舵装置；③操舵装置遥控系统；④驾驶台内的操舵位置；⑤应急动力供应；⑥相对于舵实际位置的舵角指示器；⑦操舵装置遥控系统动力故障报警器；⑧操舵装置动力设备故障报警器；⑨自动隔断装置及其他自动设备。

（2）校核和试验应包括：①按照所要求的操舵装置能力进行操满舵试验；②操舵装置及其联动部件的外观检查；③驾驶台与舵机室之间通信手段的工作试验。

（3）在驾驶台及舵机室内，应永久展示操舵装置遥控系统和操舵装置动力设备转换程序的简单操作说明，并附有方框图。所有与操舵装置的操作或维护保养有关的船舶驾驶员，应熟悉船上所装的操舵系统的操作以及从一个系统转换到另一个系统的程序。

（4）除开航前的常规校核和试验外，应至少每 3 个月进行一次应急操舵演习，以练习应急操舵程序。演习应包括在舵机室内的直接控制、与驾驶台的通信程序以及（如适用时）转换动力供应的操作。

（5）对于定期从事短程航行的船舶，主管机关可免除开航前规定的核查和试验要求，但这些船舶应每周至少进行一次这样的校核和试验。

（6）进行开航前规定的核查和试验的日期，以及进行上述应急操舵演习的日期和详细内容应在航海日志上做好记录。

6. 危险通报

（1）每艘船舶的船长如遇到危险冰、危险漂浮物，或其他任何对航行而言的直接危险，或热带风暴，或遇到伴随强风的低于冰点的气温致使上层建筑严重积聚冰块，或未曾收到暴风警报而遇到蒲福风级 10 级或 10 级以上的风力时，均有责任自行采取一切措施将此信息通知附近各船及主管当局。发送这种信息的形式不受限制，可用明语（最好用英文）或按《国际信号规则》发送。

（2）各缔约国政府应采取所有必要的步骤，确保其在获悉关于上述任何危险的情报时，迅速通知有关各方并传送到其他相关的国家政府。

(3)向有关船舶发送的上述危险通报,不收费用。

(4)根据上述要求所发送的一切无线电通报应冠以安全信号,并按《无线电规则》所规定的程序办理。

7. 船长决定权

船东、租船人、船舶经营公司或任何他人,均不得阻止或限制船长根据其专业判断做出或执行为海上人命安全和保护海洋环境所必需的任何决定。

七、加强海上安全的特别措施与 ISPS 规则

ISPS 规则的产生与海盗猖獗有关。2001 年,“9·11”事件发生,反恐成为各国关注的头等大事。2001 年 11 月,IMO 对美国的倡导做出迅速反应,在 22 次大会上通过了“审议防止威胁乘客、船员和船舶安全的恐怖行为的措施和程序”的大会决议(A.924(22)),会间成立了海上保安会间工作组,负责起草 SOLAS 公约有关保安条文的修正案以及 ISPS 规则。2002 年 2 月,海上保安会间工作组召开了第一次会议,原则同意修改 SOLAS 附则第Ⅴ章和第Ⅺ章,制定《船舶和港口设施保安国际规则》作为第Ⅺ章的强制性规则。国际海事组织于 2002 年 12 月在伦敦召开了《1974 年国际海上人命安全公约》缔约国外交大会,以外交大会第 1 号决议通过了一套关于海上保安的公约修正案,并以第 2 号决议通过了《国际船舶和港口设施保安规则》(Internationa1 Ship and Port Faci1ity Security Code,ISPS Code)。该修正案于 2004 年 7 月 1 日生效,ISPS 规则也同时生效,该修正案和保安规则要求船舶应永久地标识识别号、记录并存放连续概要记录。

ISPS 规则由 A、B 两个部分组成,其中 A 部分为强制性要求,B 部分为对实施 A 部分的指导。其主要内容包括三个方面:对缔约国的要求、对公司和船舶的要求以及对港口设施的要求。

1. 船舶识别号

适用的船舶(100 总吨及以上的所有客船,300 总吨及以上的所有货船)(新船于 2004 年 7 月 1 日,2004 年 7 月 1 日以前建造的船舶,应在不迟于 2004 年 7 月 1 日以后的第一次计划干坞检验之日)应在船壳或上层建筑的易见处永久性标注国际海事组织编号,客船应将此标志刻在能从空中看到的水平表面上,船舶内部也应有此识别号码。

(1)识别号标注的位置

每船至少两处标注识别号:①船尾或船中左舷和右舷的最深的核定的载重线以上,但应在船名之下,或上层建筑左舷或右舷或正面的可见位置,客船应标注在可从空中看见的水平表面;②在机器处所端部横舱壁或舱口、油船泵舱内、滚装处所的舱壁上。

(2)识别号制作要求

识别号应清晰可见、形成对比,有别于任何其他标记,可制成凸出的字符,或刻入或用中心冲头冲刺,或使用可确保该标记不易被擦除的任何其他等效方法。对于用钢材或金属以外的材料建造的船舶,船舶识别号的标记方法应经主管机关批准。

2. 公司和注册船东识别号

适用船舶的公司和船东均应拥有与 IMO 通过的 IMO 唯一的公司和注册船东识别号计划相符的识别号。公司识别号应插入根据公约附则第Ⅸ章和 ISPS 规则签发的证书及其核

准无误的副本。证书在 2009 年 1 月 1 日或以后签发或换新时,要求公司和注册船东识别号应进行相应的实施。

3. 连续概要记录

从 2004 年 7 月 1 日起(新船于 2004 年 7 月 1 日,2004 年 7 月 1 日以前建造的船舶应至少提供该船自 2004 年 7 月 1 日起的历史),适用船舶(100 总吨及以上的所有客船,300 总吨及以上的所有货船)应当备有连续概要记录(continuous synopsis record),旨在就其中所记录的信息在船上提供一份船舶历史记录。与变更信息规定的项目有关的任何变化均应记录在连续概要记录中,以便提供最新的和当前的信息以及变化的历史。

SOLAS 公约要求连续概要记录由主管机关签发给船舶,并至少包括以下信息:船旗国国名、登记日期、船舶识别号、船名、船籍港、注册船东及其地址、注册船东识别号、光租人姓名及地址、公司名称及地址(注册地址及其开展安全管理活动的地址)、公司识别号、入级船级社、ISM 符合证明和船舶安全管理证书签发机关、保安证书签发机关、终止登记日期。

记录不得修改、删除或以任何方式擦除或涂改,发生变化的 3 个月内主管机关要签发修订文件。在主管机关签发修订文件之前,应授权公司或船长进行修改,并随即通知主管机关。记录应使用英文、法文或西班牙文,还可以另外译成主管机关的官方语言。

连续概要记录将受到港口国的检查,变更船旗时要留在船上。

4. 船长对船舶安全和保安的决定权

船长依照其专业判断而做出或执行为维护船舶安全或保安所必需的决定,应不受公司、承租人或任何他人的约束。这包括拒绝人员(经确认的缔约国政府正式授权的人员除外)或其物品上船及拒绝装货,包括集装箱或其他封闭的货运单元。

如果依照船长的专业判断,在船舶操作中出现在适用于该船的安全措施和保安要求之间发生冲突的情况,船长应执行为维护船舶安全所必需的要求。在这种情况下,船长可以实施临时性保安措施并应随即通知主管机关。如情况适宜,还应随即通知该船所在或拟进入的港口所属缔约国政府。根据本条采取的任何此类临时性保安措施应尽可能相当于主要的保安等级。在发现这种情况后,主管机关应确保此类冲突得以解决并尽量消除其再次发生的可能性。

5. 公司和船舶保安要求

对公司和船舶的要求规定,船公司要为公司指定一名或数名公司保安员(CSO),为每艘船舶指定一名船舶保安员(SSO)。公司保安员的职责是确保船舶开展保安评估(SSA)、制订船舶保安计划(SSP)。船舶保安员主要负责船舶日常营运的保安工作。ISPS Code 还规定船舶须持有国际船舶保安证书(ISSC),要求所有船舶按规定装设船舶保安警报系统,强调了船长在就船舶保安做出决定方面,以及在必要时请求公司或任何缔约国政府提供协助方面具有最高的权威和责任,要求船上相关人员必须持有保安员证书,等等。

6. 船舶保安演练和演习

根据 ISPS 规则 B 部分的指导,为确保有效实施《船舶保安计划》的规定,应至少每 3 个月进行一次演练。此外,如果在任一时间有 25%的船舶人员换班,而上船接班船员中在前 3 个月内未曾参加过该船的任何演练的人员;应在变动后 1 周内进行演练。这些演练应测试计划中的个别因素,例如可能出现的保安威胁。

可能有公司保安员、港口设施保安员、缔约国有关机构以及船舶保安员(如有)参加的各类演习应至少每年进行一次,两次演习间隔不得超过 18 个月。这些演习应测试通信、协调、资源的可用性和反应。主管机关对参加另一缔约国政府演习的公司应予认可。

7. 船舶保安记录

船舶保安计划涉及的以下活动的记录应按主管机关规定的最低期限(5 年)保存在船上:①培训、演练和演习;②保安威胁和保安事件;③保安状况受到破坏;④保安等级改变;⑤与船舶保安状况直接相关的通信,例如对船舶或对船舶所在或曾经在的港口设施的具体威胁;⑥保安活动的内部审核和审查;⑦对船舶保安评估的定期审查;⑧对船舶保安计划的定期审查;⑨保安计划任何修订内容的实施;⑩保安设备(如有)的保养、校准和测试,包括对船舶保安警报系统的测试。

船舶保安记录应采用船上的一种或几种工作语言来保持。如果所用语言不是英语、法语或西班牙语,应包括这三种语言之一的译文。记录可以用电子格式保存。在此情况下,应通过程序对其加以保护,以防止其被擅自删除、破坏或修改。应对记录予以保护,防止擅自接触或泄露。

8. 船舶保安报警系统

船舶应按照以下时间规定配备船舶保安系统:2004 年 7 月 1 日或以后建造的船舶,建造时完成;客船以及 500 总吨以上的油船、化学品液货船、气体运输船、高速货船不迟于 2004 年 7 月 1 日以后的第一次无线电设备检验时完成;其他货船(500 总吨以上)不迟于 2006 年 7 月 1 日以后的第一次无线电设备检验时完成。

船舶保安报警系统不应低于 IMO 的标准,船舶保安系统启动后,应能在关闭或复位前持续向主管机关指定的主管当局(包括公司)发送船对岸保安警报,确定船舶身份、船位,并不向任何其他船舶发送船舶保安警报,不在船上发出任何警报。船舶保安报警系统能够从驾驶台和至少一个其他位置启动。

任务4.2　国际载重线公约

任务情景

载重线是法规对船舶最大装载吃水线以及船体开口封闭条件的规定。船舶最大装载吃水决定了干舷的大小。船舶的营运实践表明,干舷不足常常是发生海难事故的一个重要原因。因此,船舶必须具有足够的干舷,这一认识很早就被人们接受。国际上早在 1930 年就制定了《国际载重线公约》,作为核算船舶最小干舷、限制船舶营运中装载吃水的规则。对于非国际航行船舶,法规根据我国沿海实际情况制定了核算最小干舷的规则。

本任务以 CCS 签发的国际船舶载重线证书为例(图 4-2-1),介绍了证书记载内容和发证依据。

IMTERMATIOMAL LOAD LIME CEETIFICATE

Issued under the provisions of the Interational Convention on Load Lines，1966，as modified by the Protocol of 1988 relating thereto under the authority of the Government of the Hong Kong Special Administrative Region of the People's Republic of China by China Classification Society

Hame of ship
Distinctive number or letters
Port of registry
Length（L） as defined in Article 2（8）（m）
Class Ho. IMD number
Freeboard assigned as*
Type of ship**

	Freeboard from deck line		Load line	
Tropical	______	mm（T）	______	mm above（S）
Summer	______	mm（S）	Upper edge of line through centre of ring	
Winter	______	mm（W）	______	mm below（S）
Winter Horth Atlantic		mm（WHA）	______	mm below（S）
Timber tropical	______	mm（LT）	______	mm above（LS）
Timber summer	______	mm（LS）	______	mm above（S）
Timber winter	______	mm（LW）	______	mm below（LS）
Timber winter Horth Atlantic	______	mm（LWHA）	______	mm below（LS）

Allowance for fresh water for all freeboards other than timber ______ mm　All owance for fresh water for timber freeboards ______ mm

The upper edge of the deck line from which these freeboards are measured is ______ mm ______ at side.

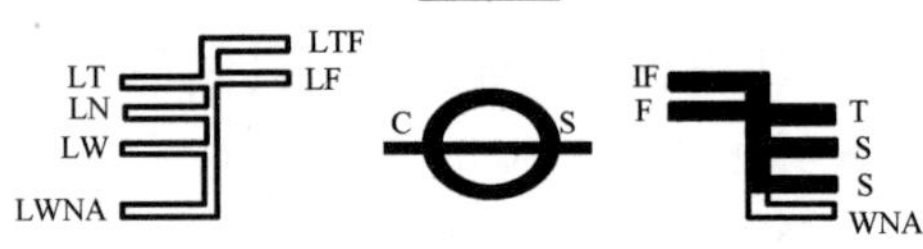

*Insert the words"a new ship" or "an existing ship"，as appropriate.

**Insert the words"TypeA","Type B"，"Type B Withr educed freeboard" or "Type B withincreased freeboard"，as appropriate.

CHINA CLASSTFICATION SOCTETY CERTIFIES:

1.That the ship has been surveyed in accordance with the requirements of Article 14 of the Convention.

2.That the survey showed that the freeboards have been assigned and load lines shown above have been marked in accordance with the Convention.

This certificate is valid until ______ subject to annual surveys in accordance with Article 14（1）（c）of the Convention.

Completion date of the survey on which this certificate is based ______

图 4-2-1　国际船舶载重线证书

任务目标

1. 了解载重线公约适用范围和基本要求。
2. 了解载重线标志勘划。
3. 了解载重线证书的检验与发证。

任务分析

（略）

知识获取

《1966年国际载重线公约》是各缔约国政府为保障海上人命和财产安全而制定的国际航行船舶载重限额及勘划最小干舷的统一原则和规则。1988年IMO对载重线公约进行了全面修订,将载重线核定、载重线区带和证书格式的技术性规定内容作为公约的附则,通过了《1966年国际载重线公约》《1988年议定书》和经1988年修订的《1966年国际载重线公约》。

一、公约概况

公约由正文、议定书和三个附则组成。公约正文包括:定义、一般规定、适用范围、船舶检验和检查、证书、载重线的浸没等共34条内容;议定书共9条,规定了缔约国责任、加入、退出和公约的修订生效条件等;附则Ⅰ为载重线核定规则,按航区、季节和船舶类型规定了勘划船舶载重线的技术规则,并根据船舶强度、结构、水密性和稳性等规定了相应的标准;附则Ⅱ为地带、区域和季节期,规定了各种载重线适用的航区和季节;附则Ⅲ为证书,规定了国际载重线证书和国际载重线免除证书的格式范本。

《1966年国际载重线公约1988年议定书》生效后,历经2003修正案(MSC.143(77),2006年7月1日生效)、2004修正案(MSC.172(79),2006年7月1日生效)、2006修正案(MSC.223(82),2008年7月1日生效)和2008修正案(MSC.270(85),2010年7月1日生效)对附则Ⅰ、附则Ⅱ、附则Ⅲ进行了修订。

2008修正案修订后的附则Ⅰ要求2010年7月1日之前建造的适用船舶须符合主管机关接受的完整稳性标准,2010年7月1日或之后建造的船舶须(作为最低条件)符合《2008年国际完整稳性规则》A部分的要求。《2008年国际完整稳性规则》(MSC.267(85))同样于2008年MSC第85次会议通过,规则旨在提出强制性和建议性的稳性衡准及其他确保安全操作船舶的措施,最大限度地降低对这些船舶、船上人员以及环境构成的风险。规则由引言和A、B部分组成,引言和规则的A部分涉及强制性衡准,B部分包含建议和附加的导则。

二、适用范围

公约适用于在各缔约国政府国家登记的、在本公约扩大适用的领土内登记的和悬挂缔约国政府国旗但未登记的从事国际航行的船舶,但不适用于军舰、长度小于24米的新船、小于150总吨的现有船、非营业性游艇、渔船、某些在特定区域内从事航行的船舶。

适用的船舶必须按公约规定进行检验并勘划标志,保证具有公约规定的最小干舷,并备有国际船舶载重线证书或国际载重线免除证书,否则不能从事国际航行。

三、基本要求

1. 勘划标志

适用的船舶必须按公约规定进行检验和标志勘划,保证具有公约规定的最小干舷,并备有国际船舶载重线证书或国际载重线免除证书,否则不能从事国际航行。在官员或验船师根据本公约规定认定这些标志是正确和永久勘划在船舷两侧以前,不应发给该船国际船舶载重线证书。

公约要求对船舶勘划的标志包括甲板线、载重线圈标志和各条载重线。甲板线是长为300mm和宽为25mm的一条水平线，甲板线应勘划于船中处的每侧，其上边缘一般应经过干舷甲板上表面向外延伸与船壳板外表面之交点，如果干舷经过相应的修正，甲板线也可以参照船上某一固定点来划定。参考点的定位和干舷甲板的标定，在任何情况下均应在国际船舶载重线证书上标写清楚；载重线标志由外径为300 mm和宽为25 mm的圆圈与长为450 mm和宽为25mm的水平线相交组成，水平线的上边缘通过圆圈的中心，圆圈的中心应位于船中处，从甲板线上边缘垂直向下量至圆圈中心的距离等于所核定的夏季干舷。圆圈线段和字母，当船舷为暗色底者应漆成白色或黄色，当船舷为浅色底者应漆成黑色，它们也应经主管机关认可，并勘划在船舷两侧的永久性标志。这些标志应能清晰可见，必要时应为此做出专门的安排。不予非缔约国的船舶优惠待遇。

2. 载重线浸没

（1）除（2）和（3）所规定者外，船舶两舷相应于该船所在的季节及其所在地带或区域的载重线，不论在船舶出海时、航行中，还是在到达时，都不应被水浸没。

（2）当船舶处于密度为1.000 g/cm^{3}的淡水中时，其相应的载重线可以被浸没到国际载重线证书上指出的淡水宽限。若密度不是1.000 g/cm^{3}时，此宽限量应以1.025 g/cm^{3}和实际密度的差数按比例决定。

（3）船舶从江河或内陆水域的港口驶出时，准许超载量至多相当于从出发港至海口间所需消耗的燃料和其他一切物料的重量。

3. 对保护船员的要求

对保护船员的要求包括：①作为船员居住处所的甲板室，其强度应经认可；②在所有露天甲板四周应装设牢固的栏杆或舷墙，舷墙或栏杆的高度应至少离甲板1米，当此高度妨碍船舶正常工作时，可准许采用较小的高度，但需提供适当防护措施并经认可；③为保护船员进出他们的住所、机器处所以及船上工作所需一切其他部位，应为按要求设置的安全通道配备适当的设施（如栏杆、安全绳、通道或甲板下面的走道等形式）；④任何船舶所装运的甲板货物的堆装，应使位于货物堆装处的任何开口和进出船员住所、机器处所及船上工作所需的一切其他部位的任何开口，坚固且能适当关闭，以防进水。如在甲板上和甲板下均没有适宜的通道时，在甲板货物上面应配置合适的栏杆或安全绳，以保证船员的安全。

四、检验

1. 初次检验、换证检验和年度检验

（1）凡适用本公约的船舶应接受下列各种检验：

①船舶投入营运以前的初次检验，是对于受本公约约束的船舶，此项检验包括对船舶结构和设备的全面检查。这种检验应保证各种布置、材料和构件尺寸完全符合本公约要求。

②换证检验的间隔期由主管机关决定，但除适用展期的要求外，不得超过5年，这种检验应保证船体结构、设备、布置、材料和构件尺寸完全符合本公约要求。

③证书周年日期前或后3个月内的年度检验，应保证船体或上层建筑没有发生可以影响计算确定载重线位置的变化；开口防护装置和设施，栏杆、排水舷口和船员舱室出入口的设施等应保持在有效状态；干舷标志应正确永久地标着；应备有要求的资料。

(2)规定的年度检验应于国际船舶载重线证书或者根据规定对船舶给予免除而发给的国际载重线免除证书上签署。

2. 检验后现状的维持

对船舶进行的任何规定检验完成以后,凡经检验的船体结构、设备、装置、材料或构件尺寸,非经主管机关许可,不得做变动。

五、证书

国际航行的适用船舶须备有国际船舶载重线证书或国际载重线免除证书,否则不能从事国际航行。

1. 证书的签发与承认

(1)证书的签发:①对于依照本公约进行检验和勘划标志的船舶,应签发一张国际船舶载重线证书;②对于按照规定给予免除的任何船舶,应签发一张国际船舶载重线免除证书;③上述证书应由主管机关或由该主管机关正式授权的任何人员或组织签发。不论属于何种情况,主管机关应对证书负完全责任。

(2)由他国政府代发或签署证书:①缔约国政府应另一缔约国政府请求,可对一船舶进行检验,如认为符合本公约规定,应依照本公约签发或授权签发一张国际船舶载重线证书给此船舶,或在船舶已有的证书上签署或授权签署;②证书的副本,用以计算干舷的检验报告副本和计算书副本各一份,应尽速送交请求国政府;③这样签发的证书必须载明是根据船旗国政府或行将悬挂的国旗所属国政府的请求,该证书应与缔约国政府签发的证书具有同等效力,并受到同样承认;④对于悬挂非缔约国政府国旗的船舶,不得发给国际船舶载重线证书。

(3)证书的格式

证书格式应用公约附则Ⅲ列出的范本。如果所用文字既不是英文,又不是法文,则文本应包括上述文字之一的译本。

(4)证书的承认

对于缔约国政府授权依照公约签发的证书,其他缔约各国政府应予承认,并在公约适用的一切意义上视为与他们签发的证书具有同等效力。

2. 证书的有效期限

(1)国际船舶载重线证书应由主管机关规定有效期限,但不得超过5年。

(2)如换证检验在现有证书失效期前3个月内完成,则新证书在从换证检验完成之日起至现有证书失效期不超过5年的日期内有效。换证检验在现有证书失效期后完成,则新证书在从换证检验完成之日起至现有证书失效期后不超过5年的日期内有效。换证检验在现有证书失效期前3个月之前完成,则新证书在从换证检验完成之日起不超过5年的日期内有效。

(3)如果所发证书的期限少于5年,主管机关可延长证书的有效期为超出失效期至规定的最长期限,只要可适用规定的年度检验,且发给期限5年的证书是适宜的。

(4)按规定进行换证检验后,如果新证书在现有证书失效期前不能发给船舶,则进行这次检验的人员或机构可延长现有证书的有效期,但不得超过5个月。该项延期应在证书上签署,且应仅在影响船舶干舷的船舶结构、设备、装置、材料或结构尺寸等无变动情况下才能准许。

(5)如果证书失效时船舶不在拟进行检验的港口,主管机关可延长证书的有效期。但这种延期仅为允许船舶完成至进行检验的港口的航次,而且仅在正当和合理的情况下才能如此办理，延期不得超过3个月。同意延期的船舶在抵达拟进行检验的港口后，未取得新证书前不得凭延期的证书离港。换证检验完成后，新证书的有效期为从同意现有证书延期前的失效期起不超过5年。

(6)发给短途航程船舶的证书未曾按本条先前各项规定延期，主管机关可对证书上写明的失效期延期宽限至1个月。换证检验完成后，新证书的有效期从同意现有证书延期前的失效期起不超过5年。

(7)在特殊情况下(由主管机关确定)新证书不需按(2)、(5)和(6)的要求从现有证书失效日期起计算日期，在这种特殊情况下，新证书的有效期为从换证检验完成日期起不超过5年。

(8)如果年度检验在规定的期间前完成，则证书上的周年日期应签署修正，签署的日期应比检验完成日期推后不超过3个月；要求的下次年度检验应用新的周年日期并在该条规定的间隔期来完成；若进行一次或多次年度检验，使间隔不超过规定的检验最大间隔期，则失效期可保持不变。

(9)如果存在下列任一情况，国际船舶载重线证书中止有效：船舶的船体或上层建筑已发生实质性的变动，以致有必要增大干舷；年度检验中规定的装置和设备未能保持有效状态；证书上没有签署表明船舶已按照规定进行检验；船体结构强度降低到不安全的程度。

(10)主管机关根据规定对船舶给予免除而签发的国际载重线免除证书的有效期限不得超过5年；这种证书应遵循本条对国际船舶载重线证书所规定的关于换证、签署、延期和吊销的同样程序；对通常不从事国际航行的船舶而在特殊情况下需要进行一次国际航行时，给予免除而签发的国际载重线免除证书的有效期，应限于为此而发给的单次航行。

(11)主管机关签发的证书，在该船舶改悬另一国国旗时失效。

任务4.3 国际吨位丈量公约

任务情景

某轮本航次由上海港经苏伊士运河去往荷兰阿姆斯特丹港，收到苏伊士运河代理通知，要求船上提供国际吨位证书和苏伊士运河吨位证书。本任务旨在通过船舶国际吨位证书了解船舶总吨与净吨的丈量范围。

任务目标

1. 了解国际吨位丈量公约的适用范围。
2. 了解国际吨位证书签发。

任务分析

以某船舶吨位证书为例：总吨和净吨不是重量，而是容积。总吨是按照一定标准计算出来的全船的总舱容，而净吨是指实际能够用来营运的舱容，也就是能够用来赚钱的舱容。

知识获取

一、公约简介

国际船舶吨位丈量公约（International Convention on Tonnage Measurement of Ships，ITC）是为统一国际航行船舶的吨位丈量，由国际海事组织制定的测定船舶总吨位和净吨位的国际公约。在公约制定以前，国际上主要有六大吨位丈量体系，即英国、美国、日本、苏联、中国和奥斯陆公约（有20多个国家参加）。这些吨位丈量规则虽然大致相同，但对同一艘船丈量时存在很大差别，所以制定统一、共同遵守的国际船舶吨位丈量公约是各海运国家的共同要求。

1. 功用

船舶吨位丈量的目的是核定船舶的总吨位和净吨位，以便核收船舶税费与使费，在船舶租赁、买卖时作为计算租金和船价的依据，以及进行船队规模的统计等。现行的ITC 1969公约为《1969年国际吨位丈量公约》（ITC 1969），我国于1980年12月31日加入该公约。公约规定了用总吨位反映船舶营运舱容的基本原则，明确了船舶容积的丈量范围，规定了总吨位和净吨位的计算公式，并对国际吨位证书的签发、失效及格式也做了详细规定。

截至2012年1月31日，ITC 1969有151个缔约国，占世界船队总吨位的98.76%。

2. 构架

ITC 1969由公约正文、两个附则和两个附录组成。

3. 适用

（1）ITC 1969适用于从事国际航行的船舶；

（2）ITC 1969不适用于军舰、船长小于24米的船舶以及专门在某些特定区域从事航行的船舶。

二、国际吨位证书

对依据本公约规定核定了净吨位和总吨位的船舶应签发国际吨位证书（图4-3-1）。该证书由主管机关或由其正式授权的任何个人或组织签发，还可委托另一缔约国政府签发。在任何情况下，主管机关对其签发和授权签发的证书负全部责任。对于悬挂非缔约国国旗的船舶，不签发该证书。

Form CIT
Ho.

CHINA CLASSTFICATION SOCTETY
INTERNATIONAL TONNAGE CERTTFICATE（1969）
Issued under the provisions of the International Convention on Tonnage III easurement of Ships，1969，under the authority of the Government of
for which the convention came into force on____________________，by the China Classification Society.

Name of Ship	Distinctive Number or Letters/IMD Number	Port of Registry	Date*

*Date on which the keel was laid or the ship was at a similar stage of construction（Article 2（6，or date on which the ship underwent alterations or modifi cations of a major character（Article 3（2）（b），as appropriate.

MAIN DIMENSTONS

Length（Article 2（8））	Breadth（Regulati on 2（3））	Moulded depth amidships to Upper Deck（Regulation 2（2））

THE TOMMAGES OF THE SHIP ARE:
GROSS TOMMAGE ____________
HET TOMMAGE ____________

THIS IS TO CERTIFY that the tonnages of this ship have been determined in accordance with the provisions of the International Convention on Tonnage Measurement of Ships，1969.

Issued at ____________ ____________
Issued on ____________

Principal surveyor to
CHINA CLASSIFICATION SOCTETY

Form CIT
No.

SPACES IMCLUDED IM TOMMAGE

GBOSS TOMMAGE		
Name of Space	Location（Fr.Mos.）	Length(m)
Deckhouse 1st tier	Fr.Mos.5+0.4m —— 35	22.66
Deckhouse 2nd tier	Fr.Mos.21 —— 35	11.48
Deckhouse 3rd tier	Fr.Mos.21 —— 35	11.48
Deckhouse 4th tier	Fr.Mos.21 —— 35	11.48
Deckhouse 5th tier	Fr.Mos.23 —— 35+0.5 m	10.35
E.R.Casing	Fr.Mos.10 ——18	6.12
Fummel	Fr.Mos.10 —— 18	6.12
IIIas thouse A Crane 1	Fr.Mos.181 —— 185	3.28
IIIas thouse A Crane 2	Fr.Mos.143 —— 147	3.28
IIIas thouse A Crane 3	Fr.Mos.106 —— 111	3.28
IIIas thouse A Crane 4	Fr.Mos.69 73	3.28
HO.1 C.H.Coam.ACover	Fr.Mos.188 —— 211	18.86
Ho.2 C.H.Coam.ACover	Fr.Mos.151 —— 177	21.32
Ho.3 C.H.Coam.ACover	Fr.Mos.114 —— 140	21.32
MD.4 C.H.Coam.ACover	Fr.Mos.77 —— 103	21.32
MD.5 C.H.Coam.ACover	Fr.Mos.40 —— 66	189.99
Under deck/F Cle	Fr.Mos.-5 —— 236+0.3m	
EXCLUDED SPACES（Regulation 2（5）） An asterisk（*）should be added to those spaces listed above which comprise both enclosed and excluded spaces.		

Form CIT
Mo.

SPACES IMCLUDED IM TOMMAGE

MET TOMMAGE			
Name of Space	Location（Fr.Mos.）		Length(m)
NO.1 C.H.Coaming	Fr.Mos.188	211	18.86
NO.1 Cargo Hold	Fr.Mos.183	217	27.88
No.2 C.H.Coaming	Fr.Mos.151	177	21.32
No.2 Cargo Hold	Fr.Mos.145	183	31.16
NO.3 C.H.Coaming	Fr.Mos.114	140	21.32
No.3 Cargo Hold	Fr.Mos.109	145	29.52
NO.4 C.H.Coaming	Fr.Mos.77	103	21.32
NO.4 Cargo Hold	Fr.Mos.71	109	31.16
No.5 C.H.Coaming	Fr.Mos.40	66	21.32
NO.5 Cargo Hold	Fr.Mos.35	71	29.52
NUMBER OF PASSENGERS（Regulation 4(1)） Number of passengers in cabins with not more than 8 berths ______ Number of others passengers ______			
MOULDED DRAUGHT（Regulation 4（2））（M）			
Date and place of original measurement ______ Date and place of last previous remeasur emeasurement ______			

图 4-3-1 国际吨位证书

国际吨位证书长期有效，但出现下列情况时失效：①当船舶布置、容积、乘客定额总数、载重线等发生变动，致使净吨位或总吨位必须增加时，该证书失效，并由主管机关注销；②船舶改挂另一国家的国旗时，该证书失效；③当船舶改挂另一缔约国国旗时，原证书可继续有效3个月，或有效至主管机关发给另一国际吨位证书代替原证书为止，二者以较早者为准。

吨位丈量以“米”为单位，丈量所得总吨位和净吨位的数值仅采用整数。在国际吨位证书中的总吨位和净吨位只填写数字，数字后没有单位“吨”。

1. 容积总吨

容积总吨又称注册总吨，是指船舱内及甲板上所有关闭的场所的内部空间（或体积）的总和，是以100立方英尺[①]或2.83立方米为一吨折合所得的商数。容积总吨的用途很广：①用于国家对商船队的统计；②表明船舶的大小；③用于船舶登记；④用于政府确定对航运业的补贴或造舰津贴；⑤用于计算保险费用、造船费用以及船舶的赔偿等。

2. 容积净吨

容积净吨又称注册净吨，是指从容积总吨中扣除那些不供营业用的空间后所剩余的吨位，也就是船舶可以用来装载货物的容积折合成的吨数。容积净吨主要用于：①船舶的报关、结关；②作为船舶向港口交纳的各种税收和费用的依据；③作为船舶通过运河时交纳运河费的依据。

任务4.4　国际安全管理规则

任务情景

某船在休斯顿港进港，引航员发现操纵主机自动化系统增减船速不及时，向当地主管部门投诉后，港口国检查官（PSCO）上船检查，开出船舶滞留项，在与该船船员交流时，又提出驾驶员语言交流存在问题，进而又开了ISM不符合项。

本任务能讨论可能导致PSC滞留船舶的重大ISM安全管理体系缺陷项主要有哪些。

任务目标

1. 了解ISM规则的主要内容。
2. 了解安全管理体系文件要点。
3. 了解风险评估及控制措施。
4. 了解ISM规则实施情况。

① 1立方英尺=0.0283立方米。

任务分析

重大的安全管理体系缺陷包括:①缺少安全的工作环境;②风险未被认定或缺少对认定风险的安全防卫;③不符合强制性规定或规则,未对IMO、主管机关、船级社和海运行业组织所建议的适用的规则、指南和标准予以考虑;④缺少适当的指令和程序;⑤缺少适当的联络渠道或有效交流;⑥岸上指定人员无法确认或无法立即取得联系;⑦船上关键性操作未被认定并分配给适当适任人员;⑧缺少对应急情况反应的训练和演习程序。

知识获取

ISM的全称为《国际船舶安全营运和防止污染管理规则》(Internationa1 Management Code for the Safe Operation of Ships and for Pollution Prevention),其目的和功能是为船舶营运安全和防污染管理提供一个国际标准。

一、概要

1. ISM规则的背景

基于事故数据的研究表明,80%以上的海上事故与人为因素有关,主要责任在于公司和船员对船舶管理和操作不当。为解决此问题,国际海事组织在借鉴国际标准化组织的ISO 9000标准的基础上,起草并推出了ISM规则。为保证ISM规则能被广泛实施,1994年5月17日至24日,在《1974年国际海上人命安全公约》缔约国的外交大会上,决定在《1974年国际海上人命安全公约》附则中新增第Ⅸ章"船舶安全营运管理",使ISM规则得以于1998年7月1日起对客船、高速船和500总吨及以上的油船、化学品船、气体运输船、散货船(第一批船)及其公司强制实施,于2002年7月1日起对500总吨及以上的其他货船和移动式近海钻井装置(第二批船)及其公司强制实施(我国提前了两年完成实施)。

ISM规则生效后,IMO又分别在2000年的MSC 73次会议上以MSC. 99(73)号决议通过了《1974年国际海上人命安全公约》第Ⅸ章的修正案,以MSC. 104(73)号决议通过了ISM规则第1、7、13、14、15和16条的修正案;在2004年的MSC 79次会议上以MSC. 179(79)号决议通过了2004年修正案,2005年MSC 80次会议通过2005年修正案MSC. 195(80),2008年MSC 85次会议通过2008年修正案MSC. 273(85),2008年修正案已于2010年7月1日生效。

我国实施ISM规则的主管机关是中华人民共和国交通运输部海事局。

2. ISM规则的特点

ISM规则前言指出,ISM规则旨在提供船舶安全管理、安全营运和防止污染的国际标准,要求各国政府采取必要措施保证船长正当履行其安全职责,要求有适当的管理组织以满足船上高标准安全需要。规则是根据一般化的原则和目标制定,用概括性术语写成,强调高级领导层的承诺是做好安全管理工作的基础,各级人员的责任心、能力、态度和主观能动性将决定安全管理和防止污染的最终结果。

ISM规则是IMO运用ISO 9000的原理,结合海上安全实际的产物。ISM规则的重点是公司安全管理,直接目标是控制人为因素。ISM规则要求公司和船舶建立安全管理体系、不断提高岸上及船上人员的安全管理技能，确保公司和船舶的营运，特别是安全管理和防污染工作按体系的要求进行运作。

ISM 规则具有以下特点：针对性强，重点从船舶安全管理、船舶安全操作和防止船舶污染三个方面提出管理要求；覆盖面全，涉及对象不仅有全体船员和公司管理人员，还涉及船旗国、港口国的主管机关；系统性严，将船舶安全和防污染管理作为一个系统对待，采用科学系统的管理方法对该系统进行管理；指导力大，使船员在船上的各项操作，做到有章可循，且方便港口国和船旗国检查和监督船舶安全管理状况。

二、ISM 规则的主要内容

修订后的 ISM 规则由前言、A 部分实施、B 部分发证与审核和一个附录组成，A 部分包括 1～12 条，分别为：总则；安全和环境保护方针；公司的职责和权力；指定人员；船长的责任和权力；资源和人员；船上操作方案的制订；应急准备；不符合规定的情况、事故和险情报告与分析；船舶和设备维护；文件；公司审核、复查和评价。B 部分包括 13～16 条，分别为：发证和定期审核；临时证书；审核；证书格式。附录给出了符合证明、安全管理证书、临时符合证明和临时安全管理证书的格式范本。

1. 总则

（1）定义

国际安全管理规则系指国际海事组织大会通过的，并可由该组织予以修改的《国际船舶安全营运和防止污染管理规则》；“公司”系指船舶所有人，或已承担船舶营运责任并在承担此种责任时同意承担 ISM 规则规定的所有责任和义务的任何机构或个人，如管理人或光船承租人；“主管机关”系指船旗国政府；安全管理体系（SMS）系指能使用公司人员有效实施公司的安全与环境保护方针的结构化和文件化体系；符合证明（DOC）系指发给符合 ISM 规则要求的公司的文件；安全管理证书（SMC）系指发给船舶的，证明其公司和船上管理已按照船旗国认可的安全管理体系运作的文件；“客观证据”系指基于观察、衡量或测试并能被审核的关于安全或安全管理体系要素的存在和实施的数量或质量的信息、记录或事实陈述；“评述”系指在安全管理评审期间做出的并由客观证据证实的事实陈述；“不符合”系指所观察到的客观证据所表明的不满足某一具体要求的情况；“重大不符合”系指对人员或船舶安全构成严重威胁或对环境构成严重危险，需要立即采取纠正措施的可辨别的背离，并包括未能有效和系统地实施 ISM 规则的要求；“周年日期”系指每年与有关文件或证书有效期届满之日相应的月份和日期；“公约”系指经修正的《1974 年国际海上人命安全公约》。

（2）安全管理目标

①ISM 规则的目标是保证海上安全，防止人员伤亡，避免对环境，特别是对海洋环境造成危害以及对财产造成损失。

②公司的安全管理目标应是：提供船舶营运的安全做法和安全工作环境；评估对其船舶、人员和环境的所有已认定的风险，并规定相应的防范措施；不断提高岸上及船上人员的安全管理技能，包括安全及环境保护方面的应急准备。

③安全管理体系应当保证：符合强制性规定及规则，并对国际海事组织、主管机关、船级社和海运行业组织所建议的适用的规则、指南和标准予以考虑。

（3）适用范围

ISM 规则的要求可适用于所有船舶。

(4)安全管理体系的要求

每个公司均应建立、实施并保持包括以下功能要求的安全管理体系:①安全和环境保护方针;②确保船舶的安全营运和环境保护符合有关的国际、船旗国立法的指令与程序;③船、岸人员的权限和相互间的联系渠道;④事故和不符合规则规定情况的报告程序;⑤对紧急情况的准备和反应程序;⑥内部评审和管理性复查程序。

2. 安全和环境保护方针

公司应当制定安全和环境保护方针,说明如何实现公司的安全管理目标。公司应当保证船岸各级机构均能执行和保持此方针。

3. 公司的责任和权力

如果负责船舶营运的实体不是船舶所有人,船舶所有人应向主管机关报告其名称以及详细信息。对管理、从事和审核涉及安全和防止污染工作的所有人员,公司应当明确并用文件形式规定其责任、权力及相互关系。公司应当负责保证向指定的人员提供足够的资源和岸上的支持,以便其能够履行各自的职责。

4. 指定人员

为保证各船的安全营运和提供公司与船上之间的联系渠道,公司应当根据情况指定一名或数名能直接同最高管理层联系的岸上人员。指定人员的责任和权力应包括对各船的安全营运和防止污染方面进行监控,并确保按需要提供足够的资源和岸上的支持。

5. 船长的责任和权力

公司应当以文件形式明确规定船长的下列责任:执行公司的安全和环境保护方针;激励船员遵守该方针;以简明方式发布相应的命令和指令;审核具体要求的遵守情况;定期复查安全管理体系并向岸上管理部门报告其不足之处。

公司应当保证在船上实施的安全管理体系中包含一个强调船长权力的明确声明。公司应当在安全管理体系中确立船长的绝对权力和责任,以便其做出关于安全和防止污染事务的决定,并在必要时要求公司给予协助。

6. 资源和人员

公司应当保证船长:具有适当的指挥资格;完全熟悉公司的安全管理体系;得到必要支持,以便可靠地履行其职责。

公司应当保证:配备合格、持证并健康的船员;新聘人员和新调至该岗位人员适当熟悉其职责;与安全管理体系有关的所有人员对有关规定、规则和指南有充分理解;支持安全管理体系可能需要的任何培训,并保证向所有相关人员提供这种培训;使船上人员借培训能够获得以一种工作语言或他们懂得的其他语言书写有关安全管理体系的信息;船上人员在履行其涉及安全管理体系的职责时能够有效地交流。

7. 船上操作方案的制定

公司应制定涉及人员和船舶安全及环境保护的船上关键操作的程序、计划及须知,包括合适的检查表。各项任务都应明确,且指派适任的人员来执行。

8. 应急准备

公司应认定船上潜在的应急情况,并制定应急情况响应程序。公司应当制订应急行动的训练和演习计划。安全管理体系应提供措施,确保公司有关机构能在任何时候对涉及其船舶的危险事故和紧急情况做出反应。

9. 不符合规定的情况、事故和险情的报告与分析

安全管理体系应当包括确保不符合规定的情况、事故和险情得到报告(至公司),确定调查和分析的程序,以便改进安全管理和防止污染工作。

公司应制定实施纠正措施(包括防止复发的措施)的程序。

10. 船舶和设备的维护

公司应当建立有关程序,以便保证船舶按照有关规定、规则以及公司可能制定的任何附加要求进行维护。

为满足这些要求,公司应当保证:①按照适当的间隔期进行检查;②报告已知的不符合规定的情况并附可能的原因;③采取适当的纠正措施;④保存这些活动的记录。

11. 文件

公司应当建立并保持控制与安全管理体系有关的所有文件和资料的程序。用于阐述和实施安全管理体系的文件可称为安全管理手册。文件应当以公司认为最有效的方式予以保存。每艘船应当备有与之有关的全部文件。

12. 公司审核、复查和评价

公司应按不超过12个月的间隔期进行船上和岸上内部安全审核,以验证安全及防污染活动是否符合安全管理体系。在特殊情况下,此间隔期可延长不超过3个月。应当按照公司制定的程序评估SMS的有效性。评审及可能采取的纠正措施应当按文件规定的程序进行。除非由于公司的规模和性质不可能做到,实施评审的人员应当不从属于被评审的部门。评审及复查结果应当告知有关部门的所有负有责任的人员,以便提醒他们注意。负有责任的管理人员应当对所发现的缺陷及时采取纠正措施。

13. 发证和定期审核

船舶应由持有与该船相关的符合证明或临时符合证明的公司营运。

符合证明应由主管机关、主管机关认可的机构或应主管机关的要求,由公约另一缔约国政府颁发给符合ISM规则要求的任何公司,其有效期由主管机关规定,不超过5年。该证明应被视为该公司能符合ISM规则有关要求的证据。

符合证明仅对文件中指明的船型有效,此种指明应以作为初审基础的船型为依据。只有在对公司符合ISM规则适用于其他船型的要求的能力进行审核后,才可增加其他船型。在此,船型系指公约第Ⅸ章提及的那些船型。

符合证明的有效性应受到由主管机关、主管机关认可的机构或应主管机关的要求,由另一缔约国政府在周年日期的前后3个月内进行年度审核。

如果没有申请要求的年度审核,或如果有与ISM规则有重大不符合的证据,符合证明应由主管机关或应其要求由签发证书的缔约国政府予以撤销。

如果符合证明被撤销,则所有相关的安全管理证书或临时安全管理证书也应被撤销;符合证明的一份副本应保存在船上,以便船长应要求出示给主管机关或由其认可的机构查验,或为公约第Ⅸ章监督目的而出示。此证明的副本不需要认证或核证。

安全管理证书应由主管机关、主管机关认可的机构或应主管机关的要求,由另一缔约国政府向船舶签发,有效期不超过5年。主管机关应在经审核证明该公司及其船舶系按照经批准的安全管理体系进行营运后签发证书。此类证书应被视为船舶符合ISM规则要求的证据。

安全管理证书的有效性应受到由主管机关、主管机关认可的机构或应主管机关的要

求，由另一缔约国政府进行的至少一次中期审核。如果只进行一次期间审核，且安全管理证书的有效期为5年，中期审核应在安全管理证书的第二个和第三个周年日期之间进行。

除了符合证明被撤销而导致船舶安全管理证书失效外，如果没有申请要求的中期审核，或如果存在与ISM规则严重不符合的证据，船舶安全管理证书也应由主管机关或应其要求由签发证书的缔约国政府予以撤销。

如果在现有符合证明或安全管理证书到期之前3个月内完成换新审核，新符合证明或新安全管理证书应自换新审核完成之日起有效，有效期从现有符合证明或安全管理证书到期之日起算不超过5年。

如果在现有符合证明或现有安全管理证书到期之日的3个月以前完成换新审核，新符合证明或新安全管理证书应自换新审核完成之日起有效，有效期从换新审核完成之日起算不应超过5年。

当换证验证在现有安全管理证书期满之日后完成时，新的安全管理证书应从换证验证完成之日起，至现有安全管理证书期满之日后不超过5年内有效。

如果换证验证已完成，而新安全管理证书在现有证书期满之日前不能签发或不能存放在船上，主管机关或经主管机关认可的组织可在现有证书上签署，签署后的证书自期满日起不超过5个月的期限内应视为继续有效。

如果安全管理证书期满时船舶不在应进行验证的港口，主管机关可延长该安全管理证书的有效期，但此项展期仅以能使该船完成其驶抵应进行验证的港口的航次为限，并且仅在正当和合理的情况下才能如此办理。安全管理证书的展期不得超过3个月。经展期的船舶在抵达应进行验证的港口后，不得因有此项展期而在未获得新安全管理证书前驶离该港口。换证验证完成后，新安全管理证书的有效期应为自现有安全管理证书展期前的期满日起不超过5年。

14. 临时证书

为便于ISM规则的最初实施，在经审核表明某一公司的安全管理体系符合规则要求的目标后，该公司在新成立或在现有符合证明中增加新船型的情况下，可签发临时符合证明，但该公司应出示其在临时符合证明的有效期间内实施满足ISM规则全部要求的安全管理体系的计划。此类临时符合证明应由主管机关、主管机关认可的机构或应主管机关的请求，由另一缔约国签发，有效期不超过12个月。临时符合证明的一份副本应保存在船上，以便船长应要求出示给主管机关或由其认可的机构查验，或为公约第Ⅸ章监督目的而出示。此证明的副本不需要认证或核证。

在下列情况下可以签发临时安全管理证书：对新交付使用的新船；在公司承担某一新到公司的船舶的经营责任时；当船舶改挂船旗时。此类临时安全管理证书应由主管机关、主管机关认可的机构或应主管机关的请求，由另一缔约国签发，有效期不超过6个月。

在特殊情况下，主管机关或在主管机关请求下，另一缔约国政府，可将该临时安全管理证书的有效期从其到期之日起再延长不超过6个月的时间。

在经审核满足以下条件后，可签发临时安全管理证书：符合证明或临时符合证明与该船相关；公司为该船舶确立的安全管理体系包括了ISM规则的关键要素，并在为签发符合证明所做的评审中被评估过，或为签发临时符合证明而验证过；公司已计划在3个月内对船舶进行内部评审；船长和高级船员熟悉安全管理体系及其实施的计划安排；被确认为必要的须知已在开航前配备；《安全管理体系》的相关信息已用工作语言或船上人员都能理解的语言提供。

15. 审核

ISM规则规定所要求的所有审核应按照主管机关可接受的程序并考虑到IMO制定的导则来进行。

(1)对在船上运行的SMS的内审、评价与复查

对在船上运行的SMS的内审(又称公司审核),是指由船公司内部审核员或专家对在船上运行的SMS进行的系统的、独立的内部安全评审,以确定船上的安全及防止污染活动是否符合SMS的要求。

内审可分为初次审核、年度审核和特殊审核。初次审核是在船舶建立并运行SMS后的首次审核;年度审核是按SMS内审要求至少每年进行一次的审核,可采用集中式年度审核来完成,也可以采用滚动式年度审核来完成;当SMS做出重大调整、船舶发生重大事故或存在重大隐患时,应安排特殊审核。

对在船上运行的SMS的评价与复查,是指由船长负责组织实施的,对在船上正在运行的SMS有效性和总体适合性所做的评价与检查。船长应当根据体系文件的要求,定期(一般为半年一次)对在船上运行的SMS的有效性进行评价,并视定期评价的结果,根据体系文件的要求,决定是否进行管理性复查。

(2)对在船上运行的SMS的外审

对在船上运行的SMS的外审,是指由主管机关或其授权机构对船上的管理是否按照经认可的SMS运作进行的审核,以判断可否向船舶颁发船舶安全管理证书。

对在船上运行的SMS的外审可分为初次审核、中间审核、换证审核以及临时审核。初次审核是对船舶建立并运行的SMS的首次审核;中间审核是按SMS外审要求在SMC有效期的中期前后进行的审核;换证审核是SMC到期日前6个月内进行的审核,以确定是否能够为该船核发新的SMC;临时审核是为核发临时安全管理证书而进行的审核。另外,根据我国CCS的船舶安全管理体系认证规范,当船舶发生重大安全事故、重大船上人员伤亡事故和水域污染事件时,以及船舶发生PSC滞留且该滞留与SMS的实施有关时,应申请附加审核。

16. 证书格式

符合证明、安全管理证书、临时符合证明和临时安全管理证书应按ISM规则附录中范本的相应格式制成。如果所用的文字既非英文又非法文,则条文应包括其中一种文字的译文;符合证明仅对文件中指明的船型有效,可以对符合证明和临时符合证明上指明的船型予以签注,以反映安全管理体系中所述的任何船舶操作限制。

三、安全管理体系文件要点

1. 安全管理体系的概念和意义

(1)安全管理体系的概念

安全管理体系是指能使船公司人员和船上人员有效地实施船公司或船舶营运管理公司(以下统称船公司)的安全营运和环境保护方针的一种管理结构和文件化体系。每个船公司都应建立、实施并保持一个SMS,在船上运行的SMS属于船公司运行的SMS的组成部分。

(2)在船上运行安全管理体系的意义在于,满足SOLAS公约要求的船舶安全管理水平;控制和减少不符合规定的情况发生,以使得船舶能够从事国际航行;提高船员的安全意

识并保障船安全、减少事故和险情,以保证船舶在海上安全航行;强化船舶安全操作,避免船期延误,从而提高船舶营运效益;加强对人为因素的控制,减少重大海事所导致的船公司经济损失;经受港口国的检查,减少不必要的滞留和损失。

2. 安全管理体系的建立与内、外审

(1)SMS 在船上的建立

SMS 在船上的建立分为预运行、试运行和正常运行三个阶段。

①SMS 在船上的预运行通常仅在船公司选定的最具代表性的一艘船上进行,如船公司运营的船舶类型不止一种,则每种类型的船舶均应选定一艘具有代表性的船舶预运行 SMS。在船公司选定的代表船上进行 SMS 预运行,其目的是:检验船公司拟定的 SMS 文件的系统性、适用性、有效性和可执行性;检验将在船公司所有船上运行的 SMS 能否在选定的代表船上有效运行;不符合规定的情况、事故、险情能否得到及时报告和纠正;文件发放、回收、修改是否及时、有效等。SMS 在预运行阶段如果被发现问题较少,则仅需对少量 SMS 文件做修改和替换,即可进入试运行阶段。若 SMS 在预运行阶段被发现问题较多,特别是发现不符合 ISM 规则以及令体系失效的重大缺陷等,则应结束预运行并回收全部 SMS 文件。对在船上预运行的 SMS 做全面调整、更换体系文件版本后,再进行预运行,以检验更换体系文件版本后的 SMS 在船上的运行情况。

②SMS 试运行将在公司所有船上进行,其目的是进一步检验 SMS 文件的系统性、适用性、有效性和可执行性以及 SMS 在船上运行的有效性,并对 SMS 在船上试运行阶段中暴露出的问题进行协调和改进,为内、外审做好准备。

③通过外审并取得 SMC 的船舶应正式运行 SMS。在船舶正式运行 SMS 阶段,仍应对 SMS 的运行情况进行检查,对不符合规定的情况、事故和险情应及时报告并予以纠正,对 SMS 在船上运行情况进行各种记录,按规定接受 SMS 在船舶上运行情况的中间审核、换证审核等。

(2)对在船上运行的 SMS 的内、外审

①对在船上运行的 SMS 的内审、评价与复查

对在船上运行的 SMS 的内审(又称公司审核),是指由船公司内部审核员或专家对在船上运行的 SMS 进行的系统的、独立的内部安全评审,以确定船上的安全及防止污染活动是否符合 SMS 的要求。

内审可分为初次审核、年度审核和特殊审核。初次审核是在船舶建立并运行 SMS 后的首次审核;年度审核是按 SMS 内审要求至少每年进行一次的审核,可采用集中式年度审核来完成,也可以采用滚动式年度审核来完成;当 SMS 做出重大调整、船舶发生重大事故或存在重大隐患时,应安排特殊审核。

对在船上运行的 SMS 的评价与复查,是指由船长负责组织实施的,对在船上正在运行的 SMS 有效性和总体适合性所做的评价与检查。船长应当根据体系文件的要求,定期(一般为半年一次)对在船上运行的 SMS 的有效性进行评价,并视定期评价的结果,根据体系文件的要求,决定是否进行管理性复查。

②对在船上运行的 SMS 的外审

对在船上运行的 SMS 的外审,是指由主管机关或其授权机构对船上的管理是否按照经认可的 SMS 运作进行的审核,以判断可否向船舶颁发船舶安全管理证书。

对在船上运行的 SMS 的外审可分为初次审核、中间审核、换证审核以及临时审核。初

次审核是对船舶建立并运行的SMS的首次审核；中间审核是按SMS外审要求在SMC有效期的中期前后进行的审核；换证审核是SMC到期日前6个月内进行的审核，以确定是否能够为该船核发新的SMC；临时审核是为核发临时安全管理证书而进行的审核。另外，根据我国CCS的船舶安全管理体系认证规范，当船舶发生重大安全事故、重大船上人员伤亡事故和水域污染事件时，以及船舶发生PSC滞留且该滞留与SMS的实施有关时，应申请附加审核。

3. 安全管理体系文件

ISM规则规定：每艘船舶应当备有与之有关的SMS全部文件。

船上配备的SMS文件通常是由安全管理手册、安全管理程序文件、安全操作须知与指南类文件以及安全记录类文件等一系列文件构成。

(1)安全管理手册

①用于阐述和实施SMS的文件可称为“安全管理手册”。该手册是总体描述SMS的纲要性文件，是向外部提供和证实SMS体系存在的强制性必备文件。

②船上配备的安全管理手册内容通常包括：封面、批准页、目录、修改页、发放控制页；公司概况、安全和环境保护方针、安全管理组织结构和职能、公司的责任和权力、指定人员；船长权力声明、船长责任与权力；ISM规则其他要素的展开说明、手册的管理及使用说明等。

(2)安全管理程序文件

①安全管理程序文件

安全管理程序文件包括对各种影响船舶安全和防止污染活动进行控制与管理的程序性文件。安全管理程序文件是安全管理手册的支持文件，是对安全管理手册的展开和细化。

船上配备的安全管理程序文件的内容应包括：程序所控制的活动及控制目的、适用范围、职责、工作程序(包括流程图)、引用文件及相关记录等。在工作程序中应明确：开展该项活动的各个细节、目的(Why)、应做的事情(What)、活动的实施者(Who)、活动的时间(When)、在何处实施(Where)、具体实施办法(How)以及特殊情况的处理方式等。

②应急反应程序文件

应急反应程序文件是安全管理程序文件的一个重要组成部分。

对于船上可能出现的各种紧急情况，船公司应为之建立相应的应急反应程序文件。在这些应急反应程序文件中应包括组织、职责、通信联络和报告、请求援助、应对媒体等内容以及具体的应急方案。

紧急情况至少应包括：碰撞；搁浅；火灾或爆炸；人员落水；主、辅、舵机故障；船体结构损坏；船舶浸水；货物移动；货物散漏；溢油；抛弃货物；搜救操作；直升机救助操作；人员重伤或中毒；突发性公共卫生事件；遭遇暴力或海盗；遭遇恶劣天气；弃船等。

(3)安全操作须知与指南类文件

①船上配置的安全操作须知与指南类文件包括各种与船舶安全操作有关的规章、制度、须知、程序、指南等。

②根据ISM规则，对涉及船舶安全和防止污染的船上关键性操作，必须按照船上安全管理程序文件的规定，为其制定操作方案和须知文件。

(4)安全记录类文件

①安全记录类文件是指与SMS运行有关的各种记录文件。

②与在船上运行的SMS有关的各种记录类文件包括:船上船员培训记录;重要船岸信息传递记录;法定文件(航海日志、轮机日志、电台日志)记录;污染物处理记录;应急训练和演习记录;船舶遇险、事故和险情处理记录;不符合规定的情况、事故和险情的纠正记录;船舶和设备维护记录;关键设备操作记录;SMS监控记录等。

③安全记录类文件是为已完成的安全和防止污染活动以及达到的效果提供一种用作客观证据的文件,是SMS文件的有机组成部分。在对船舶运行的SMS的各种审核中都需检查与该体系运行有关的各种安全记录类文件。港口国在对船舶ISM规则符合性的监督检查中也将查看船舶的安全记录文件。

4. 关键性船上操作

由于船舶条件和营运环境的特殊性和高风险性,船上操作的任何失误都可能产生严重的后果。船舶安全管理体系的构建和运行要求文件化的操作程序与严格遵守规定的作业并做好记录,即:写下必须做的事(而非所有的事);做好写下的事(按文件规定去做);记录做过的事(保留客观证据)。

(1)操作方案的制定

ISM规则要求,对涉及船舶安全和防止污染的“关键性的船上操作”(key shipboard operation),公司应建立程序制定有关方案和须知,适当时还包括核查清单,对所涉及的各项任务应做出明确规定并分配给合格的人员。对于关键性的船上操作,ISM规则要求公司建立的程序是针对关键性的船上操作方案制定的,即如何或怎样制定船上的操作方案,而制定操作方案的过程是执行体系要求的具体活动。

关键性操作方案及须知的制定,应结合本公司所管理船舶的特点和航运界认定的可能遇到的风险,应符合法定规则、公约的规定,并对有关行业性组织的推荐性标准、指南予以考虑。船舶操作方案及须知由海务和机务经理按各自职责分工具体制定,交由指定人员审核。所制定的关键性操作方案及须知应将每项操作的执行人、具体操作要求、应急措施、预防措施和检查等问题阐述清楚。

(2)关键性操作分类

关键性的船上操作包括两类,一类是特殊操作(special operation),另一类是临界操作(critical operation),也有的文献将临界操作称作关键操作。特殊操作和临界操作二者操作特性的不同决定了其在制定操作方案和须知时的侧重面也应有所区别。

①特殊操作

特殊操作系指其错误仅在已造成危险情况或事故已发生时才会明显看出的操作,如:保证水密完整性;保证航行安全,包括改正海图和有关出版物;影响设备(如舵机)及其有关的备用机器可靠性的操作;港内加油及防污染操作;维护操作;保持稳性,防止超载和应力集中;集装箱、货物及其他物品的绑固;船舶巡回检查;船舶保安、应对暴力和海盗行为等。

特殊操作由于其具有过失显露的滞后性,在制定方案和须知时应强调预防和检查,要突出防患于未然。

②临界操作

临界操作系指其错误会立即导致危及人员、环境或船舶的事故或情况发生的操作,如:进出港或在限制水域和交通密集区域航行;在接近陆地水域或交通密集水域会造成突然失去操纵能力的操作;视线不良条件下的航行;气象恶劣条件下的航行;危险货物和有毒有害物质的装卸和积载;海上加油和驳油;气体运输船、化学品船和油船的货物操作;洗舱及关键性机器的操作;进入封闭场所的操作等;明火作业;高空或舷外作业。

临界操作由于其一旦失误会立即导致险情的特殊性,在制定方案和须知时应强调严格执行并进行密切监督,确保万无一失。对与之有关的各项工作,应当明确规定并分配给适任人员。进行关键操作时应严格按文件操作,并做到现场有人监督检查,保存经双方签署的记录或检查表。

(3)操作方案与须知

关键性船上操作所涉及的工作,应当以方案和须知的形式明确规定,并分配给能胜任该项工作的人员,要求操作人员、检查人员、监督人员应经相应的培训,确保各项方案和须知得以有效地执行。执行关键性操作方案和须知的船上人员必须适任且应严格按照操作方案和须知的要求进行,对每个操作环节都不能含糊,并需按程序及须知中的有关规定在航海日志、轮机日志、电台日志、值班日记、夜航命令簿、油类记录簿等记录本中进行记录,并由执行人签署。

"检查清单"是方案或须知的一个组成部分,是为便于操作方案或须知实施而以清单形式列出的检查要点。对于"关键性的船上操作"的操作方案和须知,使用检查清单的形式,可操作性较强,是一种实用而有效的做法。

船上已有的操作手册(其中有些是主管机关要求或认可的)可直接作为船舶的操作方案或须知予以使用,如船舶操纵手册、货物装卸手册、货物系固手册、专用压载舱操作手册、原油洗舱操作手册、惰性气体系统操作手册、程序和布置操作手册、防火安全操作手册等。

5. 船舶安全管理证书

根据 SOLAS 公约和 ISM 规则,船舶必须持有的安全管理证书包括 DOC 副本及其年度审核签署页以及 SMC,由船舶营运管理公司管理的船舶还应备有有效的符合船旗国政府法令的管理协议。

(1)SMC 的取得

经过主管机关或其授权机构对在船上运行的 SMS 的初审,确认符合 ISM 规则的要求,即可获得 SMC。接受 SMS 初审的船舶必须具备的条件是:船公司已取得适用于该船种的有效的 DOC;船舶已配备与 SMS 有关的全部文件和资料;船舶已按 SMS 有效运行了至少 3 个月。主管机关或其授权机构对在船上运行的 SMS 进行初审的内容包括:审核 DOC 副本是否适用于该船种;验证与船舶和设备操作、维护有关的 SMS 文件是否适合于该船;验证 SMS 在船上有效运行的客观证据;对船舶安全管理活动与 SMS 的符合性、SMS 运行的有效性等情况进行总体评估。

(2)SMC 有效性的保持

已按 ISM 规则要求建立并运行 SMS 的船舶,经过主管机关或其授权机构对该船运行的 SMS 的中间审核,确认仍然符合 ISM 规则的要求,且适用于该船的 DOC 有效,由授权官员在该船的 SMC 上签署,即可保持 SMC 的有效性。主管机关或其授权机构对船舶运行的 SMS 进行的中间审核内容包括:审核船公司对 SMS 进行的修改或纠正,并检查船上是否也进行了相应的修改或纠正;审核 SMS 文件的修改或纠正与该船的适合性;验证该船保持 SMS 有效运行的客观证据;对船舶安全管理活动与 SMS 的符合性、SMS 运行的有效性等情况进行总体评估等。

四、主管机关实施《国际安全管理规则》指南

2009 年 12 月 2 日 IMO 通过了 A.1022(26)号决议，即《主管机关实施〈国际安全管理(ISM)规则〉指南》。该指南的主要内容有：

1. ISM 规则符合性审核

(1)总则

为了符合 ISM 规则的要求，公司应当建立、实施和保持一个安全管理体系，以确保公司的安全和环境保护方针得以执行。公司的方针应当包括 ISM 规则所规定的目标。

主管机关应当通过判断下列事项，审核与 ISM 规则相关的符合性：①公司的安全管理体系是否符合 ISM 规则的要求；②安全管理体系是否能确保达到符合强制性规定及规则，对国际海事组织、主管机关、船级社和海运行业组织所建议的适用的规则、指南和标准予以考虑的目标。

判断安全管理体系要素是否符合 ISM 规则的要求，需要制定评估标准。

主管机关要确保这些评估基于判断安全管理体系满足规定目标的有效性，而不是基于判断与 ISM 规则要求以外的具体要求的符合性。

(2)安全管理体系满足安全管理总目标的能力

ISM 规则明确了安全管理的总目标。这些目标是：①提供船舶营运的安全做法和安全工作环境；②对其船舶、人员及环境已标识的所有风险进行评估，制定防范措施；③不断提高船、岸人员的安全管理技能，包括安全及环境保护的应急准备。

审核应支持并鼓励公司实现这些目标。

(3)安全管理体系满足安全和防止污染具体要求的能力

制定用于评估 ISM 规则符合性所需要的解释应当受主要标准的支配。该标准应当是安全管理体系满足 ISM 规则规定的具体要求，即有关安全和防止污染的具体标准的能力。ISM 规则规定的安全和环境保护具体标准是：①符合强制性规定及规则；②对国际海事组织、主管机关、船级社和其他海运行业组织所建议的适用的规则、指南和标准予以考虑。

可能便于 ISM 规则符合性审核的所有记录应当公开，以便在审查过程中详查。审核员可以审查这些记录以证实其真实性和准确性。

作为 ISM 规则审核发证工作的一部分，对符合强制性规定及规则的审核既不重复也不代替为取得其他海事证书所做的检验。对 ISM 规则符合性的审核不免除公司、船长或其他任何与船舶管理或营运有关的实体或个人的责任。

主管机关应当确保公司：①在建立安全管理体系时考虑了国际海事组织、主管机关、船级社和海运行业组织所建议的适用的规则、指南与标准；②制定了保证这些建议在岸上和船上得以实施的程序。

国际海事组织、主管机关、船级社和其他海运行业组织所建议的有关规则、指南与标准在安全管理体系中的实施，不因 ISM 规则而具有强制性，但审核员应当鼓励公司采纳这些适用的建议。

2. 审核发证过程

(1)审核发证活动

向公司签发 DOC 和向船舶签发 SMC 的审核发证过程通常包括以下几个步骤：

①初次审核；

②年度或中间审核；

③换证审核；

④附加审核。

这些审核由主管机关或经主管机关认可的从事 ISM 规则审核发证的机构，或应主管机关的请求由另一缔约国政府根据公司的申请实施。

（2）跟踪纠正措施

公司有责任确定并采取必要的措施以纠正不符合规定情况或消除不符合规定情况产生的因素。不符合规定情况未予纠正的，将会影响 DOC 及其相关 SMC 的有效性。

纠正措施和可能的后续跟踪审核应当在商定的时间内完成，公司应当申请跟踪审核。

五、风险评估及控制措施

根据 ISM 规则对公司的安全管理目标要求，公司应评估对其船舶、人员和环境的所有已认定的风险，并规定相应的防范措施，即提出了风险评估的要求。

ISM 规则要求公司建立正确的程序，鼓励公司采纳更可靠和合理的方法进行风险评估。公司可以采用很多不同的方法进行风险评估，范围可以是基于演习或者相关工作的直接观察，依据其操作的特性和复杂性，进行定量或定性评价。

公司岸基或船上人员参与风险评估过程的程度取决于其在公司组织结构中的责任、权利和能力，即使从事相近的工作、有相近组织结构的公司也可以采用不同的风险评估方法。不管公司选择如何进行风险评估，都必须确保其能证明对有关活动进行了系统的检查，已经识别了错误的行为，并且已经制定、采取足够的控制措施。

公司必须确保：其相关风险评估政策已经文件化；明确定义相关职责和权力；对职员依据其在风险评估过程中所担任职责的情况给予了培训和指导；已经制定所选定评估方法的程序和须知；保持风险评估的记录。记录可以是不同格式的，包括会议记录、观察记录、风险登记簿、风险矩阵等。

1. 风险管控

（1）一般要求

生产经营单位应根据不同作业单元的风险等级，明确风险管控责任、制定相关制度、实施风险管控，将安全生产风险控制在可接受范围之内，防范安全生产事故。

（2）管控责任

生产经营单位应严格落实风险管控主体责任，结合生产经营业务风险管控需求，以及机构设置情况，按照“分级管理”原则，明确不同等级风险管控责任分工，并细化岗位责任。生产经营单位的主要负责人对本单位的风险管控工作全面负责，主要职责包括：组织建立健全风险管控规章制度；组织制定安全生产风险管控教育和培训计划；保证风险管控经费投入；开展安全生产风险管控督促检查；定期开展“重大风险”管控措施落实情况监督检查；组织制定风险事件应急预案或措施并及时、如实上报安全生产风险事件。

2. 风险评估（risk assessment）与综合安全评估（formal safety assessment，FSA）

风险评估也称安全评估（safety assessment），是以实现系统安全为目的，运用安全系统工程原理和方法对系统中存在的风险因素进行辨识和分析，判断系统发生事故、职业危害的可能性及其严重程度，从而为制定防范措施和管理决策提供科学依据。

(1)FSA 的目的与特点

FSA 是一种系统性和规范化的综合安全评估方法。它的目的在于通过采用规范化的五个步骤对船舶设计与检验、营运与安全管理等进行全方位的综合性安全评估,以有效地提高海上人命、船员健康、海洋环境、船舶和货物财产资源等方面的海上安全程度。通过这种安全评估,可在全面总结和分析现有船舶设计、工程技术、操作控制和营运及安全管理标准与规定的基础上,结合实际工作的情况需要,改进和完善这些标准与规定,或制定必要的新标准或规定,从而达到确保海上安全的目的。

FSA 针对海运对象,与系统风险评估、系统安全评估在理念和方法上没有本质区别。包括对已发生事故的分析评估,也包括对可能发生事故的分析评估,是一种预期性加事后性的规范化安全评估方法。

(2)FSA 的方法与实施

在 FSA 开始之前,首先应确定所需评估的项目和范围,并充分考虑与这些被评估项目相关的限定条件,然后按照采用危险识别、风险评估、风险控制方案、费用与效益评估和提供决策建议五个步骤进行评估(图 4-4-1)。

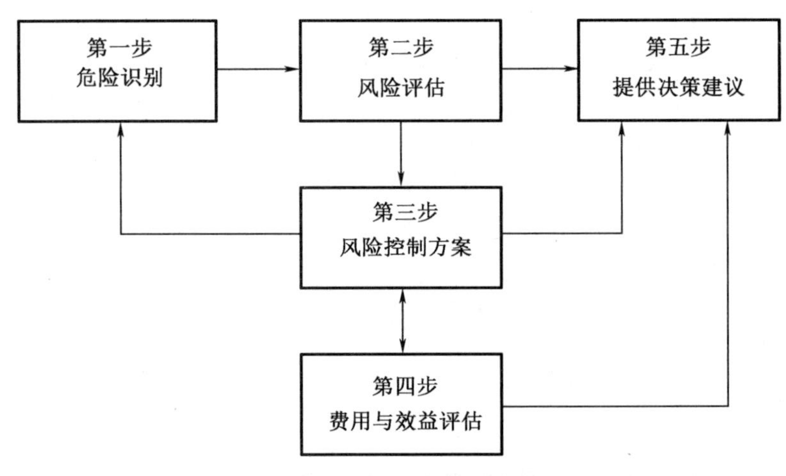

图 4-4-1　FSA 流程

①危险识别

危险识别是规范化安全评估的初始步骤。它的目的是对所界定的评估系统项目中可能存在的所有危险加以识别,然后将这些危险按照不同的危险程度加以排序说明,以便对主要的危险做进一步分析。为了能全面系统地做好危险识别工作,首先应根据评估的需要组建相应的工作小组。该组的成员除了与被评估项目有密切关系的专家外,还应有从事研究人为因素的专家,以便能全面分析并找出危险及其原因、产生的后果与影响。

②风险评估

风险评估是在确定风险的存在及其客观分布情况的基础上,分析影响风险程度的各种因素。通过主次排列的方法找出高风险区和关键性的风险因素,可分析事故发生和事故后果之间的关系,以便采取针对性的改善措施,包括对现有的标准或规定加以修改和制定新的标准或规定,达到减少风险的存在和发生的目的。

在风险评估的过程中,应先明确所评估风险的类型及其相应的风险度量单位,并根据需要采用能表明不同事故类别和子类别中风险分布途径的风险贡献树、事故树与事件树等分析模型。通过量化风险贡献树或统计分析相关事故数据，对各种事故类型风险的分布和影响风险的各种因素加以确定。在识别和评估高风险区和影响风险主要因素的同时，应认真分析现行标准与规定对高风险区和影响风险的主要因素的作用和有效性。在完成上述工作后，应采用适当的方法计算各种风险数值，包括采用常用的潜在人命损失表示对人员的风险，采用事故死亡率表示个人风险，采用能反映某类事故量化风险水平的 FN 曲线表示社会风险。根据计算所得的各种风险数值，选用适当的风险标准进行分析比较，并就比较的结果，通过评价说明将其归到"可以忽略""不可容忍""合理可行的低风险区"三个不同风险级区内。

③风险控制方案

风险控制方案是在危险识别和风险评估的基础上，针对性地提出相应降低风险的措施，并根据这些措施制定具体可行的风险控制方案，包括制定和修改一些标准与规定。在风险控制方案中应仔细考虑已存在或可能发生的风险，还应充分注意到由新技术或更新操作方法所引起的风险，然后才能全面落实应对所有这些风险的方案。这些风险控制方案，如改进设计规范、规范操作程序、制定规章制度和加强培训等的实施应能防止事故发生或减轻事故后果与影响。

在制定风险控制方案时，先要明确需要控制风险的区域，并根据这些风险区域的实际情况制定出可行的风险控制措施。然后将这些风险控制措施加以细化并形成可操作的风险控制方案。同时，应认真识别所采用风险控制方案可能产生的新的风险及其对策。在必要时，可采用风险发生树的分析方法，重新对将采用的每一风险控制方案所产生的风险加以评估。评估时应着重考虑风险水平、事故发生频率和后果严重程度。风险水平已达到"不可接受"的事故是需加以处理的重点，即必须对风险发生树中发生概率最高的区域和事故发生后果最为严重的区域进行认真处理。

④费用与效益评估

费用与效益评估的目的是估算和评价"风险控制方案"中每种风险控制方案所产生的费用和效益。其评估出的费用应为整个评估与实施周期内所产生的全部费用，即包括最初开展评估的费用和实施营运、培训、检验、发证等风险控制方案中所产生的总费用。所评估的效益可包括减少死伤人员的数量、减轻发生灾难的概率、降低环境损害的程度、减少第三方责任赔偿的损失及增加船舶平均寿命等。

⑤提供决策建议

提供决策建议的目的是在对危险和潜在原因的比较和排序及对风险控制方案的费用与效益评估的比较排序的基础上，提出相应合理的决策建议。

在提供决策建议的过程中，应从通过前四个步骤得出的结果及风险控制的有效性和费用受益有效性的角度进行系统和客观的评估和比较；经对全部风险控制方案进行分析比较，选出一个或几个费用与效益较好的方案。从费用与效益比适当的方案入手，分析执行新方案后对各利益方的影响程度，尽量考虑各利益方付出与受益的平衡。在考虑控制方案有效性并顾及各方利益均衡的情况下，提出合理的建议方案。

六、我国的实施情况

对于 SOLAS 1974 公约与 ISM 规则的强制要求，我国提前了两年完成强制实施。另外，对于国内航行的船舶和公司，我国应用ISM规则的原理，结合我国实际情况，制定了《中华人民共和国船舶安全营运和防止污染管理规则》（简称NSM规则），对国内航行的公司和船舶进行相似的管理。

（1）ISM规则实施

对于ISM规则的强制要求，我国于1998年7月1日起对客船、高速船和500总吨及以上的油船、化学品船、气体运输船、散货船（第一批船）及其公司强制实施，于2000年7月1日起对500总吨及以上的其他货船和移动式近海钻井装置（第二批船）及其公司强制实施。

（2）NSM规则实施

NSM适用于国内航行的船舶和公司，实施情况为：自2003年1月1日起，对国内跨省航行载客定额50人及以上的客滚船、旅游船、高速客船，以及150总吨及以上的液化气船和散装化学品船强制生效；2004年7月1日起，对载客定额50人及以上所有跨省航行的客船和500总吨及以上的油船生效；2007年7月1日起，对500总吨及以上沿海跨省航行的散货船和其他货船（包括港澳航线的中国籍海船）生效。

NSM规则等效采用ISM规则的原理和方法，具有与ISM规则相同的内容和结构。其有关船舶安全和防污染的所有内容与ISM规则相似，仅在某些条款和定义的表述上有些细小的区别，对文字做了一些调整。

任务4.5 海员培训、发证和值班标准国际公约

任务情景

船上SMS体系应详细清楚地规定工作休息（疲劳管理）指南及规定。驾驶台、集控室以及船员易接近的公共场所（比如餐厅）要有和实际相符的在港或航行值班安排表及公司对于休息管理的要求。靠、离码头，长时间航行，船长工作时间超时，在澳大利亚海事安全局（AMSA）检查时，这些是不属于被认可可以豁免的紧急情况。一旦发现记录与事实不符，或者表格不完全、体系文件无相关规定或规定不详细，则一概滞留，过去曾有船舶在澳大利亚被滞留的例子——强制船员休息后才解除滞留。

本任务内容旨在以某船船员工作及休息时间记录表为例，介绍记录注意事项。

任务目标

1. 了解公约的七个职能块和三个责任级别。
2. 了解公约对船员的值班要求。

任务分析

ISM体系中的工作休息(疲劳管理)指南及规定应详细清楚地规定,船长要在开航前以及任何必要时候检查工作休息记录,以确保船员得到充分休息。详细真实地记录每个船员的所有工作休息情况(包括紧急或在其他超常工作情况),如属于工作时间,则注明所有与特殊操作和加班有关的时间与原因。超时间工作不能出现在休息时间记录表中,休息时间须不少于任何24 h内的最少10 h,以及任何7天(每连续7天,不是每周)内的77 h,要求任意24 h内,保证要有一段最少6 h的连续休息时间。检查官可能抽查任何记录来核对每个人的工作休息记录,一旦发现一处不符合,立即进行扩大检查,发现两处或者以上不符合即可滞留船舶(图4-5-1)。检查官除了根据其他记录(例如加油-油类记录簿)检查相关人员是否记录外,还会在抽查某一操作过程中,比对所有人员工作的记录情况。

HOURS OF WORK AND REST

VESSEL NAME: IMO NUMBER: FLAG:
Seafarer's Full Name: Position / Rank: Watchkeeper: Yes ☐ No ☐
Not to be completed by seafarer
Year: Month: Master's Name:

Date	24 hr Timescale (indicate period of work with continuous line) 0 01 02 03 04 05 06 07 08 09 10 11 12 13 14 15 16 17 18 19 20 21 22 23 0	Hours of work Normal	O/Time	Total	Hours Rest	Comments	Hours of work and rest in any given 24hr period	Hours of work and rest in any given 7-day period
1								
2								
3								
4								
5								
6								
7								
8								
9								
10								
11								
12								
13								
14								
15								
16								
17								
18								
19								
20								
21								
22								
23								
	TOTAL OVERTIME WORKED:			(1)				
	GUARANTEED OVERTIME			(2)				
	Extra\ overtime payable			(1-2)				

Signature of Seaman: Head of Department: Master:

A copy of this record is to be given to the seafarer. This form is subject to examination and endorsement under procedures established by..

图4-5-1 ×××船船员工作/休息时间记录表

知识获取

一、公约简介

1. 功用

《海员培训、发证和值班标准国际公约》(International Convention on Standards of Training, Certification and Watch-keeping for Seafarers, STCW)是用于控制海船船员培训、发证和值班标准方面的一个国际公约。现行的STCW公约为《经2010年修正案修正的1978年海员培训、发证和值班标准国际公约》,又称《1978年STCW公约马尼拉修正案》(简称STCW 2010)。STCW 2010于2010年6月在菲律宾首都马尼拉召开的STCW公约缔约国外交大会上获得通过,于2012年1月1日生效。

我国于1980年12月31日加入STCW 1978。截至2012年1月31日,STCW 1978有

155个缔约国,占世界船队总吨位的98.90%。

2.构架

STCW 2010由公约正文条款、附则和STCW规则三部分组成。STCW规则又分为A、B两部分。STCW规则A部分为强制性规定,其条文编排与公约附则规定相对应,提及STCW公约附则任一章节的规定时,也应提及STCW规则A部分对应章节的规定。STCW规则B部分为建议性要求和指南,其条文编排与公约附则及规则A部分的规定相对应,在应用STCW公约附则任一章节的规定时,应最大限度地考虑STCW规则B部分对应章节的规定。公约附则及规则A和B部分分别有8个章节。

3.适用范围

STCW 2010适用于在有权悬挂缔约国国旗的海船上服务的海员,但在下列船舶上服务的海员除外:军舰、政府公务船、渔船、非营业的游艇、构造简单的木船。

二、职能发证

STCW 2010在海员职级和职能块的划分方面,既继承传统和尊重现行习惯,又提供了适合于高度自动化的船舶和充分利用人力资源的可选择的“职能发证”(也叫作“功能发证”,下同)方式。

STCW规则将海员职务分为七个职能块和三个责任级别。

1.七个职能块

海员职务的七个职能块分别是:“航行”“货物装卸和积载”“船舶作业管理和人员管理”“轮机工程”“电气、电子和控制工程”“维护和修理”“无线电通信”。

2.三个责任级别

海员职务的三个责任级别分别是“管理级”“操作级”和“支持级”。

三、值班标准

1.适于值班

(1)为了防止疲劳,各主管机关应:

①要求船舶制定实施值班人员以及被指定安全、防污染和保安职责的人员的休息时间制度。

②要求值班制度的安排能使所有值班人员的效率不致因疲劳而受到影响,并且班次的组织能使航次开始的第一个班次及其后各班次人员均已得到充分休息,并在其他方面适于值班。

(2)适于值班的标准为:

①主管机关应考虑海员(特别是涉及船舶安全和保安工作职责的海员)由疲劳所引发的危险。

②为所有负责值班的高级船员或参与值班的普通船员以及涉及指定的安全、防污染和保安职责的人员提供的休息时间应不少于任何24 h内最少10 h,以及任何7天内77 h。

③休息时间可以分为不超过2个时间段,其中一个时间段至少要求有6 h,连续休息时间段之间的间隔不应超过14 h。

④在紧急或在其他超常工作情况下不必保持对于休息时间的要求。紧急集合演习、消防和救生艇演习,以及国家法律与规则和国际文件规定的演习,应以对休息时间的干扰最

小且以不导致船员疲劳的形式进行。

⑤主管机关应要求将值班安排表张贴在易见之处。

⑥海员处于待命情况下,如该海员因被召去工作而影响了正常的休息时间,则应给予充分的补休。

⑦主管机关应要求使用船上工作语言和英语,按照标准格式保持对船员每天休息时间的记录,以监督和核实是否符合规定。海员应得到一份由船长或船长授权的人员和海员签注的有关其休息情况的记录。

⑧上述任何规定并不妨碍船长因船舶、船上人员或货物出现紧急安全需要,或出于帮助海上遇险的其他船舶或人员的目的,而要求海员从事长时间工作的权力。为此,船长可暂停执行休息时间制度,要求海员从事必要的长时间工作,直至情况恢复正常。一旦情况恢复正常,只要可行,船长就应确保在原定休息时间内完成工作的任何海员获得充足的休息时间。

⑨缔约国可以允许对规定的休息时间有例外,但在任何 7 天内的休息时间不得少于 70 小时。每周休息时间的例外,不应超过连续两个星期。在船上连续两次例外时间的间隔不得少于该例外持续时间的两倍。任何 24 h 内最少 10 h 的休息时间可以分成不超过 3 个时间段,其中一段至少为 6 h,而另外两个时间段均不应少于 1 h。连续休息时间段间隔不得超过 14 h。例外在任何 7 天时间内不得超过两个 24 h 时间段。

⑩为防止酗酒,主管机关应对正在履行安全、保安和海洋环境职责的船长、高级船员和其他海员设定血液酒精浓度(BAC)不高于 0.05%或呼吸中酒精浓度不高于 0.25 mg/L,或可致该酒精浓度的酒精量的限制。

2. 值班安排和应遵守的原则

(1)主管机关应使公司、船长、轮机长和全体值班人员注意到 STCW 规则中规定的要求、原则和指导,以确保在所有海船上始终保持安全、连续并适合当时环境和条件的值班。

(2)主管机关应要求每船船长考虑船舶当时环境和条件,确保其值班安排足以保持安全值班,并且在船长全面指导下:

①负责航行值班的高级船员在值班时间内始终在驾驶台或与之直接相连的场所,如海图室或驾驶台控制室,保证其对船舶航行安全负责。

②无线电操作员在值班时间内,在适当的频率上负责保持连续值守;

③负责轮机值班的高级船员,根据 STCW 规则的规定并在轮机长的指导下,应能立即就备并随时待命到达机器处所,并且在需要时应在其负责的时间内身在机器处所。

④当船舶锚泊或系泊时,应始终保持适当和有效的安全值班。如果船上载有危险货物,值班安排应充分考虑到危险货物的性质、数量、包装和积载,以及当时船上、水上或岸上的任何特殊情况。

⑤如适用,为安全起见,保持适当和有效的保安值班。

(3)值班应基于下列驾驶台和机舱的资源管理原则:①应确保根据情况合理地安排值班人员;②在安排值班人员时应考虑人员的资格或适合能力的局限性;③应使值班人员理解其个人角色、责任和团队角色;④船长、轮机长和负责值班的高级船员应保持适当的值班,并最有效地使用可用资源,如信息、装置或设备和其他人员;⑤值班人员应理解装置或设备的功能和操作,并熟练使用;⑥值班人员应理解信息及如何回应来自每一工作站、装置或设备的信息;⑦所有值班人员应适当地共享来自工作站、装置或设备的信息;⑧值班人员在任何情况下应保持适当的相互交流；⑨对为安全而采取的行动产生任何怀疑时，值班人员应毫不犹豫地通知船长、轮机长，负责值班的高级船员。

四、监督程序

1. 经正式授权的缔约国监督官员可依据STCW公约规定对下述各项行使监督

(1)核实所有在船上服务且要求按STCW公约规定发证的海员是否都持有适当的证书或有效的特免证明，或已按规定向主管机关提供了文件，证明已提交签证申请。

(2)核实在船上服务的海员的人数和证书是否符合主管机关适用的安全配员要求。

(3)如果因为发生下列任一情况而有明显依据认为未能保持值班标准时，则对船上海员保持公约要求的值班标准的能力按规定进行评估：①船舶发生碰撞、搁浅或触礁；②船舶在航、锚泊或靠泊时，违反任一国际公约非法排放物质；③以不稳定或不安全方式操纵船舶，未遵循IMO采纳的定线措施或安全航行方法和程序；④以其他危及人员、财产或环境的方式操作船舶。

2. 可被认为危及人员、财产或环境的缺陷包括下列各项

(1)要求持有证书的海员未持有适当的证书或有效的特免证明，或未按规定向主管机关提供文件证明已提交签证申请。

(2)未符合主管机关适用的安全配员要求。

(3)未按主管机关为船舶规定的要求做出航行或轮机值班安排。

(4)没有专门负责操作安全航行、安全无线电通信或防止海洋污染必要设备的合格人员值班。

(5)未能为航次开始的第一班次和其后的接班提供经过充分休息并适于值班职责的人员。

3. 未能纠正上述缺陷，只要实施监督的缔约国确定这些缺陷危及人员、财产或环境，便构成缔约国按本公约规定滞留船舶的唯一理由

任务4.6 国际劳工组织公约

任务情景

《2006海事劳工公约》(MLC 2006)的目的是实现海员的体面工作和生活，被称为海员的“权利法案”，并且与SOLAS公约、STCW公约、MARPOL公约合称为国际海事的四大支柱公约。本任务涉及PSCO依据MLC2006开展船舶检查时进行详细检查的一般领域。

任务目标

1. 了解公约对上船工作的最低年龄要求。
2. 了解公约的健康保护、医疗、福利和社会保障内容。
3. 了解公约中关于海员的就业条件。

任务分析

成员国港口的授权官员依据 MLC 2006 在开展港口国检查时进行详细检查的一般领域:①最低年龄;②体检证书;③海员资格;④海员就业协议;⑤使用任何有许可证的或经发证或管理的私营招募和安置服务机构;⑥工作和休息时间;⑦船舶配员水平;⑧起居舱室;⑨船上娱乐设施;⑩食品和膳食服务;⑪健康和安全及防止事故;⑫船上医疗;⑬船上投诉程序;⑭工资支付。

知识获取

一、2006 年海事劳工公约

自 2001 年以来,国际劳工组织(ILO)整合并修订了自 20 世纪 20 年代以来的 68 个公约及建议书,形成了一个综合性海事劳工公约,并于 2006 年 2 月 23 日在日内瓦举行的第 94 届大会暨第十届海事大会上以绝对多数票通过了该海事劳工公约——《2006 年海事劳工公约》。该公约在 2013 年 8 月 20 日生效。

1. 主要内容与框架

MLC 2006 在构架上共分三个层次,即正文条款(articles)、规则(regulations)和技术守则(code),其中守则分为 A 部分的强制性标准(standards)和 B 部分的建议性导则(guidelines)。

规则和守则在内容上分为五个标题(titles):标题一为“海员上船工作的最低要求”;标题二为“就业条件”;标题三为“起居舱室、娱乐设施、食品和膳食服务”;标题四为“健康保护、医疗、福利及社会保障”;标题五为“遵守与执行”。

2. 适用范围

MLC 2006 适用于任何吨位的从事商业活动的所有海船。200 总吨以下国内航行船舶可免除守则中的有关要求。公约规定,在公约生效后,舱室标准对现有船舶将不进行追溯。

3. 海员的就业和社会权利

(1)每一海员均有权获得符合安全标准的安全且受保护的工作场所。

(2)每一海员均有权获得公平的就业条件。

(3)每一海员均有权获得体面的船上工作和生活条件。

(4)每一海员均有权享受健康保护、医疗、福利措施及其他形式的社会保障。

4. 海员上船工作的最低要求

(1)最低年龄

①应禁止16岁以下的人员受雇、受聘或到船上工作。

②应禁止18岁以下的海员在夜间工作。

③应禁止雇用或聘用18岁以下的海员从事可能损害其健康或安全的工作。

(2)体检证书

①海员在上船工作之前应持有有效的体检证书,证明其健康状况适合其将在海上履行的职责。

②体检证书应由有正规资格的医师签发。视力证书可由经主管当局认可的具备签发证书资格的人员签发。

③每份体检证书应特别载明:有关海员的听力和视力以及从事那些对色觉有要求的工作人员的色觉视力全部符合要求;该海员未患有任何由于在海上工作而可能会加重或使其变得不适合从事此种工作、威胁船上其他人员健康的疾患。

④体检证书的最长有效期为2年,除非海员低于18岁,存这种情况下体检证书的最长有效期应为1年。

⑤色觉视力证书的最长有效期应为6年。

⑥在紧急情况下,主管当局可以允许没有有效体检证书的海员工作直至该海员可以从合格的医师那里取得一份体检证书的下一停靠港,条件是所允许的期间不超过3个月,并且该海员持有最近过期的体检证书。

⑦如果在某航行途中证书到期,该证书应继续有效至该海员能够从合格医师那里取得体检证书的下一停靠港,条件是这段时间不超过3个月。

⑧在通常从事国际航行的船舶上工作的海员的体检证书必须或至少用英文写成。

(3)培训和资格

①除非海员经过培训或经证明适任或者具备履行其职责的资格,否则不得在船上工作。

②除非海员成功地完成了船上个人安全培训,否则不得允许其在船上工作。

5. 就业条件

(1)海员就业协议

①各成员国应通过法律或条例确保悬挂其旗帜的船舶符合下述要求:在悬挂其旗帜的船舶上工作的海员应持有一份由海员和船东或船东的代表双方签署的海员就业协议;签署海员就业协议的海员在签字前应有机会对协议进行审查和征询意见,船东方还要为海员提供其他必要的便利确保其充分理解了权利和义务后能自由达成协议;有关船东和海员应各持有一份经签字的海员就业协议原件;应采取措施确保包括船长在内的海员在船上可以便利地获得关于其就业条件的明确信息(并且这些信息,包括一份海员就业协议的副本)还应能够供主管当局的官员(包括船舶所挂靠港口的官员)查验;应发给海员一份载有其船上就业记录的文件。

②海员就业协议应包括以下细节:海员的全名、出生日期或年龄及出生地;船东的名称和地址;订立海员就业协议的地点及日期;海员将担任的职务;海员的工资数额;带薪年假的天数;协议的终止及其终止条件;将由船东提供给海员的健康津贴和社会保障保护津贴;

海员获得遣返的权利;提及集体谈判协议(如适用);国家法律所要求的其他细节。

③海员和船东提前终止海员就业协议需提前7天发出通知。

(2)工资

①应给海员一个应得报酬和实付数额的月薪账目,包括工资、额外报酬、货币兑换率。

②船东应采取措施,为海员提供一种将其收入的全部或部分转给其家人或受赡养人或法定受益人的方式。

(3)工作或休息时间

海员的正常工时标准应以每天8小时、每周休息1天和公共节假日休息为依据。

工作或休息时间应做如下限制:①最长工作时间:在任何24小时时段内不得超过14小时;在任何7天时间内不得超过72小时。②最短休息时间:在任何24小时时段内不得少于10小时;在任何7天时间内不得少于77小时。

休息时间最多可分为两段,其中一段至少要有6小时,且相连的两段休息时间的间隔不得超过14小时。

集合、消防和救生艇训练以及国家法律、条例和国际文件规定的训练应以对休息时间的影响最小和不会造成疲劳的方式进行。

在某一海员处于随时待命的情况下,如遇特殊情况(如机舱处于无人看管时),如果海员因被招去工作而打扰了正常的休息时间,则应给予充分的补休。

在容易进入的地点张贴一份船上工作安排表,该表格应至少包括每一岗位的下列内容:在海上和在港口的工作时间表;国家法律或条例或适用的集体协议所要求的最长工作时间和最短休息时间。

上述表格应按标准化的格式以船上的一种或多种工作语言及英文制订。

保持对海员的日工作时间或其日休息时间进行记录。海员应得到一份由船长或船长授权人员以及海员本人签字认可的有关其本人记录的副本。

本标准的任何规定不得妨碍船长出于船舶、船上人员或货物的紧急安全需要,或出于帮助海上遇险的其他船舶或人员的目的而要求一名海员从事任何时间工作的权利。为此,船长可中止工作时间或休息时间安排,要求一名海员从事任何时间的必要工作,直至情况恢复正常。一旦情况恢复正常,船长应尽快地确保所有在计划安排的休息时间内从事工作的海员获得充足的休息时间。

(4)休假的权利

带薪年休假的权利应以每服务一个月最低2.5天为基础加以计算。合理的缺勤不应被视作年假。

在年休假期间的报酬水平应为国家法律条例或适用的海员就业协议中规定的海员正常报酬水平。对于受雇期短于1年的海员,或在雇佣关系终止的情况下,休假的权利应按比例计算。

下述情况不应算作带薪年休假的一部分:船旗国认可的公共和传统假日,不论其是否发生在带薪年休假假期内;因患病、受伤或因生育而不能工作的期间;在履行就业协议期间准许海员的短期上岸休息;任何类型的补休。

(5)遣返

海员在以下情形有权得到遣返:就业协议到期;就业协议被船东终止,或被海员出于合理的理由终止;如果海员不再具备履行其就业协议中职责的能力或在具体情形下不能指望其履行这些职责。

禁止船东要求海员在开始受雇时预付遣返费用,禁止船东从海员的工资或其他收益中扣回遣返费用,除非根据国家法律条例、其他措施或适用的集体谈判协议,海员出现严重失职而被遣返。

属于就业协议终止和海员不能履行职责的情况为:因患病、受伤或其他健康问题需要其遣返且身体状况适于旅行时;在船舶失事时;在由于破产、变卖船舶、改变船舶登记或任何其他类似原因导致船东不能继续履行其作为海员雇用者的法律或契约义务时;在船舶驶往国家法律条例或海员就业协议所界定的战乱区域而海员不同意前往的情况下;根据仲裁裁定或集体协议而终止或中断雇用,或出于其他类似原因终止雇用。

船东应承担以下遣返费用:到达选定的遣返目的地的旅费;从海员离船时起至抵达遣返目的地时止的食宿费;如果本国法律条例或集体协议有规定,从海员离船时起至抵达遣返目的地时止的工资和津贴;将海员个人行李(30 千克)运至遣返目的地的运输费;必要时,提供医疗服务使海员身体状况适合前往遣返目的地的旅行。

船东应负责通过适当和迅速的方式对遣返做出安排,通常的旅行方式应为乘坐飞机。成员国应规定海员可被遣返的目的地,目的地应包括可视为海员与之存在着实质性联系的国家,如海员同意接受雇用的地点;集体协议约定的地点;海员的居住国;可能在聘用时双方同意的其他地点。

海员应有权从规定的目的地中选择其将被遣返的地点。

(6)船舶灭失或沉没时对海员的赔偿

在任何船舶灭失或沉没的情况下,船东应就这种灭失或沉没所造成的失业向船上每个海员支付赔偿。

上述规定应不妨碍海员根据有关成员国关于船舶灭失或沉没而造成损失或伤害国家法律可能享有的其他权利。

(7)配员水平

各成员国应要求悬挂其旗帜的所有船舶考虑到海员的疲劳以及航行的性质和条件,在船上配有充足数目的海员以确保船舶的安全、高效操作,并充分注意到在各种条件下的保安。

6. 健康保护、医疗、福利和社会保障

(1)船上医疗

①主管当局应通过一个标准的海员医疗报告表格,供船长和相关的岸上和船上医疗人员使用。填好后的该表格及其内容应予保密,只应用于方便海员的治疗。

②各成员国应通过法律和条例对悬挂其旗帜的船舶规定船上医务室及医疗设施和设备以及培训的要求。国家法律或条例最低限度应规定以下要求:所有船舶均应携带医药箱、医疗设备和医疗指南,具体内容由主管当局规定并受到主管当局的定期检查;国家要求应考虑到船舶类型、船上人员的数量及航次性质、目的地和航程以及相关的国家和国际的建议医疗标准;载员 100 人或以上,通常从事 3 天以上国际航行的船舶应配备一名医生负责提供医疗;应要求不配备医生的船舶,要么在船上至少有一名海员,其一部分正式职责是负责医疗和管理药品,要么船上至少有一名海员能胜任提供医疗急救的职责;不是专职医生

但负责船上医疗的人员应该完成符合经修正的 STCW 公约要求的培训；被指定提供医疗急救的海员应完成符合 STCW 公约要求的医疗急救培训。

③主管当局应通过一个预先安排的机制，保证船舶在海上能够在任一时间均可得到通过无线电或卫星通信提供的医疗指导，包括专家指导。医疗指导，包括船舶与岸上提供医疗咨询的机构通过无线电台或卫星通信进行的医疗信息沟通，均应由所有船舶免费使用，无论其悬挂哪一国旗帜。

(2)船东的责任

①船东应根据以下最低标准，对船上工作的所有海员的健康保护和医疗负责：对于在其船上工作的海员，船东应有责任对海员从开始履行职责之日起到其被视为妥善遣返之日期间所发生的或源自这期间的就业的疾病和受伤承担费用；船东应提供财务担保，保证对海员因工伤、疾病或危害而死亡或长期残疾的情况提供国家法律或海员就业协议或集体协议所确定的赔偿；船东应有责任支付医疗费用，包括治疗及提供必要的药品和治疗设备，以及在外的膳宿，直到该患病或受伤海员康复，或直到该疾病或机能丧失被宣布为永久性的；如果发生海员受雇期间在船上或岸上死亡的情况，船东应有责任支付丧葬费用。

②国家法律或条例可以把船东支付医疗和膳宿费用的责任限制在从受伤或患病之日起不少于 16 周的期限内。

③如果疾病或受伤造成工作能力丧失，船东应有责任：只要患病或受伤海员还留在船上或者在海员根据本公约得到遣返以前，向其支付全额工资；从海员被遣返或到达上岸之时起直到身体康复，或直到有权根据有关成员国的法律获得保险金（如果早于康复的话），按照国内法律条例或集体协议的规定向其支付全额或部分工资。

④国家法律或条例可将船东向一名离船海员支付全部或部分工资的责任限制在从患病或受伤之日起不少于 16 周的期限内。

⑤国家法律或条例可在以下情况排除船东的责任：在船舶服务之外发生的其他受伤；受伤或患病是因患病、受伤或死亡海员的故意不当行为所致；在接受雇用时故意隐瞒的疾病或病症。

(3)保护健康和安全及防止事故

①各成员国应确保悬挂其旗帜的船舶上的海员得到职业健康保护，并且在一个安全和卫生的环境下在船上生活、工作和培训。

②各成员国应为悬挂其旗帜的船舶制定和颁布关于职业安全和健康管理的国家导则。

③各成员国应为悬挂其旗帜的船舶规定职业安全和健康保护及防止事故的标准。

(4)获得使用岸上福利设施

①各成员国应确保如果存在岸上福利设施，应易于供海员使用。

②成员国还应为挂靠其港口的船舶上的海员提供充分的福利设施与服务。

(5)社会保障

①各成员国应确保所有海员，按其国家法律的规定，其受赡养人能够获得符合守则的社会保障的保护。

②各成员国承诺根据其本国情况采取措施，独自或通过国际合作，逐步为海员提供全面的社会保障的保护。

③成员国应确保受到其社会保障法律管辖的海员，以及在其国家法律规定的范围内，

其受赡养人有权享受不低于岸上工人所享受的社会保障的保护。

二、1976 年商船最低标准公约

国际劳工局理事会召集国际劳工组织全体成员于 1976 年 10 月 13 日在日内瓦举行第 62 届会议。会议上通过了《1976 年商船最低标准公约》(ILO NO. 147 号)。

1.《1976 年商船最低标准公约》的主要内容

(1)缔约国须制定国内法律或条例,为在其领土上登记的船舶做出如下规定:①安全标准,其中包括资格、工作时间和配员标准,以确保船上人命安全;②适当的社会保障措施;③船上工作条件和船上居住安排符合缔约国和国际防议要求,并符合本公约附录中的标准。

(2)缔约国对在其领土上登记的船舶,就下述方面行使有效管辖权或控制:①国家法律或条例规定的安全标准,其中包括:任职资格、工作时间和配员标准;②国家法律或条例规定的社会保障措施;③国家法律或条例规定的或主管法院以对有关船东和海员有同等约束力的方式规定的船上工作条件和船上居住安排。

(3)确保在其领土上登记的船舶雇用海员受过严格训练,能胜任其工作。对涉及在其领土上登记的船舶的任何严重海上事故,尤其那些涉及人身伤亡的事故进行正式调查,这种调查的最终报告在正常情况下应予以公开发表。

(4)当船员、专业机构、协会、工会或通常关心该船舶安全的任何人员发现船舶在营运或在港期间有不符合本公约要求的情况,或接到相关报告时,可以向登记国当局提出控告,同时采取必要措施,以改变船上对安全或健康有明显危害的任何环境。

2.《1976 年商船最低标准公约》的附录

《1976 年商船最低标准公约》的技术标准都在其附录的 21 个相关公约中体现。包括:《最低年龄公约》《船东责任公约》《海员疾病保险公约》《医疗和疾病津贴公约》《海员体格检查公约》《防止海员工伤事故公约》《海员起居舱室公约》《船上船员食品和膳食公约》《高级船员适任证书公约》《海员协议条款公约》《海员遣返公约》《结社自由和组织权利保护公约》《组织权利和集体谈判保护公约》《海员工时和船舶配员公约》《海员身份证公约》《海员健康保护和医疗公约》等。

任务4.7 国际卫生条例

任务情景

我国船员从事国际航行船舶上工作,在上船前需要携带相关船员健康证和疫省接种或预防措施国际证书(图 4-7-1)。

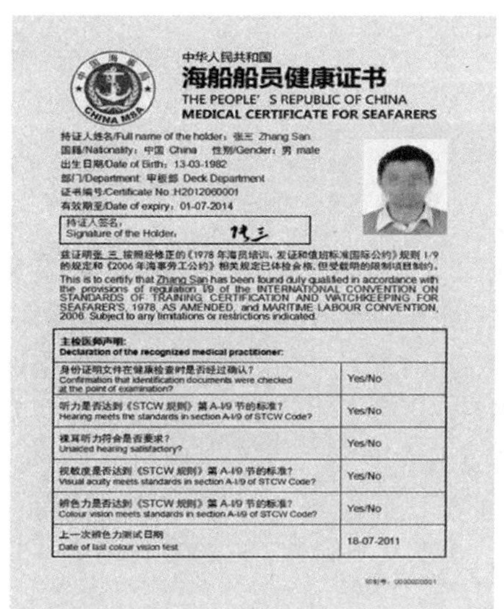

中华人民共和国
海船船员健康证书
THE PEOPLE' S REPUBLIC OF CHINA
MEDICAL CERTIFICATE FOR SEAFARERS

持证人姓名/Full name of the holder：张三 Zhang San
国籍/Nationality：中国 China　性别/Gender：男 male
出生日期/Date of Birth：13-03-1982
部门/Department：甲板部 Deck Department
证书编号/Certificate No.:H2012060001
有效期至/Date of expiry：01-07-2014

持证人签名：
Signature of the Holder：

This is to certify that Zhang San has been found duly qualified in accordance with the provisions of regulation I/9 of the INTERNATIONAL CONVENTION ON STANDARDS OF TRAINING, CERTIFICATION AND WATCHKEEPING FOR SEAFARER'S, 1978, AS AMENDED, and MARITIME LABOUR CONVENTION, 2006. Subject to any limitations or restrictions indicated.

主检医师声明： Declaration of the recognized medical practitioner:	
身份证明文件在健康检查时是否经过确认？ Confirmation that identification documents were checked at the point of examination?	Yes/No
听力是否达到《STCW 规则》第 A-I/9 节的标准？ Hearing meets the standards in section A-I/9 of STCW Code?	Yes/No
裸耳听力符合是否要求？ Unaided hearing satisfactory?	Yes/No
视敏度是否达到《STCW 规则》第 A-I/9 节的标准？ Visual acuity meets standards in section A-I/9 of STCW Code?	Yes/No
辨色力是否达到《STCW 规则》第 A-I/9 节的标准？ Colour vision meets standards in section A-I/9 of STCW Code?	Yes/No
上一次辨色力测试日期 Date of last colour vision test	18-07-2011

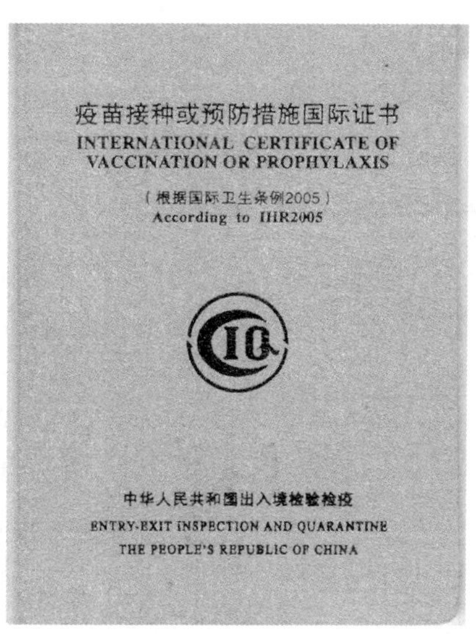

图 4-7-1　船员健康证和疫苗接种或预防措施国际证书

任务目标

1. 了解国际卫生条例中的相关术语。
2. 了解公约对船舶公共卫生的管控措施。

任务分析

1. 船员需要办理和携带有效的健康证书和疫苗接种或预防措施国际证书。

2. 船员健康证明的有效期不超过 2 年；对年龄小于 18 周岁的海船船员，健康证明有效期不超过 1 年。健康证明在航行途中有效期期满的，在到达下一个有《1978 年海员培训、发证和值班标准国际公约》缔约国认可的主检医师的停靠港之前，该健康证明仍然有效，但为期不得超过 3 个月。在紧急情况下，海事管理机构可允许持有近日过期的健康证明的海船船员工作至下一个具有《1978 年海员培训、发证和值班标准国际公约》缔约国认可的主检医师的港口，但为期不得超过 3 个月。健康证明损坏或遗失的，由原发放的体检机构负责补发。补发的健康证明有效期截止日期与原健康证明的有效期截止日期相同。

3. 对在境外接种或使用世界卫生组织认证的黄热病疫苗并持有《疫苗接种或预防措施国际证书》的旅行者，疫苗有效期按“从接种之日后 10 天开始至接种者（旅行者）终生”执行。对境内接种北京天坛生物制品有限公司生产的黄热病疫苗的旅行者，其黄热病疫苗接种国际证书的有效期仍按“接种之日后 10 天开始至 10 年”执行。对在境外接种或使用世界卫生组织认证的黄热病疫苗旅行者，无论其证书最初签发日期为何，均不得要求其重复接种或强化接种。霍乱疫苗接种有效期为 2 年或 3 年。

知识获取

一、条例简介

《国际公共卫生条例》于1951年经第四届卫生大会通过。作为防止指定传染病在国际间传播的措施以及对这些疾病的报告和通知病例提出要求的第一个单一国际法规,其宗旨是最大幅度地防止疾病在国际传播,保障安全,同时又尽可能小地干扰世界交通运输和贸易。该条例于1969年被《国际卫生条例》所取代,其后于1973年经修订增加了对霍乱的检疫,并于1981年做出修订,取消了对天花的国境卫生检疫。1969年版《国际卫生条例》主要针对鼠疫、霍乱和黄热病三种传染病实施国境卫生检疫。2005年版《国际卫生条例》(International Health Regulations,IHR 2005)共66条9个附件,于2007年6月15日起生效。

二、定义

(1)“受染”是指受到感染或污染或携带感染或污染源以至于构成公共卫生危害的人员、行李、货物、集装箱、交通工具、物品、邮包或骸骨。

(2)“受染地区”是指世界卫生组织依据本条例明确建议采取卫生措施的某个地理区域。

(3)“主管当局”是指根据本条例负责执行和采取卫生措施的当局。

(4)“灭鼠”是指在入境口岸采取卫生措施控制或杀灭行李、货物、集装箱、交通工具、设施、品和邮包中存在的传播人类疾病的啮齿类媒介的程序。

(5)“消毒”是指采用卫生措施利用化学或物理制剂的直接作用控制或杀灭人体或动物身体表面或行李、货物、集装箱、交通工具、物品和邮包中(上)的传染性病原体的程序。

(6)“除虫”是指采用卫生措施控制或杀灭行李、货物、集装箱、交通工具、物品和邮包中传播人类疾病的昆虫媒介的程序。

(7)“卫生措施”是指为预防疾病或污染传播实行的程序,卫生措施不包括执行法律或安全措施。

(8)“感染”是指感染性病原体进入人体和动物身体并在体内发育或繁殖,并可能构成公共卫生危害的情况。

(9)“检查”是指由主管当局或在其监督下检查地区、行李、集装箱、交通工具、设施、物品或邮包(包括相关资料和文件),以确定是否存在公共卫生危害。

(10)“隔离”是指将病人或受染者或受染的行李、集装箱、交通工具、物品或邮包与其他个人和物体隔离,以防止感染或污染扩散。

(11)“检疫”是指限制有嫌疑但无症状的个人或有嫌疑的行李、集装箱、交通工具或物品的活动和(或)将其与其他的个人和物体隔离,以防止感染或污染的传播。

三、公共卫生措施

1. 到达和离开时的卫生措施

缔约国出于公共卫生目的可要求在(运输工具)到达或离开时,了解有关旅行者旅行路线以确认到达前是否在受染地区或其附近进行过旅行或可能接触感染或污染,并检查旅行者的健康文件(如果按 IHR 需要此类文件)。

2. 过境船舶

除另有规定或经适用的国际协议授权之外,缔约国在下列情况下不得采取卫生措施:①不是来自受染地区或在前往另一国家领土港口的途中经过该缔约国领土的沿海运河或航道的船舶,在主管当局监督下应当允许任何此类船舶添加燃料、水、食物和供应品;②通过该缔约国管辖的航道但不在港口或沿岸停靠的任何船舶。

四、卫生文件

船舶需要携带或填报的卫生文件主要包括疫苗接种或其他预防措施证书、海事健康申报单及船舶卫生控制措施证书等。

1. 疫苗接种或其他预防措施证书

按卫生条例或建议对旅行者进行的疫苗接种或预防措施以及与此相关的证书应当符合附件 6(疫苗接种、预防措施和相关证书)的规定,适用时应当符合附件 7(对于特殊疾病的疫苗接种或预防措施)有关特殊疾病的规定。除非主管当局有可证实的迹象和(或)证据表明疫苗接种或其他预防措施无效,否则持有与附件 6 和(适用时)附件 7 相符的疫苗接种或其他预防措施证书的旅行者不应当由于证明中提及的疾病而被拒绝入境,即使该旅行者来自受染地区。

2. 海事健康申报单

船长在到达缔约国领土的第一个停靠港口前应当查清船上的健康情况,而且除非缔约国不要求,否则船长应当在船舶到达后,或到达之前(如果船舶有此配备且缔约国要求事先提交),填写海事健康申报单,并提交给该港口的主管当局;如果带有船医,海事健康申报单则应当有后者的副签。船长或船医(如果有)应当提供主管当局所要求的有关国际航行中船舶卫生状况的任何信息。

缔约国可决定免予所有到港船舶提交海事健康申报单,或根据对来自受染地区的船舶的建议,要求提交海事健康申报单,或要求可能携带感染或污染的船舶提交此文件。缔约国应当将以上要求通知船舶运营者或其代理。

3. 船舶卫生控制措施证书

船舶免于卫生控制措施证书和船舶卫生控制措施证书的有效期最长应为 6 个月。如果所要求的检查或控制措施不能在港口完成,此期限可延长 1 个月。

如果未出示有效的船舶免于卫生控制措施证书或船舶卫生控制措施证书,或在舱内发现公共卫生危害的证据,缔约国可根据相应条款行事。

只要有可能,控制措施应当在船舶和船舱腾空时进行。如果船舶有压舱物,应在装货前进行。如需要进行控制措施,并圆满完成,主管当局应当签发船舶卫生控制措施证书,注明发现的证据和采取的控制措施。

主管当局如对船舶无感染或污染(包括媒介和宿主)状况表示满意,可在规定的任何港口签发船舶免于卫生控制措施证书。当船舶和船舱腾空时或只剩下压舱物或其他材料(按其性质和摆放方式可对船舱进行彻底检查)时只有对船舶进行检查后一般才应签发证书。

如果执行控制措施的港口主管当局认为,由于执行措施的条件有限,不可能取得满意的结果,主管当局应当在船舶卫生控制措施证书上如实注明。

任务4.8 国际航行船舶要求随船携带的证书和其他文件

任务情景

国际航行船舶要求随船携带的证书和其他文件很多,船舶通常将船上证书归类装入证书文件夹内,并附有一份按证书夹归类的列表清单,方便在需要时查找。本任务讨论了船舶法定证书和船级证书的种类。

任务目标

了解国际航行船舶须携带的证书和其他文件。

任务分析

1. 法定证书,按照船旗国政府批准的有关国际公约和该国政府法规检验后签发的证书。根据国际船舶载重线公约规定签发的有:国际船舶载重线证书、国际船舶载重线免除证书(适用于新型船和通常不从事国际航行而仅偶然航行一次的船舶)。根据国际海上人命安全公约签发的有:客船安全证书、货船构造安全证书、货船设备安全证书、货船无线电报安全证书、货船无线电话安全证书、免除证书(按公约发给对救生设备、无线电报和无线电话可以免除部分要求的船舶)、核能客船和货船安全证书、散装谷物稳性批准书。根据国际海事组织公布的《近海移动式钻井平台构造和设备规则》签发安全证书。根据国际船舶吨位丈量公约对船舶丈量后签发吨位证书。对通过苏伊士运河和巴拿马运河的船舶,则须丈量后签发各运河的专用证书。此外,还有船舶起货设备证书、国际防油污证书、国际防止生活污水污染证书等。

2. 船级证书,经过船级社或船舶检验局检验后发给的证书,有船体入级证书、轮机(包括电气设备)入级证书、货物冷藏装置入级证书。船舶经检验合格,在船级社总部未发给证书前,可先发给临时入级证书。

知识获取

船舶依据其种类、航区、航线、长度、航速和用途的不同而需配备相应的船舶证书和文件(简称船舶文书)。

船舶的主要证书和文件是船舶进出港时港口当局检查的重要内容之一。如果发现证书和文件不齐或有失效者,将延滞船舶离港,直至备齐或办妥证书才准予离港。

各类国际航行船舶须配备的文书概述如下。

1. 所有船舶

(1)国际吨位证书(1969)——ITC 公约,证书长期有效;

(2)国际载重线证书(或免除证书)——LL 公约,证书有效期 5 年;

(3)完整稳性手册(所有客船和 24 米及以上货船)——SOLAS 公约,1988 年 LL 公约议定书;

(4)破损控制图和手册——SOLAS 公约;

(5)最低安全配员证书——SOLAS 公约,证书有效期同船舶国籍证书有效期;

(6)消防安全培训手册——SOLAS 公约;

(7)防火控制图/小册子——SOLAS 公约;

(8)船上培训和演习记录——SOLAS 公约;

(9)消防安全操作手册——SOLAS 公约;

(10)船长、高级船员或普通船员适任证书——STCW 公约;

(11)国际防止油类污染证书(每艘 150 总吨及以上的油船和每艘 400 总吨及以上除油船外的其他船舶)——MARPOL 公约,证书有效期 5 年;

(12)油类记录簿第Ⅰ部分(机器处所作业)(每艘 150 总吨及以上的油船以及每艘 400 总吨及以上除油船外的其他船舶)——MARPOL 公约;

(13)油类记录簿第Ⅱ部分(货物/压载作业)(每艘 150 总吨及以上的油船)——MARPOL 公约;

(14)船上油污应急计划(每艘 150 总吨及以上的油船和每艘 400 总吨及以上除油船外的其他船舶)——MARPOL 公约;

(15)国际防止生活污水污染证书——MARPOL 公约,证书有效期 5 年;

(16)垃圾记录簿和垃圾管理计划(每艘 400 总吨及以上的船舶和每艘核定载运 15 人或以上的船舶)——MARPOL 公约;

(17)航行数据记录仪系统符合证书——SOLAS 公约;

(18)货物系固手册——SOLAS 公约;

(19)符合证明副本和安全管理证书——SOLAS 公约,有效期 5 年;

(20)国际船舶保安证书或临时国际船舶保安证书——SOLAS 公约,有效期 5 年;

(21)船舶保安计划和相关记录——SOLAS 公约;

(22)连续概要记录——SOLAS 公约。

2. 客船

除所有船舶所列证书外还需:

(1)客船安全证书(或免除证书)——SOLAS 公约,有效期 12 个月;

(2)特种业务客船安全证书——1971 年特种业务客船协定;

(3)特种业务客船舱室证书——1973 年特种业务客船舱室要求议定书;

(4)搜救合作计划——SOLAS 公约;

(5)操作限制清单——SOLAS 公约;

(6)船长决策支持系统——SOLAS 公约。

3. 货船

除所有船舶所列证书外还需:

(1)货船构造安全证书和货船设备安全证书(500 总吨及以上的货船)及货船无线电安全证书(300 总吨及以上的货船)(以上 3 张证书可用货船安全证书替代)、免除证书(如需要)——SOLAS 公约,有效期均为 5 年;

(2)船舶载运危险货物的符合证明、危险货物舱单或积载图(装运危险货物的船舶)——SOLAS 公约;

(3)谷物运输的批准文件(每艘按照 IBGC 规则装载的船舶)——SOLAS 公约;

(4)油污损害民事赔偿责任的保险或其他财务保证的证书(每艘载运 2 000 吨以上散装货油或大量燃油的船舶)——CIC 公约;

(5)加强检验报告书(散货船、油船)——MARPOL 公约;

(6)最近一次压载航行的排油监控系统记录(150 总吨及以上的油船)——MARPOL 公约;

(7)货物资料——SOLAS 公约;

(8)散货船手册(装卸固体散装货物的船舶)——SOLAS 公约;

(9)专用清洁压载舱操作手册——MARPOL 公约;

(10)原油洗舱操作与设备手册(COW 手册)——MARPOL 公约;

(11)状况评估计划(CAS)符合证明、CAS 最终报告和审核记录——MARPOL 公约;

(12)静压平衡装载(HB1)操作手册——MARPOL 公约;

(13)排油监控(ODMC)操作手册——MARPOL 公约;

(14)分舱和稳性资料——MARPOL 公约。

4. 任何载运散装运输有毒液体物质的船舶

除所有船舶和货船所列证书外还需:

(1)国际防止散装运输有毒液体物质污染证书(NLS 证书)——MARPOL 公约,有效期最长为 5 年;

(2)货物记录簿——MARPOL 公约;

(3)程序和布置手册(P&A 手册)——MARPOL 公约;

(4)船上有毒液体物质污染海洋环境应急计划——MARPOL 公约。

5. 化学品船舶

除所有船舶和货船所列证书外还需:散装运输危险化学品适装证书或国际散装运输危险化学品适装证书。

6. 液化气体船

除所有船舶和货船所列证书外还需:散装运输液化气体适装证书或国际散装运输液化气体适装证书。

7. 高速船

除所有船舶、客船和货船所列证书外还需:

(1)高速船安全证书;

(2)高速船营运许可证书。

8. 载运危险货物船舶

除所有船舶、客船和货船所列证书外还需:载运危险货物船舶特殊要求的符合证明。

9. 载运包装危险货物的船舶

除所有船舶、客船和货船所列证书外还需:危险货物舱单或积载图。

10. 除上述船舶所持证书外的其他证书

(1)国籍证书(登记证书)或临时船舶国籍证书——国籍证书有效期5年,临时船舶国籍证书有效期一般为1年,登记证书长期有效;

(2)船舶入级证书(有效期应不超过5年);

(3)船舶卫生控制证书(有效期为6个月——国际卫生条例),船舶卫生控制免除证书等。

11. 船舶法定记录

航海日志、轮机日志、电台日志、车钟记录簿等。

12. 海事机构核查记录

船舶安全检查记录簿、船舶签证簿等。

任务4.9　港口国监督程序

任务情景

某港口国对年度检查船舶被滞留项目进行统计,船舶滞留项目占比如下:船员证书占1%,船体结构占1%,货物操作占1%,国际保安规则占1%,国际劳工公约相关占1%,船舶无线电占2%,船舶证书占2%,主辅机占2%,国际防污染公约附则Ⅵ占2%,国际防污染公约附则Ⅳ占3%,船舶水密及风雨密占4%,应急系统占5%,国际防污染公约附则Ⅰ占7%,航行安全占8%,航行安全占11%,船舶救生设备占24%,船舶消防设备占25%。

本任务讨论三副如何做好迎接PSC检查的准备工作。

任务目标

1. 了解港口国监督概述。
2. 了解港口国监督程序。
3. 了解不同港口国监督的新选船机制。

任务分析

SOLAS公约、《国际救生设备规则》(LSA)、《国际消防安全系统规则》(FSS)是港口国监督(PSC)检查人员对三副所主管的救生、消防设备的检查依据。

1. 抵港前应对照自查表对所辖设备进行自查,尤其是一些易出现问题的设备,检查时要不留死角。

2. 重视公司给船上发来的关于各国PSC检查的最新动向。对于公司公布船队被检查频率高、滞留比例高的项目做重点检查、维护。

3. 杜绝侥幸心理。进行自查时应到现场对照实物进行逐项检查，如发现自己没有能力解决的问题，应及时上报大副、船长帮助解决处理。

4. 与检查人员保持良好的交流。在检查过程中能流利的回答检查人员所提出的问题，检查人员通常就不会进行深入的扩大范围检查，反之如果语言交流不顺畅，或答非所问，检查人员往往会停止语言交流，开始扩大检查。

5. 迎检前查阅本船以往的缺陷记录，避免发生类似的错误。

知识获取

港口国监督也叫港口国控制（Port State Control，PSC），是港口当局根据有关国际公约规定的标准，对进入其港口的外籍船舶实施的一种监督与控制，以确保船舶及其设备符合国际公约要求，船员配备和操作符合适用的国际标准。通过PSC，纠正与消除受检船舶所存在不符合标准的缺陷，以确保船舶航行、人身和财产的安全及保护海洋环境，同时也可促进经济贸易的发展和航运经营水平的提高。

根据国际法，船旗国负有确保在本国登记的船舶遵守适用的法律、法规和其他相应的标准的责任，港口国监督只是船旗国监督的一个重要的补充，不能代替船旗国的相应责任。确保到达本国港口的外籍船舶符合本国加入的国际公约的要求是港口国监督的目的。通过采取检查和在必要的情况下滞留船舶等措施，港口国监督在识别和消除低标准船方面起着重要的作用。

一、港口国监督简介

1. 背景

多年来，开放登记的国家所登记的船舶发生各类海难的频率一直比较高，主要是因为船东及其船员不能很好地执行船旗国和IMO的各项规定，船员工资较低和缺乏必要的训练也是造成各类事故的主要原因。

1980年13个欧洲国家，加上欧洲共同体、IMO和ILO在巴黎开会，一致同意共同采取措施，限制并消除低标准船航行。在1982年召开的第二次会议上，通过了由14个欧洲国家签署的《港口国监控巴黎谅解备忘录》（简称巴黎备忘录或Paris MOU），并于1982年7月1日生效。该备忘录是第一个区域性PSC协议，现有成员国除了欧盟成员国以外，还包括克罗地亚、加拿大和俄罗斯。

港口国监督机制的引入，使船旗国、船级社、船公司、船舶和船员的不尽职和不合格行为全部置于PSC范围中。一些重要公约的不优惠条款，通过PSC使非缔约国无法逃避公约的相关要求。PSC通过采取检查、纠正和在必要的情况下滞留船舶等措施，在识别和消除低标准船航行方面起着重要的作用。PSC滞留船舶的主要原因是船舶的保养和管理的落后、不可信的检验水平、不适当的船旗国管理、消防设备和航海设备的缺陷等。PSC组织定期公布被滞留船舶名单（黑名单），内容包含船名、IMO船舶识别号、船旗国、船级社和船公司名称以及滞留的主要原因。这促使各方为维护其声誉和经济利益，努力改善管理，从而使船舶营运安全、港口国水域的交通安全和海洋环境得到保障。

2. 区域性 PSC 组织

由于巴黎备忘录在防止和减少低标准船继续航行方面非常有效，而区域性的 PSC 组织有助于避免重复检查和遗漏。IMO 在 1991 年召开的第 17 次大会上通过了关于“在船舶排放和控制方面加强地区合作”的决议，该决议要求全球各地区建立与巴黎备忘录类似的 PSC 备忘录组织，并且各备忘录组织成员国以及实施 PSC 的其他国家应做出安排，相互合作，以期在世界范围内形成 PSC 网络。自从 1982 年巴黎备忘录的签订以来，港口国监督已经变得更加广泛和具有组织性。目前全球共有 9 个关于港口国监督的区域性协议（美国独立实施 PSC）。

这些区域性港口国安全监督协议为：巴黎备忘录（1982 年 7 月 1 日签署）；拉丁美洲协定（1992 年 11 月 5 日签署）；亚太地区 PSC 谅解备忘录（东京备忘录）（1993 年 12 月 1 日签署）；加勒比海地区 PSC 谅解备忘录（加勒比备忘录）（1997 年 7 月 1 日签署）；印度洋 PSC 谅解备忘录（印度洋备忘录）（1998 年 6 月 5 日签署）；西中非洲 PSC 谅解备忘录（阿布亚备忘录）（1999 年 10 月 22 日签署）；黑海地区 PSC 谅解备忘录（2000 年 4 月 7 日签署）；地中海地区 PSC 谅解备忘录（1997 年 7 月 11 日签署）；海湾合作理事会（GCC）谅解备忘录（利雅得谅解备忘录）（2005 年 6 月签署）。

（1）巴黎备忘录组织

巴黎备忘录组织是最早成立的地区性 PSC 检查合作组织，目前有 27 个成员国。

自 1982 年 7 月以来，巴黎备忘录组织根据 IMO 新的要求和欧盟关于海上安全的指令进行了多次修改，现行有效的 Paris MOU（33rd Amendment）于 2011 年 7 月 1 日生效，共有 9 章，12 个附件。

①巴黎备忘录组织检查依据

包括 SOLAS 1974、MARPOL 73/78、STCW 2010、COLREG 1972、LL 1966、ITC 1969、MLC 2006、CIC 1969（《1969 年国际油污损害民事责任公约》）、AFS 2001（《2001 年国际控制船舶有害防污底系统公约》）等。

②实施 PSC 检查的主管机关是各成员国海事主管部门

（2）亚太地区备忘录组织

亚太地区（东京）备忘录于 1993 年 12 月 1 日在东京由 16 个国家和地区的海事主管当局共同签订，并于 1994 年 4 月 1 日正式生效。目前，亚太地区备忘录组织共有 18 个成员，我国是亚太地区备忘录组织成员国。现行有效的 Tokyo MOU（11th Amendment）于 2009 年 7 月 19 日生效，共有 8 章，1 个附件。

按照备忘录总则中的要求，亚太地区备忘录组织的目标是在其所覆盖区域内检查的船舶总量达到本区域内营运船舶总量的 80%。一般情况下，船舶接受了 Tokyo MOU 成员检查后的 6 个月内，其他 Tokyo MOU 成员不会对这艘船舶进行检查。

①亚太地区备忘录组织检查依据

包括 SOLAS 1974、MARPOL 73/78、STCW 2010、COLREG 1972、LL 1966、ITC 1969、MLC 2006、AFS 2001 等。

②实施 PSC 检查的主管机关是各成员国海事主管部门

（3）美国海岸警卫队

美国不是任何一个 PSC 检查合作组织的成员，只是作为观察员参加巴黎备忘录组织和亚太地区备忘录组织的活动。

实施 PSC 检查的主管机关是美国海岸警卫队，实施 PSC 检查的法律依据是美国本国（甚至是各州）的有关法律与规定。

①检查种类

年度检查：年度检查程序在检查手册和海事安全手册里做了相应规定，年度检查一般包括对船舶证书和文件的检查和船舶总体状况的检查（包括设备检查、试验以及应急演习等）。如果检查人员发现明显证据表明船舶状况不满足相关的美国法律或公约要求，检查可以扩大。

再次检查：两次年度检验之间，为确保船舶能持续满足相关的美国法律或公约要求而进行的检查。再次检查一般包括对船舶证书和文件的检查和总体检查（仅仅是例行检查）。如果检查人员发现有明显依据表明船舶状况不满足相关的美国法律或公约要求，检查可以扩大。

扩大检查：是在年度和再次检查中，发现有明显依据表明船舶状况不满足相关的美国法律或公约要求，而进行更为细致的检查和试验。

消除缺陷检查：仅限于对缺陷消除情况的检查，如果登轮中发现了其他缺陷，那么应进行一次再次检查。

3. 法律依据

港口国监督组织行使监控必须依据适当的国际标准、地区协议和国内法律。在实际操作中主要涉及的法规和业务指导如下。

港口国监督组织实施检查所依据的法定授权：①各缔约国的国内立法和相关法规；②特定地区的港口国监督谅解备忘录；③SOLAS 1974 公约附则第Ⅰ章第 19 条、第 9 章第 6.2 条、第 11 章第 4 条；④MARPOL 73/78 公约第 5 条、第 6 条、附则Ⅰ第 11 条、附则Ⅱ第 16 条、附则Ⅲ第 8 条、附则Ⅴ第 8 条、附则Ⅵ第 10 条；⑤STCW 公约马尼拉修正案第Ⅹ条；⑥LL 公约第 21 条；⑦ITC 1969 公约第 12 条；⑧MLC 2006 公约第 5.2 条、规则 5.2.1 条。

港口国监督组织实施检查所依据的国际公约：①LL 公约及其相关修正案和 1988 年议定书；②SOLAS 1974 公约及其相关修正案和 1988 议定书；③MARPOL 73/78 公约及其相关修正案；④STCW 公约马尼拉修正案；⑤COLREG 1972 及其相关修正案；⑥ITC 1969 公约；⑦MLC 2006 公约。

SOLAS 公约第Ⅰ章 B 部分检验与证书中规定：①任何船舶，当其在另一缔约国的港口时，应接受该国政府正式授权官员的监督，这种监督的目的，仅在于查明该船按规定所持有的各项证书是否有效；②当船舶实际状况与证书所载情况不符或证书过期或失效时，执行监督的官员应采取措施，以保证该船在不具备安全航行的条件时，不得开航或离港；③如因这种监督引起任何干涉，执行监督的官员应将认为必须干涉的一切情况，立即书面通知船旗国的领事，当领事不在时，则通知其最近的外交代表。此外，还应通知负责发证的指定验船师或认可组织，有关干涉的事实应向国际海事组织报告；④如未能按以上规定采取措施，或已允许该船驶往下一停靠港时，港口国有关当局除应立即通知前一条中所述的有关方面外，还应将有关该船的情况通知下一个停靠港当局。

STCW 公约 95 修正案在“监督程序”中规定：

①经授权的监督官员按规定所行使的监督仅限于下列各项：核实所有应持证的船员是否都持有适当的证书或有效的特免证明；核实船员人数和证书是否符合主管机关适用的安全配员要求。如果发生下列任一情况而有明显理由认为未能保持安全值班标准时，可对船

员的值班能力是否符合公约的标准要求进行评估:船舶发生碰撞、搁浅、或触礁;船舶在航锚泊或靠泊时,违反任一国际公约而非法排放物质;以不稳定或不安全方式操纵船舶;以其他危及人员、财产或环境的方式操作船舶;

②可被认为危及人员、财产或环境缺陷包括下列几个方面:要求持有证书的船员未持有适当的证书或有效的特免证明;未按主管机关规定的要求做出航行或轮机值班安排;没有专门安排负责操作安全航行、安全无线电通信或防止海洋污染必要设备的合格人员值班;未能为航次开始第一个班次和其后的接班提供经过充分休息适于值班职责的人员;

③为能纠正上述所提及的任何缺陷,只要实施监督的缔约国确定这些缺陷危及人员、财产或环境,便构成缔约国滞留船舶的唯一理由。

LL 公约规定:持有国际船舶载重线证书的船舶在其他缔约国的港口时,应接受该国政府授权的官员的监督,在船上具有有效的载重线证书的前提下,这种监督仅限于确定:船舶载重量的位置与证书相符;船舶载重量未超过证书所允许的限度;船舶的船体或上层建筑以及有关装置、设备没有实质性变动,船舶能在不危及人命安全的情况下出航。

MARPOL 公约的几个附则均提供了港口国监督的程序,凡按公约规定需要持有证书的船舶停靠在一缔约国的港口或近海装卸站时,应接受经该国政府正式授权的官员的检查。这种检查应以核实船上的证书是否有效为限。如果有明显理由表明该船或其设备的条件实质上不符合证书所载的情况或船舶未备有有效的证书,应在对船舶采取措施以确保该船出航不致对海洋环境造成危害的情况下,才准其开航。对于操作性要求,如有明显理由认为船长或船员不熟悉船上主要的防污染程序时,该船应接受该缔约国正式授权的官员根据相应附则进行的操作性检查,在采取措施确保该船已按相关附则的要求调整至正常状态后,才准其开航。

在《商船最低标准公约》(ILO 147 公约)中规定:如果港口国收到或得到停靠在其港口的船舶不符合公约标准的控告或证据,它可以向该船登记国政府提及一份报告并同时采取必要措施,以改变船上对安全或健康有明显危害的任何环境。在采取措施时,港口国不应无理扣留或延误船舶。

除了上述公约要求港口国对到港船舶的履约进行监督以外,港口国对船舶监督的国际海事公约还包括《吨位丈量公约》(TONNAGE 1969)、《避碰规则公约》(COLREG 1972)、《油污损害民事赔偿公约》(CIC 1992)和 2008 年 9 月生效的《防污底公约》(AFS 2001)等。

随着航运的发展和国际上对船舶安全管理的重视,不断有新的公约和规则生效,港口国监督的检查内容也随之增加(例如船舶安全管理、船舶保安、压载水管理等)。PSC 经多年的发展已积累了许多经验,被视为维护海上航行安全的最后防线。近年来,各港口国监督备忘录根据公约的有关规定,增加了对船员的操作性检查的内容,目的是保证船舶不仅按照国际公约的要求配备了有关的设备和证书,而且船员能够熟练使用和操作这些设备,熟练有关的操作要求和规程。随着 ISM 规则的生效实施,港口国监督的检查项目已经覆盖了船舶硬件和软件的各个方面。

二、港口国监督程序

1995 年 11 月,IMO 第 19 届大会通过了第 A. 787(19)号决议,即港口国监督程序,其内容包括:总则、港口国检查、详细检查、干预和滞留、报告要求、审议程序及 7 个附录,该决议成为 PSC 的指导性文件。1999 年 11 月,IMO 第 21 届大会通过了第 A. 882(21)号决议,对港口国监督程序进行了修正,将ISM规则的有关内容纳入了监督程序。第A.882(21)号决议意在为港口国实施监督程序提供基本导向并且保持在安全检查,船舶本身、船舶装备、船员缺陷的确认,及检查程序的实施问题上的连贯性。此规则由国际海事组织以名为《港口国监督程序》的手册形式发行。这些程序并非强制性的,只是给港口国实施安全监督时提供指导。

1. 港口国检查步骤

由缔约国主管机关正式授权的港口国检查官(PSCO)对外国籍船舶进行港口国监督检查的步骤一般包括:选船、登轮初步检查、详细检查、提出处理要求或滞留船舶、复查、解除滞留等。

2. 选船

为达到控制低标准船的目的,缔约国主管机关一般根据制定的选船标准以及国际公约、区域性合作组织的规定,结合实际情况合理选择船舶实施港口国监督检查。有的备忘录要求成员国每年实施检查的数量应达到年度平均抵达船舶数量的一定比例,例如巴黎备忘录的要求为25%,东京备忘录的目标是在其所覆盖区域内检查的船舶总量达到本区域内营运船舶总量的75%。为了避免遗漏和重复检查,除了特定的船舶或船舶存在要求进行再次检查的明显证据以外,通常在同一个备忘录组织成员国当局通过港口国检查的船舶,自检查完毕之日起六个月内不再进行检查。

(1)选船信息系统

在选择检查船舶时,港口当局一般使用选船信息系统作为检查官选择检查船舶的一个工具。选船信息系统可以显示出目标因素值,并保持数据持续进行更新,选船时以分值的大小确定船舶检查的先后。目标因素值通常由一般因素和历史因素值构成,一般因素是基于船舶基本参数得出的,历史因素是基于船舶在同一个备忘录组织内的港口国检查历史得出的。

(2)优先检查对象

除了参考选船信息系统的目标因素值外,港口国监督检查还需要确定某些优先检查的船舶,不论该船舶目标因素值如何,均被考虑为优先检查对象。确定优先检查对象的依据由各备忘录制定,通常包括以下几种情况:被港口当局通报的船舶;被船长、船员或任何与船舶安全有关的人或组织就船员生活和工作环境或船舶防止污染进行投诉的船舶;要求在规定期限内消除缺陷的船舶;引水或港口当局报告,存在影响安全航行缺陷的船舶;装载危险或污染货物时,未按要求进行报告的船舶;船舶被滞留后,未得到港口国允许,擅自开航的船舶;在航行途中发生了碰撞、搁浅的船舶;船舶出现了进行不安全方式的操纵,或未遵守安全航行程序的情况;船舶进行了其他的不当操作,以至威胁到人员、财产、环境或被控告违反了有害物质和污水排放的相关规定;船舶前6个月内因安全原因证书被其船级社暂停或吊销;未在选船信息系统中出现的船舶;第一次停靠或12个月后第一次停靠的成员国船舶;PSC组织公布的优先检查的高风险船舶种类,例如客船、油船、气体运输船、化学品船和载运包装的危险或有毒物质的船舶等。

3. 初步检查或一般性检查

PSCO登轮前可观察船舶外观,如油漆、锈蚀、凹陷等,获得该轮维护保养的初步印象。登轮后,首先检查船舶的有关证书和文件,并在船上观察船舶维修养护状况。如若证书均有效且目测该船状况良好,PSCO可将检查限于举报或已观察到的缺陷(如果有)。

检查的有关文件和证书通常包括：国际吨位证书、国际船舶载重线证书、SOLAS公约要求的安全证书、安全管理证书和符合证明副本、国际船舶保安证书、国际防止油污证书、油类记录簿、船舶油污应急计划、国际防止散装运输有毒液体物质污染证书、货物记录簿、（国际）散装运输液化气体适装证书、（国际）散装运输危险化学品适装证书、检验报告簿（散货船和油船）、稳性资料、应变部署表、航海日志中试验和演习的记录以及救生设备及布置的检查和维修记录、货物系固手册、登记证书、垃圾管理计划、垃圾记录簿、散货船手册、以前的PSC检查报告、船级证书、健康证书、最低安全配员文件和适任证书等。

4. 详细检查或扩大检查

详细检查指当有明显证据指出船舶条件、船舶设备和船员存在实质上不符合证书项目时所进行的检查。在初步检查过程中，如果发现船舶未携带有效的证书，或PSCO根据总的印象和在船上的观察，有明显理由（也称为明显依据）认为该船不符合有关公约的要求，将对船舶进行详细检查。另外，详细检查也适用于某些特定船舶，例如我国安全检查规则规定对两年内未经海事机构详细检查的船舶实施详细检查。

与详细检查类似，有的备忘录组织或国家规定对适用的船舶进行强制性扩大检查。美国的PSC扩大检查是指在年度和再次检查中，发现有明显证据表明船舶状况不满足相关的美国法律或公约要求，而进行更为细致的检查和试验。巴黎备忘录规定对3 000总吨以上且船龄15年以上的油船、船龄12年以上的散货船、船龄15年以上的客船、船龄10年以上的化学品和气体运输船进行扩大检查，目标因素值为7或以上的船舶在船舶离港前也要求完成一次扩大检查。

（1）明显理由

明显理由是船舶及其设备或其船员实质上不符合有关公约的要求或船长、船员不熟悉船舶安全和防污染基本程序的证据。各备忘录组织或缔约国主管机关规定采取详细检查的明显理由虽并不完全相同，但一般包括下列几个方面：缺少公约要求的主要设备和设施；船舶存在明显不符合ISM规则要求的缺陷；经检查表明有的船舶证书或文件明显无效；有证据表明公约要求和港口国监督导则附录中所列的文件不在船上或这些文件未能保持或保持有误；PSCO从一般观察得出印象，认为船舶存在船体或结构上的严重变形或缺陷，会危及船舶的结构、水密或风雨密完整性；PSCO从一般观察得出印象，认为船上安全、防污和航行设备存在严重缺陷；存在船长或船员不熟悉有关船舶安全、防止污染的基本操作或未执行这些操作的信息或证据；船上主要船员之间或主要船员不能与其他船员进行语言交流；误发遇险报警信号且没有及时取消或未执行正确的取消程序；出现相关关键船员之间，或相关关键船员与其他人员之间不能相互沟通的现象，或出现该船舶不能与岸上当局用常用的语言或当局使用的语言进行相互沟通的现象；当船员或消防设备发生变动，船上缺少最新的应变部署表、防火控制图；收到关于低于安全、防污染、保安、劳工条件要求的举报或投诉；其他海事主管当局提出报告或通知等。

除上述列举以外，随着港口国监督的检查内容的增加，采取详细检查的明显理由的范围也随之则增大，尤其是近年来各港口国监督备忘录根据公约的有关规定，增加了对船员的操作性检查的内容。以符合船舶操作要求为目的的检查，还有一系列具体的明显理由，例如：进行港口国监督时船舶或船员暴露出与SOLAS、MARPOL和STCW等公约相关的欠缺的迹象；不安全的或不按IMO有关指南进行的货物作业或其他作业迹象；由于不遵守操作要求而使船舶发生事故；目睹船员在消防和弃船演习中不熟悉基本程序的证据等。

(2)详细检查内容

船舶构造和设备要求的检查，检查内容包括：船体构造检查；机器处所检查；载重线检查；救生设备检查；防火安全及消防设备检查；海上避碰规则要求设备的检查；与货船构造安全证书有关布置、装置、报警系统和应急电源等的检查；无线电安全证书要求的设备及相关记录的检查等。

MARPOL 73/78 附则Ⅰ、附则Ⅱ排放要求的检查，检查项目包括：污染物的排放检查；原油洗舱操作检查；对卸货、扫舱、预洗操作的检查等。

PSCO 在有明显依据，且检查不危及船货安全、不干扰装卸、不造成不必要的延误这一前提下，可对船上的操作性程序进行检查，以判断船员在总体上对操作性要求的熟练程度。

PSCO 在进行操作性程序检查时，可从以下几方面进行检查：

①应急部署表的检查：检查是否按规定显示应急部署表；应急部署表中是否职责明确；有无考虑在不同的情况下需要采取不同行动；船员是否知晓在应急部署表中为其规定的职责以及履行该职责的地点。

②语言交流方面的检查：判断船舶关键船员之间能否进行语言交流，在检查和演习过程中能否相互明白。

③消防和弃船演习检查：检查确认船员熟悉各自的应急职责并能正确选用船上的装置和设备；可选择模拟火场观察船员如何进行报警、现场集合、防护服穿戴、灭火设备启动、火场通信联系、担架和医疗准备；可要求指定负责应急发电机、CO_2 或应急消防泵的船员解释其应急职责，如可能，演示证明其熟练程度；可要求进行弃船演习，检查是否熟悉规定的警报信号、集合地点、救生衣穿戴；检查是否熟悉放艇准备程序以及放艇程序；检查救生艇可用状态及是否能在规定的时间内将救生艇释放入水。

④破损控制图、油污急计划(SOPEP)检查：检查是否有破损控制图和油污应急计划；检查高级船员是否知晓其中的内容；检查船员对船体破损以及对油污事故应急职责的熟悉程度以及是否会使用相应的设备。

⑤消防控制图检查：检查船上是否有消防控制图；检查消防控制图内容是否保持最新，是否按规定显示；检查船员是否熟悉消防控制图的内容，是否熟悉一旦发生火灾应采取的行动；检查高级船员是否知道本船的防火结构及进入不同舱室的办法。

⑥驾驶台操作检查：判断负责值班的高级船员是否熟悉驾驶台设备、操作程序；检查船员是否熟悉驾驶台所有可供其使用的航海图书资料；可核查驾驶员对设备定期检查、抵港准备、操舵方式转换、驾驶台通信、航海日志记载等程序的熟悉程度。

⑦货物操作检查：判断货运负责人是否熟悉货物所具有的危险性；运送特殊货物的船舶货运负责人是否熟悉国际海运固体散装货物(IMSBC)规则、国际散装运输危险化学品船舶构造和设备(IBC)规则、国际散装运输液化气体船舶构造和设备(IGC)规则、CSS 规则等有关规定及运输安全措施。

⑧机械设备操作检查：重点检查船上的有关负责人是否熟悉船舶应急机械设备(如应急发电机、辅助操舵装置、污水泵、消防泵、救生艇发动机等)的使用。

⑨操作手册、说明书方面的检查：检查船上是否配有消防设备的维护和操作示意图、紧急集合地点及救生衣穿着方法示意图、救生艇(筏)释放操作程序及警示牌或示意图、救生设备的维护说明、船员训练手册、船舶油污应急计划、船舶稳性资料与手册；检查船员是否能理解、知晓和应用这些资料进而做出相应的反应。

⑩污染物排放与处理操作检查:油类和油性混合物的排放操作检查;液货舱装卸和洗舱程序检查;包装类危险货物和有害物质处理方面的检查;船舶垃圾处理方面的检查等。

(4)最低配员标准和证书的检查

最低配员标准和证书的检查主要通过检查船舶的最低安全配员证书与实际配员情况,以及检查船员是否持有适当、有效的适任证书来完成。

(5)ISM 规则符合性检查

检查内容包括:船舶所持有的 DOC(副本)、SMC 证书是否适当、有效;有关船员是否熟悉 ISM 规定的职责;船上是否存在重大不符合规定情况等。在进行详细检查时,除查验有关安全记录文件外,PSCO 可以利用向有关船员的提问来判断船舶对 ISM 规则的符合性,问题包括但不限于:公司是否制定了安全与环境保护方针?船员是否熟悉此方针?船舶的运营由谁负责?谁是公司指定人员以及如何与他取得联系?船员是否了解自己的职责?船上是否具有适当的关键性操作方案和须知?船上是否有针对可能出现的紧急情况做出反应的程序、计划及演习?不符合规定的情况、事故和险情是否已报告至公司?公司是否及时采取了纠正措施?船上是否实施一种有计划的船舶及其设备的维护制度?是否对船上所有设备及技术系统进行日常操作性维护及检查等。

(6)ISPS 规则符合性检查

检查内容包括:查验该船的船舶保安证书、船舶保安计划批准文件、连续概要记录、SSO 证书等;查看船舶保安计划;验证船舶保安计划的执行情况;查阅船舶保安记录。在进行详细检查时,PSCO 可以利用向有关船员的提问,来判断船舶对 ISPS 规则的符合性。

(7)MLC 2006 符合性检查

MLC 2006 公约生效后,PSCO 可对到港船舶是否满足国际海事劳工标准进行符合性监督检查。

除了对所有船舶均适用的一般项目以外,扩大检查的内容一般根据船舶种类增加有针对性的检查项目。区域性的 PSC 成员国还不时地对到港的国际航行的船舶进行专项扩大检查(一般持续 3 个月),检查内容包括:船员居住舱室、ISM 实施、GMDSS 设备及其操作、ISPS 规则的实施、MARPOL 附则 I 的实施等。

5. 集中检查

区域性的 PSC 组织成员方不时发起对到港船舶进行具有针对性的专项集中检查活动(concentrated inspection campaign,CIC),检查周期一般持续 3 个月。集中检查活动期间 PSC 组织成员方将结合常规的港口国检查,充分利用一切可用资源尽可能多地检查某一专项问题,并尽可能对在该时期靠港的每艘船舶进行检查。

集中检查活动项目或议题由 PSC 组织委员会会议确定,可以由 PSC 组织联合行动。例如:2014 年 9 月 1 日至 11 月 30 日,巴黎备忘录、东京备忘录、黑海备忘录乃至其他备忘录组织开展了一项关于 STCW 公约休息时间集中检查活动(CIC),这一集中检查活动旨在核查值班人员是否有严格遵守 STCW 1978(修订案)的休息时间要求;2015 年 9 月 1 日至 11 月 30 日,巴黎备忘录和东京备忘录同时开展了对封闭处所的进入和救助演习的集中检查活动,其背景为,于 2015 年 1 月 1 日生效的 SOLAS 公约修正案 MSC. 350(92)决议要求具有封闭处所进入或救助职责的船员应参加船上每 2 个月至少举行一次的封闭处所进入和救助演习。巴黎备忘录组织 2016 年新的集中检查活动的议题为 MLC 2006 的符合检查(2015 年的 48 届委员会会议确定)。

6. 纠正措施和船舶滞留

(1)缺陷处理方式

原则上,所有被发现的船舶缺陷都应在开航前纠正。但是,根据缺陷的性质和严重程度,PSCO 可以给出不同的处理意见或决定,这些处理意见或决定包括:

①开航前纠正:适用于性质严重的缺陷。

②14 天内纠正:适用于小缺陷,船舶带着该缺陷航行,不会对船舶安全、船员健康和海洋环境构成威胁。

③下一港纠正:适用于在检查港不能解决的缺陷,但应限制船舶的航行条件。

④3 个月纠正:主要适用于 ISM 规则不符合项目。

⑤中止检查:在特殊情况下,PSCO 从详细检查中,综合考虑船员的情况,发现船舶及其设备的总体情况明显低于标准时,可以中止检查。中止检查可以持续至船方已采取必要措施并保证船舶符合有关公约的要求时为止。对于中止检查的船舶不应让其开航。由于中止检查而造成的船期延误,责任由船方自负。

⑥滞留:适用于缺陷已严重到如果让船舶带着该缺陷航行,将威胁到船上人员的安全、船舶的安全以及海洋环境时。

PSCO 在做出缺陷处理意见后,应在港口国检查报告中予以记载。为了记载上的方便,每种处理意见都被赋予一个代码,例如“滞留”用代码“30”来代表。

(2)低标准船

如果船舶的船壳、机器、设备或操作低于有关公约要求的标准,或船舶不符合安全配员文件的要求,特别是由于下列原因:缺少公约要求的主要设备或装置;设备或装置不符合公约的有关要求;由于维护不良使得船舶或设备严重损蚀;船员对主要操作程序不熟练或不熟悉;配员不足或持证船员不足等,如允许其出海将会对船舶、船员的生命造成威胁或对海上环境构成威胁,这样的船应被视为低标准船。

对低标准船的反应行动包括:①当 PSCO 经过详细检查,确认一船为低标准船时,应确保该船在开航前采取措施纠正缺陷,以保证船舶、旅客、船员的安全,并消除对海洋环境的威胁。②在收到有关某船低于标准或具有污染危险的信息后,PSCO 应立刻开展调查并采取行动。③如果缺陷不能在检查港纠正,PSCO 可以在一定的条件下允许该船开往另一港口,但 PSCO 应确保通知下一港口的主管机关和船旗国。

(3)滞留船舶

PSC 检查的根本目的是为了禁止低标准船在海上航行,而禁止低标准船在海上航行的最有效的方法就是,一旦发现这样的船舶,则不允许它开航,将其滞留,直到它纠正自己的缺陷为止。

对于低标准船舶,在决定船舶存在的缺陷是否严重到需要对其实施滞留时,PSCO 将首先评估:该船是否具有有效的相关文件;船舶是否配有最低安全配员证书所要求的船员。

对于低标准船舶,在决定船舶存在的缺陷是否严重到需要对其实施滞留时,PSCO 还将进一步评估:船舶和(或)船员,在未来的整个航行中是否能够安全的航行;是否能够安全的装卸、运输货物;是否能够安全地进行机舱操作;是否能够维持正常的推进和操舵;能否在必要时对船上任何部位进行有效的灭火,能否在必要时迅速安全地弃船和有效地救助;是否能够保持足够的稳性和保持完整水密;遇险时是否能够有效应急和进行必要的通信;船上能否提供安全、健康的条件;是否能够防止环境污染等。

对于存在缺陷的低标准船，如果对其进行评估所得出的结论也是否定的（即评估的结论是，在未来的整个航行中该船不能够安全的航行、操作和防止海洋环境污染等），PSCO 将综合考虑发现的所有缺陷，决定是否对该船实施滞留。

对于涉及最低配员标准和证书的滞留，PSCO 在决定滞留船舶前应考虑：计划航线或服务的长短和性质；存在的缺陷是否对船舶、船上人员或环境构成危险；船员是否能得到适当的休息时间；船舶的尺度和船型及配备的设备；货物特点。

某些不太严重的缺陷，组合起来也可能构成对船舶的滞留，即如果 PSCO 在检查中发现大量的小缺陷，也可能考虑对该船实施滞留。

当船舶和船员实质上不符合适公约要求时，PSCO 为保证该船在开航后不会对船舶和船上人员构成威胁或对海洋环境构成威胁，应采取必要的行动，而不考虑这种行动是否会影响到船舶的正常离港计划。

如果导致滞留的原因是船舶在驶往某一港口的途中的意外损伤，在船舶进入港口之前，船长或船公司已经向港口国当局报告，并已通知了船旗国，通知了负责签发证书的验船师或机构，则 PSCO 不应向船舶签发滞留通知。

如果决定滞留某船，PSCO 应在 PSC 检查报告中予以记载，并通过港口国海事主管机关通知船旗国海事主管机关。

如果导致滞留的缺陷不能在检查港纠正时，港口国主管机关可以允许该船驶往最近的修理港。该修理港由船长选择并经港口国主管机关同意，船舶必须满足港口国主管机关和船旗国主管机关一致同意的限制条件。这些限制条件旨在确保船舶开航后，不会危害旅客和船员的安全或其他船舶的安全，不会对海洋环境造成危害。港口国主管机关应将这种情况通知船舶下一挂靠港的主管机关。

7. 港口国监督检查报告

PSCO 应在检查结束后，向船长提供一份港口国检查报告，说明检查的结果、PSCO 采取措施细节和船长或公司应采取的纠正措施清单等。在港口国检查报告中常用缺陷处置代码表示检查的结果和对缺陷的处理，PSC 常用缺陷处置代码见表 4-8-1。

表 4-8-1　PSC 常用缺陷处置代码

代码	需采取的措施	PARIS MOU 新代码
00	不需采取措施	—
10	缺陷已纠正	B
12	所有缺陷已纠正	—
15	在下一港口纠正缺陷	D
16	在 14 天内纠正缺陷	E
17	要求船长在离港前纠正缺陷	C
18	在三个月内纠正缺陷	G
19	开航前消除严重 NC	H
20	船舶延期离港已纠正缺陷	—

表 4-8-1(续)

代码	需采取的措施	PARIS MOU 新代码
25	延期后允许开航(注明日期)	—
30	滞留船舶	A
35	解除滞留(注明日期)	—
36	船舶再次滞留后允许开航	—
40	通知下一港口	—
50	通知船旗国/领事馆	K
55	咨询船旗国	—
60	通知本区域成员国	—
70	通知船级社	F
80	临时更换设备	—
82	使用替代设备或方法	O
85	违反(MARPOL)排放规定的调查	—
90	签发警告信	1
95	根据签发的警告信重新检查	—
96	收回警告信	M
97	目的港信息未知	—
99	其他(具体说明)	P

如果滞留船舶,港口国主管机关应通知船旗国主管机关。如适合,还应通知经认可的代表船旗国主管机关签发证书的机构。有关公约的缔约国在实施港口国监督并对船舶实施滞留时,应按照有关公约要求向 IMO 提交报告。

如果允许船舶带已知的缺陷开航,港口国当局应将全部事实通告下一停靠港和船旗国并通知经授权的机构(如适合)。

三、船舶应采取的措施

确保顺利地通过 PSC 的检查,保持良好的记录,是船舶、船东乃至船旗国所共同关心的问题,船舶如果被滞留,不仅会使本公司其他船舶受到更加严格的检查,还会影响船级社乃至船旗国的声誉。船长应认真履行职责,督促、检查全体船员做好自查、整改工作,消除各种缺陷,确保船舶处于良好技术状况。

1. 船舶维护和自查

尽管不少船舶在滞留前通过了安全检查及船级社的检验,但随后也会因缺乏适当的维修保养,意想不到地被 PSCO 发现很多严重的缺陷。为了避免这种情况的发生,船东和船长应认真地按照计划做好船舶的维护保养工作,使人员和设备都处于良好的状态,并根据 PSC 检查常见的缺陷和滞留原因(表 4-8-2 为 2008 年劳埃德船级社对已入级船舶滞留原因的统计)采取针对性的措施,提前消除缺陷,做好船舶与设备的保养。

表 4-8-2 2008 劳埃德船级社对已入级船舶滞留原因的统计

滞留原因	滞留次数	滞留比例
通风装置、防火挡板、阀门、速闭装置、控制装置	151 次	12.4%
船舶与设备的保养	143 次	11.7%
机舱的清洁状况	121 次	9.9%
通风装置、防火挡板、阀门、速闭装置、控制装置	151 次	12.4%
救生艇状态	119 次	9.7%
应急消防泵	109 次	8.9%
油水分离器	104 次	8.5%
辅机	95 次	7.8%
通风筒、透气管,通风头	85 次	7%
推进主机	85 次	7%
高压燃油管路的夹套式管系部分	78 次	6.4%
船长和其他高级船员的证书	72 次	5.9%
灭火设施及器材	60 次	4.9%

在船舶入港前,船东和船长要特别注意以下几点:

①对随船的各种证书、文件和手册要认真检查,及时检验,保持其有效性。尤其要注意的是船舶证书、职务证书、防污染证书、船上油污应急计划和演习记录等。

②驾驶台的各种书籍及其设备必须齐全可用。航海出版物要及时更新,改正海图,确保磁罗经处于正常的工作状态并且可以被正确地调整,灯光、号型和声号设备处于良好的状态,驾驶台航行设备、GMDSS 设备及 EPIRB 能被正确地使用,大舱进水报警系统和烟火报警系统以及 VDR、BNWAS 要处于良好的工作状态。

③救生艇结构完好、引擎能迅速启动、艇架及其索具保养良好、艇内设备可用及属具完好、救生筏周围无障碍物、静水力释放器在有效期内。

④防火门能紧密关闭,消防设备就位并处于良好的状态、及时更新防火控制图并就位。所有的标志和标记都能根据要求勘绘在合适的地方(水密门、烟雾探测器、通风等)。应急电和灯光都能正常工作,卫生设施都齐全并工作正常。

⑤注意甲板、栏杆、步桥、舱盖及其加强结构、水密门等结构的保养,起货设备、锚设备等甲板设备要处于良好的工作状态,还要维护好通风筒和空气管、筏箱的标志和状况。

⑥保证应急消防泵、应急发电机、应急照明、应急电路及电池处于良好的状态。

⑦正确使用污油柜并做好记录工作、保持机舱的清洁、主机和辅机工作正常、油水分离设备及其 0.0015%报警装置处于良好的工作状态等,正确记录油类记录簿、消防泵有足够的压力、舵机和机舱内的应急照明工作正常、正确标记机舱内各种标志、保持各种消防设备有效、水密门水密并可遥控关闭等。

2. 缺陷处理

船长和船员对 PSCO 登轮检查应给予良好合作,并注意基本的礼节。对船舶在检查中发现的缺陷,应按处理意见认真纠正,改善船舶的安全技术状况。

船舶在国外接受港口国监督检查,如果其检查报告中所采取的措施栏内签注“滞留DETENTION”(或代码“30”),或接到滞留通知书的,不论是否造成船期延误,即为船舶被滞留。当船舶在港口国监督检查中被滞留时,船长应按其公司的规定,尽快将滞留情况报告船公司,并附上港口国监督检查报告和滞留通知书(若有时)的复印件。船公司接到船舶被滞留的报告后应立即设法帮助船方采取措施纠正缺陷。在申请复查前,应按照要求纠正了已发现缺陷,并确保复查时不会发生其他导致滞留的缺陷,争取一次解除滞留。

四、不当滞留和延误处理

PSC 自发展以来,经各国运作,已积累了许多经验,被视为维护海上航行安全的最后防线。但事物终有其两面性,PSC 的不当行为也会引起错误或不适当的船舶滞留,造成船舶各方面的损失。按照港口国监督程序的建议,在实施港口国监督中应注意下列事项:竭力避免不当扣留或延误船舶;根据原则,对任何船舶不得存有歧视;检查通常不预先通知;通常在备忘录区域内的港口经过检查的船舶 6 个月内不必进行下一次检查,除非有“明显理由”需要进行再次检查。

船舶在由于不当的 PSC 滞留造成损失时,可进行索赔,若符合赔偿要求的,应适用国家赔偿。PSC 行为国家赔偿的确立和实施,有助于预防和减少 PSCO 的违法行政行为,提高其执法水平,也有利于对受害船东给予最充分的权利救济,使其受损的合法权益得到最大限度的恢复与弥补。PSC 引起的国家赔偿是海运行政赔偿领域的新问题,需要立法予以调整,也需要从理论和实践上进一步加以探讨。

五、选船新机制(new inspection regime,NIR)

备忘录组织国家对到港船舶的选择性检查,通常根据船舶风险属性确定的检查周期执行。这种定期检查分两种情况,一种是船舶到港日期距上次检查的间隔期已在检查周期内,港口国可以对其检查或者选择不检查。另一种是船舶超过检查周期,港口国必须对其进行检查。除了对船舶进行定期检查外,如船舶有优先因素或意外因素,如违规操作、发生事故或被举报等,则不论船舶是否处在检查周期内,都可以或必须进行检查。

基于船舶风险属性,选船机制确定了检查范围、频率和优先顺序,船舶风险属性决定了实施定期检查的时间间隔(表 4-8-3)。

表 4-8-3 检查的时间间隔

船舶风险属性	PSC 检查时间窗口(自上次检查日期起算)
高风险船舶(HRS)	每 5~6 个月
标准风险船舶(SRS)	每 10~12 个月
低风险船舶(LRS)	每 24~36 个月

检查可以分为定期检查和附加检查两大类:

定期检查(periodic inspections):根据风险特征与检查时间窗口进行的常规检查。

附加检查(additional inspections):根据优先因素或意外因素,在时间窗口外进行的检查。

定期检查是指对一定风险等级的船舶在一定间隔内进行一定种类的检查。例如,对于12个月内未进行检查的标准风险船舶,如果是船龄超过12年的油轮、化学品船、液化气船、散货船、客船等危险种类船舶,则需要对其进行扩大检查;如果是船龄超过12年的客船、油轮、气体船、化学品船和散货船之外的船舶,则需要进行初次检查,当在初次检查过程中发现了“明显依据”,则需对其进行详细检查。而附加检查是指由于出现了首要因素或意外因素而触发的检查。例如,在驶往港口的途中发生碰撞、搁浅或坐底的高风险船舶,检查人员应根据其专业判断是否需要对其进行扩大检查。一次附加检查等效于一次定期检查(表4-8-4)。

表4-8-4 船舶与检查类别

选船优先等级	风险等级	检查种类
Ⅰ 必须检查船舶 (must be inspected)	越级因素(overriding factor)	附加检查(additional)
	高风险船舶近6个月未检查 (HRS not inspected in last 6 Months)	定期(periodic)
	标准风险船舶近12个月未检查 (SRS not inspected in last 12 Months)	定期(periodic)
	已经36个月未查船舶 (Ship not inspected in last 36 months)	定期(periodic)
Ⅱ 可能检查船舶 (may be inspected)	高风险船舶近5个月未检查 (HRS not inspected in last 5 Months)	定期(periodic)
	有预期(意)外因素的船舶 (Ship with unexpected factors)	附加检查(additional)
	标准风险船舶近10个月未检查 (SRS not inspected in last 10 months)	定期(periodic)
	低风险船舶近24个月未检查 (LRS not inspected in last 24 months)	定期(periodic)

1. 巴黎备忘录选船机制

(1)巴黎备忘录优先因素船舶

巴黎备忘录将以下情况视为优先因素(overriding factors):被巴黎备忘录成员国或秘书处通报的船舶;船舶在航行途中发生了碰撞、搁浅;船舶被控告违反了有害物质和污水排放的相关规定;船舶进行不安全方式的操纵,或未遵守安全航行程序的情况;在先前的6个月内,因安全原因船舶证书被其船级社暂停或取消;未在巴黎备忘录信息系统中出现的船舶。船舶有任意一种优先因素,被认为严重威胁船舶、人员或环境的安全,必须进行港口国检查。

(2)巴黎备忘录意外因素船舶

巴黎备忘录将以下情况视为意外因素(unexpected factors):引航或港口当局报告,存在影响安全航行缺陷的船舶;没有履行报告义务的船舶;有显著ISM缺陷的船舶(缺陷发布3

个月后）；3 个月前被滞留过的船舶；被相关方（船长、船员、任何与船舶安全有关的人或组织）就船上生活和工作环境或船舶产生污染投诉的船舶；操作方式产生了危险的船舶；船舶被报告载运的货物存在问题，尤其是有毒或危险品货物存在问题；有可靠信息来源，船舶风险参数与系统中记录的不同，因此增加了风险级别；船舶持有巴黎备忘录曾认可的组织颁发的证书，但该组织的认可自上次船舶检查后已被巴黎备忘录取消。船舶有任意一种意外因素，被认为可能严重威胁船舶、人员或环境的安全，则可以进行港口国检查，但是否检查取决于当局的专业判断。

巴黎谅解备忘录 NIR 的重要特征就是建立船舶风险评定机制，即利用船舶风险模型，对每条进入其水域的船舶评定风险等级（表 4-8-5）。

表 4-8-5　船舶风险等级模型标准

<table>
<tr><th colspan="4" rowspan="2">参数</th><th colspan="4">等级</th></tr>
<tr><th colspan="2">高风险船舶
（HRS）</th><th>标准风险船舶
（SRS）</th><th>低风险船舶
（LRS）</th></tr>
<tr><td colspan="4">基本参数</td><td>标准</td><td>权值</td><td>标准</td><td>标准</td></tr>
<tr><td>1</td><td colspan="3">船型</td><td>油轮、化学品船、液化气船、散货船、客船</td><td>2</td><td rowspan="17">既不属于高风险船舶（HRS）也不属于低风险船舶（LRS）的船舶</td><td>所有船型</td></tr>
<tr><td>2</td><td colspan="3">船龄</td><td>所有船型>12 年</td><td>1</td><td>所有船龄</td></tr>
<tr><td rowspan="2">3a</td><td rowspan="3">船旗</td><td colspan="2" rowspan="2">黑灰白名单</td><td>黑名单-甚高危险、危险、中等至危险</td><td>2</td><td rowspan="2">白名单</td></tr>
<tr><td>黑名单-中等危险</td><td>1</td></tr>
<tr><td>3b</td><td colspan="2">IMO 审核</td><td>—</td><td>—</td><td>是</td></tr>
<tr><td rowspan="4">4a</td><td rowspan="5">认可组织</td><td rowspan="4">业绩</td><td>良</td><td>—</td><td>—</td><td>良</td></tr>
<tr><td>中</td><td>—</td><td>—</td><td>—</td></tr>
<tr><td>差</td><td>差</td><td rowspan="2">1</td><td>—</td></tr>
<tr><td>很差</td><td>很差</td><td>—</td></tr>
<tr><td>4b</td><td colspan="2">欧盟认可</td><td>—</td><td>—</td><td>是</td></tr>
<tr><td rowspan="4">5</td><td rowspan="4">公司</td><td rowspan="4">业绩</td><td>良</td><td>—</td><td>—</td><td>良</td></tr>
<tr><td>中</td><td>—</td><td>—</td><td>—</td></tr>
<tr><td>差</td><td>差</td><td rowspan="2">2</td><td>—</td></tr>
<tr><td>很差</td><td>很差</td><td>—</td></tr>
<tr><td colspan="6">历史参数</td><td></td></tr>
<tr><td>6</td><td colspan="2">过去 36 个月中每次检查记录缺陷总数</td><td>缺陷</td><td>不适用</td><td>—</td><td>≤5（并且在 36 个月内至少检查一次）</td></tr>
<tr><td>7</td><td colspan="2">过去 36 个月内的滞留数</td><td>滞留</td><td>>2 次滞留</td><td>1</td><td>无滞留</td></tr>
</table>

风险模型给每个风险因素赋予一定的权值,通过计算每艘船舶的风险值进而评定船舶属于高风险等级、标准风险等级还是低风险等级。高风险船舶是指风险指标值达到5点或5点以上的船舶。低风险船舶是指符合所有低标准船舶参数指标的船舶。标准风险船舶是指既不属于高风险船舶也不属于低风险船舶的船舶。

2. 东京备忘录优先检查船舶

东京备忘录对被视为优先检查(overriding priority)的船舶,不考虑其是否在检查周期内,但是否检查取决于当局的专业判断。优先检查船舶包括:被港口当局通报的船舶;被相关方(船长、船员、任何与船舶安全有关的人或组织)就船上生活和工作环境或船舶防止污染投诉的船舶;未按要求在规定期限内消除缺陷的船舶;引航或港口当局报告,存在影响安全航行缺陷的船舶;装载危险或污染货物时,未按要求进行报告的船舶;船舶被滞留后,未得到港口国允许,擅自开航的船舶;PSC委员会公布的优先检查的船舶种类(表4-8-6)。

表4-8-6　船舶风险等级模型标准

<table>
<tr><th colspan="2" rowspan="2">参数</th><th colspan="2">高风险(HRS)(权重值之和≥4)</th><th>标准(SRS)</th><th>低风险(LRS)</th></tr>
<tr><th>标准</th><th>权值</th><th>标准</th><th>标准</th></tr>
<tr><td>船型</td><td></td><td>化学品船、油轮、液化气船、散货船、客船/集装箱</td><td>2</td><td rowspan="10">既不属于高风险船舶也不属于低风险船舶的船舶</td><td>—</td></tr>
<tr><td colspan="2">船龄</td><td>所有船型>12年</td><td>1</td><td>—</td></tr>
<tr><td rowspan="2">船旗</td><td>黑白灰名单</td><td>黑名单</td><td>1</td><td>白名单</td></tr>
<tr><td>IMO自愿审核</td><td>—</td><td>—</td><td>是</td></tr>
<tr><td rowspan="2">认可组织</td><td>东京备忘录认可</td><td>—</td><td>—</td><td>是</td></tr>
<tr><td>绩效</td><td>低
极低</td><td>1</td><td>高</td></tr>
<tr><td>公司绩效</td><td>低
极低</td><td>2</td><td></td><td>高</td></tr>
<tr><td>缺陷</td><td>过去36个月内历次检查记录的缺陷数目</td><td>记录缺陷数超过5个的检查次数</td><td>记录缺陷数超过5个的检查次数即为本项分值</td><td>缺陷数≤5个的所有检查(36个月内至少接受过一次检查)</td></tr>
<tr><td>滞留</td><td>过去36个月内的滞留次数</td><td>≥3次滞留</td><td>1</td><td>无滞留</td></tr>
</table>

3. 美国海岸警卫队PSC检查选船机制

美国海岸警卫队(United States Coast Guard,USCG)采用和巴黎备忘录组织及东京备忘录组织类似的方法,根据其船舶风险检查机制,对到港外国籍船舶进行风险评估后赋予不同的检查优先级,不同的优先级决定了不同的检查要求。USCG制定了PSC安全和环境保护符合目标选择矩阵，评估船舶安全和环境保护的符合性，设定其优先级，同时还制定了美国海事运输安全法案（Maritime Transportation Safety Act，MTSA）保安符合目标选择矩阵，评估船舶的保安符合性，设定其保安等级。由于美国深受恐怖主义的威胁，USCG 单独设定了船舶保安符合评估机制和检查要求，但在 PSC 检查时与安全及环境保护检查同时进行。

在检查机制方面，USCG 制定了安全和环境保护符合目标矩阵，以评估船舶安全和环境保护程度。该矩阵以船舶管理、船旗国、认可组织、船舶历史、船型为参数，对船舶风险属性进行评估后，确定检查的优先等级分为优先级Ⅰ（PI≥17 分）、优先级Ⅱ（PII＝7－16 分）和无优先级（NPV≤6 分）三类。

PI 为优先等级最高，如经评估船舶得分为 17 分或以上，或船舶发生海损影响航行安全，或 USCG 港口船长认为船舶对港口或环境构成了潜在威胁，或船舶所属船级社的滞留率高于 2%，船舶在接受海岸警卫队检查前将限制进港。PII 为优先等级次之，如经评估船舶得分为 7～16 分，或在本港及其他港口上次检查留有遗留的需解决的缺陷，或船舶近 12 个月内未接受检查，在船舶靠港后可能将接受检查，如果船舶靠泊港口所属区域的 COMMANDER 或 USCG 港口队长认为船舶对港口或环境构成了潜在威胁，检查前将限制货物作业或旅客上下船。NPV 为优先等级最低，如经评估船舶得分为 6 分或以下，USCG 将随机选择船舶实施检查。经评估优先等级为 PI 或 PII 的船舶，如在近 6 个月内经过检查，且无严重缺陷，船舶优先等级将降为 NPV。

USCG 还制定了保安符合性检查目标矩阵，以船舶管理、船旗、认可组织、历史保安符合情况为参数，对船舶前 12 个月的保安符合情况进行评分。经计算，根据分值的不同将船舶分为优先级 ISPS Ⅰ（≥17 分）、ISPS Ⅱ（7～16 分）和 ISPS Ⅲ（≤6 分）三类。ISPS Ⅰ船舶在进港前必须接受检查，ISPS Ⅱ船舶到港时可能会接受检查，ISPS Ⅲ船舶可能被随机选择接受检查。

项目5

海洋法与海洋环境保护

学习目标

1. 了解船舶污染海洋的途径。
2. 了解船舶污染对海洋环境的损害。
3. 熟悉防止船舶污染海洋环境的公约与法规。
4. 熟悉船舶防污染技术与设备。

项目概述

为了防止船舶造成污染,国际上通过公约和立法对船舶进行管理,在船舶防污设备和技术操作方面做出了严格规定。船长及全体船员应了解由于操作不当或意外事故对海洋环境造成污染的严重后果,并应遵照国际公约和有关防止船舶造成污染的法律法规的要求,制定出本船防污染的具体措施,采取切实有效的手段,防止船舶对海洋环境造成污染。

任务5.1 海洋法基础知识

任务情景

1993年7月23日至8月25日,美国以获得确切情报为由,多次与中国交涉,无端指责中国货轮“银河号”载有违禁化学品,并在公海上对“银河号”货轮采用军舰跟踪和军用飞机拍照等非常行为,致使“银河号”不能正常航行和如期进港卸货。8月26日至9月4日,在沙特的达曼港,沙特、中国、美国三方检查人员对“银河号”进行了全面详细的检查,检查结果表明:“银河号”完全没有装载美方指控的化学品。“银河号”事件的真相披露后,各国纷纷指责美国侵犯中国的主权,违反公海航行自由原则和国家责任原则。

本任务涉及不同海域的界定及其在海洋法公约上的法律地位。

任务目标

1. 了解国际海洋法公约概述。

2. 了解内水、领海、毗连区、国际海峡、专属经济区、大陆架和公海定义及其法律地位。

3. 了解无害通过权、紧追权、登临权、油污干预权。

任务分析

1. 根据《联合国海洋法公约》，公海是指不包括在国家专属经济区、领海或内水或群岛国的群岛水域以内的全部海域。在公海航行之船只仅受船旗国管辖。“银河号”在公海上漂泊 33 天之久，并被迫改变航线，延误卸货，给中方造成严重的经济损失，使中方船只及其人员的安全受到威胁，同时在世界上造成恶劣的政治影响。

2. 根据《联合国海洋法公约》了解不同海域的界定和法律地位，利用海洋法公约维护自身的合法权益。强大的祖国，才是每位中华儿女的坚强后盾。维护祖国主权，实现中华民族伟大复兴，是每位中华儿女的职责。

知识获取

海洋法是关于各种海域的界定及法律地位，以及各国在不同海域从事航行、资源开发和利用、海洋科学研究以及海洋环境保护等的原则和规章制度的总称。一切海上船舶，其行为都受到海洋法的约束。

一、海域概念及其法律地位

1. 港口和内水

(1)港口

港口是指港湾或河流上具有天然条件或人工设施的用于船舶停泊、装卸货物和上下乘客的地方。凡位于海岸线上的港口统称为海港。按国际惯例，河海交汇处的第一个河口港也视为海港，如上海港、天津港、广州港、福州港等。对外籍船舶开放的港口称为对外开放港口或开放港口，否则称为非开放港口。我国《海上交通安全法》中提及的港口是指海港。

海港处于内水水域，内水是国家领土的一部分，国家对内水享有绝对的主权，因此港口国可对海港制定一系列法律、法规和规章，对海港内的事务实施排他性的全权管理。我国规定，负责海港内船舶事务的主管机关为国家海事管理机构。

(2)内水

①内水的概念

泛指的内水系指由一国领海基线和陆上国境线所包围的水域，包括湖泊、河流及其河口、内海、港口、港湾、海峡以及其他位于领海基线以内的水域。陆地内的水域称为内陆水，领海基线与陆地之间的水域称为内海水。海洋法将内海水简称为内水。

《联合国海洋法公约》规定:领海基线向陆一侧的水域构成国家内水的一部分。我国《领海及毗连区法》规定:中华人民共和国领海基线向陆地一侧的水域为中华人民共和国的内水。《海上交通安全法》中的内水同样是指内海水,也叫作内海。我国1958年领海声明指出:在基线以内的水域,包括渤海湾、琼州海峡在内都是中国的内海。

②内水的航行权

内水同陆地领土一样,是沿海国领土的组成部分,沿海国对其拥有完全的排他的主权。沿海国有权制定自己的内水制度,有权禁止外籍船舶进入其内水航行。按照国际惯例,外籍船舶在内水不享有无害通过权。外籍船舶在一国内水时,应当遵守该国的有关法律和规章。

2. 领海和毗连区

(1)领海

①领海概念

领海通常是指处于某沿海国主权之下,与该国陆地领土和内水邻接的一定宽度的海域。《联合国海洋主权法公约》规定:沿海国的主权遍及于其陆地领土及其内水以外邻接的一带海域,群岛国的主权则遍及于群岛水域以外邻接的一带海域,称为领海。

我国《领海及毗连区法》规定:中华人民共和国领海为邻接中华人民共和国陆地领土和内水的一带海域。

②领海基线

划定领海宽度用的起算基准线称为领海基线。划定领海基线的基本方法有三种:正常基线法和直线基线法,将两种基线法结合使用的称为混合基线法。

正常基线法,也称为低潮基线法或自然基线法,即无论在大陆海岸旁还是在半岛周围或岛屿四周,以落潮时海水退到离岸最远的潮位线——最低低潮线,作为测算领海宽度的基线。《海洋法公约》规定:测算领海宽度的正基线是沿海国官方承认的大比例尺海图所标明的沿岸低潮线。正常基线法适用于海陆分界明显、海岸线比较平直的海岸。

直线基线法,也称为折线基线法,即在海岸最突出的部位和沿海岛屿外缘选定一系列基点,将相邻基点用直线相连,形成一条沿海岸和岛屿走向的折线,作为领海基线。海岸较弯曲且沿海岛屿较多的国家,大多采用直线基线法,以便于航海者正确地识别领海的外部界限。

我国《领海及毗连区法》规定:中华人民共和国领海基线采用直线基线法划定,由各相邻基点之间的直线连线组成。中华人民共和国领海基线由中华人民共和国政府公布。

③领海宽度

根据海洋法原则,只有沿海国才有权确定一定宽度的海域作为自己的领海。领海宽度由沿海国根据本国地理、经济、政治等因素,在合理范围内自行确定。各国确定的领海宽度差异很大,从3海里到200海里不等。为此,《联合国海洋法公约》规定:每一国家有权确定其领海的宽度,直至从按照本公约确定的基线量起不超过12海里的界限为止,如图5-1-1所示。

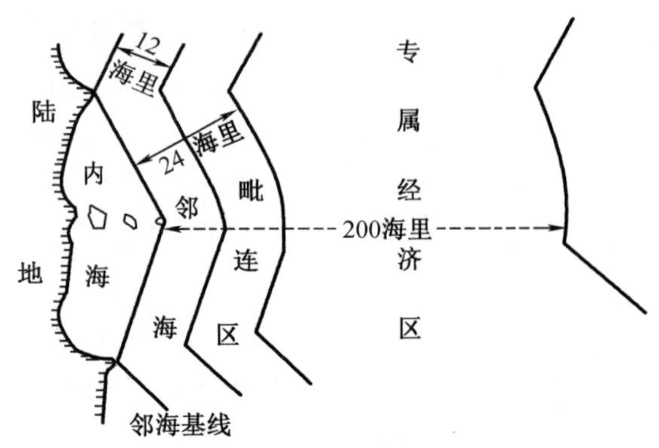

图 5-1-1　海洋区域划分示意图

我国早在 1958 年领海声明中就宣布：中华人民共和国的领海宽度为 12 n mile。台湾及其周围各岛、澎湖列岛、东沙群岛、西沙群岛、中沙群岛、南沙群岛以及其他属于中国的岛屿亦然。我国在《领海及毗连区法》中规定：中华人民共和国领海宽度从领海基线量起为 12 n mile。

④领海的航行权

领海是国家领土在海中的延续，属于国家领土的一部分。国家对领海行使主权，对领海的一切人和物享有专属管辖权。国家对领海的主权遍及于领海的上空及其海床和底土。但是，《联合国海洋法公约》规定对领海的主权行使受本公约和其他国际法规则的限制。即国家在领海的主权并不像在内水中那样绝对，例如通常不得剥夺外籍船舶在领海的无害通过权。

尽管《联合国海洋法公约》规定了包括军舰在内的一切船舶在他国领海均享有无害通过权，但允许沿海国对外国籍军舰通过领海采取安全措施。我国《海上交通安全法》规定：外籍军用船舶，未经我国政府批准，不得进入我国领海。我国《领海及毗连区法》则明确为：外国非军用船舶，享有依法无害通过中华人民共和国领海的权利；外国军用船舶进入中华人民共和国领海，须经中华人民共和国政府批准。可见，外国军用船舶在我国领海不享有无害通过权。

(2)毗连区

①毗连区概念

毗连区为领海外邻接领海的一带海域。《联合国海洋法公约》规定：毗连区从测算领海宽度的基线量起，不得超过 24 n mile，如图 5-1-1 所示。

我国《领海及毗连区法》规定：中华人民共和国毗连区为领海以外邻接领海的一带海域。毗连区的宽度为 12 n mile。毗连区的外部界限为一条其每一点与领海基线的最近点距离等于 24 n mile 的线。

②毗连区的法律地位

毗连区是保护沿海国权利和利益的重要海域之一。沿海国可在毗连区内，为了防止和惩治在其领土或领海内违反其海关、财政、移民或卫生的法律和规章的行为行使必要的管制。

我国《领海及毗连区法》规定：中华人民共和国有权在毗连区内，为防止和惩处在其陆地领土、内水或者领海内违反有关安全、海关、财政、卫生或者入境出境管理的法律、法规的行为行使管制权。

③毗连区的航行权

外国船舶在沿海国毗连区内过境航行时,沿海国通常不具管辖权。但是,从沿海国内水和领海驶出而进入毗连区的船舶,应当接受沿海国政府或其有关主管机关的管辖。

3. 专属经济区和大陆架

(1)专属经济区

①专属经济区概念

根据《联合国海洋法公约》,专属经济区是领海以外并邻接领海的一个区域。专属经济区从测算领海宽度的基线量起,不应超过 200 n mile,如图 5-1-1 所示。专属经济区是既非领海,又非公海的特殊海区,受《联合国海洋法公约》规定的特定法律制度的限制。一国的毗连区与专属经济区相重的,两者的法律地位互不影响。

中华人民共和国的专属经济区,为中华人民共和国领海以外并邻接领海的区域,从测算领海宽度的基线量起延至 200 n mile。

②专属经济区的航行权

其他国家在沿海国专属经济区享有船舶航行自由,但这种自由不得妨碍沿海国的权利。

(2)大陆架

①大陆架概念

大陆架是沿海国陆上领土在海底自然延伸的部分。根据《联合国海洋法公约》,沿海国的大陆架包括其领海以外依其陆地领土的全部自然延伸。扩展到大陆边外缘的海底区域的海床和底土,如果从测算领海宽度的基线量起到大陆边的外缘的距离不到 200 n mile,则扩展到 200 n mile 的距离。此外,还可依据本公约有关规定扩展到 350 n mile,如图 5-1-1 所示。

中华人民共和国的大陆架,为中华人民共和国领海以外依本国陆地领土的全部自然延伸,扩展到大陆边外缘的海底区域的海床和底土。如果从测算领海宽度的基线量起至大陆边外缘的距离不足 200 n mile,则扩展至 200 n mile。

②大陆架上覆水域的航行权

沿海国对大陆架的权利不影响上述水域或水域上空的法律地位。沿海国对大陆架权利的行使,绝不得对航行自由和本公约规定的其他自由有所侵害,或造成不当的干扰。

③管辖

我国对专属经济区和大陆架的人工岛屿、设施和结构行使专属管辖权,包括有关海关、财政、卫生、安全和出境入境的法律和法规方面的管辖权。

我国主管机关有权采取必要的措施,防止、减少和控制海洋环境的污染,保护和保全专属经济区和大陆架的海洋环境。

任何国家在遵守国际法和我国的法律、法规的前提下,在我国的专属经济区享有航行、飞越的自由。

4. 公海和海峡

(1)公海

①公海的概念

根据《联合国海洋法公约》,公海是指不包括在国家专属经济区、领海或内水或群岛国的群岛水域以内的全部海域。

②公海自由

公海对所有国家开放,任何国家不得对公海主张主权。公海自由是在《联合国海洋法公约》和其他国际法规则所规定的条件下行使的。

《联合国海洋法公约》有六项公海自由的规定:①航行自由;②飞越自由;③铺设海底电缆和管道的自由;④建造国际法所容许的人工岛屿和其他设施的自由;⑤捕鱼自由;⑥科学研究的自由。

任何国家在行使这些自由时,应适当考虑到其他国家行使公海自由的利益。公海应只用于和平目的。

③公海航行权

任何国家的船舶,均有权在公海上悬挂船旗国的国旗航行。

船舶航行应仅悬挂一国的国旗,除国际规定的例外情形外,在公海上应受船旗国的专属管辖。船舶在航程中或停泊港内不得更换其旗帜。对悬挂两国或两国以上旗帜航行并视方便换用旗帜的船舶,可视同无国籍船舶。

船舶在公海上发生碰撞或任何其他航行事故,涉及船长或任何其他为船舶服务的人员的刑事或纪律责任时,对此种人员的任何刑事诉讼或纪律程序,仅可向船旗国或此种人员所属国的司法或行政当局提出。在纪律事项上,只有发给船长证书或驾驶资格证书或执照的国家,才有权依法宣告撤销该证书。船旗国当局以外的任何当局,即使作为一种调查措施,也不应命令逮捕或扣留船舶。

公海上的船舶受船旗国法律管辖和保护。

(2)海峡

①海峡的概念

海峡是两端连接海洋的天然水道。海峡可分为内海海峡、领海海峡、非领海海峡和国际航行海峡。

国际航行海峡是指两端连接公海或专属经济区并可供海船通过的海峡。国际航行海峡可分为三类:一是用于国际航行的非领海海峡,其中央夹有专属经济区或公海海域,应适用自由航行制度,各国船舶有完全的航行自由;二是用于国际航行的领海海峡,依据《联合国海洋法公约》,这类海峡适用“过境通行权”;三是专门公约规定的用于国际航行的海峡,如达达尼尔海峡和博斯普鲁斯海峡的航行制度由 1936 年的《蒙特勒公约》规定,直布罗陀海峡的航行制度由 1907 年英国、法国、西班牙三国签订的海峡协定规定。

②海峡航行权

在国际航行海峡中,所有船舶均享有过境通行的权利,过境通行不应受阻碍。船舶在行使过境通行权时应:①毫不迟延地通过海峡;②不对海峡沿岸国的主权、领土完整或政治独立进行任何武力威胁或使用武力;③除因不可抗力或遇难而有必要外,不从事其继续不停和迅速过境的通常方式所附带发生的活动以外的任何活动;④遵守关于海上安全的国际规章、程序和惯例,包括国际海上避碰规则;⑤遵守关于防止、减少和控制来自船舶的污染的国际规章、程序和惯例。

过境通行船舶应遵守海峡沿岸国的规定,包括:①遵守指定海道和规定分道通航制;②

遵守航行安全和海上交通管理；③遵守防止船舶造成污染的相关规定；④不得违反海峡沿岸国海关、财政、移民或卫生的法律和规章，禁止上下任何商品、货币和人员。

海峡沿岸国不应妨碍过境通行，并应将其所知的海峡内的有危险的任何情况妥为公布。过境通行不应予以停止。

二、无害通过权、紧追权、登临权、油污干预权

1. 无害通过权

“通过”是指为下列目的通过领海的航行：穿过领海但不进入内水或停靠内水以外的泊船处或港口设施；驶往、驶出内水或停靠于这种泊船处或港口设施。

“通过”应继续不断和迅速进行。“通过”包括停船和下锚在内，但以通常航行所附带发生的，或由于不可抗力，或遇难所必要的，或为救助遇险及遭难的人员、船舶或飞机的目的为限。

“无害通过”是指通过时不损害沿海国的和平、良好秩序或安全，且符合《联合国海洋法公约》和其他国际法规则。

沿海国为了保障其领海主权，可以按公认的国际规则制定一系列关于无害通过领海的法律和规章，但应承担国际义务，不妨碍外国船舶的无害通过领海，并应将其所知的领海内对航行有危险的任何情况妥为公布。沿海国不得对任何国家的船舶有形式上或事实上的歧视。

中华人民共和国规定：外国船舶通过中华人民共和国领海，必须遵守中华人民共和国法律、法规，不得损害中华人民共和国的和平、安全和良好秩序。中华人民共和国政府有权采取一切必要措施，以防止和制止对领海的非无害通过。

2. 紧追权

紧追权是指在沿海国主管当局有充分理由认为外国船舶违反该国法律和规章时，可对该外国船舶进行紧追的权利。

紧追必须在外国船舶或其小艇之一在追逐国的内水、群岛水域、领海或毗连区内时开始，而且只有追逐未曾中断，才可在领海或毗连区外继续进行。当外国船舶在领海或毗连区内接到停驶命令时，发出命令的船舶并无必要也在领海或毗连区内。如果外国船舶位于毗连区内，沿海国对其的追逐只有在设立该毗连区所保护的权利遭到侵犯时才可进行。对于外国船舶在专属经济区内或大陆架上，包括大陆架上设备周围的安全地带内，违反沿海国适用于专属经济区或大陆架的法律和规章的行为，可以比照适用紧追权。紧追权在被追逐的船舶进入其本国领海或第三国领海时立即终止。

紧追权只可由军舰、军用飞机或其他有清楚标志可以识别的为政府服务并经授权紧追的船舶或飞机行使。追逐只有在外国船舶视听所及的距离内发出视觉或听觉的停驶信号后，才可开始。行使追逐使命的船舶应该有清楚标志可供识别。

在无正当理由行使紧追权的情况下，在领海以外被命令停驶或被逮捕的船舶，对于可能因此遭受的任何损失或损害应获赔偿。

3. 登临权

登临权是指一国军舰在公海上遇到有嫌疑的除军舰和政府公务船以外的外国船舶，有登临检查的权利。

所谓“嫌疑”是指:该船从事海盗、奴隶贩卖行为,或未经许可的广播;该船没有国籍;该船虽悬挂外国旗帜或拒不展示其旗帜,而事实上却与该军舰属同一国籍。对上述有嫌疑的船舶,军舰可查核该船悬挂其旗帜的权利。

登临权不可滥用,军舰对外国船舶可以登临和捕获的场合是有限的。如果嫌疑经证明为无根据,而且被登临的船舶并未从事嫌疑的任何行为,则对该船可能遭受的任何损失或损害应予以赔偿。

《中华人民共和国专属经济区和大陆架法》规定:中华人民共和国在行使勘查、开发、养护和管理专属经济区的生物资源的主权权利时,为确保我国的法律、法规得到遵守,可以采取登临、检查、逮捕、扣留和进行司法程序等必要的措施。

4. 油污干预权

油污干预权是指沿海各国在公海上发生油污事件,如有根据预计到会造成严重影响,有权采取必要措施,以防止或消除对本国海域的有关利益产生严重和紧急的油污或威胁的权利。

油污干预权所采取的措施不能影响公海自由。

任务5.2 防止船舶污染海洋环境

任务情景

海洋污染会使海洋水产品体中聚集毒素,人类食用后会引发疾病。海洋污染会造成海洋生物死亡或发生畸形,改变整个海洋的生态平衡,还会造成渔场外迁、鱼群死亡、赤潮泛滥,一些滩涂养殖场荒废,一些珍贵的海生资源丧失。海洋被污染后,会导致浮游生物死亡,海洋吸收二氧化碳能力减低,加速温室效应。

本任务涉及海上航行的船舶会给海洋带来哪些污染危害及预防措施。

任务目标

1. 了解船舶对海洋环境的污染源。
2. 了解船舶对海洋环境污染的主要途径。
3. 了解防止船舶对海洋环境污染的措施与技术设备。

任务分析

1. 目前,船舶对海洋污染源主要有:船舶油污染、船舶有毒液体物质污染、包装危险货物运输造成的有害物质污染、船舶生活污水污染、船舶垃圾污染、船舶对空气的污染、船舶压载水污染和船舶的其他污染。

2. 船舶对海洋环境的污染途径:操作性污染、事故性污染。

3. 防止船舶污染海洋环境:船舶防污结构和配置相应的防污设备和器材。载运具有污染危害性货物的船舶,其结构与设备应当能够防止或者减轻所载货物对海洋环境的污染。船舶应建立健全应急预案。各相关国家或机构要严格进行法律追责。

知识获取

一、船舶对海洋环境污染源

船舶对海洋环境的污染源主要有油类和油性混合物、散装有毒液体物质、海运包装有害物质、船舶生活污水、船舶垃圾、船舶废气以及船舶压载水中的有害生物等。

1. 油类和油类混合物

油类和油类混合物包括:①原油、燃料油、油泥、油渣和石油炼制品在内的任何形式的石油;②含有任何油类的混合物;③在船舶正常运行过程中产生的残留废油产品;④由于机器处所泄露或维修工作所产生的可能被油污染的水。

2. 散装有毒液体物质

散装有毒液体物质包括:①IBC 规则中所指明的或根据该附则规定经临时评定列为 X、Y 或 Z 类的任何物质;②含有任何有毒液体物质的混合物。

3. 海运包装有害物质

海运包装有害物质包括:国际海运危险货物(IMDG)规则中确定的有包装的海洋污染物。

4. 船舶生活污水

船舶生活污水包括:①任何形式的厕所、小便池和厕所排水孔的排出污水;②医务室(药房、病房等)的洗手盆、洗澡盆和这些处所排水孔的排出污水;③装有活体动物处所的排出污水;④混有上述排出物的其他废水等。

5. 船舶垃圾

船舶垃圾包括船舶正常营运过程中产生的可能需要持续或定期处理的各种食物、生活和操作性废弃物(不包括鲜鱼及其各部分),但 MARPOL 公约其他附则中所规定或列举的物质(如油类、污水或有毒液体物质)除外。

6. 船舶废气

船舶废气指由船舶产生并排放到大气中,包括硫氧化物、氮氧化物、臭氧层消耗物质、挥发性有机物和温室气体等的废气。

7. 船舶压载水

船舶压载水是指包含了有害生物,并从一地被带到另一地排放的,用以调整船舶稳性、吃水差、强度等的压载水。

二、船舶对海洋环境污染的途径

船舶对海洋环境污染的途径主要有操作性污染和海损事故性溢漏两个方面。

1. 操作性污染

操作性污染是指船舶营运过程中由于船员或货物装卸人员操作不当，或因相关系统的损坏导致的意外排放。因船舶安全或救助海上人命的故意排放，可看作是特殊的操作性污染。

(1)操作性油污染的途径有：机舱舱底污水和机舱残油、污油、油泥的违规排放；排放含油的压载水或洗舱水时，油量瞬间排放率超标；在绝对禁止排放的海域排放油类或含油污水；管系泄漏事故；舱柜满溢事故；船壳泄漏事故；为了船舶安全的故意排油；为了救助海上人命的故意排油等。装卸和移驳货油或添加燃油期间发生的跑、冒、滴、漏等也是造成海洋污染的途径之一。

(2)操作性散装有毒液体物质污染的途径与操作性油污染类似，只是污染物质和排放条件不同而已。

(3)操作性包装有害物质污染的途径有：在船上将用以清除从包装货物中洒落或泄漏的有害物质的清洗水直接排入海中；将装有散装有毒液体物质洒落或泄漏的舱室中清除出来的垃圾、混合物或包装材料扔到海里。将装有散装有毒液体物质的货泵舱中积聚的舱底水排入海中等。装卸作业中不慎造成包装有害物质的意外落海，也是造成海洋污染的途径之一。

(4)操作性船舶生活污水污染主要是不当排放船上产生的粪便水、医务室的脸盆和洗澡盆的排出物、活动物处所的排出物等。

(5)操作性船舶垃圾污染主要是不当排放船舶垃圾造成的污染。

2. 海损事故性溢漏

海损事故性溢漏通常是指船舶发生碰撞、搁浅、触礁等严重的海损事故，使所载的油类、散装有毒液体物质、包装有害物质等部分或全部溢入海中，造成的严重海洋污染。

可引起事故性溢油的海损事故包括：触礁或搁浅、火灾或爆炸、碰撞、船壳破损、严重横倾等。而操舵设备、推进器、供电系统、重要的船载导航设备等影响船舶适航性的机械和设备的损坏或故障，也是引起事故性溢油进而引发污染事故的原因之一。

三、船舶污染对海洋环境的损害

船舶污染将会对海洋环境造成下列损害。

1. 形成海面污染物

海洋表层会被船舶排放的油类、油性混合物形成的油膜以及从船舶排放出的垃圾覆盖，在海面形成一层污染物，该层污染物将会妨碍海水与阳光、风等的相互作用，从而影响氧气的产生、大气的成分和温度，阻碍水汽的蒸发，并通过大气环流影响人体健康。海面污染物所产生的有害气体也会随大气环流播散全球，危害人体健康。海面污染物会妨碍海面养殖和其他作业。海面漂浮物会妨碍船舶的安全航行。海面垃圾及其腐臭味，会使海上休息和旅游胜地失去其价值。

2. 污染海水水质

船舶排放的污染物中的有害化学物质分散于水中而影响海水的工业利用价值；有害物质被鱼贝类、食用藻类吸收，轻则影响其食用价值，重则导致人的慢性中毒而危害健康和生命，严重污染则会使海洋生物大量灭绝，海洋食物链中断，使人类丧失至关重要的海洋食物源。

3. 污染物沉淀危害

船舶排放的污染物沉淀，会使海底生物污染和死亡，使滩涂荒废，海岸污染，从而使人的食物源、健康、生活和旅游环境、滩涂利用和海岸工程都受到不良影响。

4. 破坏大气臭氧层

船舶超标排放的废气会破坏大气臭氧层，使人体遭受超标紫外线的侵害，超标排放的废气进入大气后经过一系列的反应会生成毒性很大的光化学烟雾，危害人体健康。

四、防止船舶污染海洋环境的措施

1. 制定、完善并严格执行防污染法规

船舶防治污染立法是涉及防治船舶污染环境的公约、法律、法规、规则、规章和标准的总和，具有普遍性和强制性。

船舶防治污染立法的普遍性在于有关的行政部门、企事业法人、自然人和船舶都必须执行。其强制性在于法的实施是以国家强制机构作为后盾，违法者要受到国家强制制裁，具有普遍的威慑力。严格执法则要求国家通过各种手段迫使船舶按立法的要求完善船舶防污染结构、布置和材料，配齐防污染设备和文书，健全防污染应急程序，一旦发生污染则依法追究责任人造成的环境污染损害的法律责任，特别是经济赔偿责任。通过立法和执法提高人们的防污染意识，自觉遵守防污染法规。

2. 配备先进的防污染设备

船舶应根据有关国际公约和法规的要求，配备足够的、先进的防污染设备。

3. 加强对船舶防污染检查与监督

通过 PSC 监督检查和 FSC 临督检查，确保本国籍的和到港的外籍船舶防污染设备处于良好的技术状态，船员熟悉防污染操作并遵守防污染规定，从而避免船舶对海洋环境的污染。

4. 加强从业人员的防污染意识

具有良好职业素质的船员，是避免船舶污染海洋环境的必要条件。适当的教育和培训，可使受训人员迅速掌握防污染的知识和操作技能，具备防污染的责任感和自觉性。有计划的日常宣传教育和集中再教育，有利于巩固和提高船员的防污染意识、知识和技能，形成相应的环境保护观念。

5. 规范船员职业行为

规范船员职业行为是指规范船员在船上的操作行为和管理行为，确保船员以远离威胁和避免损失的方式操作和管理，即使用安全的行为方式，预防船舶污染事故的发生。规范职业行为的手段通常体现为制定职业行为规范，执行规范并按规定留下记录，监督职业行为，定期评价和完善规范。在船任职的每个船员都应具备最基本的技能，妥善而谨慎地管理货物，规避灾害性天气，运用良好的船艺，精心操作，避免海事尤其是灾害性的污染事故的发生。

6. 严格遵守各类作业操作规程

每一个船员都应严格按照油类或散装有毒液体货物的作业规程安全操作。船公司必须制定并要求船舶坚决执行有关安全生产的各项规章制度，以此来减少人为的或因人员失误而造成的油类或有毒物质污染海洋环境。

船舶航行到国外港口应遵守当地的有关法令和特殊规定。特别是在处理船上留存的油类残余物,进行货油或其他有害物质装载作业时,更应严格按照IMO所推荐和确认的指南去做,防止溢漏事故发生。

7. 构建与船舶防污染要求相适应的船外环境

预防船舶污染环境,应有与船舶防污染要求相适应的船外环境,以保证船舶运作的全过程不发生污染事故,或将污染损害降低至最低限度。船外的环境配套措施主要有:①按照国际公约要求设置船舶油污水接收设备(设施、装置)、有毒液体物质接收设备、船舶垃圾接收设备等,保证船舶的废弃物在岸上得到妥善处理;②妥善选择散装液体货物的作业场所,避免强风急流的侵袭引发污染事故;③在作业场所设置防止溢漏或散落的器材以及防止落水污染物扩散的器材;④严谨的船-岸作业规程、船舶作业规程及其监督;⑤有效的航道系统、导航系统及船舶交通管理,避免海损事故引起污染事故;⑥沿海国应有有效的防污染协作制度和技术队伍,以便最大限度地减轻污染损害。

五、船舶防污染技术与设备

船舶防污染技术主要是从改进原有的操作方法、改变船体结构和增加防污染设备三个方面入手,并通过提高船舶自身净化能力来实现的。

1. 油船残油处理技术

(1)装于上部法

装于上部法就是在油舱卸油后,直接向未经清洗的油舱打进压舱水,并在航行中把沉淀在油舱下部含油量较低的压载水排入海中,而把其余含油量较高的压载水排入用来作为污油水舱的某货油舱,让其在那里继续静止沉淀,自然分离,然后把污油水舱下部的清洗水再排放入海,而上部污油留在污油水舱内,待下次装油时,新的货油就直接装于残存的污油之上。

(2)专用压载舱和清洁压载舱

大型原油船和成品油船均应设专用压载舱,使压载舱与货油舱、燃油舱及其系统分开。专用压载舱一般采用双重边舱和双层底结构。这样可以大大减少船舶因碰撞、搁浅等事故而发生溢油的危险并减少溢油量,同时减少了含油污水,缩短了船舶在港时间,避免水分、盐分与石油制品掺混,并防止油水交替作用对油舱的腐蚀。

清洁压载舱是现有油船替代专用压载舱的一项等效措施。它是将一部分货油舱进行彻底清洗后改作为压载舱,并固定用于装载压载水,而对其结构、泵和管系未作变动(泵和管路系仍与货油系统共用)。采用清洁压载舱的油船,应增设油水分离设备和油分浓度计,以便对排放压载水中的含油量进行监测。

(3)原油洗舱

原油洗舱就是在卸油的同时,利用所载货油中的一部分原油在高压下经洗舱机喷射到货舱内,借以把附着在货油舱舱壁、管路、肋骨等表面的原油油泥清洗掉的方法。装有油洗舱系统的油船,必须设置惰性气体系统。

2. 船用油水分离器

油水分离器在防止船舶对海洋造成油污染方面起到了很好的作用。

(1)油水分离的方法

油水分离的方法按其原理可分为物理方法、化学方法和生物处理方法。物理方法有重力分离、浮选分离、过滤分离和吸附分离等方法;化学方法有凝聚、电凝聚等方法;生物处理法有活性污泥法、生物滤池法等。由于船舶条件所限,目前在船用油水分离器中采用最多的方法是物理分离法,而物理分离法中又以重力分离、聚结分离、过滤分离和吸附分离为主。

目前,实际使用的船用油水分离器种类繁多,但绝大多数是采用重力分离,再加上聚结分离、过滤分离或吸附分离等方法,即所谓组合式结构,以满足国际公约规定的排放标准的要求。

(2)自动排油装置和油分浓度监测装置

①自动排油装置

油水分离器分离出的污油集聚在顶部达一定数量时,便自动打开排油阀将污油排往污油柜,这种装置称为自动排油装置。自动排油装置主要由电阻式或电容式油位检测器和排油阀组成。

②油分浓度监测装置

油分浓度监测装置在含油污水排放时用来测定、记录和控制排放浓度、排放总量及瞬时排放率。若排放污水中含油浓度超过规定的标准,检测器就发出声光报警。目前,常用光学方法来检测水中含油浓度,它又分为光学浊度法、红外线吸收法、紫外线吸收法和荧光法。

3. 污油水舱及接收设备

(1)污油水舱

400 总吨及以上船舶应设置有足够容量的舱柜,用来存放不能以其他方式处理的残油或油渣,如净化燃、润油时产生的油渣以及机器处所漏泄产生的残油和含油污水处理产生的污油等。这种舱柜应便于清洗和将其内的残油排至接收设备。

(2)接收设备

按有关公约要求,在装油港、站或修理港及船舶需排放残油的其他港口应设置接收留存的残油和油性混合物的足够设备,以满足到港船舶的需要。

为使岸上接收设备的管路能与船上机舱舱底残余物的排放管路相连接,在船上应备有油类标准排放接头。

4. 生活污水的处理

目前,船上采用的生活污水处理设备分为两种:一种是收集、贮存、集中排放的设备;一种是船上处理后直接排出的设备。

(1)收集贮存装置

收集贮存装置主要由污水柜、污水泵、粉碎机和污水管路组成。污水和废水经粉碎机处理后流入污水柜,然后由污水泵排至露天甲板的标准排放接头送往岸上接收设备,或当船舶航行到允许排放海域时再排出舷外。

(2)生化处理装置

生化处理装置主要是利用好氧菌为主的活性污泥对污水中的有机物质进行分解处理。

5. 船舶垃圾的处理

船舶垃圾来源于厨房、舱室、污泥、废油、污油、渣汕、油泥及扫舱垃圾等。对不同性质的垃圾采用不同的处理方法，如直接投弃、粉碎处理后投弃或焚烧炉焚烧处理。

焚烧炉用来处理渣油、废油、污水处理装置中产生的污泥，以及其他固体垃圾。对船上的废油、油渣、含油棉纱以及生活污水的固体物质和垃圾等，最干净、最简便的处理方法就是用焚烧炉烧掉。

任务5.3 国际防止船舶造成污染相关公约

任务情景

2014年8月16日，某海事处执法人员在对靠泊在港内89泊位的“XXX”轮进行现场检查时发现，该轮《垃圾记录簿》记载C类垃圾排放入海，经进一步调查，该轮先后累计7次在中国沿海水域共排放入海0.31立方米船舶生活废弃物，排放入海的船舶生活废弃物主要包括纸张、玻璃等，该类物质属于MARPOL 73/78公约附则V中禁止排放入海的物质，船方对上述违法事实供认不讳。依据相关规定，决定给予该轮罚款人民币8万元的行政处罚。

本任务涉及解相关国际公约对各类污染物的管理以及排放规定。

任务目标

1. 了解有害物事故报告的制度。
2. 了解防止油类污染规则。
3. 了解船舶控制散装有毒液体物质污染规则。
4. 了解防止海运包装有害物质污染规则。
5. 了解防止生活污水污染规则。
6. 了解防止船舶垃圾污染规则。
7. 了解防止船舶造成大气污染规则。
8. 了解压载水管理公约。

任务分析

从以下两个方面进行分析：

1. MARPOL 73/78公约对各类污染物的管理要求。
2. 国际船舶压载水和沉积物控制和管理公约对船舶压载水的管理要求。

知识获取

防污染公约是国际海事组织制定并通过的第二大类公约，经1978年议定书修订的《1973年国际防止船舶造成污染公约》是其中最重要的公约之一。

一、公约产生的背景和发展

20世纪中后期，人们已经认识到保护海洋环境的重要性，1954年召开了防止海上油污染会议，通过了《1954年防止油类污染海洋国际公约》，但防污染工作在IMO工作中所占的比例还是比较小的。1967年发生在英吉利海峡的"托利肯尼翁"号油船的严重油污染事故，促使国际社会认识到船舶故意或意外排放油类和其他有害物质是造成海洋污染的一个重大来源。1973年11月2日召开了国际海上污染会议，通过了《1973年国际防止船舶造成污染公约》，但一直无法生效。1978年2月17日，IMO又通过了《关于1973年国际防止船舶造成污染公约的1978年议定书》，议定书允许缔约国先实施附则Ⅰ，附则Ⅱ可以等到议定书生效三年后再实施，给缔约国更多的时间来研究解决实施附则Ⅱ过程中的技术问题，1978年议定书于1983年10月生效。1973年公约和议定书作为一个整体，简称为MARPOL 73/78，公约中未经修改的部分和议定书Ⅰ、Ⅱ也随之生效。我国于1983年7月1日加入该公约，公约生效之日同时对我国生效。

MARPOL 73/78生效后，公约又经历了多次修改。随着1997年议定书的通过，公约的附则也由5个增加至6个，公约适用范围也变得越来越广，内容也更加完善。缔约国可以选择加入附则Ⅲ、Ⅳ、Ⅴ和Ⅵ。截止到2012年1月31日，MARPOL 73/78公约各附则的生效情况见表5-3-1。

表5-3-1 MARPOL 73/78公约各附则的生效情况

附则	生效时间	缔约国数量	占总吨位数/%	我国加入时间	对我国生效时间
附则Ⅰ——防止油类污染规则	1983.10.02	151	98.91	1983.07.01	1983.10.02
附则Ⅱ——控制散装有毒液体物质污染规则	1987.04.06	151	98.91	1983.07.01	1983.10.02
附则Ⅲ——防止海运包装有害物质污染规则	1992.07.01	136	96.23	1994.09.13	1994.12.13
附则Ⅳ——防止船舶生活污水污染规则	2003.09.27	129	86.69	2006.11.02	2007.02.02
附则Ⅴ——防止船舶垃圾污染规则	1988.12.31	143	97.14	1988.11.21	1989.02.21
附则Ⅵ——防止船舶造成空气污染规则	2005.05.19	68	90.19	2006.05.19	2006.08.19

二、公约的主要内容

MARPOL公约是世界上最重要的防止船舶污染海洋环境的国际公约。该公约旨在将向海洋倾倒污染物、排放油类以及向大气中排放有害气体等污染降至最低的水平，从而保护海洋环境。

现行的MARPOL公约由公约正文、2个议定书和6个技术性附则组成。MARPOL公约每年均有诸多修正案进行修订。

附则Ⅰ和附则Ⅱ于1983年10月2日生效。经多次修正，至2011年1月1日生效的2009年修正案（MEPC. 186(59)）之后，附则Ⅰ的主体部分已经达到8章42条，分别从检验发证、对所有船舶机器处所的要求、对油船货油区域的要求、防止油污事故造成的污染、对接收设施、对固定或浮动平台的特殊要求和防止海上油船间过驳货油造成污染等方面对防止油船污染事宜进行了规范。

附则Ⅱ的主要内容包括总则、有毒液体物质的分类、检验和发证、设计构造布置和设备、有毒液体物质残余物的操作性排放、港口国监督措施、防止有毒液体物质发生污染、接收设施。

附则Ⅲ于1992年7月1日生效。其名称于1992年被修改精简为《防止海运包装有害物质污染规则》。附则经多次修改后，共有8条和1个附录，对缔约国在包装形式的有害物质的包装、标志和标签、单证、积载、限量、例外和关于操作性要求的港口国监督等方面做了详细的规范和要求。

附则Ⅳ于2003年9月27日生效，我国接受MARPOL附则Ⅳ并于2007年2月2日生效。经修改后，该附则已经增至13条。该附则定义了生活污水，对检验与发证、设备与排放控制、接收设施、港口国监督等做了要求和规范。

附则Ⅴ于1988年12月31日生效。该附则作为专门调整防止船舶垃圾造成污染的技术性规范，对附则的适用范围、特殊区域内和区域外垃圾处理、垃圾处理的特殊要求、港口国监督检查要求以及垃圾记录簿等进行了详细的要求。

附则Ⅵ于2005年5月19日生效，2006年8月19日对我国生效。附则Ⅵ对船舶空气污染物的排放控制要求可分为七个方面，包括禁止消耗臭氧层物质的排放、限制船用柴油机氮氧化物的排放、限制硫氧化物的排放、限制挥发性有机化合物的排放、限制船上焚烧、接收装置、燃油质量和对平台和钻井装置的要求等规定。

三、议定书Ⅰ：关于涉及有害物事故报告的制度

MARPOL 73/78议定书Ⅰ是关于涉及有害物事故报告的制度，议定书Ⅱ是关于争端的仲裁。议定书Ⅱ是按照MARPOL 73第8条的规定制定的，共五条，其主要内容有：

1. 报告的责任

当船舶发生有害物质事故时，船舶的船长或负责管理该船的其他人员，有责任毫不迟延地按本议定书的规定，对事故做出详细报告。

如果发生有害物质事故的船舶被弃船，或者该船的报告不完整或无法获取，则船东、租船人、经理人、经营人或代理人应尽可能承担规定的报告责任。

2. 报告的时间

当发生下述任何一种事故时，应立即做出报告：

(1)不论任何原因，包括为保障船舶安全和救助海上人命，向海上排放或可能排放油类或有毒液体物质（超过允许的标准）；

(2)向海上排放或可能排放海运包装形式的有害物质，包括集装箱、可移动罐柜、车辆以及船载驳船装载的有害物质；

(3)船长15米及以上的船舶发生：①影响船舶安全的损失、失灵或故障，包括碰撞、搁

浅火灾爆炸、结构损坏、进水和货物移动；②导致影响航行安全的损坏、失灵或故障，包括操舵装置、推进器、发电系统和主要导航设备失灵或故障。

(4)船舶航运时，油类和有毒液体物质的排放超出公约允许的总量或瞬间排放率。

3. 报告的内容

在任何情况下，报告应包括如下内容：①船舶的特征；②事故发生的时间、种类和地理位置；③有害物质的数量和类别；④援助和救助的措施。

4. 补充报告

报告责任人在必要时，应对最初的报告提供关于进一步发展的情况，应尽可能地满足受影响国家索取资料的要求。

5. 报告的程序

报告应通过可利用的最快的通信渠道，最优先地发送给最近的沿岸国。

缔约国应遵循 IMO 制定的指南，颁发或督促颁发发生有害物质污染事故时应遵循的程序的规则或指令。

四、附则Ⅰ：防止油类污染规则

防止油类污染规则是必选规则，于 1983 年 10 月 2 日生效。我国于 1983 年 7 月 1 日加入，该规则于同年 10 月 2 日对我国生效。

截至 2012 年 1 月 31 日，已有 151 个国家加入该规则，其船舶总吨位占世界商船总吨位的 98.91%。

1. 定义

(1)"油类"是指包括原油、燃料油、油泥、油渣和石油炼制品在内的任何形式的石油。

(2)"油性混合物"是指含有任何油类的混合物。

(3)"残油(渣油)"是指在船舶正常运行过程中产生的残留废油产品。

(4)"舱底含油污水"是指由于机器处所泄露或维修工作所产生的可能被油污染的水。

(5)"油船"是指建造为或改建为主要在其装货处所装运散装油类的船舶，并包括油类/散货两用船以及全部或部分装运散装货油的化学品液货船。

(6)"特殊区域"是指这样的一个海域，在该海域中，由于其海洋学的和生态学的情况以及其运输的特殊性质等方面公认的技术原因，需要采取特殊的强制办法以防止油类物质污染海洋。本附则的特殊区域有：地中海区域、波罗的海区域、黑海区域、红海区域、"海湾"区域、亚丁湾区域、南极区域(南纬 60°以南的区域)、西北欧区域(包括北海和它的入口、爱尔兰海和它的入口、克尔特海、英吉利海峡和它的入口以及大西洋直接通向爱尔兰西部的东北海域)、阿拉伯海的阿曼区域和南部南非海域。

(7)"最近陆地"是指按国际法划定的领海基线。

(8)"油量瞬间排放率"是指任一瞬间每小时排油的升数除以同一瞬间船速节数之值，其单位为"升/海里"。

(9)"污油水舱"是指专用于收集舱柜排出物、洗舱水和其他含油混合物的舱柜。

(10)"专舱压载水"是指装入这样一个舱内的压载水，该舱与货油及燃油系统完全隔绝并固定用于装载压载水，或固定用于装载压载水或本公约各附则中所指各种油类或有毒物质以外的货物。

(11)“清洁压载水”是指这样一个舱内的压载水,该舱自上次装油后,已清洗到如此程度——倘若在晴天从一静态船舶将该舱中的排出物排入清洁而平静的水中,不会在水面或邻近的岸线上产生明显的痕迹,或形成油泥或乳化物沉积于水面以下或邻近的岸线上。如果压载水是通过经主管机关认可的排油监控系统排出的,而根据这一系统的测定查明该排出物的含油量不超过 0.0015%,则尽管有明显的痕述,仍应确定该压载水是清洁的。

(12)“残油(渣油)舱”是指存放残油(渣油)的舱柜,从该处渣油可直接通过标准的排放连接或任何其他经认可的方式得以处置。

(13)“舱底含油污水舱”是指在排放、过驳或处置之前收集舱底含油污水的舱。

2. 适用范围

除另有明文规定外,附则 I 的规定适用于所有船舶。

3. 检验

凡 150 总吨及以上的油船和 400 总吨及以上的其他船舶(非油船),应进行初次检验、换证检验、中间检验、年度检验和附加检验。以保证船舶的结构、设备、各种系统、附件、布置和材料完全符合本附则的要求。

4. 证书

从事国际航行的 150 总吨及以上的油船和 400 总吨及以上的非油船,在按照本附则规定进行初始检验或换证检验后,应发给《国际防止油污证书》(International oil Pollution Prevention Certificate,IOPP)。

5. 防油污结构要求

(1)对所有船舶机器处所的要求

①残油(油泥)舱

凡 400 总吨及以上的船舶,应设置一个或几个足够容量的舱柜,接收不能以其他方式处理的残油(油泥);进出残油舱的管系,除标准排放接头外,应无直接排向舷外的接头。

②标准排放接头

为了使接收设备的管路能与船上机舱舱底和油泥舱残余物的排放管路相连结,在这两条管路上均应装有标准排放接头。

(2)对油船货物区域的要求

①专用压载舱

在 1982 年 6 月 1 日以后交船的载重量为 20 000 吨及以上的原油油船及载重量为 30 000 吨及以上的成品油油船,均应设置专用压载舱。

每艘在 1982 年 6 月 1 日或以前交船的载重量为 40 000 吨及以上的成品油油船,均应设置专用压载舱。

②污油水舱

150 总吨及以上的油船,应设有污油水舱装置。

70 000 载重吨及以上的油船至少应设置两个污油水舱。

(3)泵吸、管路和排放布置

①每艘油船在其开敞甲板上两舷应设置连接接收设备的排放汇集管,以便排放污压载水或污油水。

②在每艘 150 总吨及以上的油船中,对允许排放货舱区域的压载水或油污水入海的管

路，应通至开敞甲板或通至最深压载状态水线以上的舷侧。

6. 防油污设备要求

（1）对所有船舶机器处所的要求

①凡 400 总吨及以上但小于 10 000 总吨的任何船舶，应装有保证通过该系统排放入海的含油混合物的含油量不超过 0.0015%的滤油设备。

②凡 10 000 总吨及以上的任何船舶，应装有保证通过该系统排放入海的含油混合物的含油量不超过 0.0015%，并应装有报警装置，在不能保持这一标准时发出报警。该系统还应装有在排出物的含油量超过 0.0015%时能保证自动停止含油混合物排放的装置。

（2）对油船货物区域的要求

①排油监控系统

150 总吨及以上的油船应装有一个经主管机关批准的排油监控系统。

排油监控系统应设有一个记录器，用以提供每海里排放升数和总排放量或含油量和排放率的连续记录。这种记录应能鉴别时间和日期，并应至少保存 3 年。

每当有排出物排放入海时，排油监控系统即应开始工作，并应保证在油量瞬间排放率超过 30 升/海里时，即自动停止排放任何油性混合物。

排油监控系统遇到任何故障即应停止排放。排油监控系统如遇任何故障，可使用一种手工操作的替代方法，但该有故障的装置应予以尽快修复。

②油水界面探测器

150 总吨及以上的油船应备有经主管机关认可的有效的油/水界面探测器，以便能迅速而准确地测定污油舱水中的油水分界面。

③原油洗舱

每艘在 1982 年 6 月 1 日以后交船的 20 000 载重吨及以上的原油油船应设置使用原油洗舱的货油舱清洗系统。装有该系统的油船，必须设置惰性气体系统。

7. 防止操作性污染排放标准

（1）除另有规定外，应禁止将任何油类或含油混合物排放入海。

（2）对所有船舶机器处所操作性排油应加以控制。

特殊区域以外的排放，除非符合下列条件，应禁止 400 总吨及以上的船舶排放油类或含油混合物入海：①船舶正在航行途中；②油性混合物经滤油设备加工处理；③未经稀释的排出物含油量不超过 0.0015%；④油性混合物不是来自油船的货泵舱的舱底；⑤如是油船，油性混合物未混有货油残余物。

特殊区域以内的排放，除非符合下列条件，应禁止 400 总吨及以上的船舶排放油类或含油混合物入海：①船舶正在航行途中；②油性混合物经装有报警装置的滤油设备加工处理；③未经稀释的排出物含油量不超过 0.0015%；④油性混合物不是来自油船的货泵舱的舱底；⑤如是油船，油性混合物未混有货油残余物。

在南极区域，禁止任何船舶将任何油类或油性混合物排放入海。

（3）对油船货物区域操作性排油的控制

①特殊区域外的排放

清洁或专用压载水可以直接排放，除此以外，除非符合下列条件，禁止将油类或油性混合物排放入海。

a. 油船不在特殊区域之内;

b. 油船距最近陆地 50 n mile 以上;

c. 油船正在航行途中;

d. 油量瞬间排放率不超过 30 L/n mile;

e. 排入海中的总油量,对于在 1979 年 12 月 31 日或以前交船的油船(公约称之为“现有油船”),不得超过这项残油所属的该种货油总量的 1/15 000,对于在 1979 年 12 月 31 日以后交船的油船(公约称之为“新油船”),不得超过这项残油所属的该种货油总量的 1/30 000;

f. 油船所设的排油监测和控制系统以及污油水舱正在运转。

②特殊区域内的排放

a. 当油船在特殊区域内时,禁止将船上货油区域的油类或油性混合物排放入海;

b. 清洁或专用压载水可以直接排放。

8. 船上油污应急计划

(1)每艘 150 总吨及以上的油船和每艘 400 总吨及以上的非油船应备有主管机关认可的船上油污应急计划。

(2)该应急计划应以由 IMO 制定的导则为基础,并应以船长和驾驶员的工作语言书写。该计划至少应包括:

①船长或其他负责报告油污事故的人员应遵循的程序;

②发生油污事故时联系的当局或人员的名单;

③事故发生后,为减少或控制排油,船上人员应立即采取的措施的详细说明书;

④处理污染时与政府及地方当局协调船上行动的程序和船上联系要点。

(3)对于本公约附则Ⅱ也适用的船舶,该计划可与该附则所要求的船上有毒液体物质海洋污染应急计划合并。在这种情况下,此计划的名称应为“船上海洋污染应急计划”。

(4)所有载重量为 5 000 t 或以上的油船均应可立即使用破损稳性和剩余结构强度岸基电脑计算程序。

五、附则Ⅱ:控制散装有毒液体物质污染规则

控制散装有毒液体物质污染规则,于 1987 年 4 月 6 日生效,并同时对我国生效。

截至 2012 年 1 月 31 日,已有 151 个国家加入该规则,其船舶总吨位占世界商船总吨位的 98.91%。

1. 定义

(1)“化学品液货船”是指建造为或改造为用于散装装运 IBC 规则所列液体货品的船舶。

(2)“有毒液体物质货船”是指建造为或改造为用于装运散装有毒液体物质货物的船舶,包括本公约附则Ⅰ定义的用于装运全部或部分散装有毒液体物质货物的油船。

(3)“有毒液体物质”是指 IBC 规则中所指明的或根据本附则规定经临时评定列为 X、Y 或 Z 类的任何物质。

(4)“残余物”是指任何需处理的有毒液体物质。

(5)“残余物/水混合物”是指以任何目的加入水的残余物,例如油舱清洗、加压载水、舱

底含油污水。

2. 有毒液体物质的分类

就本附则规定而言,有毒液体物质应分为以下4类:

X类:这类有毒液体物质,如从洗舱或除压载的作业中排放入海,将被认为会对海洋资源或人类健康产生重大危害,因而应严禁向海洋环境排放该类物质。

Y类:这类有毒液体物质,如从洗舱或除压载的作业中排放入海,将被认为会对海洋资源或人类健康产生危害,或对海上的休憩环境或其他合法利用造成损害,因而对排放入海的该类物质的质和量应采取限制措施。

Z类:这类有毒液体物质,如从洗舱或除压载的作业中排放入海,将被认为会对海洋资源或人类健康产生较小的危害,因而对排放入海的该列物质应采取较为宽松的限制措施。

OS类:经评定认为不被列入本附则所规定的X、Y或Z类物质之内,因为目前认为当这些物质从洗舱或除压载的作业中排放入海时,对海洋资源、人类健康、海上休憩环境或其他合法的利用并无危害。

3. 检验与证书

散装运输有毒液体物质的船舶,应进行初次检验、换证检验、中间检验、年度检验、附加检验,以保证结构、设备、系统、附件、布置和材料完全符合本附则的要求。

从事国际航行载运散装运输有毒液体物质的船舶,按照本附则规定进行初始检验或换证检验后,应发给《国际防止散装运输有毒液体物质污染证书》(Certificate of Noxious Liquid Substance,NLS证书)。

4. 船上有毒液体物质海洋污染应急计划

(1)每艘准予载运散装有毒液体物质的150总吨及以上的船舶,应备有主管机关认可的船上有毒液体物质海洋污染应急计划。

(2)该应急计划应根据IMO制定的导则要求,并应以船长和驾驶员所用的工作语言写成。

该计划至少应包括:①由船长或其他负责人员报告有毒液体物质污染事故所遵循的程序;②在发生有毒液体物质污染事故时应有与之联系的当局或人员名单;③在事故发生后由船上人员为减少或控制减少有毒液体物质所立即采取的措施的详细说明;④在处理污染时与政府及地方当局协调船上行动的程序和船上联系人。

(3)对本公约附则Ⅰ也适用的船舶,此计划可以与该附则所要求的船上油污应急计划结合使用。在此情况下,该计划的名称应为"船上海洋污染应急计划"。

5. 货物记录簿

(1)货物记录簿的配备

所有准予运输散装有毒液体物质的国际航行船舶,应备有一本货物记录簿。

(2)货物记录簿的记载

在完成了下述任何操作后,应立刻将该操作记载入货物记录簿。包括:①装货;②货物的内部转驳;③卸货;④按照船舶的程序和布置手册进行强制预清洗;⑤除强制性预清洗外的液货舱清洗(其他预清洗作业、最后清洗、通风等);⑥洗舱水排放入海;⑦液货舱压载;⑧液货舱压载水排放;⑨意外的或其他例外排放;⑩附加作业程序及说明等。

任何有毒液体物质,或含有这种物质的混合物的意外排放,或发生本附则"例外"条款所述的排放时,均应记入货物记录簿,并说明这种排放的情况和理由。

(3)货物记录簿的管理与检查

①每项记录应由负责该项作业的高级船员签字,每一页还应由船长签字。对持有 NLS 证书的船舶,货物记录簿的记录应至少使用英文、法文或西班牙文写成。如果使用了船旗国的官方语言,则在出现争议或不一致时,应以此官方语言为准。

②货物记录簿应存放于随时可以取来检查的地方,除了没有配备船员的被拖船舶外,均应存放在船上。货物记录簿在完成最后一次记录后应保留 3 年。

六、附则Ⅲ:防止海运包装有害物质污染规则

防止海运包装有害物质污染规则是任选规则,于 1992 年 7 月 1 日生效。我国于 1994 年 9 月 13 日加入该规则,1994 年 12 月 13 日起对我国生效。

截至 2012 年 1 月 31 日,已有 136 个国家加入该规则,其船舶总吨位占世界商船总吨位的 96.23%。

1. 定义

(1)“有害物质”是指 IMDG 规则中确定为海洋污染物的物质。

(2)“包装形式”是指 IMDG 规则所规定的有害物质的盛装形式。

2. 适用范围

(1)本附则适用于所有装运包装形式的有害物质的船舶。

(2)曾经用于装运有害物质的空的容器,除非已采取适当的预防措施,保证其中已没有危害海洋环境的残余物,否则将其本身视为有害物质。

(3)本附则的要求不适用于船舶物料及设备。

3. 包装

根据其所装的特定物质,包装件应能使其对海洋环境的危害减至最低限度。

4. 标志

(1)装有有害物质的包装件应永久地标以正确的技术名称(不得仅使用商业名称),并且还应永久地加上标志和标签,以表明该物质是海洋污染物。此种识别标记,在可能时还应用其他方法予以补充,例如,使用有关的联合国编号。

(2)装有有害物质的包装件上,所采用正确的技术名称和辅助标签的方法,应能使该记号在海水中至少浸泡 3 个月后仍然可以从包装件上辨认出来。在考虑适当的标志和标签时,应注意包装件所用材料及其表面的耐用性。

(3)装有少量有害物质的包装件可免除标志要求

5. 货运单证

(1)在所有关于海运有害物质文件上提到此类物质时,应使用每种此类物质的技术名称(不得仅使用商业名称),并且在该类物质上还应补充标明“海洋污染物”字样。

(2)托运人所提供的运输单证应包括或附有一份经签字的证明或声明,说明交运的货物业已妥善地包装并加有标志、标签或标牌,处于适合装运状况,对海洋环境的危害已减至最低限度。

(3)每艘装运有害物质的船舶,应持有一份特别舱单或清单,列明船上所装的有害物质及其位置,也可以用一份标明船上所装有害物质位置的详细积载图,代替这种特别的清单

或舱单。船东或其代表也应在岸上存有这种文件的副本,直到将这些有害物质卸下为止。在离港之前,应给港口国主管当局指派的人员或组织提供1份这些文件的副本。

6. 运输要求

(1)有害物质应正确地积载和加固,以便能将对海洋环境的危害减至最低限度,且不致损害船舶和船上人员的安全。

(2)对于海洋环境危害很大的某些有害物质,根据充分的科学和技术上的理由,必须禁止载运,或对任一船舶的装载数量加以限制。在限制数量时应考虑船舶的大小、结构和设备,同时还应考虑有害物质的包装和内在性质。

七、附则Ⅳ:防止船舶生活污水污染规则

防止船舶生活污水污染规则是任选规则,于2003年9月27日生效。我国于2006年11月2日加入该规则,2007年2月2日起对我国生效。

截至2012年1月31日,已有129个国家加入该规则,其船舶总吨位占世界商船总吨位的86.69%。

1. 定义

(1)“船舶生活污水”是指:①任何形式的厕所和小便池的排出物和其他废弃物;②医务室(药房、病房等)的面盆、洗澡盆和这些处所排水孔的排出物;③装有活畜禽货处所的排出物;④混有上述排出物的其他废水。

(2)“集污舱”是指用于收集和储存生活污水的舱柜。

(3)“最近陆地”是指按照国际法划定的领海基线。

2. 适用范围

本附则的规定适用于从事国际航行的400总吨及以上的船舶以及少于400总吨但经核定许可载运15人以上的船舶。

3. 检验

所有船舶应接受的检验包括:初次检验、换证检验和附加检验。

4. 证书的签发

从事国际航行的船舶,按照本附则规定进行初始检验或换证检验后,应发给《国际防止生活污水污染证书》。

5. 维持与检查

(1)应维持船舶及其设备的状况,使其符合本公约的各项规定,以便保证该船在各方面继续适合出海航行而不致对海上环境构成不当的破坏威胁。

(2)根据初次检验的规定对船舶所进行的任何检验完成后,非经主管机关许可,对已检验的结构、设备、系统、装置、布置和材料均不得变动,除非直接更换这些设备和装置。

(3)当船舶发生事故或发现缺陷,从根本上影响船舶的完整性或本附则所涉设备的有效性或完整性时,该船的船长或船舶所有人应尽早向负责签发有关证书的主管机关、指定的验船师或认可的机构报告,主管机关、指定的验船师或认可的机构在收到报告后,应开始调查工作,以确定是否有必要进行相应的检验。如果该船系在另一缔约国的港口内,船长或船舶所有人还应立即向港口国主管当局报告。指定的验船师或认可的机构应确定此报告已递交。

6. 生活污水系统和标准排放接头

(1)生活污水系统

每艘符合附则规定的船舶应配备下列生活污水系统之一:①生活污水处理装置,该装置应为主管机关认可的类型。②经主管机关认可的污水粉碎和消毒系统。③容积足够储存所有生活污水的集污舱,该容积的确定应考虑到船舶操作、船上人员数目和其他相关因素。

(2)标准排放接头

①为使港口生活污水接收设备的管路能与船上的排放管路容易连接,船上和港口接收设备均应装设符合本附则规定的(生活污水)标准排放接头。

②对于从事固定航线航行的船舶(如客渡船),船上的排放管路也可以安装一种主管机关能够接受的排放接头(如快速对接套头)。

7. 生活污水排放规定

(1)未经处理的污水允许在离岸最近距离为 12 海里以上的地方排放。经过粉碎机和消毒器处理的污水,允许在离岸最近距离 3 海里以上的地方排放。以上不论哪一种情况,不得将集污舱中储存的生活污水顷刻排光,而应于船舶以不少于 4 节的航速在途中航行时,以中等速率进行排放。

(2)如果船舶设置了生活污水处理装置,并正在运转,该装置符合主管机关的规定,且排出的废液在其周围的水中不会产生可见的漂浮固体,也不会使水变色,则这种排放可在任何地方进行。

八、附则Ⅴ:防止船舶垃圾污染规则

防止船舶垃圾污染规则也是任选规则,于 1988 年 12 月 31 日生效。我国于 1988 年 11 月 21 日加入该规则,1989 年 2 月 21 日起对我国生效。

截至 2012 年 1 月 31 日,已有 143 个国家加入该规则,其船舶总吨位占世界商船总吨位的 97.14%。MARPOL 2016(70)决议于 2018 年 3 月 1 日实施。

1. 定义

“船舶垃圾”系指船舶在正常营运期间并需要连续或定期排放的所有食物垃圾、内部垃圾、操作废弃物,及所有塑料制品、货物残渣、食用油、渔网、动物尸体等,不包括现有规范其他附则中所定义或列举之物,不包括在航行途中捕获的鲜鱼及其他水产品,也不包括养殖的水产品。

“动物尸体”系指任何被作为货物装载在船上且在航行期间死亡或被实施安乐死的动物躯体。

“货物残余物”系指不受本公约其他附则管辖的、且在装卸后残存在甲板上或货舱内的任何货物的残留物,包括装卸超量或溢出,不论在湿的或干的条件下或存在于冲洗水中,但不包括在清扫后残留在甲板上的货物的尘埃或在船舶外表面的尘埃。

“食用油”系指旨在用于食物的准备或烹饪的任何类型的食用油或动物脂肪,但不包括用这类油调制的食物。

“生活废弃物”系指在船上居住处所所产生的、不受其他附则管辖的所有类型的废弃物,生活废弃物不包括灰水。

“渔网(具)”系指以捕捞、围捕或以收成海洋或者淡水产品为目的而布设于水面、水中或海底的任何物理装置,或者以此为目的的这种部分或组合装置。

“航行途中”系指涉及船舶在海上一个或多个航次的航行中,包括偏离最短的直航线路,只要航行目的上可行,旨在合理可行地使任何排放物扩散到更广泛的区域。

“特殊区域”系指由于其海洋学和生态学的情况以及运输的特殊性质等方面公认的技术原因,需要采取防止垃圾污染海洋的特殊强制办法的海域。本附则的特殊区域有:地中海区域、波罗的海区域、黑海区域、红海区域、“海湾区域”、北海区域(包括英吉利海峡)、泛加勒比区域(包括墨西哥湾和加勒比海)、南极区域(南纬60°以南)。

“距最近陆地”系指距按照国际法划定领土所属领海的基线,但个别情况除外。

就本公约而言,在澳大利亚东北海面“距最近陆地”,系指距澳大利亚海岸下述各点的连线:自南纬11°00′东经142°08′的一点起,至南纬10°35′东经141°55′的一点,然后至南纬10°00′东经142°00′的一点,然后至南纬09°10′东经143°52′,然后至南纬09°00′东经144°30′,然后至南纬10°41′东经145°00′,然后至南纬13°00′东经145°00′,然后至南纬15°00′东经146°00′,然后至南纬17°30′东经147°00′,然后至南纬21°00′东经152°55′,然后至南纬24°30′东经154°00′,然后至澳大利亚海岸南纬24°42′东经153°15′,所画的一条连线。

2. 适用范围

除另有明文规定外,本附则的规定应适用于所有船舶。

3. 垃圾处理规定

船舶垃圾应根据其分类在特殊区域内外依据排放标准进行处理。

(1)禁止排放垃圾入海的一般规定

除非符合附则Ⅴ第4条(在特殊区域外排放垃圾)、第5条(对从固定或浮动平台排放垃圾的特殊要求)、第6条(在特殊区域内排放垃圾)规定的标准或第7条(例外)规定的情况,否则禁止将一切垃圾排放入海。

除附则第7条(例外)规定的情况外,一切塑料制品,包括但不限于合成缆绳、合成渔网、塑料垃圾袋和塑料制品的焚烧炉灰渣,均禁止排放入海。

除附则第7条(例外)规定的情况外,禁止将食用油排放入海。

(2)在特殊区域外排放垃圾

除第7条(例外)规定的情况,船舶仅在航途中才应允许在尽可能远离最近陆地的特殊区域外将下述垃圾排放入海:在距最近陆地3 n mile外将通过粉碎机或磨碎机的食品废弃物排放入海,这种经粉碎或磨碎的食品废弃物,应能通过筛眼不大于25 mm的粗筛;在距最近陆地12 n mile外将未按上述规定处理的食品废弃物排放入海;在距最近陆地12 n mile外将不能用通用的卸载方法回收的货物残余排放入海,根据IMO制定的指南,这些货物残余不应包含任何被分类为对海洋环境有害的物质;根据IMO制定的指南,对于动物尸体应尽可能远离最近陆地排放入海。

可将货舱、甲板和外表面洗涤水中包含的清洁剂或添加剂排放入海,但根据IMO制定的指南,这些物质必须对海洋环境无害。

如果垃圾与其他被禁止排放或具有不同排放要求的物质混在一起或被其污染,则应适用其中更为严格的要求。

(3)对从固定或浮动平台排放垃圾的特殊要求

位于距最近陆地超过 12 n mile 的固定或浮动平台和停靠这种平台或与其相距在 500 m 以内的一切其他船舶,可允许将食品废弃物排放入海,但前提是这些废弃物已通过粉碎机或磨碎机。这种经粉碎或磨碎的食品废弃物应能通过筛眼不大于 25 mm 的粗筛。除上述规定外,禁止从固定或浮动平台和停靠这种平台或与其相距在 500 m 以内的一切其他船舶排放任何垃圾入海。

(4)在特殊区域内排放垃圾

就附则Ⅴ而言,特殊区域为地中海区域、波罗的海区域、黑海区域、红海区域、海湾区域、北海区域、南极区域和大加勒比海区域(墨西哥湾和加勒比海)。

船舶仅在航途中时才应允许在特殊区域内以如下方法将下述垃圾排放入海:食品废弃物排放入海应尽可能远离最近陆地,但距最近陆地或最近冰架应不少于 12 n mile;食品废弃物应经粉碎或磨碎并应能通过筛眼不大于 25 mm 的粗筛;食品废弃物不应被任何其他类型的垃圾污染。不允许在南极区域排放外来的禽类产品,包括家禽和家禽部分,除非其已经过无菌处理。南极区域除适用上述规定外,还适用于下列规定:各缔约国承担义务保证为在其港口内的来往于南极区域的船舶,按其使用需要尽快设置接收所有船舶垃圾的足够的设备,而不对船舶造成不当延误。各缔约国应确保悬挂本国国旗的所有船舶在进入南极区域前,船上具有足够的能力留存在该区域作业时产生的所有垃圾,并已签订协议,保证船舶离开该区域后将这些垃圾排入接收设备。

船舶在特殊区域内将通常无法使用的卸载方法回收的货物残余排放入海,除了“航行途中”的要求以外,还应满足下述所有条件:根据 IMO 组织制定的指南,舱室洗涤水中包含的货物残余、清洁剂或添加剂中无任何被分类为对海洋环境有害的物质;驶离港和下一个到达港都在特殊区域内且船舶在这两个港口间航行时不会驶离特殊区域;根据 IMO 制定的指南,这些港口不具备合适的接收设备;在满足前三项要求的前提下,含有货物残余的货舱洗涤水应尽可能远离最近陆地或最近冰架排放,但距最近陆地或最近冰架应不少于 12 n mile。

在特殊区域内,可将甲板和外表面洗涤水中包含的清洁剂或添加剂排放入海,但根据 IMO 制定的指南,这些物质必须对海洋环境无害。

如果垃圾与其他被禁止排放或具有不同排放要求的物质混在一起或被其污染,则应适用其中更为严格的要求。

(5)极地水域要求

根据极地规则(2017 年 1 月 1 日生效)第Ⅱ-A 部分的规定,在北极水域内排放垃圾,应按照 MARPOL 公约附则Ⅴ规定操作并应满足下列额外要求:排放食品废弃物只允许在距离最近陆地、最近冰架、最近固定冰 12 n mile 以外,并应尽可能远离冰量超过 1/10 的聚集冰区;食品废弃物应经粉碎或磨碎并应能通过筛眼不大于 25 mm 的粗筛;食品废弃物不应被任何其他类型的垃圾污染;食品废弃物不应排放到冰上;禁止排放动物尸体。将通常无法使用的卸载方法回收的货物残余排放入海,除了“航行途中”的要求以外,还应满足下述所有条件:根据 IMO 组织制定的指南,舱室洗涤水中包含的货物残余、清洁剂或添加剂中无任何被分类为对海洋环境有害的物质;驶离港和下一个到达港都在北极水域内且船舶在这两个港口间航行时不会驶离北极水域;根据 IMO 制定的指南,这些港口不具备合适的接收设备;在满足前三项要求的前提下,含有货物残余的货舱洗涤水排放应尽可能远离冰量超过1/10的聚集冰区,且距离最近陆地、最近冰架或最近固定冰应不少于12 n mile 。

根据极地规则(2017年1月1日生效)第Ⅱ-A部分的规定,在南极区域内排放垃圾,应按照MARPOL公约附则Ⅴ规定操作并应满足下列额外要求:按照MARPOL公约附则Ⅴ规定排放垃圾应尽可能远离冰量超过1/10的聚集冰区,且距离最近固定冰应不少于12 n mile;食品废弃物不应排放到冰上。

在极地水域排放垃圾应当考虑并遵守MARPOL公约附则Ⅴ关于垃圾记录簿垃圾管理计划以及垃圾公告的要求。

4. 例外

根据MARPOL 73/78公约附则Ⅴ第7条“例外”的规定,上述的垃圾处理规定不适用保障安全或意外失落的情况以及船舶航行途中的例外情况。

(1)保障安全或意外失落

上述的垃圾处理规定不适用以下情况:船上排放垃圾,系为保障船舶及船上人员安全或救护海上人命所必需;垃圾意外落失系由于船舶或其设备遭到损坏的缘故,但须在发生损坏前后,为防止意外落失或使落失减至最低限度,已采取了一切合理的预防措施;渔具从船上意外落失,但须为防止这种落失,已采取了一切合理的预防措施;船上排放渔具,系为保护海洋环境或为保障该船或其船员的安全。

(2)在航途中的例外

如将食品废弃物留存船上会明显对船上人员产生即刻健康风险,则在特殊区域内、外排放垃圾对“航行途中”要求应不适用于这些食品废弃物的排放。

5. 船舶垃圾记录簿记载与管理

(1)记载要求

在下述各种情况下均须填写“垃圾记录簿”:

当垃圾排放至岸上接收设备或排放至其他船舶时,应在“垃圾记录簿”上填写:排放的日期和具体时间;港口、设施或船舶的名称;所排放垃圾的种类;每种排放垃圾的估算量(m^3);负责作业的主管高级船员的签字。

当焚烧垃圾时,应在“垃圾记录簿”上填写:焚烧的日期和开始及结束时间;焚烧开始和结束时的船位(经度和纬度);焚烧的垃圾种类;焚烧的垃圾的估算量(m^3);负责作业的主管高级船员的签字。

当垃圾按MARPOL 73/78公约附则Ⅴ以及极地规则第Ⅱ-A部分规定排放入海时,应在“垃圾记录簿”上填写:排放的日期和具体时间;船舶位置(经度和纬度);对货物残余的排放,包括排放开始和停止时的船舶位置;所排放垃圾的种类;每种排放垃圾的估算量(m^3);负责作业的主管高级船员的签字。

垃圾意外或其他例外排放或落失入海,包括按MARPOL附则Ⅴ第7条(例外)规定的排放:发生的时间;发生时所在港口或船位(经度、纬度和水深,如知晓);排放或落失的垃圾种类;每种的估算量(m^3);排放或落失的原因以及附注。

(2)管理要求

根据MARPOL 73/78公约附则Ⅴ第10条的规定,“垃圾记录簿”应记录每次排放入海或至接收设备或完成的焚烧作业,并应由主管高级船员在排放或焚烧当日签署。船长应在

“垃圾记录簿”完成记录的每一页上署名。“垃圾记录簿”的每项记载应至少用英文、法文或西班牙文书写。如果这些记载也使用该船船旗国的官方语言书写，在发生争执或有不同意见时，以船旗国的官方语言的记载为准；每次排放或焚烧记录应包括日期、时间、船位、垃圾种类和被排放或焚烧的垃圾的估算量；“垃圾记录簿”应存放于船上、固定或浮动平台上的在所有合理时间随时可供检查的地方。该记录簿应自最后一次记录日期起保留 2 年。

如发生附则Ⅴ第 7 条“例外”所指的任何排放或意外落失，“垃圾记录簿”上应予以记录，或对任何小于 400 总吨的船舶，应在该船的正式航海日志中记录该排放或落失的地点、情况和原因、排放或落失的物品细目，以及为防止或尽量减少这种排放或意外落失业已采取的合理预防措施。

公约缔约国政府的主管当局可对停靠本国港口或近海装卸站的适用本条的任何船舶检查“垃圾记录簿”或船舶的正式航海日志，并可将该记录簿或日志中任何记录制成副本，也可要求船长证明该副本是该项记录的真实副本。凡经船长证明为船上“垃圾记录簿”或船舶的正式航海日志中某项记录的真实副本者，将在任何法律诉讼中成为该项记录中所述事实的证据。主管当局根据本项规定对“垃圾记录簿”或船舶的正式航海日志的检查和制作正确无误的副本应尽快进行，不对船舶造成不当延误。

（3）垃圾收据

船舶送交垃圾后，船长应从港口接收设备的经营人或接收垃圾船船长那里得到表明送交垃圾估计数量的证明或收据，该收据或证明应与“垃圾记录簿”一起在船上保存 2 年。

6. 告示、垃圾管理计划

（1）告示牌

总长在 12 米及以上的船舶，以及固定或浮动平台，均须张贴公告牌，使船员和旅客知晓有关垃圾处理的要求。

告示牌应以船员的工作语言书写，对航行前往其他缔约国所管辖的港口或近海装卸站的船舶，告示还应以英文、法文或西班牙文书写。

（2）垃圾管理计划

每艘 100 总吨及以上的船舶和经核定可载运 15 人及以上的船舶，应备有船员应遵守的垃圾管理计划。该计划应就收集、储存、加工和处理垃圾以及船上设备使用等提供书面程序，还应指定负责执行该计划的人员。该计划应按照国际海事组织制定的导则并以船员工作语言书写。

（3）垃圾记录簿

根据 MARPOL 73/78 公约附则Ⅴ第 10 条的规定，400 总吨及以上的船舶和核准载运 15 名或以上人员、航行于其他本公约缔约国管辖权范围内的港口或近海装卸站的船舶，以及固定或浮动平台，均应备有一份“垃圾记录簿”。该“垃圾记录簿”不论是船舶的正式航海日志的一部分，还是其他形式，均应和附则Ⅴ的附录格式相同。

“垃圾记录簿”应记录每次排放入海或至接收设备或完成的焚烧作业，并应由主管高级船员在排放或焚烧当日签署。船长应在“垃圾记录簿”完成记录的每一页上署名。“垃圾记录簿”的每项记载应至少用英文、法文或西班牙文书写。如果这些记载也使用该船船旗国的官方语言书写，在发生争执或有不同意见时，以船旗国的官方语言的记载为准；每次排放或焚烧记录应包括日期、时间、船位、垃圾种类和被排放或焚烧的垃圾的估算量（m^3）；“垃圾记录簿"应存放于船上或固定或浮动平台上的在所有合理时间随时可供检查的地方。该记录簿应自最后一次记录日期起保留2年。如发生附则Ⅴ第7条所指的任何排放或意外落失,垃圾记录簿上应予以记录,或对任何小于400总吨的船舶,应在该船的正式航海日志中记录该排放或落失的地点、情况、原因、排放或落失的物品细目,以及为防止或尽量减少这种排放或意外落失已采取的合理预防措施。

主管机关可对以下船舶免除垃圾记录簿的要求:核准载运15名或以上人员且船行时间为1h或以下的船舶;固定或浮动平台。

九、附则Ⅵ:防止船舶造成空气污染规则

防止船舶造成空气污染规则也是一个任选规则,于2005年5月19日生效。我国于2006年5月19日加入该规则,2006年8月19日起对我国生效。

截至2012年1月31日,已有68个国家加入该规则,其船舶总吨位占世界商船总吨位的90.19%。

MARPOL 73/78附则Ⅵ《防止船舶造成空气污染规则》共3章19条5个附录,主要内容包括通则、检验、发证和控制手段、船舶排放控制要求,提出了禁止消耗臭氧层物质的排放、限制船用柴油机氮氧化物的排放、限制硫氧化物的排放、限制挥发性有机化合物的排放,限制船上焚烧等规定,并给出了主要控制措施。

1. 定义与适用范围

(1)定义

①"消耗臭氧层物质"系指在应用或解释附则Ⅵ时有效的《1987年消耗臭氧层物质蒙特利尔议定书》中定义的并在该议定书附件中所列的受控制物质;

②"残油"系指来自燃油或润滑油分离器的油泥、主机或副机的废弃润滑油,或舱底水分离器、油过滤装置或滴油盘的废油;

③"船上焚烧"系指把船舶正常作业时产生的废物或其他物质在船上进行焚烧;

④"船上焚烧炉"系指以焚烧为主要目的而设计的船上设备;

⑤"SO_x排放控制区"系指要求对船舶SO_x排放采取特殊强制措施以防止、减少和控制SO_x造成大气污染以及随之对陆地和海洋区域造成不利影响的区域。

(2)适用范围

除另有规定者外,附则的规定适用于所有船舶。

2. 一般免除

附则Ⅵ的条款不适用于下述情况:

(1)以保护船舶安全或海上救助人命为目的所必需的任何排放;

(2)由船舶或其设备破损而引起的任何排放,只要在发生破损或发现排放后为防止或尽量减少排放已采取一切合理预防措施,但如船东或船长有意造成损坏或明知损坏可能发生仍草率行事者除外。

3. 检验与发证

(1)检验

所有400总吨或以上的船舶应接受以下检验:初次检验、年度检验、期间检验、换证检验,以及必要时的附加检验。

（2）发证

①船舶或平台按附则规定进行检验之后，国际防止大气污染证书（IAPP）应由主管机关或经主管机关正式授权的任何人员或组织签发。不论哪种情况，主管机关对证书负有全部责任。

②国际防止空气污染证书用发证国的官方文字写成。如所用文字既非英文、法文又非西班牙文，则该文本中还应包括这三种文字之一的译文。

（3）证书的有效

①国际防止大气污染证书的有效期应由主管机关规定，自签发之日起不得超过5年。

②证书有效期不得延长，除非当国际防止大气污染证书期满时，如该船舶不在其所挂国旗的缔约国港口或该船所要接受检验的港口，则主管机关可将该证书的有效期延长，但不超过5个月。只有为了让该船完成其前往船旗国或预定进行检验的国家的航行，且只有这样做是正当和合理时，才允许给予这种展期。在抵达其船旗国或预定进行检验的港口后，该船不得凭借这种展期在未取得新的国际防止大气污染证书前驶离该港或该国。

③在下列任何情况下国际防止大气污染证书应失效：在规定的期限内未进行检查和检验；未经主管机关批准，对适用的设备、系统、装置、布置或材料做了重大变更；当船舶改挂另一国的国旗时。当船舶改挂另一国的国旗时，只有当颁发新证书的国家政府确认该船已全部满足要求时，才颁发新证书。如果变更船旗是在两个缔约国之间进行，则在变更船旗后的3个月内，前一个船旗国政府如接到请求，应尽快将变更船旗前该船所携带的国际防止空气污染证书的1份副本以及有关的检验报告（如有）送交另一国的主管机关。

4. 船舶排放控制要求

（1）消耗臭氧层物质

禁止消耗臭氧层物质的任何故意排放，但故意排放不包括与臭氧消耗物质的回收或重复使用相关的最低排放量。臭氧消耗物质及含有臭氧消耗物质的设备，在从船上去除时，应送至适当的接收设施中。在2005年5月19日或以后建造的船舶应禁止使用含氢化氯氟烃以外的消耗臭氧物质的装置，在2020年1月1日或以后建造的船舶应禁止使用含氢化氯氟烃的装置。

每艘船舶应保存一份含消耗臭氧物质的设备清单和消耗臭氧物质记录簿。经主管机关批准，该记录簿可以是现有航海日志或电子记录系统的一部分。消耗臭氧物质记录簿中的物质应按其质量单位（kg）记录，且在任何情况下都应及时记入下列内容：①含消耗臭氧物质的设备的全部或部分重新充注；② 含消耗臭氧物质的设备的修理或维护；③ 消耗臭氧物质向大气的排放，包括故意排放及非故意排放；④ 消耗臭氧物质向陆基接收设施的排放；⑤ 向船舶供应消耗臭氧物质。

（2）氮氧化物（NO_x）

规则适用的船用柴油机NO_x排放量（按NO_2的排放总重量计算）应该在允许限值内，否则禁止使用，但下列柴油机不适用：应急柴油机、安装在救生艇上或只在应急情况下使用的任何设备或装置上的发动机；安装在只航行于其船旗国主权或管辖范围的水域内的船上的发动机，但这种发动机应受到由该主管机关制定的NO_x控制替代方法的控制。

（3）硫氧化物（SO_x）

船上使用的任何燃油的硫含量不应超过4.5% m/m（2012年1月1日及以后为

3.50%m/m;2020 年 1 月 1 日及以后为 0.50%m/m)。SO_x 排放控制区包括波罗的海区域和北海区域以及按照附则Ⅵ附录Ⅲ中确定的标准和程序而指定的任何其他海区。

当船舶位于 SO_x 排放控制区之内时,船上使用的燃油的硫含量不应超过 1.5%m/m(自 2010 年 7 月 1 日起为 1.0%m/m,2015 年 1 月 1 日及以后为 0.10%m/m),或采用经主管机关认可的废气滤清系统把船舶包括主副推进机械的硫氧化物排放总量减少至 6.0 g/kWh 或更少,或使用了将 SO_x 排放量限制到同等水平的可以证实和实行的任何其他技术方法。自 2010 年 7 月 1 日起,船上应持有一份说明燃油转换如何完成的书面程序。

(4)挥发性有机化合物(VOCs)

缔约国在其管辖的港口或装卸站对液货船 VOCs 的排放做出的规定应符合附则Ⅵ的规定,并通知 IMO。该缔约国应配备符合 IMO 制定的安全标准的蒸汽排放控制系统,对液货船产生的 VOCs 加以控制,且该控制系统的运行是安全的且能避免对船舶造成不当延误。

经 MEPC.176(58)号决议修订的 MARPOL 附则Ⅵ要求,载运原油的液货船应在船上备有并实施经主管机关或授权的单位认可的挥发性有机化合物管理计划。该计划应参照 IMO 制定的指南编写。

该计划应具体到各船并至少应:为把装载、海上航行和卸货时的挥发性有机化合物排放降到最低提供书面程序;考虑到原油洗舱产生的额外挥发性有机化合物;指定负责实施该计划的人员;对于国际航行船舶,用船长和高级船员的工作语言编写,如船长和高级船员的工作语言不是英语、法语,或西班牙语,则应包括其中一种语言的译文。该 VOC 管理计划的要求于 2010 年 7 月 1 日起实施。

(5)船上焚烧

除污泥和油渣之外,船上焚烧应只允许在船上焚烧炉中进行。在船舶正常操作过程中产生的污泥和油渣的船上焚烧也可以在主、副发电机或锅炉内进行,但在这种情况下,不能在码头、港口和河口内进行。应禁止下列物质在船上焚烧:MARPOL 公约附则Ⅰ、Ⅱ和Ⅲ中的货物残余物以及有关的被污染的包装材料;多氯联苯(PCBs);公约附则Ⅴ定义的含有超过微量重金属的垃圾;含有卤素化合物的精炼石油产品。聚氯乙烯(PVCs)必须在获得了 IMO 形式认可证书的船上焚烧炉内焚烧。装有受本规定限制的焚烧炉的所有船舶应持有制造商的操作手册。手册上应规定如何在附则Ⅵ附录Ⅳ所述的限制内操作焚烧炉。负责任何焚烧炉操作的人员应经过培训,并能实施制造厂操作手册中规定的指导。任何时候均应对燃烧烟道烟气出口温度进行监测,在温度低于 850 ℃的最低许可温度时废弃物不应送入船上连续进料焚烧炉。对于分批装料的船上焚烧炉,该装置应设计成其燃烧室的温度在起动后 5 分钟内达到 600 ℃且随后稳定在不低于 850 ℃。

(6)接收设施

各缔约国政府应保证提供足够的设备用以接收从船上卸下的消耗臭氧物质、废气清除残余物,并且不会对船舶造成不当延误。各缔约国政府应将接收设施不足的一切相关情况通知 IMO,以便转告各当事国政府。

(7)燃油质量

供应并作为附则Ⅵ适用的船上燃烧用的燃油应符合相应要求。附则Ⅵ适用的每一艘船舶,应以加油记录单的方式对供应并作为船上燃烧用的燃油的细节加以记录,加油记录单应保存在船上容易取到的地方以供随时检查。它应在燃油供应上船之后保存 3 年。加油记录单应按规定附有所供燃油的代表样品。该样品应由供应商代表和船长或负责加油操作的官员在完成加油操作后密封并签署,并应由船方控制直到燃油被基本消耗掉,但任何情况下,其保存期自加油日期算起应不少于12个月。

5. 状况维持

(1)应保持对设备的维护,使其符合本附则的各项规定,未经主管机关明确批准,不得变动已经过检验的设备、系统、装置、布置和材料。允许用符合本附则规定的设备和装置直接更换这些设备和装置。

(2)如果船舶发生事故或被发现有缺陷,且其对本附则涉及的设备效用或完整性有重大影响,该船的船长或船东应尽早向负责签发有关证书的主管机关、指定的验船师或认可的组织报告。

十、国际船舶压载水和沉积物控制与管理公约

2004年《国际船舶压载水和沉积物控制与管理公约》于2017年9月8日生效后,适用船舶应根据公约附则的要求进行压载水管理。每艘适用船只都应备有并实施经主管机关批准的压载水管理计划和压载水管理记录簿,对船舶压载水排放进行管理。

1. 压载水管理计划

压载水管理计划应基于压载水公约和实施公约的导则编制,并应针对每一船只制定。计划应详细说明与BWM 2004公约要求的压载水管理相关的该船和船员的安全程序;详述根据公约条款实施压载水管理要求和压载水管理其他措施所采取的行动;详述在海上和根据港口国的要求在港口或干船坞处理沉积物的程序;说明船上压载水管理与在其水域采取行动的沿海国或港口国当局的协调程序;指定船上负责确保计划得以完全实施的高级船员;包含公约规定的船舶报告要求。

压载水管理计划由船舶的工作语言写成。如果该语言不是英语、法语或西班牙语,则应包括上述文字之一的译文。

2. 压载水管理标准

压载水更换标准:根据公约附则D-1条的规定,进行压载水更换的船舶应达到其所载压载水量的95%的更换率。使用溢流方法更换压载水的船舶,注入排出压载舱3倍容积的水量或证明已经达到了至少95%容积的更换,也应被视为等效标准。

压载水性能标准:根据公约规则D-2条的规定,进行压载水管理的船舶排放的压载水中每立方米可检出的最大尺寸为大于或等于50 μm的存活生物应少于10个,每毫升可检出的最大尺寸小于50 μm但大于或等于10 μm的存活生物应少于10个。

指示性微生物的排放不应超过以下标准:有毒霍乱菌(01和0139)少于每100 mL 1个菌落单位(cfu)或每一克(湿重)小于1个cfu;大肠杆菌每100 mL少于250个cfu;肠道球菌每100 mL少于100个cfu。在2009年之前建造的船舶,压载水容量在1 500 m^3~5 000 m^3之间的,包括1 500 m^3和5 000 m^3的,在2014年前须至少符合D-1或D-2条标准,在此时间之后,须至少符合D-2条标准;压载水容量少于1 500 m^3和大于5 000 m^3的,在2016年前须至少符合D-1或D-2条标准,在此时间之后,须至少符合D-2条标准。在2009年或之后建造的压载水容量少于5 000 m^3的船舶,须至少符合D-2条标准的压载水管理。在2009年或之后但在2012年之前建造的压载水容量达到或超过5 000 m^3的船舶,在2016年

前须至少符合 D-1 或 D-2 条标准,在此时间之后须至少符合 D-2 条标准。在 2012 年或之后建造的压载水容量达到或超过 5 000 m^3 的船舶,须进行至少符合 D-2 条标准的压载水管理。

压载水公约通过后,由于技术原因,部分要求在其规定的时间表内无法实施。因此,IMO 第 25 届大会对某些适用的船舶给予了时间上的宽限。

3. 压载水置换

为满足压载水更换标准进行压载水更换的船舶:应在距离最近陆地至少 200 n mile 和水深至少 200 m 以上的海域按照导则进行压载水更换。不能根据上述要求进行压载水更换的船舶,须考虑 IMO 组织制定的导则进行并尽可能地远离陆地,在任何情况下距离最近陆地不得少于 50 n mile 和水深不得少于 200 m。在距最近陆地或水深不满足上述要求的海域,通过咨询相邻的或其他当事国,港口国可以指定适当的区域供船舶根据 IMO 组织制定的导则进行压载水更换。船舶不应为遵守压载水更换的任何特殊要求而被要求绕航或延误预定航程。

船舶进行压载水更换时,如果船长有理由认为这种置换因为恶劣天气、船舶构造设计、设备故障或任何其他特殊情况而会对船舶的安全或稳性、其船员或者乘客构成威胁,可以不遵守距离最近陆地至少 200 n mile 和水深至少 200 m 以上的规定。当船舶被要求并未按照本规则进行压载水置换时,须将此种原因记入压载水记录簿。

4. 船舶沉积物管理

所有船舶应根据船舶压载水管理计划的规定对设计用来装载压载水处所的沉积物进行清除和处理。基于相关导则,船舶在设计和建造时应最大限度地降低沉积物的加装和不必要的积聚,以便于清除,并且提供安全通道进行沉积物的清除和采样。

5. 船员的职责

船员应熟悉其在所服务船舶实施压载水管理中的职责,并应熟悉该船与其职责相应的压载水管理计划。

任务5.4 海洋环境保护法

任务情景

2001 年 6 月 21 日,A 公司所属"T"轮与 S 公司所属"S"轮在某附近海域发生碰撞,"T"轮搁浅沉没,所载油类大量泄漏入海,严重污染了事故附近海域,造成天然水产品直接经济损失 330.73 万元、天然渔业资源经济损失 992.19 万元。

本任务涉及保护海洋环境的重要意义。

任务目标

1. 了解海洋环境保护法适用范围与主管机关。
2. 了解违反海洋环境保护法需要承担的法律责任。

任务分析

海洋环境保护法对海洋环境保护意义主要包括以下六个方面:保护和改善海洋环境、保护海洋资源、防治污染损害、维护海洋生态平衡、保障人体健康、促进经济和社会的可持续发展。

知识获取

《中华人民共和国海洋环境保护法》是为了保护和改善海洋环境、保护海洋资源、防治污染损害、维护生态平衡等而制定的。

本法于1982年8月23日第五届全国人民代表大会常务委员会第二十四次会议通过,1999年12月25日第九届全国人民代表大会常务委员会第十三次会议修订,根据2013年12月28日第十二届全国人民代表大会常务委员会第六次会议《关于修改〈中华人民共和国海洋环境保护法〉等七部法律的决定》第一次修正,根据2016年11月7日第十二届全国人民代表大会常务委员会第二十四次会议《关于修改〈中华人民共和国海洋环境保护法〉的决定》第二次修正,根据2017年11月4日第十二届全国人民代表大会常务委员会第三十次会议《关于修改〈中华人民共和国会计法〉等十一部法律的决定》第三次修正,最新海洋环境保护法全文包括总则、海洋环境监督管理、海洋生态保护、防治陆源污染物、海岸工程建设项目等对海洋环境的污染损害、法律责任、附则共10章97条。

一、总则

1. 制定目的

本法为了保护和改善海洋环境、保护海洋资源、防治污染损害、维护生态平衡、保障人体健康、促进经济和社会的可持续发展而制定。

2. 适用范围

本法适用于中华人民共和国内水、领海、毗连区、专属经济区、大陆架以及中华人民共和国管辖的其他海域。在中华人民共和国管辖海域内从事航行、勘探、开发、生产、旅游、科学研究及其他活动,或者在沿海陆域内从事影响海洋环境活动的任何单位和个人,都必须遵守本法。在中华人民共和国管辖海域以外,造成中华人民共和国管辖海域污染的,也适用本法。

国家建立并实施重点海域排污总量控制制度,确定主要污染物排海总量控制指标,并对主要污染源分配排放控制数量。具体办法由国务院制定。

一切单位和个人都有保护海洋环境的义务，并有权对污染损害海洋环境的单位和个人，以及海洋环境监督管理人员的违法失职行为进行监督和检举。

3. 主管机关

(1)国务院环境保护行政主管部门

国务院环境保护行政主管部门作为对全国环境保护工作统一监督管理的部门，对全国海洋环境保护工作实施指导、协调和监督，并负责全国防治陆源污染物和海岸工程建设项目对海洋污染损害的环境保护工作。

(2)国家海洋行政主管部门

国家海洋行政主管部门负责海洋环境的监督管理，组织海洋环境的调查、监测、监视、评价和科学研究，负责全国防治海洋工程建设项目和海洋倾倒废弃物对海洋污染损害的环境保护工作。

(3)国家海事行政主管部门

国家海事行政主管部门负责所辖港区水域内非军事船舶和港区水域外非渔业、非军事船舶污染海洋环境的监督管理，并负责污染事故的调查处理；对在中华人民共和国管辖海域航行、停泊和作业的外国籍船舶造成的污染事故登轮检查处理。船舶污染事故给渔业造成损害的，应当吸收渔业行政主管部门参与调查处理。

(4)国家渔业行政主管部门

国家渔业行政主管部门负责渔港水域内非军事船舶和渔港水域外渔业船舶污染海洋环境的监督管理，负责保护渔业水域生态环境工作，并调查处理前款规定的污染事故以外的渔业污染事故。

(5)军队环境保护部门

军队环境保护部门负责军事船舶污染海洋环境的监督管理及污染事故的调查处理。

(6)地方政府

沿海县级以上地方人民政府行使海洋环境监督管理权的部门的职责，由省、自治区、直辖市人民政府根据《海洋环境保护法》及国务院有关规定确定。

环境保护行政主管部门、海洋行政主管部门和其他行使海洋环境监督管理权的部门，根据职责分工依法公开海洋环境相关信息；相关排污单位应当依法公开排污信息。

二、海洋环境监督管理

因发生事故或者其他突发性事件，造成或者可能造成海洋环境污染事故的单位和个人，必须立即采取有效措施，及时向可能受到危害者通报，并向依照本法规定行使海洋环境监督管理权的部门报告，接受调查处理。沿海县级以上地方人民政府在本行政区域近岸海域的环境受到严重污染时，必须采取有效措施，解除或者减轻危害。

国家根据防止海洋环境污染的需要，制定国家重大海上污染事故应急计划。国家海洋行政主管部门负责制定全国海洋石油勘探开发重大海上溢油应急计划，报国务院环境保护行政主管部门备案。国家海事行政主管部门负责制定全国船舶重大海上溢油污染事故应急计划，报国务院环境保护行政主管部门备案。沿海可能发生重大海洋环境污染事故的单位，应当依照国家的规定，制定污染事故应急计划，并向当地环境保护行政主管部门、海洋行政主管部门备案。沿海县级以上地方人民政府及其有关部门在发生重大海上污染事故时，必须按照应急计划解除或者减轻危害。

三、防治倾倒废弃物对海洋环境的污染损害

任何单位未经国家海洋行政主管部门批准，不得向中华人民共和国管辖海域倾倒任何废弃物。需要倾倒废弃物的单位，必须向国家海洋行政主管部门提出书面申请，经国家海洋行政主管部门审查批准，发给许可证后，方可倾倒。禁止中华人民共和国境外的废弃物在中华人民共和国管辖海域倾倒。

国家海洋行政主管部门根据废弃物的毒性、有毒物质含量和对海洋环境影响程度，制定海洋倾倒废弃物评价程序和标准。向海洋倾倒废弃物，应当按照废弃物的类别和数量实行分级管理。可以向海洋倾倒的废弃物名录，由国家海洋行政主管部门拟定，经国务院环境保护行政主管部门提出审核意见后，报国务院批准。

获准倾倒废弃物的单位，必须按照许可证注明的期限及条件，到指定的区域进行倾倒。废弃物装载之后，批准部门应当予以核实。

禁止在海上焚烧废弃物。禁止在海上处置放射性废弃物或者其他放射性物质。废弃物中的放射性物质的豁免浓度由国务院制定。

四、防治船舶及有关作业活动对海洋环境的污染损害

1. 船舶防污要求

(1)在中华人民共和国管辖海域，任何船舶及相关作业不得违反法律规定向海洋排放污染物、废弃物和压载水、船舶垃圾及其他有害物质；从事船舶污染物、废弃物、船舶垃圾接收、船舶清舱、洗舱作业活动的，必须具备相应的接收处理能力。

(2)船舶必须按照有关规定持有防止海洋环境污染的证书与文书，在进行涉及污染物排放及操作时，应当如实记录。

(3)船舶必须配置相应的防污设备和器材，载运具有污染危害性货物的船舶，其结构与设备应当能够防止或者减轻所载货物对海洋环境的污染。

(4)船舶应当遵守海上交通安全法律、法规的规定，防止因碰撞、触礁、搁浅、火灾或者爆炸等引起的海难事故，造成海洋环境的污染。

2. 油污损害民事赔偿

国家完善并实施船舶油污损害民事赔偿责任制度；按照船舶油污损害赔偿责任由船东和货主共同承担风险的原则，建立船舶油污保险、油污损害赔偿基金制度。

实施船舶油污保险、油污损害赔偿基金制度的具体办法由国务院规定。

3. 载运具有污染危害性货物

载运具有污染危害性货物进出港口的船舶，其承运人、货物所有人或者代理人，必须事先向海事行政主管部门申报。经批准后，方可进出港口、过境停留或者装卸作业。

交付船舶装运污染危害性货物的单证、包装、标志、数量限制等，必须符合对所装货物的有关规定。需要船舶装运污染危害性不明的货物，应当按照有关规定事先进行评估。装卸油类及有毒有害货物的作业，船岸双方必须遵守安全防污操作规程。

4. 油污处理设施与应急计划

港口、码头、装卸站和船舶修造厂必须按照有关规定备有足够的用于处理船舶污染物、

废弃物的接收设施，并使该设施处于良好状态。装卸油类的港口、码头、装卸站和船舶必须编制溢油污染应急计划，并配备相应的溢油污染应急设备和器材。

5. 船舶作业

船舶及有关作业活动应当遵守有关法律法规和标准，采取有效措施，防止造成海洋环境污染。海事行政主管部门等有关部门应当加强对船舶及有关作业活动的监督管理。船舶进行散装液体污染危害性货物的过驳作业，应当事先按照有关规定报经海事行政主管部门批准。

6. 海难事故

船舶发生海难事故，造成或者可能造成海洋环境重大污染损害的，国家海事行政主管部门有权强制采取避免或者减少污染损害的措施。

对在公海上因发生海难事故，造成中华人民共和国管辖海域重大污染损害后果或者具有污染威胁的船舶、海上设施，国家海事行政主管部门有权采取与实际的或者可能发生的损害相称的必要措施。

7. 义务

所有船舶均有监视海上污染的义务，在发现海上污染事故或者违反法律规定的行为时，必须立即向就近的依照法律规定行使海洋环境监督管理权的部门报告。

民用航空器发现海上排污或者污染事件，必须及时向就近的民用航空空中交通管制单位报告。接到报告的单位，应当立即向依照法律规定行使海洋环境监督管理权的部门通报。

五、法律责任

对于单位或个人的排放污染、不符合标准、违反报告、违法工程建设规定、妨碍执法以及其他造成环境污染或破坏的违法行为，有关主管部门有权依法采取警告、责令限期改正和采取补救措施、没收其违法所得、罚款等行政处罚或行政处分。对造成重大海洋环境污染事故，致使公私财产遭受重大损失或者人身伤亡严重后果的，依法追究刑事责任。

1. 污染

违反法律有关规定，有下列行为之一的，由依照法律规定行使海洋环境监督管理权的部门责令限期改正，并处以罚款：①向海域排放法律禁止排放的污染物或者其他物质的；②不按照法律规定向海洋排放污染物，或者超过标准排放污染物的；③未取得海洋倾倒许可证，向海洋倾倒废弃物的；④因发生事故或者其他突发性事件，造成海洋环境污染事故，不立即采取处理措施的。

有前款第①、③项行为之一的，处 3 万元以上 20 万元以下的罚款；有前款第②、④项行为之一的，处 2 万元以上 10 万元以下的罚款。

2. 报告

违反法律有关规定，有下列行为之一的，由依照法律规定行使海洋环境监督管理权的部门予以警告，或者处以罚款：①不按照规定申报，甚至拒报污染物排放有关事项，或者在申报时弄虚作假的；②发生事故或者其他突发性事件不按照规定报告的；③不按照规定记录倾倒情况，或者不按照规定提交倾倒报告的；④拒报或者谎报船舶载运污染危害性货物申报事项的。

有前款第①、③项行为之一的，处2万元以下的罚款；有前款第②、④项行为之一的，处5万元以下的罚款。

3. 现场检验

违反规定，拒绝海洋环境监督管理部门现场检查，或者在被检查时弄虚作假的，由依照法律规定行使海洋环境监督管理权的部门予以警告，并处2万元以下的罚款。

4. 海洋生态系统、资源、保护区破坏

违反规定，造成珊瑚礁、红树林等海洋生态系统及海洋水产资源、海洋保护区破坏的，由依照法律规定行使海洋环境监督管理权的部门责令限期改正和采取补救措施，并处1万元以上10万元以下的罚款，有违法所得的，没收其违法所得。

5. 防污

违反法律规定，有下列行为之一的，由依照法律规定行使海洋环境监督管理权的部门予以警告，或者处以罚款：①港口、码头、装卸站及船舶未配备防污设施、器材的；②船舶未持有防污证书、防污文书，或者不按照规定记载排污记录的；③从事水上和港区水域拆船、旧船改装、打捞和其他水上、水下施工作业，造成海洋环境污染损害的；④船舶载运的货物不具备防污适运条件的。

有前款第①、④项行为之一的，处2万元以上10万元以下的罚款；有前款第②项行为的，处2万元以下的罚款；有前款第③项行为的，处5万元以上20万元以下的罚款。

6. 溢油应急计划

违反法律规定，船舶、石油平台和装卸油类的港口、码头、装卸站不编制溢油应急计划的，由依照法律规定行使海洋环境监督管理权的部门予以警告，或者责令限期改正。

7. 损害责任

造成海洋环境污染损害的责任者，应当排除危害，并赔偿损失；完全由于第三者的故意或者过失，造成海洋环境污染损害的，由第三者排除危害，并承担赔偿责任。

对破坏海洋生态、海洋水产资源、海洋保护区，给国家造成重大损失的，由依照法律规定行使海洋环境监督管理权的部门代表国家对责任者提出损害赔偿要求。

对违反法律规定，造成海洋环境污染事故的单位，由依照法律规定行使海洋环境监督管理权的部门根据所造成的危害和损失处以罚款；负有直接责任的主管人员和其他直接责任人员属于国家工作人员的，依法给予行政处分。规定的罚款数额按照直接损失的30%计算，但最高不得超过30万元。

对造成重大海洋环境污染事故，致使公私财产遭受重大损失或者人身伤亡严重后果的，依法追究刑事责任。

8. 免责

完全属于下列情形之一，经过及时采取合理措施，仍然不能避免对海洋环境造成污染损害的，造成污染损害的有关责任者免予承担责任：①战争；②不可抗拒的自然灾害；③负责灯塔或者其他助航设备的主管部门，在执行职责时的疏忽，或者其他过失行为。

六、附则

1. 用语

海洋环境保护法中下列用语的含义是：

(1)海洋环境污染损害是指直接或者间接地把物质或者能量引入海洋环境,产生损害海洋生物资源、危害人体健康、妨害渔业和海上其他合法活动、损害海水使用素质和减损环境质量等有害影响;

(2)内水是指我国领海基线向内陆一侧的所有海域;

(3)滨海湿地是指低潮时水深浅于6 m的水域及其沿岸浸湿地带,包括水深不超过6 m的永久性水域、潮间带(或洪泛地带)和沿海低地等;

(4)海洋功能区划是指依据海洋自然属性和社会属性,以及自然资源和环境特定条件,界定海洋利用的主导功能和使用范畴;

(5)渔业水域是指鱼虾类的产卵场、索饵场、越冬场、洄游通道和鱼虾贝藻类的养殖场;

(6)油类是指任何类型的油及其炼制品;

(7)油性混合物是指任何含有油分的混合物;

(8)排放是指把污染物排入海洋的行为,包括泵出、溢出、泄出、喷出和倒出;

(9)陆地污染源(简称陆源)是指从陆地向海域排放污染物,造成或者可能造成海洋环境污染的场所、设施等;

(10)陆源污染物是指由陆地污染源排放的污染物;

(11)倾倒是指通过船舶、航空器、平台或者其他载运工具,向海洋处置废弃物和其他有害物质的行为,包括弃置船舶、航空器、平台及其辅助设施和其他浮动工具的行为;

(12)沿海陆域是指与海岸相连,或者通过管道、沟渠、设施,直接或者间接向海洋排放污染物及其相关活动的一带区域;

(13)海上焚烧是指以热摧毁为目的,在海上焚烧设施上,故意焚烧废弃物或者其他物质的行为,但船舶、平台或者其他人工构造物正常操作中,所附带发生的行为除外。

2. 职权划分

职权划分涉及海洋环境监督管理的有关部门的具体职权划分,未作规定的,由国务院规定。

3. 公约适用

中华人民共和国缔结或者参加的与海洋环境保护有关的国际条约与海洋环境法有不同规定的,适用国际条约的规定。但是,中华人民共和国声明保留的条款除外。

任务5.5 防治船舶污染海洋环境管理条例

任务情景

2014年10月24日,A国际贸易有限公司委托B国际货运代理有限公司,办理从国内某港口出运6吨货物名称为“邻苯基苯酚”的货物到韩国釜山的出运事宜。B国际货运代理有限公司接受上述委托后,于当日向韩国某海运株式会社中国代表处进行订舱,确定承运船舶为XXX轮1443E航次,10月28日,该票货物按普通货物运至装运码头前沿堆场。在上述货物的托运过程中,直至10月29日该轮靠泊国内港开始装货作业时,A国际贸易有限公司作为货物所有人,未向海事管理机构办理污染危害性货物申报手续,违反了《防治船舶污染海洋环境管理条例》第二十二条的规定,已构成违法。根据相关规定,给予该贸易有限公司罚款1万元的行政处罚。

本任务讨论了《防治船舶污染海洋环境管理条例》主管机关、适用范围以及法律责任。

任务目标

1. 了解条例的适用范围。
2. 了解船舶污染物的排放和接收。
3. 了解船舶污染事故应急处置。
4. 了解船舶污染事故调查处理与法律责任。

任务分析

(略)

知识获取

早在1983年,我国就出台了《中华人民共和国防止船舶污染海域管理条例》(以下简称《管理条例》),在防止船舶污染海域、保护海洋生态方面发挥了重要作用。近年来,随着我国经济持续快速发展,《管理条例》的相关规定和措施已明显滞后于当前海运业发展形势。为了进一步做好防治船舶及其有关作业活动污染海洋环境工作,加强生态环境保护,我国原交通部从2007年开始根据修订后的《中华人民共和国海洋环境保护法》以及我国加入的国际公约的要求,在总结防治船舶及其有关作业活动污染海洋环境的实践经验基础上,对原有的《中华人民共和国防止船舶污染海域管理条例》进行全面修改,制定了新的《中华人民共和国防治船舶污染海洋环境管理条例》,并于2009年9月2日国务院第79次常务会议通过。2009年9月9日,温家宝总理签署国务院令,公布《中华人民共和国防治船舶污染海洋环境管理条例》(以下简称《防污条例》),并于2010年3月1日起施行。之后根据2013年7月18日《国务院关于废止和修改部分行政法规的决定》第一次修订、2013年12月7日《国务院关于修改部分行政法规的决定》第二次修订、2014年7月29日《国务院关于修改部分行政法规的决定》第三次修订、2016年2月6日《国务院关于修改部分行政法规的决定》第四次修订、2017年3月1日《国务院关于修改和废止部分行政法规的决定》第五次修订、2018年3月19日《国务院关于修改和废止部分行政法规的决定》第六次修订进行了修订。

相对于1983年的《管理条例》,《防污条例》的最深刻变化是将“防止污染”原则转变为“防治污染”,将船岸等相关各方都纳入调整范围,实现了船舶防污染管理工作由防止到防治、从事后到事前、从点到面的转变。《防污条例》共 9 章 76 条，内容包括总则、防治船舶及其有关作业活动、船舶污染物的排放和接收、船舶有关作业活动的污染防治、船舶污染事故应急处置、船舶污染事故调查处理、船舶污染事故损害赔偿、法律责任和附则。

一、总则

1. 制定目的与法律依据

为了防治船舶及其有关作业活动污染海洋环境，根据《中华人民共和国海洋环境保护法》，制定防污条例。

2. 适用范围

防治船舶及其有关作业活动污染中华人民共和国管辖海域适用防污条例。

3. 防治原则

防治船舶及其有关作业活动污染海洋环境，实行预防为主、防治结合的原则。

4. 主管机关

国务院交通运输主管部门主管所辖港区水域内非军事船舶和港区水域外非渔业、非军事船舶污染海洋环境的防治工作。

海事管理机构依照防污条例规定具体负责防治船舶及其有关作业活动污染海洋环境的监督管理。

5. 应急规划建设

国务院交通运输主管部门应当根据防治船舶及其有关作业活动污染海洋环境的需要，组织编制防治船舶及其有关作业活动污染海洋环境应急能力建设规划，报国务院批准后公布实施。

沿海设区的市级以上地方人民政府应当按照国务院批准的防治船舶及其有关作业活动污染海洋环境应急能力建设规划，并根据本地区的实际情况，组织编制相应的防治船舶及其有关作业活动污染海洋环境应急能力建设规划。

6. 应急反应机制

国务院交通运输主管部门、沿海设区的市级以上地方人民政府应当建立健全防治船舶及其有关作业活动污染海洋环境应急反应机制，并制定防治船舶及其有关作业活动污染海洋环境应急预案。

海事管理机构应当根据防治船舶及其有关作业活动污染海洋环境的需要，会同海洋主管部门建立健全船舶及其有关作业活动污染海洋环境的监测、监视机制，加强对船舶及其有关作业活动污染海洋环境的监测、监视。

国务院交通运输主管部门、沿海设区的市级以上地方人民政府应当按照防治船舶及其有关作业活动污染海洋环境应急能力建设规划，建立专业应急队伍和应急设备库，配备专用的设施、设备和器材。

7. 报告责任

任何单位和个人发现船舶及其有关作业活动造成或者可能造成海洋环境污染的，应当立即就近向海事管理机构报告。

二、防治船舶及其有关作业活动

1. 船舶防污要求

(1)防污设备与证书

① 船舶的结构、设备、器材应当符合国家有关防治船舶污染海洋环境的技术规范以及中华人民共和国缔结或者参加的国际条约的要求。

② 船舶应当依照法律、行政法规、国务院交通运输主管部门的规定以及中华人民共和国缔结或者参加的国际条约的要求,取得并随船携带相应的防治船舶污染海洋环境的证书、文书。

(2)防污管理

中国籍船舶的所有人、经营人或者管理人应当按照国务院交通运输主管部门的规定,建立健全的安全营运和防治船舶污染管理体系。

海事管理机构应当对安全营运和防治船舶污染管理体系进行审核,审核合格的,发给符合证明和相应的船舶安全管理证书。

2. 港口、码头、装卸站及修造的单位

(1)防污设施

港口、码头、装卸站以及从事船舶修造的单位应当配备与其装卸货物种类和吞吐能力或者修造船舶能力相适应的污染监视设施和污染物接收设施,并使其处于良好状态。

(2)防污管理

码头、装卸站以及从事船舶修造、打捞、拆解等作业活动的单位应当制定有关安全营运和防治污染的管理制度,按照国家有关防治船舶及其有关作业活动污染海洋环境的规范和标准,配备相应的防治污染设备和器材。

港口、码头、装卸站以及从事船舶修造、打捞、拆解等作业活动的单位,应当定期检查、维护配备的防治污染设备和器材,确保防治污染设备和器材符合防治船舶及其有关作业活动污染海洋环境的要求。

3. 应急预案

(1)船舶所有人、经营人或者管理人以及有关作业单位应当制定防治船舶及其有关作业活动污染海洋环境的应急预案,并报海事管理机构批准。

(2)港口、码头、装卸站的经营人应当制定防治船舶及其有关作业活动污染海洋环境的应急预案,并报海事管理机构备案。

(3)船舶、港口、码头、装卸站以及其他有关作业单位应当按照应急预案,定期组织演练,并做好相应记录。

三、船舶污染物的排放和接收

1. 船舶污染物的排放

(1)排放要求

①船舶在中华人民共和国管辖海域向海洋排放的船舶垃圾、生活污水、含油污水、含有毒有害物质污水、废气等污染物以及压载水,应当符合法律、行政法规、中华人民共和国缔结或者参加的国际条约以及相关标准的要求。

②船舶应当将不符合前款规定的排放要求的污染物排入港口接收设施或者由船舶污染物接收单位接收。

③船舶不得向依法划定的海洋自然保护区、海滨风景名胜区、重要渔业水域以及其他需要特别保护的海域排放船舶污染物。

(2)记录要求

①船舶处置污染物,应当在相应的记录簿内如实记录。

②船舶应当将使用完毕的船舶垃圾记录簿在船舶上保留2年;将使用完毕的含油污水、含有毒有害物质污水记录簿在船舶上保留3年。

2. 船舶污染物的接收

(1)接收单位

船舶污染物接收单位从事船舶垃圾、残油、含油污水、含有毒有害物质污水接收作业,应当依法经海事管理机构批准。

(2)接收单证

船舶污染物接收单位接收船舶污染物,应当向船舶出具污染物接收单证,并由船长签字确认。

船舶凭污染物接收单证向海事管理机构办理污染物接收证明,并将污染物接收证明保存在相应的记录簿中。

(3)污染物处理

船舶污染物接收单位应当按照国家有关污染物处理的规定处理接收的船舶污染物,并每月将船舶污染物的接收和处理情况报海事管理机构备案。

四、船舶有关作业活动的污染防治

1. 船舶作业

从事船舶清舱、洗舱、油料供受、装卸、过驳、修造、打捞、拆解,污染危害性货物装箱、充罐,污染清除作业以及利用船舶进行水上水下施工等作业活动的,应当遵守相关操作规程,并采取必要的安全和防治污染的措施。从事上述规定的作业活动的人员,应当具备相关安全和防治污染的专业知识和技能。

2. 污染危害性货物载运

(1)船舶不符合污染危害性货物适载要求的,不得载运污染危害性货物,码头、装卸站不得为其进行装载作业。污染危害性货物的名录由国家海事管理机构公布。

(2)载运污染危害性货物进出港口的船舶,其承运人、货物所有人或者代理人,应当向海事管理机构提出申请,经批准方可进出港口、过境停留或者进行装卸作业。

(3)载运污染危害性货物的船舶,应当在海事管理机构公布的具有相应安全装卸和污染物处理能力的码头、装卸站进行装卸作业。

(4)货物所有人或者代理人交付船舶载运污染危害性货物,应当确保货物的包装与标志等符合有关安全和防治污染的规定,并在运输单证上准确注明货物的技术名称、编号、类别(性质)、数量、注意事项和应急措施等内容。

货物所有人或者代理人交付船舶载运污染危害性不明的货物,应当由国家海事管理机构认定的评估机构进行危害性评估,明确货物的危害性质以及有关安全和防治污染要求,方可交付船舶载运。

(5)海事管理机构认为交付船舶载运的污染危害性货物应当申报而未申报,或者申报的内容不符合实际情况的,可以按照国务院交通运输主管部门的规定采取开箱等方式查验。

海事管理机构查验污染危害性货物,货物所有人或者代理人应当到场,并负责搬移货物,开拆和重封货物的包装。海事管理机构认为必要的,可以径行查验、复验或者提取货样,有关单位和个人应当配合。

(6)进行散装液体污染危害性货物过驳作业的船舶,其承运人、货物所有人或者代理人应当向海事管理机构提出申请,告知作业地点,并附送过驳作业方案、作业程序、防治污染措施等材料。

海事管理机构应当自受理申请之日起2个工作日内作出许可或者不予许可的决定。2个工作日内无法作出决定的,经海事管理机构负责人批准,可以延长5个工作日。

3. 燃油供给

(1)依法获得船舶油料供受作业资质的单位,应当向海事管理机构备案。海事管理机构应当对船舶油料供受作业进行监督检查,发现不符合安全和防治污染要求的,应当予以制止。

(2)船舶燃油供给单位应当如实填写燃油供受单证,并向船舶提供船舶燃油供受单证和燃油样品。船舶和船舶燃油供给单位应当将燃油供受单证保存3年,并将燃油样品妥善保存1年。

4. 船舶修造、水上拆解

(1)船舶修造、水上拆解的地点应当符合环境功能区划和海洋功能区划,并由海事管理机构征求当地环境保护主管部门和海洋主管部门意见后确定并公布。

(2)拆解作业

①从事船舶拆解的单位在船舶拆解作业前,应当对船舶上的残余物和废弃物进行处置。将油舱(柜)中的存油驳出,进行船舶清舱、洗舱、测爆等工作,并经海事管理机构检查合格,方可进行船舶拆解作业。

②从事船舶拆解的单位应当及时清理船舶拆解现场,并按照国家有关规定处理船舶拆解产生的污染物。

③禁止采取冲滩方式进行船舶拆解作业。

5. 废弃物转移与倾倒

(1)危险废物转移

①禁止船舶经过中华人民共和国内水、领海转移危险废物。

②经过中华人民共和国管辖的其他海域转移危险废物的,应当事先取得国务院环境保护主管部门的书面同意,并按照海事管理机构指定的航线航行,定时报告船舶所处的位置。

(2)倾倒废弃物

①使用船舶向海洋倾倒废弃物的,应当向驶出港所在地的海事管理机构提交海洋主管部门的批准文件,经核实方可办理船舶出港签证。

②船舶向海洋倾倒废弃物,应当如实记录倾倒情况。返港后,应当向驶出港所在地的海事管理机构提交书面报告。

6. 污染清除

(1)污染清除作业协议

载运散装液体污染危害性货物的船舶和1万总吨以上的其他船舶，其经营人应当在作业前或者进出港口前与取得污染清除作业资质的单位签订污染清除作业协议，明确双方在发生船舶污染事故后污染清除的权利和义务。

与船舶经营人签订污染清除作业协议的污染清除作业单位应当在发生船舶污染事故后，按照污染清除作业协议及时进行污染清除作业。

(2)污染清除作业资质

申请取得污染清除作业资质的单位应当向海事管理机构提出书面申请，并提交其符合下列条件的材料：①配备的污染清除设施、设备、器材和作业人员符合国务院交通运输主管部门的规定；②制定的污染清除作业方案符合防治船舶及其有关作业活动污染海洋环境的要求；③污染物处理方案符合国家有关防治污染的规定。

海事管理机构应当自受理申请之日起30个工作日内完成审查，并对符合条件的单位颁发资质证书；对不符合条件的，书面通知申请单位并说明理由。

五、船舶污染事故应急处置

1. 污染事故分级

《防污条例》所称船舶污染事故，是指船舶及其有关作业活动发生油类、油性混合物和其他有毒有害物质泄漏造成的海洋环境污染事故。

船舶污染事故分为以下等级：

(1)特别重大船舶污染事故，是指船舶溢油1 000 t以上，或者造成直接经济损失2亿元以上的船舶污染事故；

(2)重大船舶污染事故，是指船舶溢油500 t以上不足1 000 t，或者造成直接经济损失1亿元以上不足2亿元的船舶污染事故；

(3)较大船舶污染事故，是指船舶溢油100 t以上不足500 t，或者造成直接经济损失5 000万元以上不足1亿元的船舶污染事故；

(4)一般船舶污染事故，是指船舶溢油不足100 t，或者造成直接经济损失不足5 000万元的船舶污染事故。

2. 污染事故处理

(1)应急处理与报告要求

船舶在中华人民共和国管辖海域发生污染事故，或者在中华人民共和国管辖海域外发生污染事故造成或者可能造成中华人民共和国管辖海域污染的，应当立即启动相应的应急预案，采取措施控制和消除污染，并就近向有关海事管理机构报告。

发现船舶及其有关作业活动可能对海洋环境造成污染的，船舶、码头、装卸站应当立即采取相应的应急处置措施，并就近向有关海事管理机构报告。

接到报告的海事管理机构应当立即核实有关情况，并向上级海事管理机构或者国务院交通运输主管部门报告，同时报告有关沿海区域的市级以上地方人民政府。

(2)报告内容

船舶污染事故报告应当包括下列内容：①船舶的名称、国籍、呼号或者编号；②船舶所有人、经营人或者管理人的名称、地址；③发生事故的时间、地点以及相关气象和水文情况；④事故原因或者事故原因的初步判断；⑤船舶上污染物的种类、数量、装载位置等概况；⑥污染程度；⑦已经采取或者准备采取的污染控制、清除措施和污染控制情况以及救助要求；⑧国务院交通运输主管部门规定应当报告的其他事项。

作出船舶污染事故报告后出现新情况的，船舶、有关单位应当及时补报。

(3)应急指挥机构

①发生特别重大船舶污染事故，国务院或者国务院授权国务院交通运输主管部门成立事故应急指挥机构。

②发生重大船舶污染事故，有关省、自治区、直辖市人民政府应当会同海事管理机构成立事故应急指挥机构。

③发生较大船舶污染事故和一般船舶污染事故，有关设区的市级人民政府应当会同海事管理机构成立事故应急指挥机构。

有关部门、单位应当在事故应急指挥机构统一组织和指挥下，按照应急预案的分工，开展相应的应急处置工作。

(4)船舶沉没

船舶发生事故有沉没危险，船员离船前，应当尽可能关闭所有货舱（柜）、油舱（柜）管系的阀门，堵塞货舱（柜）、油舱（柜）通气孔。

船舶沉没的，船舶所有人、经营人或者管理人应当及时向海事管理机构报告船舶燃油、污染危害性货物以及其他污染物的性质、数量、种类、装载位置等情况，并及时采取措施予以清除。

(5)征用

发生船舶污染事故或者船舶沉没，可能造成中华人民共和国管辖海域污染的，有关沿海设区的市级以上地方人民政府、海事管理机构根据应急处置的需要，可以征用有关单位或者个人的船舶和防治污染设施、设备、器材以及其他物资，有关单位和个人应当予以配合。

被征用的船舶和防治污染设施、设备、器材以及其他物资使用完毕或者应急处置工作结束，应当及时返还。船舶和防治污染设施、设备、器材以及其他物资被征用或者征用后毁损、灭失的，应当给予补偿。

(6)污染处理

发生船舶污染事故，海事管理机构可以采取清除、打捞、拖航、引航、过驳等必要措施，减轻污染损害。相关费用由造成海洋环境污染的船舶、有关作业单位承担。需要承担前款规定费用的船舶，应当在开航前缴清相关费用或者提供相应的财务担保。

处置船舶污染事故使用的消油剂，应当符合国家有关标准。海事管理机构应当及时将符合国家有关标准的消油剂名录向社会公布。

船舶、有关单位使用消油剂处置船舶污染事故的，应当依照《中华人民共和国海洋环境保护法》有关规定执行。

六、船舶污染事故调查处理

1. 调查处理机构

船舶污染事故的调查处理依照下列规定进行：

(1)特别重大船舶污染事故由国务院或者国务院授权国务院交通运输主管部门等部门组织事故调查处理；

(2)重大船舶污染事故由国家海事管理机构组织事故调查处理；

(3)较大船舶污染事故和一般船舶污染事故由事故发生地的海事管理机构组织事故调查处理。

船舶污染事故给渔业造成损害的，应当吸收渔业主管部门参与调查处理；给军事港口水域造成损害的，应当吸收军队有关主管部门参与调查处理。

2. 污染事故调查

发生船舶污染事故，组织事故调查处理的机关或者海事管理机构应当及时、客观、公正地开展事故调查，勘验事故现场，检查相关船舶，询问相关人员，搜集证据，查明事故原因。组织事故调查处理的机关或者海事管理机构根据事故调查处理的需要，可以暂扣相应的证书、文书、资料；必要时，可以禁止船舶驶离港口或者责令停航、改航、停止作业直至暂扣船舶。

事故调查处理需要委托有关机构进行技术鉴定或者检验、检测的，应当委托国务院交通运输主管部门认定的机构进行。

组织事故调查处理的机关或者海事管理机构开展事故调查时，船舶污染事故的当事人和其他有关人员应当如实反映情况和提供资料，不得伪造、隐匿、毁灭证据或者以其他方式妨碍调查取证。

3. 污染事故处理

组织事故调查处理的机关或者海事管理机构应当自事故调查结束之日起 20 个工作日内制作事故认定书，并送达当事人。

事故认定书应当载明事故基本情况、事故原因和事故责任。

七、船舶污染事故损害赔偿

1. 赔偿责任

造成海洋环境污染损害的责任者，应当排除危害，并赔偿损失；完全由于第三者的故意或者过失，造成海洋环境污染损害的，由第三者排除危害，并承担赔偿责任。

2. 免责

完全属于下列情形之一，经过及时采取合理措施，仍然不能避免对海洋环境造成污染损害的，免予承担责任：①战争；②不可抗拒的自然灾害；③负责灯塔或者其他助航设备的主管部门，在执行职责时的疏忽，或者其他过失行为。

3. 赔偿限额

船舶污染事故的赔偿限额依照《中华人民共和国海商法》关于海事赔偿责任限制的规定执行。但是，船舶载运的散装持久性油类物质造成中华人民共和国管辖海域污染的，赔偿限额依照中华人民共和国缔结或者参加的有关国际条约的规定执行。

前款所称持久性油类物质，是指任何持久性烃类矿物油。

4. 油污损害民事责任制度

(1)保险与担保

在中华人民共和国管辖海域内航行的船舶，其所有人应当按照国务院交通运输主管部门的规定，投保船舶油污损害民事责任保险或者取得相应的财务担保。但是，1 000 总吨以下载运非油类物质的船舶除外。

船舶所有人投保船舶油污损害民事责任保险或者取得的财务担保的额度应当不低于《中华人民共和国海商法》、中华人民共和国缔结或者参加的有关国际条约规定的油污赔偿限额。

（2）证书

已依照本条例规定投保船舶油污损害民事责任保险或者取得财务担保的中国籍船舶，其所有人应当持船舶国籍证书、船舶油污损害民事责任保险合同或者财务担保证明，向船籍港的海事管理机构申请办理船舶油污损害民事责任保险证书或者财务保证证书。

（3）优先赔偿

发生船舶油污事故，国家组织有关单位进行应急处置、清除污染所发生的必要费用，应当在船舶油污损害赔偿中优先受偿。

（4）赔偿基金

在中华人民共和国管辖水域接收海上运输的持久性油类物质货物的货物所有人或者代理人应当缴纳船舶油污损害赔偿基金。

船舶油污损害赔偿基金征收、使用和管理的具体办法由国务院财政部门会同国务院交通运输主管部门制定。

国家设立船舶油污损害赔偿基金管理委员会，负责处理船舶油污损害赔偿基金的赔偿等事务。船舶油污损害赔偿基金管理委员会由有关行政机关和缴纳船舶油污损害赔偿基金的主要货主组成。

（5）争议处理

对船舶污染事故损害赔偿的争议，当事人可以请求海事管理机构调解，也可以向仲裁机构申请仲裁或者向人民法院提起民事诉讼。

八、法律责任

（1）船舶、有关作业单位违反条例规定的，海事管理机构应当责令改正；拒不改正的，海事管理机构可以责令停止作业、强制卸载，禁止船舶进出港口、靠泊、过境停留，或者责令停航、改航、离境、驶向指定地点。

（2）违反本条例的规定，船舶的结构不符合国家有关防治船舶污染海洋环境的技术规范或者有关国际条约要求的，由海事管理机构处 10 万元以上 30 万元以下的罚款。

（3）违反本条例的规定，有下列情形之一的，由海事管理机构依照《中华人民共和国海洋环境保护法》有关规定予以处罚：①船舶未取得并随船携带防治船舶污染海洋环境的证书、文书的；②船舶、港口、码头、装卸站未配备防治污染设备、器材的；③船舶向海域排放本条例禁止排放的污染物的；④船舶未如实记录污染物处置情况的；⑤船舶超过标准向海域排放污染物的；⑥从事船舶水上拆解作业，造成海洋环境污染损害的。

（4）违反本条例的规定，船舶未按照规定在船舶上留存船舶污染物处置记录，或者船舶污染物处置记录与船舶运行过程中产生的污染物数量不符合的，由海事管理机构处 2 万元以上 10 万元以下的罚款。

（5）违反本条例的规定，船舶污染物接收单位未经海事管理机构批准，擅自从事船舶垃圾、残油、含油污水、含有毒有害物质污水接收作业的，由海事管理机构处1万元以上5万元以下的罚款；造成海洋环境污染的，处5万元以上25万元以下的罚款。

(6)违反本条例的规定，船舶未按照规定办理污染物接收证明，或者船舶污染物接收单位未按照规定将船舶污染物的接收和处理情况报海事管理机构备案的，由海事管理机构处2万元以下的罚款。

(7)违反本条例的规定，有下列情形之一的，由海事管理机构处2 000元以上1万元以下的罚款：①船舶未按照规定保存污染物接收证明的；②船舶燃油供给单位未如实填写燃油供受单证的；③船舶燃油供给单位未按照规定向船舶提供燃油供受单证和燃油样品的；④船舶和船舶燃油供给单位未按照规定保存燃油供受单证和燃油样品的。

(8)违反本条例的规定，有下列情形之一的，由海事管理机构处2万元以上10万元以下的罚款：①载运污染危害性货物的船舶不符合污染危害性货物适载要求的；②载运污染危害性货物的船舶未在具有相应安全装卸和污染物处理能力的码头、装卸站进行装卸作业的；③货物所有人或者代理人未按照规定对污染危害性不明的货物进行危害性评估的。

(9)违反本条例的规定，未经海事管理机构批准，船舶载运污染危害性货物进出港口、过境停留、进行装卸或者过驳作业的，由海事管理机构处1万元以上5万元以下的罚款。

(10)违反本条例的规定，有下列情形之一的，由海事管理机构处2万元以上10万元以下的罚款：①船舶发生事故沉没，船舶所有人或者经营人未及时向海事管理机构报告船舶燃油、污染危害性货物以及其他污染物的性质、数量、种类、装载位置等情况的；②船舶发生事故沉没，船舶所有人或者经营人未及时采取措施清除船舶燃油、污染危害性货物以及其他污染物的。

(11)违反本条例的规定，有下列情形之一的，由海事管理机构处1万元以上5万元以下的罚款：①载运散装液体污染危害性货物的船舶和1万总吨以上的其他船舶，其经营人未按照规定签订污染清除作业协议的；②未取得污染清除作业资质的单位擅自签订污染清除作业协议并从事污染清除作业的。

(12)违反本条例的规定，发生船舶污染事故，船舶、有关作业单位未立即启动应急预案的，对船舶、有关作业单位，由海事管理机构处2万元以上10万元以下的罚款；对直接负责的主管人员和其他直接责任人员，由海事管理机构处1万元以上2万元以下的罚款。直接负责的主管人员和其他直接责任人员属于船员的，并处给予暂扣适任证书或者其他有关证件1个月至3个月的处罚。

(13)违反本条例的规定，发生船舶污染事故，船舶、有关作业单位迟报、漏报事故的，对船舶、有关作业单位，由海事管理机构处5万元以上25万元以下的罚款；对直接负责的主管人员和其他直接责任人员，由海事管理机构处1万元以上5万元以下的罚款。直接负责的主管人员和其他直接责任人员属于船员的，并处给予暂扣适任证书或者其他有关证件3个月至6个月的处罚。瞒报、谎报事故的，对船舶、有关作业单位，由海事管理机构处25万元以上50万元以下的罚款；对直接负责的主管人员和其他直接责任人员，由海事管理机构处5万元以上10万元以下的罚款。直接负责的主管人员和其他直接责任人员属于船员的，并处给予吊销适任证书或者其他有关证件的处罚。

(14)违反本条例的规定，未经海事管理机构批准使用消油剂的，由海事管理机构对船舶或者使用单位处1万元以上5万元以下的罚款。

(15)违反本条例的规定，船舶污染事故的当事人和其他有关人员，未如实向组织事故调查处理的机关或者海事管理机构反映情况和提供资料，伪造、隐匿、毁灭证据或者以其他方式妨碍调查取证的，由海事管理机构处 1 万元以上 5 万元以下的罚款。

(16)违反本条例的规定，船舶所有人有下列情形之一的，由海事管理机构责令改正，可以处 5 万元以下的罚款；拒不改正的，处 5 万元以上 25 万元以下的罚款：①在中华人民共和国管辖海域内航行的船舶。其所有人未按照规定投保船舶油污损害民事责任保险或者取得相应的财务担保的；②船舶所有人投保船舶油污损害民事责任保险或者取得的财务担保的额度低于《中华人民共和国海商法》、中华人民共和国缔结或者参加的有关国际条约规定的油污赔偿限额的。

(17)违反本条例的规定，在中华人民共和国管辖水域接收海上运输的持久性油类物质货物的货物所有人或者代理人，未按照规定缴纳船舶油污损害赔偿基金的，由海事管理机构责令改正；拒不改正的，可以停止其接收的持久性油类物质货物在中华人民共和国管辖水域进行装卸、过驳作业。

货物所有人或者代理人逾期未缴纳船舶油污损害赔偿基金的，应当自应缴之日起按日加缴未缴额的万分之五的滞纳金。

九、附则

(1)中华人民共和国缔结或者参加的国际条约对防治船舶及其有关作业活动污染海洋环境有规定的，适用国际条约的规定。但是，中华人民共和国声明保留的条款除外。

(2)县级以上人民政府渔业主管部门负责渔港水域内非军事船舶和渔港水域外渔业船舶污染海洋环境的监督管理，负责保护渔业水域生态环境工作，负责调查处理《中华人民共和国海洋环境保护法》第五条第四款规定的渔业污染事故。

(3)军队环境保护部门负责军事船舶污染海洋环境的监督管理及污染事故的调查处理。

项目6

国内海事行政法规

学习目标

1. 了解国内相关各类海事行政法规。
2. 了解国内各类海事行政法规的适用范围。
3. 了解国内各类海事行政法规的法律责任。

项目概述

随着我国经济及法制建设的不断健全和完善，国内海事行政法规体系已基本形成，为加强交通安全管理、保证人命和财产的安全、促进我国航运事业的发展提供了有力的法制保障。国内海事行政法规体系涵盖了涉及国家主权、海上(水上)交通运输、环境资源保护、船舶技术监控、生产作业安全、船员管理以及行政处罚或民事纠纷等各相关领域的专门或综合法律法规。

任务6.1 海上交通安全法

任务情景

2018年1月6日发生了震惊世界的“S轮”海难事故。从该事故VDR资料及海事调查分析结果来看，在当时天气晴朗，双方互见情况下，“S轮”对位于其右舷，处于交叉相遇态势的“C轮”，负有让路责任。但当时“S轮”的值班驾驶员三副方法偏激，消极抵制。在该轮值班水手的提醒下，值班驾驶员三副仍固执己见，拒不履行其作为让路船的义务，直到碰撞不可避免，悔之晚矣。

海事调查分析表明，当时“S轮”和“C轮”未保持正规瞭望，驾驶台仪器的使用出现了严重偏差，雷达的增益、雨雪抑制功能调节失当，视觉、听觉瞭望能力丧失，严重违反了

《1972国际海上避碰规则》中第五条:每一条船在任何时候都应使用视觉、听觉以及适合当时环境和情况的一切有效手段保持正规瞭望,以便对局面和碰撞危险做出充分的估计。此外“C轮”交接班不规范,三副1943上驾驶台接班,大副1946就离开了驾驶台,三副“夜眼”还未充分适应,属于半盲状态。而大副之前小舵角连续改变航向,也是海上避碰的大忌等。

本任务涉及讨论遵守海上交通安全法的重要意义。

任务目标

1. 了解海上交通安全法的适用范围和主管机关。
2. 了解海上交通安全法的部分内容。
3. 了解违反海上交通安全法的法律责任。

任务分析

《中华人民共和国海上交通安全法》全面提升了船舶、船员、航运公司等海运业全要素的监管要求,强化了海事管理机构服务保障海上运输的职责,拓展了海上运输活动全过程监管的范围,系统重塑了海上交通安全管理秩序,为海运业高质量发展夯实了制度基础。

知识获取

《中华人民共和国海上交通安全法》于1983年9月2日第六届全国人民代表大会常务委员会第二次会议通过,于1984年1月1日起实施。它是我国有关海上交通安全管理的第一部基本法律,也是海事主管机关对海上交通安全实施行政管理的基本法律依据,是调整和制约各种海上交通行为和相互关系的准则。该法的颁布和实施标志着我国海上交通进入到法制管理的阶段,对维护中国沿海通航秩序,保证船舶设施和人命财产安全,保障航运企业利益,维护国家利益,起到了重大的法律行政干预作用。

2021年4月29日,中华人民共和国第十三届全国人民代表大会常务委员会第二十八次会议修订通过新的《中华人民共和国海上交通安全法》(以下简称《海上交通安全法》),自2021年9月1日起施行。

现行《海上交通安全法》共有10章122条,包括:总则;船舶、海上设施和船员;海上交通条件和航行保障;航行、停泊、作业;海上客货运输安全;海上搜寻救助;海上交通事故调查处理;监督管理;法律责任;附则。

一、总则

1. 目的

《海上交通安全法》是为加强海上交通管理,保障船舶、设施和人命财产的安全,维护国家权益而制定。

2. 适用范围

在中华人民共和国管辖海域内从事航行、停泊、作业以及其他与海上交通安全相关的活动,适用本法。

3. 主管机关

国家海事管理机构统一负责海上交通安全监督管理工作,其他各级海事管理机构按照职责具体负责辖区内的海上交通安全监督管理工作。

各级人民政府及有关部门应当支持海上交通安全工作,加强海上交通安全的宣传教育,提高全社会的海上交通安全意识。

4. 义务

从事船舶、海上设施航行、停泊、作业以及其他与海上交通相关活动的单位、个人,应当遵守有关海上交通安全的法律、行政法规、规章以及强制性标准和技术规范;依法享有获得航海保障和海上救助的权利,承担维护海上交通安全和保护海洋生态环境的义务。

二、船舶、海上设施和船员

中国籍船舶、在中华人民共和国管辖海域设置的海上设施、船运集装箱,以及国家海事管理机构确定的关系海上交通安全的重要船用设备、部件和材料,应当符合有关法律、行政法规、规章以及强制性标准和技术规范的要求,经船舶检验机构检验合格,取得相应证书、文书。证书、文书的清单由国家海事管理机构制定并公布。

设立船舶检验机构应当经国家海事管理机构许可。船舶检验机构设立条件、程序及其管理等依照有关船舶检验的法律、行政法规的规定执行。

持有相关证书、文书的单位应当按照规定的用途使用船舶、海上设施、船运集装箱以及重要船用设备、部件和材料,并应当依法定期进行安全技术检验。

船舶依照有关船舶登记的法律、行政法规的规定向海事管理机构申请船舶国籍登记、取得国籍证书后,方可悬挂中华人民共和国国旗航行、停泊、作业。

中国籍船舶灭失或者报废的,船舶所有人应当在国务院交通运输主管部门规定的期限内申请办理注销国籍登记;船舶所有人逾期不申请注销国籍登记的,海事管理机构可以发布关于拟强制注销船舶国籍登记的公告。船舶所有人自公告发布之日起六十日内未提出异议的,海事管理机构可以注销该船舶的国籍登记。

中国籍国际航行船舶的所有人、经营人或者管理人应当依照国务院交通运输主管部门的规定建立船舶保安制度,制定船舶保安计划,并按照船舶保安计划配备船舶保安设备,定期开展演练。

外国籍船员在中国籍船舶上工作的,按照有关船员管理的法律、行政法规的规定执行。

中国籍船舶的所有人、经营人或者管理人应当为其国际航行船舶向海事管理机构申请取得海事劳工证书。船舶取得海事劳工证书应当符合下列条件:

①所有人、经营人或者管理人依法招用船员,与其签订劳动合同或者就业协议,并为船舶配备符合要求的船员;

②所有人、经营人或者管理人已保障船员在船舶上的工作环境、职业健康保障和安全防护、工作和休息时间、工资报酬、生活条件、医疗条件、社会保险等符合国家有关规定;

③所有人、经营人或者管理人已建立符合要求的船员投诉和处理机制;

④所有人、经营人或者管理人已就船员遣返费用以及在船就业期间发生伤害、疾病或

者死亡依法应当支付的费用提供相应的财务担保或者投保相应的保险。

海事管理机构商人力资源社会保障行政部门，按照各自职责对申请人及其船舶是否符合前款规定条件进行审核。经审核符合规定条件的，海事管理机构应当自受理申请之日起十个工作日内颁发海事劳工证书；不符合规定条件的，海事管理机构应当告知申请人并说明理由。

海事劳工证书颁发及监督检查的具体办法由国务院交通运输主管部门会同国务院人力资源社会保障行政部门制定并公布。

三、海上交通条件和航行保障

国务院交通运输主管部门统筹规划和管理海上交通资源，促进海上交通资源的合理开发和有效利用。

海事管理机构划定或者调整船舶定线区、港外锚地以及对其他海洋功能区域或者用海活动造成影响的安全作业区，应当征求渔业渔政、生态环境、自然资源等有关部门的意见。为了军事需要划定、调整禁航区的，由负责划定、调整禁航区的军事机关作出决定，海事管理机构予以公布。

任何单位、个人不得损坏海上交通支持服务系统或者妨碍其工作效能。建设建筑物、构筑物，使用设施设备可能影响海上交通支持服务系统正常使用的，建设单位、所有人或者使用人应当与相关海上交通支持服务系统的管理单位协商，作出妥善安排。

四、航行、停泊、作业

船舶航行、停泊、作业，应当持有有效的船舶国籍证书及其他法定证书、文书，配备依照有关规定出版的航海图书资料，悬挂相关国家、地区或者组织的旗帜，标明船名、船舶识别号、船籍港、载重线标志。

船长应当在船舶开航前检查并在开航时确认船员适任、船舶适航、货物适载，并了解气象和海况信息以及海事管理机构发布的航行通告、航行警告及其他警示信息，落实相应的应急措施，不得冒险开航。

船舶所有人、经营人或者管理人不得指使、强令船员违章冒险操作、作业。

船舶在航行中应当按照有关规定开启船舶的自动识别、航行数据记录、远程识别和跟踪、通信等与航行安全、保安、防治污染相关的装置，并持续进行显示和记录。

任何单位、个人不得拆封、拆解、初始化、再设置航行数据记录装置或者读取其记录的信息，但法律、行政法规另有规定的除外。

船舶应当配备航海日志、轮机日志、无线电记录簿等航行记录，按照有关规定全面、真实、及时记录涉及海上交通安全的船舶操作以及船舶航行、停泊、作业中的重要事件，并妥善保管相关记录簿。

超长、超高、超宽的船舶或者操纵能力受到限制的船舶进出港口、港外装卸站可能影响海上交通安全的，海事管理机构应当对船舶进出港安全条件进行核查，并可以要求船舶采取加配拖轮、乘潮进港等相应的安全措施。

碍航物的所有人、经营人或者管理人应当按照有关强制性标准和技术规范的要求及时设置警示标志，向海事管理机构报告碍航物的名称、形状、尺寸、位置和深度，并在海事管理机构限定的期限内打捞清除。碍航物的所有人放弃所有权的，不免除其打捞清除义务。

不能确定碍航物的所有人、经营人或者管理人的，海事管理机构应当组织设置标志、打捞或者采取相应措施，发生的费用纳入部门预算。

除依照本法规定获得进入口岸许可外，外国籍船舶不得进入中华人民共和国内水；但是，因人员病急、机件故障、遇难、避风等紧急情况未及获得许可的可以进入。

外国籍船舶因前款规定的紧急情况进入中华人民共和国内水的，应当在进入的同时向海事管理机构紧急报告，接受海事管理机构的指令和监督。海事管理机构应当及时通报管辖海域的海警机构、就近的出入境边防检查机关和当地公安机关、海关等其他主管部门。

中华人民共和国军用船舶执行军事任务、公务船舶执行公务，遇有紧急情况，在保证海上交通安全的前提下，可以不受航行、停泊、作业有关规则的限制。

五、海上客货运输安全

除进行抢险或者生命救助外，客船应当按照船舶检验证书核定的载客定额载运乘客，货船载运货物应当符合船舶检验证书核定的载重线和载货种类，不得载运乘客。

船舶载运货物，应当按照有关法律、行政法规、规章以及强制性标准和技术规范的要求安全装卸、积载、隔离、系固和管理。

船舶载运危险货物，应当持有有效的危险货物适装证书，并根据危险货物的特性和应急措施的要求，编制危险货物应急处置预案，配备相应的消防、应急设备和器材。

托运人托运危险货物，应当将其正式名称、危险性质以及应当采取的防护措施通知承运人，并按照有关法律、行政法规、规章以及强制性标准和技术规范的要求妥善包装，设置明显的危险品标志和标签。

托运人不得在托运的普通货物中夹带危险货物或者将危险货物谎报为普通货物托运。

托运人托运的货物为国际海上危险货物运输规则和国家危险货物品名表上未列明但具有危险特性的货物的，托运人还应当提交有关专业机构出具的表明该货物危险特性以及应当采取的防护措施等情况的文件。

货物危险特性的判断标准由国家海事管理机构制定并公布。

船舶载运危险货物进出港口，应当符合下列条件，经海事管理机构许可，并向海事管理机构报告进出港口和停留的时间等事项：①所载运的危险货物符合海上安全运输要求；②船舶的装载符合所持有的证书、文书的要求；③拟靠泊或者进行危险货物装卸作业的港口、码头、泊位具备有关法律、行政法规规定的危险货物作业经营资质。

海事管理机构应当自收到申请之时起二十四小时内作出许可或者不予许可的决定。

定船舶、定航线并且定货种的船舶可以申请办理一定期限内多次进出港口许可，期限不超过三十日。海事管理机构应当自收到申请之日起五个工作日内作出许可或者不予许可的决定。

海事管理机构予以许可的，应当通报港口行政管理部门。

六、海上搜寻救助

海上遇险人员依法享有获得生命救助的权利。生命救助优先于环境和财产救助。

海上搜救工作应当坚持政府领导、统一指挥、属地为主、专群结合、就近快速的原则。

国家建立海上搜救协调机制，统筹全国海上搜救应急反应工作，研究解决海上搜救工作中的重大问题，组织协调重大海上搜救应急行动。协调机制由国务院有关部门、单位和有关军事机关组成。

中国海上搜救中心和有关地方人民政府设立的海上搜救中心或者指定的机构（以下统

称海上搜救中心)负责海上搜救的组织、协调、指挥工作。

沿海县级以上地方人民政府应当安排必要的海上搜救资金,保障搜救工作的正常开展。

海上搜救中心各成员单位应当在海上搜救中心统一组织、协调、指挥下,根据各自职责,承担海上搜救应急、抢险救灾、支持保障、善后处理等工作。

船舶、海上设施、航空器及人员在海上遇险的,应当立即报告海上搜救中心,不得瞒报、谎报海上险情。

船舶、海上设施、航空器及人员误发遇险报警信号的,除立即向海上搜救中心报告外,还应当采取必要措施消除影响。

其他任何单位、个人发现或者获悉海上险情的,应当立即报告海上搜救中心。

船舶、海上设施、航空器收到求救信号或者发现有人遭遇生命危险的,在不严重危及自身安全的情况下,应当尽力救助遇险人员。

海上搜救中心接到险情报告后,应当立即进行核实,及时组织、协调、指挥政府有关部门、专业搜救队伍、社会有关单位等各方力量参加搜救,并指定现场指挥。参加搜救的船舶、海上设施、航空器及人员应当服从现场指挥,及时报告搜救动态和搜救结果。

搜救行动的中止、恢复、终止决定由海上搜救中心作出。未经海上搜救中心同意,参加搜救的船舶、海上设施、航空器及人员不得擅自退出搜救行动。

军队参加海上搜救,依照有关法律、行政法规的规定执行。

七、海上交通事故调查处理

船舶、海上设施发生海上交通事故,应当及时向海事管理机构报告,并接受调查。

海上交通事故根据造成的损害后果分为特别重大事故、重大事故、较大事故和一般事故。事故等级划分的人身伤亡标准依照有关安全生产的法律、行政法规的规定确定;事故等级划分的直接经济损失标准,由国务院交通运输主管部门会同国务院有关部门根据海上交通事故中的特殊情况确定,报国务院批准后公布施行。

特别重大海上交通事故由国务院或者国务院授权的部门组织事故调查组进行调查,海事管理机构应当参与或者配合开展调查工作。

其他海上交通事故由海事管理机构组织事故调查组进行调查,有关部门予以配合。国务院认为有必要的,可以直接组织或者授权有关部门组织事故调查组进行调查。

海事管理机构进行事故调查,事故涉及执行军事运输任务的,应当会同有关军事机关进行调查;涉及渔业船舶的,渔业渔政主管部门、海警机构应当参与调查。

海事管理机构可以根据事故调查处理需要拆封、拆解当事船舶的航行数据记录装置或者读取其记录的信息,要求船舶驶向指定地点或者禁止其离港,扣留船舶或者海上设施的证书、文书、物品、资料等并妥善保管。有关人员应当配合事故调查。

海上交通事故调查组应当自事故发生之日起九十日内提交海上交通事故调查报告;特殊情况下,经负责组织事故调查组的部门负责人批准,提交事故调查报告的期限可以适当延长,但延长期限最长不得超过九十日。事故技术鉴定所需时间不计入事故调查期限。

海事管理机构应当自收到海上交通事故调查报告之日起十五个工作日内作出事故责任认定书,作为处理海上交通事故的证据。

海上交通事故调查组应当自事故发生之日起九十日内提交海上交通事故调查报告;特

殊情况下，经负责组织事故调查组的部门负责人批准，提交事故调查报告的期限可以适当延长，但延长期限最长不得超过九十日。事故技术鉴定所需时间不计入事故调查期限。

海事管理机构应当自收到海上交通事故调查报告之日起十五个工作日内作出事故责任认定书，作为处理海上交通事故的证据。

中国籍船舶在中华人民共和国管辖海域外发生海上交通事故的，应当及时向海事管理机构报告事故情况并接受调查。

外国籍船舶在中华人民共和国管辖海域外发生事故，造成中国公民重伤或者死亡的，海事管理机构根据中华人民共和国缔结或者参加的国际条约的规定参与调查。

船舶、海上设施在海上遭遇恶劣天气、海况以及意外事故，造成或者可能造成损害，需要说明并记录时间、海域以及所采取的应对措施等具体情况的，可以向海事管理机构申请办理海事声明签注。海事管理机构应当依照规定提供签注服务。

八、监督管理

海事管理机构对在中华人民共和国管辖海域内从事航行、停泊、作业以及其他与海上交通安全相关的活动，依法实施监督检查。

海事管理机构依照中华人民共和国法律、行政法规以及中华人民共和国缔结或者参加的国际条约对外国籍船舶实施港口国、沿岸国监督检查。

海事管理机构工作人员执行公务时，应当按照规定着装，佩戴职衔标志，出示执法证件，并自觉接受监督。

海事管理机构依法履行监督检查职责，有关单位、个人应当予以配合，不得拒绝、阻碍依法实施的监督检查。

海事管理机构实施监督检查可以采取登船检查、查验证书、现场检查、询问有关人员、电子监控等方式。

载运危险货物的船舶涉嫌存在瞒报、谎报危险货物等情况的，海事管理机构可以采取开箱查验等方式进行检查。海事管理机构应当将开箱查验情况通报有关部门。港口经营人和有关单位、个人应当予以协助。

海事管理机构对船舶、海上设施实施监督检查时，应当避免、减少对其正常作业的影响。

除法律、行政法规另有规定或者不立即实施监督检查可能造成严重后果外，不得拦截正在航行中的船舶进行检查。

船舶、海上设施对港口安全具有威胁的，海事管理机构应当责令立即或者限期改正、限制操作，责令驶往指定地点、禁止进港或者将其驱逐出港。

船舶、海上设施处于不适航或者不适拖状态，船员、海上设施上的相关人员未持有有效的法定证书、文书，或者存在其他严重危害海上交通安全、污染海洋环境的隐患的，海事管理机构应当根据情况禁止有关船舶、海上设施进出港，暂扣有关证书、文书或者责令其停航、改航、驶往指定地点或者停止作业。船舶超载的，海事管理机构可以依法对船舶进行强制减载。因强制减载发生的费用由违法船舶所有人、经营人或者管理人承担。

船舶、海上设施发生海上交通事故、污染事故，未结清国家规定的税费、滞纳金且未提供担保或者未履行其他法定义务的，海事管理机构应当责令改正，并可以禁止其离港。

外国籍船舶可能威胁中华人民共和国内水、领海安全的，海事管理机构有权责令其离开。

外国籍船舶违反中华人民共和国海上交通安全或者防治船舶污染的法律、行政法规的,海事管理机构可以依法行使紧追权。

九、法律责任

船舶、海上设施未持有有效的证书、文书的,由海事管理机构责令改正,对违法船舶或者海上设施的所有人、经营人或者管理人处三万元以上三十万元以下的罚款,对船长和有关责任人员处三千元以上三万元以下的罚款;情节严重的,暂扣船长、责任船员的船员适任证书十八个月至三十个月,直至吊销船员适任证书;对船舶持有的伪造、变造证书、文书,予以没收;对存在严重安全隐患的船舶,可以依法予以没收。

船舶或者海上设施有下列情形之一的,由海事管理机构责令改正,对违法船舶或者海上设施的所有人、经营人或者管理人处二万元以上二十万元以下的罚款,对船长和有关责任人员处二千元以上二万元以下的罚款;情节严重的,吊销违法船舶所有人、经营人或者管理人的有关证书、文书,暂扣船长、责任船员的船员适任证书十二个月至二十四个月,直至吊销船员适任证书:①船舶、海上设施的实际状况与持有的证书、文书不符;②船舶未依法悬挂国旗,或者违法悬挂其他国家、地区或者组织的旗帜;③船舶未按规定标明船名、船舶识别号、船籍港、载重线标志;④船舶、海上设施的配员不符合最低安全配员要求。

在船舶上工作未持有船员适任证书、船员健康证明或者所持船员适任证书、健康证明不符合要求的,由海事管理机构对船舶的所有人、经营人或者管理人处一万元以上十万元以下的罚款,对责任船员处三千元以上三万元以下的罚款;情节严重的,对船舶的所有人、经营人或者管理人处三万元以上三十万元以下的罚款,暂扣责任船员的船员适任证书六个月至十二个月,直至吊销船员适任证书。

以欺骗、贿赂等不正当手段为中国籍船舶取得相关证书、文书的,由海事管理机构撤销有关许可,没收相关证书、文书,对船舶所有人、经营人或者管理人处四万元以上四十万元以下的罚款。

以欺骗、贿赂等不正当手段取得船员适任证书的,由海事管理机构撤销有关许可,没收船员适任证书,对责任人员处五千元以上五万元以下的罚款。

船员未保持安全值班,违反规定摄入可能影响安全值班的食品、药品或者其他物品,或者有其他违反海上船员值班规则的行为的,由海事管理机构对船长、责任船员处一千元以上一万元以下的罚款,或者暂扣船员适任证书三个月至十二个月;情节严重的,吊销船长、责任船员的船员适任证书。

有下列情形之一的,由海事管理机构责令改正;情节严重的,处三万元以上十万元以下的罚款:①建设海洋工程、海岸工程未按规定配备相应的防止船舶碰撞的设施、设备并设置专用航标;②损坏海上交通支持服务系统或者妨碍其工作效能;③未经海事管理机构同意设置、撤除专用航标,移动专用航标位置或者改变航标灯光、功率等其他状况,或者设置临时航标不符合海事管理机构确定的航标设置点;④在安全作业区、港外锚地范围内从事养殖、种植、捕捞以及其他影响海上交通安全的作业或者活动。

国际航行船舶未经许可进出口岸的,由海事管理机构对违法船舶的所有人、经营人或者管理人处三千元以上三万元以下的罚款,对船长、责任船员或者其他责任人员,处二千元以上二万元以下的罚款;情节严重的,吊销船长、责任船员的船员适任证书。

国内航行船舶进出港口、港外装卸站未依法向海事管理机构报告的,由海事管理机构对违法船舶的所有人、经营人或者管理人处三千元以上三万元以下的罚款，对船长、责任船员或者其他责任人员处五百元以上五千元以下的罚款。

十、附则

本法下列用语的含义是：

船舶，是指各类排水或者非排水的船、艇、筏、水上飞行器、潜水器、移动式平台以及其他移动式装置。

海上设施，是指水上水下各种固定或者浮动建筑、装置和固定平台，但是不包括码头、防波堤等港口设施。

内水，是指中华人民共和国领海基线向陆地一侧至海岸线的海域。

施工作业，是指勘探、采掘、爆破，构筑、维修、拆除水上水下构筑物或者设施，航道建设、疏浚(航道养护疏浚除外)作业，打捞沉船沉物。

海上交通事故，是指船舶、海上设施在航行、停泊、作业过程中发生的，由于碰撞、搁浅、触礁、触碰、火灾、风灾、浪损、沉没等原因造成人员伤亡或者财产损失的事故。

海上险情，是指对海上生命安全、水域环境构成威胁，需立即采取措施规避、控制、减轻和消除的各种情形。

危险货物，是指国际海上危险货物运输规则和国家危险货物品名表上列明的，易燃、易爆、有毒、有腐蚀性、有放射性、有污染危害性等，在船舶载运过程中可能造成人身伤害、财产损失或者环境污染而需要采取特别防护措施的货物。

海上渡口，是指海上岛屿之间、海上岛屿与大陆之间，以及隔海相望的大陆与大陆之间，专用于渡船渡运人员、行李、车辆的交通基础设施。

任务6.2　船舶最低安全配员规则

任务情景

以某船最低配员证书为例(见图6-2-1)，讨论：

1. 该船配员依据的条款；
2. 仔细阅读证书特别要求情况，在什么情况下该船舶需要配备厨师？

THIS IS TO CERTIFY that having regard to SOLAS V/14, as amended, the ship named in this certificate is considered to be safely manned in accordance with the principles and guidelines set out in IMO Resolution A.1047（27） if when it proceeds to sea,it carries not less than the numbers and grades of personnel specified in the table below:

Grade of Officer	STCW Reg.	Number	Grade of Ratings	STCW Reg.	Number
Deck Class 1（Master）	II/2	1	Rating forming part of a navigational watch	II/4	4
Deck Class 2	II/2	1	Other Deck Ratings	VI/1	1
Deck Class 3	II/1	2	Rating forming part of an engineering watch	III/4	2
Engineer Class 1	III/2				
Engineer Class 2	III/2				
Engineer Class 3	III/1				

Special Requirements or Conditions:

1.Requirements relating to minimum period of rest（STCW A—VIII/1/1） must be complied with.

2.Personnel assigned the following responsibilities shall comply with the respective regulations of the SICW Convention:

（a） GMDSS Operator—Reg.IV/2

（b） Ship Security Officer—Reg.VI/5

（c） Seafarers designated to perform security duties—Reg.

3.If the UMS system becomes inoperative,in addition to the manning scale mentioned in the above table,one (1)Rating forming part of an engineering watch shall be added further.

4.Where the total manning of not less than 10,there shall be a fully qualified cook in addition to the manning scale mentioned in the above table.

图 6-2-1　船舶最低安全配员证书

任务目标

1. 了解配员规则的适用范围和主管机关。

2. 了解船舶最低安全配员管理，确定船舶最低安全配员标准应综合考虑船舶的种类、吨位、技术状况、主推进动力装置功率、航区、航程、航行时间、通航环境和船员值班、休息制度等因素。

任务分析

1. 依据 SOLAS V/14 及其修正案、IMO Resolution A. 1047(27)、GMDSS 操作员-IV/2 条、船舶保安员-VI/5 条、负有保安职责保安员-VI/6 条、STWC 公约相关条款。

2. 当该船配员超过 10 人时，需要配备一名合格的厨师。

知识获取

为加强海上交通管理，保障船舶、设施和人命财产的安全，船旗国需要保证船舶按照标准定额配备足以保证船舶安全的合格船员。我国为确保船舶的船员配备，足以保证船舶安全航行、停泊和作业，防治船舶污染环境，交通部令 2004 年第 7 号公布了修订后的《中华人民共和国船舶最低安全配员规则》(以下简称《配员规则》，于 2004 年 8 月 1 日起实行。规定附录一、附录二、附录三的内容,可由中华人民共和国海事局根据有关法律、行政法规和相关国际公约进行修改。根据2014年9月5日中华人民共和国交通运输部令2014年第10号《关于修改〈中华人民共和国船舶最低安全配员规则〉的决定》修正。

现行《配员规则》共有5章28条和3个附录,包括总则、最低安全配员原则、最低安全配员管理、监督检查、附则。本任务介绍《配员规则》的主要内容和海船(一般船舶、客船)甲板部最低安全配员要求。

一、《配员规则》部分内容

1. 总则

(1)目的和法律依据

为确保船舶的船员配备,足以保证船舶安全航行、停泊和作业,防治船舶污染环境,依据《中华人民共和国海上交通安全法》、《中华人民共和国内河交通安全管理条例》和中华人民共和国缔结或者参加的有关国际条约,制定《配员规则》。

(2)适用范围

中华人民共和国国籍的机动船舶的船员配备和管理,适用《配员规则》。《配员规则》对外国籍船舶作出规定的,从其规定。军用船舶、渔船、体育运动船艇以及非营业的游艇,不适用《配员规则》。

(3)主管机关

中华人民共和国海事局是船舶安全配员管理的主管机关。各级海事管理机构依照职责负责本辖区内的船舶安全配员的监督管理工作。

(4)配员要求

规则所要求的船舶安全配员标准是船舶配备船员的最低要求。船舶所有人(或者其船舶经营人、船舶管理人,下同)应当按照《配员规则》的要求,为所属船舶配备合格的船员,但是并不免除船舶所有人为保证船舶安全航行和作业增加必要船员的责任。

2. 最低安全配员原则

确定船舶最低安全配员标准应综合考虑船舶的种类、吨位、技术状况、主推进动力装置功率、航区、航程、航行时间、通航环境和船员值班、休息制度等因素。高速客船的船员最低安全配备应符合交通部颁布的《高速客船安全管理规则》(交通部令1996年第13号)的要求。

海事管理机构在核定具体船舶的最低安全配员数额时,如认为配员减免后无法保证船舶安全时,可不予减免或者不予足额减免。

船舶所有人可以根据需要增配船员,但船上总人数不得超过经中华人民共和国海事局认可的船舶检验机构核定的救生设备定员标准。

3. 最低安全配员管理

中国籍船舶配备外国籍船员应当符合以下规定:①在中国籍船舶上工作的外国籍船员,应当依照法律、行政法规和国家其他有关规定取得就业许可;②外国籍船员持有合格的船员证书,且所持船员证书的签发国与我国签订了船员证书认可协议;③雇佣外国籍船员的航运公司已承诺承担船员权益维护的责任。

(1)安全配员证书

中国籍船舶应当按照规则的规定,持有海事管理机构颁发的船舶最低安全配员证书。

在中华人民共和国内水、领海及管辖海域的外国籍船舶，应当按照中华人民共和国缔结或者参加的有关国际条约的规定，持有其船旗国政府主管机关签发的《船舶最低安全配员证书》或者等效文件。

船舶所有人应当在申请船舶国籍登记时，按照《配员规则》的规定，对其船舶的最低安全配员如何适用《配员规则》附录相应标准予以陈述，并可以包括对减免配员的特殊说明。

海事管理机构应当在依法对船舶国籍登记进行审核时，核定船舶的最低安全配员，并在核发船舶国籍证书时，向当事船舶配发《船舶最低安全配员证书》。

在境外建造或者购买并交接的船舶，船舶所有人应持船舶买卖合同或者建造合同及交接文件、船舶技术和其他相关资料的副本（复印件）到所辖的海事管理机构办理《船舶最低安全配员证书》。

海事管理机构核定船舶最低安全配员时，除查验有关船舶证书、文书外，可以就确定船舶最低安全配员标准应综合考虑的要素对船舶的实际状况进行现场核查。

船舶在航行、停泊、作业时，必须将《船舶最低安全配员证书》妥善存放在船备查。船舶不得使用涂改、伪造以及采用非法途径或者舞弊手段取得的《船舶最低安全配员证书》。船舶所有人应当按照《配员规则》的规定和《船舶最低安全配员证书》载明的船员配备要求，为船舶配备合格的船员。

（2）证书的换发、补发

船舶所有人应当在《船舶最低安全配员证书》有效期截止前 1 年以内，或者在船舶国籍证书重新核发或者相关内容发生变化时，凭原证书到船籍港的海事管理机构办理换发证书手续。

证书污损不能辨认的，视为无效，船舶所有人应当向所辖的海事管理机构申请换发。证书遗失的，船舶所有人应当书面说明理由，附具有关证明文件，到船籍港的海事管理机构办理补发证书手续。

换发或者补发的《船舶最低安全配员证书》的有效期，不超过原发的《船舶最低安全配员证书》的有效期。

船舶状况发生变化需改变证书所载内容时，船舶所有人应当到船籍港的海事管理机构重新办理《船舶最低安全配员证书》。

在特殊情况下，船舶需要在船籍港以外换发或者补发《船舶最低安全配员证书》，经船籍港海事管理机构同意，船舶当时所在港口的海事管理机构可以按照规定予以办理并通报船籍港海事管理机构。

4. 监督检查

中国籍、外国籍船舶在办理进、出港口或者口岸手续时，应当交验《船舶最低安全配员证书》。

中国籍、外国籍船舶在停泊期间，均应配备足够的掌握相应安全知识并具有熟练操作能力能够保持对船舶及设备进行安全操纵的船员。无论何时，500 总吨及以上（或者 750 kW 及以上）海船、600 总吨及以上（或者 441 kW 及以上）内河船舶的船长和大副，轮机长和大管轮不得同时离船。

船舶未持有《船舶最低安全配员证书》或者实际配员低于《船舶最低安全配员证书》要求的，对中国籍船舶，海事管理机构应当禁止其离港直至船舶满足《配员规则》要求；对外国籍船舶，海事管理机构应当禁止其离港，直至船舶按照《船舶最低安全配员证书》的要求配齐人员，或者向海事管理机构提交由其船旗国主管当局对其实际配员作出的书面认可。

对违反配员规则的船舶和人员，依法应当给予行政处罚的，由海事管理机构依据有关法律、行政法规和规章的规定给予相应的处罚。

海事管理机构的工作人员滥用职权、徇私舞弊、玩忽职守的，由所在单位或者上级机关给予行政处分；构成犯罪的，依法追究刑事责任。

5. 附则

《船舶最低安全配员证书》由中华人民共和国海事局统一印制。《船舶最低安全配员证书》的编号应与船舶国籍证书的编号一致。《船舶最低安全配员证书》有效期的截止日期与船舶国籍证书有效期的截止日期相同。

二、海船（一般船舶、客船）甲板部最低安全配员要求

根据《关于修改船舶最低安全配员表的通知》海船舶[2006]145 号文件，海船甲板部最低安全配员见表 6-3-1。

表 6-2-1　海船甲板部最低安全配员表

船舶种类、航区、吨位或总功率		一般规定	附加规定
一般船舶	3 000 总吨及以上	船长、大副、二副、三副各 1 人，值班水手 3 人	连续航行时间不超过 36 h，可减免三副和值班水手各 1 人
	500 总吨及以上至未满 3 000 总吨	船长、大副、三副各 1 人，值班水手 3 人	连续航行时间不超过 36 h，可减免值班水手 1 人；连续航行时间不超过 8 h，可再减免三副 1 人
	200 总吨及以上至未满 500 总吨	船长、三副各 1 人，值班水手 2 人	连续航行时间超过 24 h，须增加二副 1 人；连续航行时间不超过 4 h，可减免三副 1 人及值班水手 1 人
	100 总吨及以上至未满 200 总吨	船长、三副各 1 人，值班水手 1 人	连续航行时间超过 36 h，须增加二副 1 人；连续航行时间不超过 8 h，可减免三副 1 人
	未满 100 总吨	驾驶员（国际航行船舶为船长；机驾合一为驾机员）1 人，值班水手 1 人	连续航行时间超过 8 h，须增加驾驶员（机驾合一为驾机员）1 人；连续航行时间不超过 4 h，可减免值班水手 1 人
客船	500 总吨及以上	（1）船长、大副、二副各 1 人，值班水手 3 人 （2）配有与救生艇数量相等的持有精通救生艇筏及救助艇操纵证书的人员（不包括船长和大副）	连续航行时间超过 24 h，须增加二副 1 人；连续航行时间不超过 8 h，可减免二副和值班水手各 1 人

表 6-2-1(续)

船舶种类、航区、吨位或总功率		一般规定	附加规定
客船	200 总吨及以上至未满 500 总吨	(1)船长、二副 1 人,值班水手 2 人 (2)同上	连续航行时间超过 8 h,须增加二副 1 人
客船	100 总吨及以上至未满 200 总吨	(1)船长、二副 1 人,值班水手 1 人 (2)同上	连续航行时间超过 16 h,须增加二副 1 人;连续航行时间不超过 4 h,可减免二副 1 人
客船	未满 100 总吨	(1)船长(机驾合一为驾机员)1 人,值班水手 1 人 (2)同上	限白天航行。连续航行时间超过 4 h,须增加二副(机驾合一为驾机员)1 人

注:1. 值班水手为持有值班水手适任证书者;

2. 废钢船需航行时按其检验时的船舶种类及相关参数核定配员,不适用减免规定;

3. 船舶在中途港或海上作业点停留时间不超过 4 h 的,计入连续航行时间;

4. 低级岗位可由持有相应等级适任证书的较高级岗位船员担任,也可由持有较高等级适任证书的同级岗位船员担任;

5. 未满 50 总吨且主机功率未满 75 kw 的载客不超过 12 人的船艇(包括游艇、舷外挂机船舶、摩托艇、快艇、乡镇自用船舶、农用船舶),可只配驾驶员或驾机员 1 名。

根据交通部关于实施加快船员队伍发展十大措施的通知,自 2008 年 6 月 1 日起,在 500 总吨及以上或者主推进动力装置 750 kw 及以上海船的最低安全配员增设驾驶员助理和轮机员助理岗位。上述船舶换发最低安全配员证书的截止日期为 2008 年 8 月 31 日。驾驶员助理和轮机员助理由持有相应等级适任证书的船员或者通过三副、三管轮适任考试和评估者担任。

任务6.3 海船船员值班规则

任务情景

以某公司体系中关于驾驶台常规值班规则为例,讨论值班驾驶员应当如何遵守值班规则。

任务目标

1. 了解航次计划及值班一般要求。
2. 了解驾驶航行值班要求。
3. 了解港内值班要求。
4. 了解驾驶、轮机联系制度。
5. 了解海员值班保障。
6. 了解海船船员值班规则中的法律责任。

任务分析

船舶驾驶员在阅读驾驶台值班规则时，要遵照船长命令和船舶操纵手册中关于航行操作规则的内容，在履行值班职责前阅读并充分理解本驾驶台值班规则，船长和所有值班驾驶员签字确认。

知识获取

《中华人民共和国海船船员值班规则》经2012年11月27日交通运输部第9次部务会议通过，2012年12月17日中华人民共和国交通运输部令2012年第10号公布。该《规则》分总则，航次计划及值班一般要求，驾驶值班，轮机部航行值班，无线电值班，港内值班，驾驶、轮机联系制度，值班保障，法律责任，附则共10章134条，自2013年2月1日起施行。1997年10月20日交通部颁布的《中华人民共和国海船船员值班规则》(中华人民共和国交通部令1997年第11号)予以废止。

为了规范海船船员值班，保障海上人命与财产安全，保护海洋环境，加强船舶保安管理，根据《中华人民共和国海上交通安全法》《中华人民共和国海洋环境保护法》和《中华人民共和国船员条例》，以及我国缔结或加入的有关国际公约要求，制定本规则，以下对部分内容进行介绍。

一、总则

1. 适用范围

100总吨及以上中国籍海船的船员值班活动适用本规则，但军军用船舶、渔业船舶、游艇、构造简单的木质船除外。

2. 主管机关

国家海事管理机构是实施本规则的主管机关。各级海事管理机构按职责具体负责海船船员值班的监督管理工作。

3. 熟悉与遵守

航运公司应当根据本规则以及有关国际公约的要求编制《驾驶台规则》《机舱值班规

则》等船舶值班规则,张贴在船舶各部门的易见之处,要求全体船员遵守执行,以保证船舶航行安全。

航运公司应当确保指派到船上任职的值班船员熟悉船上相关设备、船舶特性、本人职责和值班要求,能有效履行安全、防污染和保安等职责。

船长及全体船员在值班时,应当遵守法律、法规和相关国际公约以及当地有关防治船舶造成海洋污染的要求,采取一切可能采取的预防措施,防止因操作不当或者发生事故等原因造成船舶对海洋环境的污染。

二、航次计划及值班一般要求

1. 航次计划

(1)船长应当根据航次任务,组织驾驶员研究有关资料,制定航次计划,及时通知各部门做好开航准备工作,保证船舶和船员处于适航、适任状态。

(2)制定航次计划应当满足以下要求:

与大副、轮机长协商后,预先确定并落实本航次所需各种燃润料、物料、淡水以及备品的数量;保证各种船舶证书和船员证件齐全、有效;保证本航次涉及的航海图书资料和其他航海出版物准确、完整、及时更新;保证运输单证及港口文件齐全。

(3)航次计划包括以下内容:

航线的总里程和预计航行的总时间;计划航线上的气象情况和海况;各转向点的经纬度;各段航线的航程和预计到达各转向点的时间;复杂航段的航法以及航线附近的危险物的避险手段;特殊航区的注意事项。

(4)开航前,船长应当恰当地使用航海图书资料和其他航海出版物,计划好从出发港到下一停靠港的预定航线,清楚标绘在海图上,并对预定航线进行核实。

(5)驾驶员在航行期间应当认真核实预定航线上每一个拟采取的航向。

(6)船舶航行中,计划航线的下一停靠港发生改变或者船舶需要大幅度偏离计划航线的,船长应当及早计划好修正航线,并在海图上重新标绘。

2. 值班一般要求

(1)航运公司和船长应当确保为船舶配备足够的适任船员以保持安全值班。

(2)船长应按照主管机关的规定安排合格的船员值班,明确值班船员职责。值班的安排应当足以保证船舶、货物安全和保护海洋环境,并保证值班船员均能得到充分休息,防止因疲劳影响值班效率。在船长统一指挥下,值班的驾驶员对船舶安全负责。

(3)轮机长应与船长协商,确保值班安排足以保持安全的轮机值班。

(4)船长应根据保安等级的要求,安排并保持适当和有效的保安值班。

(5)值班应遵守下列驾驶台和机舱资源管理原则:

根据情况合理地安排值班船员;考虑值班船员资格和适任的局限性;值班船员应熟悉其岗位职责和部门职责;船长、轮机长和负责值班的高级船员应最有效使用一切可用资源保持适当的值班;值班船员应熟悉有关装置或设备的功能,并能熟练操作;值班船员应当懂得所接收到的信息并能根据需要安排其他部门适当共享,以及能正确处置;在任何情况下值班船员应当保持适当的沟通;值班船员如果对为安全所采取的行动产生任何怀疑时,应立即告知船长、轮机长、负责值班的高级船员;值班的高级船员认为接班的高级船员明显不能有效履行值班职责时,不得交班,并立即向船长或轮机长报告;接班的高级船员应当在确认本班人员完全能有效地履行各自职责后，方可接班；除非船长或者轮机长另有指令，值班的高级船员在交班前正在进行重要操作时，不应交班，接班的高级船员应在确认这种操作完成之后再接班；负责值班的船员，值班期间不应被分派或承担任何妨碍安全值班的职责；值班船员应当将值班期间发生的重要事件按要求做好记录。船舶驾驶台值班规则如图 6-3-1 所示。

These orders shall be read in conjunction with the Masters standing orders and the Ship Operating Manual Navigation section. The orders shall be signed by the Master and all Deck Officers as confirmation that they have been read and understood prior to assuming responsibility for a navigational watch.

1. The primary consideration of the OOW is safety of life, protection of the environment and property.
2. When underway or at anchor, the bridge must be manned by a qualified officer who is fully conversant with the bridge equipment.
3. The OOW is in complete charge of safe navigation of the ship. The presence of the Master on the bridge does not relieve the OOW of this duty unless the Master specifically states that he is taking the con. Changes in con are be entered in the movement book.
4. If at any time, the OOW is in any doubt as to the safety of the vessel, the Master is to be called immediately. The ship Operating manual (SOM) and the Master's Standing Orders also specify when the Master must be called and all watchkeeping officers are to be familiar with these situations.
5. Before handing over a watch the OOW must be sure that the relieving officer is fit and able to take over the watch, if in any doubt the Master must be called.
6. Before taking over a watch the relieving officer should ensure that he is aware of following as a minimum:
   - Course and speed, including compass errors
   - Current position and potential hazards
   - Existing and anticipated weather conditions
   - Current traffic situation
   - Status of all bridge equipment
   - Method of position fixing in use
   - Masters orders in force
   - Operations taking place on the vessel
7. The OOW is not to be changed during a navigational manoeuvre.
8. The vessel shall be navigated in compliance with the Regulations for Prevention of Collisions at Sea and any local regulations in force at the time.
9. Action taken to avoid collision shall be bold and taken in good time. All traffic is to be given a wide berth and the Master is to define a minimum CPA in his standing orders appropriate to the vessels location and trade. Wherever possible this should not be less than one mile. OOW's must not hesitate to reduce speed as a means of collision avoidance if the situation warrants it.
10. The position of the vessel shall be verified at frequencies detailed in the passage plan and positions shall be confirmed by at least two methods whenever possible and plotted on the largest scale chart available. Allowance shall be made for set and leeway as appropriate.
11. The OOW should not hesitate to make effective use of all bridge equipment including engine controls and sound signaling appliances. The Master is to be informed immediately of any equipment failure or malfunction and issue instruction on any necessary additional safeguards to be taken during this period.
12. A proper and efficient lookout shall be maintained at all times. The OOW may act as the only lookout when deemed appropriate by the Master and in compliance with the requirements of the SOM.
13. Full use is to made of radar as a collision avoidance tool and as an aid to navigation.
14. Officers must make full use of Parallel indexing technique as a method of real time monitoring of vessels position relative to the course line.
15. Hand and automatic steering should be tested once per watch. Hand steering shall be engaged whenever considered necessary and all changes of steering mode should be carried out under the supervision of the OOW. When changing to hand steering whenever possible adequate time must be allowed for the helmsman to familiarise himself with prevalent steering characteristics of the vessel.
16. Course recorders are to be run at all times with the time set to GMT and verified each day by the Second officer. During port transit and when in confined waters the echo sounder recorder is to be run with the trace being date/time marked at significant points e.g. End of Sea Passage or Stand-By.
17. Compasses are to regularly compared and the gyro error should be determined once per watch.
18. When in or near an area of restricted visibility the requirements of the SOM should be followed with special reference to use of radars, safe speed, posting of lookout and calling of Master.
19. The movement book and deck log should at all times be maintained as required by the SOM.
20. When at anchor the OOW should regularly verify the vessel position by all means available and should be alert to the movement of vessels in the vicinity. The requirements of the SOM for vessels at anchor should be followed.
21. The presence of the pilot on the bridge in no way relieves the Master and OOW of their duties. The Pilot should be incorporated into the bridge team and full use of his expertise and advice should be made.
22. Rounds of public rooms, laundries and accommodation are to be made by the off going OOW at 20.00, 24.00 and 04.00 hrs.

Rank	Date	Signature	Date	Signature	Date	Signature
Master						
Chief Officer						
Second Officer						
Third Officer						

图 6-3-1 船舶驾驶台值班规则

三、驾驶值班

1. 值班安排

确定驾驶台值班人员组成时，应当考虑下列因素，保证安全航行需要：

(1)保证驾驶台 24 小时值守；

(2)天气及能见度情况、白天及夜间的驾驶要求差异；

(3)临近航行危险时需要值班驾驶员额外执行的航行职责；

(4)电子海图显示与信息系统(ECDIS)、雷达或者电子定位仪等助航仪器及任何其他影响船舶安全航行的设备的使用和工作状态；

(5)船上是否装有自动操舵装置；

(6)是否需要履行无线电职责；

(7)驾驶台上的无人机舱控制装置、警报和指示器及其使用程序和局限性；

(8)特殊的操作环境对航行值班的特别要求。

2. 瞭望

(1)船长应当合理安排航行值班船员，以保持连续正规的瞭望。船长安排值班时应当考虑的因素包括：①能见度、天气和海况；②航行所在区域的通航密度和所发生的其他活动；③在分道通航区域内及其附近水域时所必须注意的情况；④由船舶特性、即时操纵要求和预期操纵可能引起的额外工作量；⑤指定的值班船员适于值班的状况；⑥值班船员的专业适任能力及经验；⑦值班驾驶员对船舶设备、装置和程序的熟悉程度及操船能力；⑧必要时召唤待命人员立即到驾驶台协助的可能性；⑨驾驶台仪器和操纵装置(包括报警系统)的工作状况；⑩舵和推进器的控制以及船舶操纵特性；⑪船舶尺度和指挥位置的视野；⑫驾驶台的结构对值班人员瞭望的影响；⑬其他涉及值班安排、适于值班的标准、程序和指南。

(2)值班驾驶员应当始终保持正规瞭望，并应当符合下列要求：①利用视觉、听觉等一切可用的方法和手段对当时环境和情况保持连续观察、观测；②充分估计到碰撞、搁浅和其他可能危害航行安全的局面和危险；③及时发现遇难的船舶和飞机、船舶遇难人员，及时发现沉船残骸等危害航行安全的物体。

(3)在驾驶台和海图室分设的船上，值班驾驶员为了履行其必要的职责，在确信航行安全情况下，可以短时间进入海图室。

(4)瞭望人员和舵工的职责应当分开，舵工在操舵时不应当同时担当瞭望人员职责。在操舵位置四周的视野未被遮挡且没有夜视障碍，不妨碍保持正规瞭望的情况下，舵工可同时担当瞭望人员职责。

(5)在满足下列所有要求的情况下，值班驾驶员可以是唯一的瞭望人员：①白天；②能在需要时立即召唤其他合适人员到驾驶台协助；③下列因素条件能够确保安全：a. 天气及能见度情况；b. 通航密度；c. 邻近的航行危险物；d. 在分道通航制或者其附近水域内航行时所必须注意的情况；e. 其他影响航行安全的因素。④夜间航行时应当至少有一名值班水手协助驾驶员瞭望。

3. 值班交接

(1)接班驾驶员在接班前，应当对本船的推算船位或者实际船位进行核实，确认计划航线、航向和航速以及无人机舱控制装置的工作状况，并应当考虑值班期间可能遇到的任何航行危险。

(2)接班驾驶员在视力未完全调节到适应环境条件以前，不应当接班。

(3)交、接班驾驶员应当清楚地交接下列情况：①船长对船舶航行有关的常规命令和其他特别指示；②船位、航向、航速和吃水；③当时的和预报的潮汐、海流、气象、能见度等因素及其对航向和航速的影响；④在驾驶台控制主机时的主机操作程序和方法；⑤航行环境。航行环境应当至少包括：a. 正在使用或者在值班期间可能使用的所有航行设备和安全设备的工作状况；b. 电罗经和磁罗经的误差；c. 附近船舶的位置及动态；d. 在值班期间可能遇到的情况和危险;e. 船舶的横倾、纵倾、水的密度变化及船体下坐对富余水深可能造成的影响。

4. 值班职责

(1)负责航行的值班驾驶员负责船舶的安全航行,并按照经过修正的《1972 年国际海上避碰规则》和其他安全航行规定进行操纵和避让。

(2)值班驾驶员应当做到:①在驾驶台保持值班,不得离开驾驶台;②船长在驾驶台时,值班驾驶员仍然应当对船舶安全航行负责,除非被明确告知船长已承担责任;③给予全体值班人员一切适当的指示和信息,以保持安全值班。

(3)值班驾驶员应当使用安全航速。需要时,应当立即采取转舵、主机变速和使用声响信号等措施。在情况允许时,应当及时通知机舱拟进行主机变速,或者按照适用的程序有效地使用驾驶台的无人机舱主机控制装置。

(4)值班驾驶员必须充分掌握在任何吃水情况下本船的冲程等操纵特性,并应当考虑船舶可能具有的其他不同操纵特性。

(5)值班驾驶员应当充分了解本船所有安全和航行设备的放置地点和操作方法,熟练掌握电子助航仪器的使用方法,了解这些设备性能及操作上的局限性。

(6)值班驾驶员在值班期间,应当有效使用船上的助航仪器,以恰当的时间间隔对所驶的航向、船位和航速进行核对,确保本船沿着计划航线行驶,并注意在适当的时候使用测深仪。

(7)值班驾驶员应当经常和精确地测定驶近船舶的罗经方位和距离,及早判断有无碰撞危险。必要时使用甚高频无线电话,与他船协调避让措施。

(8)在下列情况下,值班驾驶员应当对航行设备进行操作性测试:①到港前和出港前;②可预见的影响航行安全的危险情况发生之前。

情况允许时,在海上航行期间值班驾驶员应当尽可能地对航行设备进行操作性测试,上述测试应当做好记录。

(9)值班驾驶员应当定期检查下列内容:①确保手动操舵或者自动舵使船舶保持在正确的航向上;②每班应当至少测定一次标准罗经的误差,如可能,在大幅度改变航向后也应当测定;应当经常进行标准罗经和陀螺罗经核对;复示仪与主罗经应当同步;如发现误差变化较大,应当及时报告船长;③每班至少测试一次自动舵的手动操作;④确保航行灯和信号灯及其他航行设备正常工作;⑤确保无线电设备正常工作并且按照要求值守;⑥确保在驾驶台的无人机舱控制装置、警报和指示器工作正常。

(10)在使用自动舵时,值班驾驶员应当考虑:①为了应对随时可能出现的潜在危险局面,及时使舵工就位并改为手动操舵的可能性;②在无人协助的情况下因采取紧急措施而中断瞭望的危险性。

手动操舵和自动操舵的转换应当由值班驾驶员决定。

(11)值班驾驶员应当能熟练地使用雷达,并应当做到:①遇到或者预料到能见度不良或者在通航密集水域航行时,应当使用雷达,并注意其局限性。使用雷达时应当遵守经过修正的《1972 年国际海上避碰规则》中使用雷达的规定;②应当确保所使用的雷达量程以足够频繁的时间间隔进行转换,以便能及早地发现物标。应当考虑微弱或者反射力差的物标可能被漏掉;③使用雷达时,应当选择合适的量程,仔细观察显示器,并确保及早进行雷达标绘或者系统的分析;④天气良好时,如可能,值班驾驶员应当进行雷达使用方面的操练。

(12)发生下列情况时,值班驾驶员应当立即报告船长,船长接到报告后应当尽快上驾驶台,必要时由船长直接指挥:①遇到或者预料到能见度不良;②对通航条件或者他船的动态产生疑虑;③对保持航向感到困难;④在预计的时间未能看到陆地、航行标志或测量不到水深;⑤意外地看到陆地、航行标志或者水深突然发生变化;⑥主机、推进装置遥控系统、舵机等主要的航行设备、警报或者指示仪发生故障;⑦无线电设备发生故障;⑧恶劣天气怀疑可能有气象危害;⑨发现遇险人员或船舶以及他船求救;⑩遇到其他紧急情况或者感到疑虑的情况。

当情况紧急时,为了船舶的安全,值班驾驶员除立即报告船长外,还应当果断采取行动。

5. 特殊环境下的驾驶值班

(1)遇到或者预料能见度不良时,值班驾驶员应当做到:①鸣放雾号;②以安全航速行驶;③使主机处于立即可操纵的准备状态;④通知船长;⑤安排正规的瞭望;⑥显示航行灯;⑦操作和使用雷达。

(2)在夜航期间航行值班时,船长和值班驾驶员安排瞭望应当特别考虑驾驶台设备和助航仪器及其局限性、当时航区的环境和情况以及所实施的程序和安全措施。

船长应当将航行指示和注意事项或者其他重要安排明确记入《船长夜航命令簿》,值班驾驶员应当遵照执行。

(3)在沿岸和通航密集水域航行时,应当使用船上适合于该水域并依照最新资料改正过的最大比例尺的海图。在确认没有碰撞危险的情况下,应当勤测船位,环境许可时还应当使用多种方法定位。

使用电子海图显示与信息系统(ECDIS)的,应选择适当显示比例的电子海图,并以适当的时间间隔通过其他的定位方法对船位进行核查。

值班驾驶员应当确切地辨认沿岸陆标及所有有关的航行标志。

(4)船舶由引航员引航时并不解除船长管理和驾驶船舶的责任。船长和引航员应当交换有关航行方法、当地情况和船舶性能等信息。船长、值班驾驶员应当与引航员紧密合作,保持对船位和船舶动态进行核对。船长对引航员的错误操作应当及时指出,必要时即行纠正。

(5)船长在非危险航段暂离驾驶台时应当告知引航员,并指定驾驶员负责。值班驾驶员对引航员的行动或意图有所怀疑时,应当要求引航员予以澄清,如仍有怀疑,应当立即报告船长,并可在船长到达之前采取必要的行动。

(6)船舶在锚泊时,值班驾驶员应当:①锚抛下时应当立即测定船位,并在海图上标出锚位和回旋范围,对锚地的潮汐、流向、水深、底质、周围情况及当地气象记入航海日志;②情况许可时,应当经常利用固定航标或者岸上容易辨认的物标,校核船舶是否保持在锚位上;③保持正规的瞭望,并注意以下情形,并做到:a. 周围锚泊船的情况,尤其是位于上风或者上流方向锚泊船的动态,以防他船走锚危及本船安全;b. 来泊船的锚位是否与本船有足够的安全距离,如过近,应当设法通知对方,并报告船长;c. 过往船舶或者邻近锚泊船起锚离泊时距本船过近,应当密切关注其动态,若判断对本船有威胁时,应当以各种信号警告对方。④以适当的时间间隔巡视全船,注意吃水、龙骨下富余水深以及船舶的状态;⑤注意观测气象、潮汐和海况变化,注意锚位、锚链受力和船首偏荡;在转流时,还应当注意船身回转及周围船舶动向,必要时采取紧急措施,防止因本船或者他船走锚造成紧迫局面或者发生事故;⑥本船或者他船走锚,或者过往船舶距离过近造成危险局面时,应当果断地采取一切有效措施，以避免或者减少损失，并立即通知船长；⑦在急流区锚泊或者遇大风浪天气，除执行船长指示外，还应当勤测锚位，定时巡视甲板，检查锚链和制链器是否正常，并且应当认真督促值班水手每小时检查锚链、锚链制和锚设备一次；⑧督促值班水手按时升降旗及锚球，开关锚灯、甲板照明，按照规定显示或者悬挂相应的号灯号型，鸣放相应的声号；⑨能见度不良时，应当认真执行经过修正的《1972年国际海上避碰规则》的有关规定，加强瞭望，鸣放雾号，打开锚灯和各层甲板的照明灯，并通知船长；⑩锚泊中进行装卸作业，除应当执行停泊值班中有关装卸业务方面的职责外，还应当注意旁靠船、驳的系缆、碰垫和绳梯以及其他各种安全措施；⑪根据锚地情况及相关规定，用甚高频无线电话在规定的频道上保持守听；⑫严格遵守防污染规定，采取有效措施，防治船舶对水域环境造成污染。

船长认为必要时，船舶在锚泊情况下可保持连续的航行值班。

四、港内值班

1. 港内值班应遵守的一般规定

（1）船舶在港内停泊时，船长应安排适当而有效的值班。对于具有特种形式的推进系统或辅助设备，以及装载有危害的、危险的、有毒的、易燃的物品或其他特殊货物的船舶，还应按有关规定的特殊要求值班。

（2）船长应根据停泊情况、船舶类型和值班特点，配备足够的且具有熟练操作能力的值班船员，并安排好必要的设备。

（3）船舶在港内停泊期间的值班安排应始终：①确保人命、船舶、货物、港口和环境的安全，确保所有与货物作业相关机械的安全操作；②遵守有关国际公约、国家法规和当地规定；③保持船舶工作正常。

（4）停泊时甲板值班人员的组成，应至少包括一名值班驾驶员和一名值班水手。

（5）轮机长应与船长协商，保证轮机值班的安排足以保持安全的轮机值班。决定轮机值班人员组成时，应当考虑下列内容：①至少有一名值班轮机员；②推进功率750 kW及以上的船舶，至少安排一名值班机工协助值班轮机员。

轮机员在值班期间，不应当承担妨碍其监控船上机械系统的其他任务。

2. 港内停泊期间值班驾驶员的职责

港内停泊期间，值班驾驶员应做到：

（1）掌握全船人员动态，经常巡查船的四周、装卸现场及工作场所，关注从事高空、舷外及封闭舱室内工作的人员安全，督促值班人员坚守岗位，保持部门间联系畅通。

（2）督促值班水手按时升降国旗、开关灯，显示或悬挂有关号灯号型；经常检查舷梯、锚链、跳板及安全网，及时调整系泊缆绳，特别是在有较大潮差的泊位上，应加强巡查，必要时，应采取措施以确保系泊设备处于安全工作状态。

（3）注意吃水、龙骨下的富余水深和船舶的总体状态。

（4）根据船舶种类特点，按积载计划的要求，负责船港联系和协作，监督装卸操作安全和质量，掌握装卸进度，解决装卸中发生的问题，制止违章作业，注意天气变化及海况，及时开关舱；装卸一级危险品、重大件、贵重货时到现场监督指导。

（5）注意及时收听天气预报，当收到恶劣气象警报时，采取必要的措施以保护人员、船舶和货物的安全。

（6）按船长、大副的指示或者情况需要，通知机舱注入、排出或调整压舱水，并注意船体平衡。注意检查污水井、压载舱及淡水舱的测量记录。监收加装淡水和物料，加油船来时通知机舱并注意防火安全。

(7)在危及船舶安全的紧急情况下，鸣放警报，通知船长，采取一切可能的措施以防止对船上人员、船舶和货物造成损害。必要时，请求附近船舶或岸上给予援助。

(8)掌握船舶稳性情况，以便在失火时能向消防部门提供可喷洒在船上的水的大致数量而不致危及本船。

(9)船上进行明火作业及修理工作时，应严格按有关规定进行，并采取必要的预防措施。

(10)禁止在系泊区域内排放污油水、垃圾及杂物，采取各种有效预防措施，防止本船对周围环境造成污染。

(11)注意过往船舶，当有他船系靠本船或前后泊位时，应在现场守望，并采取相应安全措施；发生事故时，应立即记下该船船名、国籍、船籍港及事故经过，并向船长报告。

(12)对遇难船舶和人员提供援助。

(13)主机试车应在确认推进器附近无障碍物，不致碍及他船，不损坏舷梯、跳板、缆绳、装卸属具及港口设施等情况后方可进行，并采取必要的预防措施。

3. 港内停泊期间甲板值班的交接班

(1)交班和接班的驾驶员都应在交接前巡视检查全船和周围，认真做好交接工作。

(2)交班驾驶员应告知接班驾驶员下列事项：①航海日志和停泊值班记录簿所记载的有关内容、航运公司指示和船长命令，有关人员来船联系及对外联系事项；②气象、潮汐、泊位水深、船舶吃水、系缆情况、锚位和所出锚链的情况、转流时船舶回转等安全注意事项，主机状态和应急使用的可能性，以及对船舶安全有关的其他情况；③船上拟进行的所有工作，包括积载计划，大副的要求，装卸进度，开工舱口及工班数，货物的分隔衬垫，装卸质量，装卸属具情况，危险品和重大件及应采取的预防及应急措施，贵重货，水手监舱情况及与港方联系事项；④舱底水、压舱水、淡水的水位情况及加装燃油、淡水情况；⑤消防设备的情况；⑥港口及本船悬挂的信号、显示的号灯号型和鸣放的声号，港口特殊规定，发生紧急情况或需要援助时船方与港方的联系方式；⑦要求在船船员的人数和全船人员的动态情况；⑧检修工作的项目、质量、进度和采取的安全措施；⑨旁靠船、驳情况，周围锚泊船的动态；⑩港口的特殊要求；⑪有关船员、船舶、货物的安全和防止水域污染的其他重要情况，以及由于船舶行为造成环境污染时向相关机关报告的程序。

(3)接班驾驶员在负责甲板值班之前应核实：①系泊缆绳或锚链是否恰当；②正在装卸的有害或危险货物的性质，以及发生溢漏或失火后应采取的相应措施；③本船悬挂的信号、显示的号灯号型以及鸣放的声号是合适的；④各项安全措施和防火规定都在严格遵守之中；⑤是否存在危及本船的情况，以及本船是否危及其他船舶。

(4)交接班人员对交接事项产生疑问时，应及时请示大副或船长。

4. 货物作业值班

(1)航运公司应制定相应的规定以保证货物作业安全。

(2)负责计划和实施货物作业的高级船员应通过对特定风险的控制，确保作业的安全实施。

(3)船舶载运危险货物、污染危害性货物时，船长应作出保持货物安全的值班安排：①载运散装危险货物的船舶，安全值班应由甲板部和轮机部各至少一名高级船员和若干名普通船员组成。②载运非散装的危险品船舶，船长在作出值班安排时应充分考虑危险品的性质、数量、包装和积载以及船上、水上和岸上的所有特殊情况。

五、驾驶、轮机联系制度

船长应提前24小时将预计开航时间通知轮机长，如停港不足24小时，应在抵港后立即将预计离港时间通知轮机长；轮机长应向船长报告主要机电设备情况、燃油和炉水存量；如开航时间变更，须及时更正。

每班交班前，值班轮机员应将主机平均转数和海水温度等参数告知值班驾驶员，值班驾驶员应回告本班平均航速和风向风力，双方分别记入航海日志和轮机日志；每天中午，驾驶台和机舱校对时钟并互换正午报告。

添装燃油前，轮机长应将本船的存油情况和计划添装的油舱以及各舱添装数量告知大副，以便计算稳性、水尺和调整吃水差。

六、值班保障

1. 防止疲劳操作

(1)航运公司及船长应采取有效措施防止船员疲劳操作，所有负责值班的船员以及被指定承担安全、防污染和保安职责的船员休息时间，除紧急或超常工作情况外应满足以下要求：①任何24 h内不少于10 h；②任何7天内不少于77 h；③任何24 h内的休息时间可以分为不超过2个时间段，其中一个时间段至少要有6 h，连续休息时间段之间的间隔不应超过14 h；④船长按照第②、③项中规定安排休息时间时可以有例外，但是任何7天内的休息时间不得少于70 h；⑤对第②项规定的每周休息时间的例外，不应超过连续2周。在船上连续2次例外时间的间隔不应少于该例外持续时间的2倍；⑥对第③项规定的例外，可以分成为不超过3个时间段，其中一个时间段至少要有6 h，另外两个时间段均不应少于1 h，连续休息时间间隔不得超过14 h。例外在任何7天时间内不得超过两个24 h时间段。

(2)紧急集合演习、消防和救生演习，以及国内法律、法规、国际公约规定的其他演习，应以对休息时间的干扰最小且不导致船员疲劳的形式进行。

(3)船员处于待命情况下，因被派去工作而中断了正常的休息时间，应给予充分的补休。

(4)因船舶、船上人员或货物出现紧急安全需要，或出于帮助海上遇险的其他船舶或人员的目的，船长有权暂停执行休息时间制度，直至情况恢复正常。情况恢复正常后，船长应根据实际情况尽快安排船员获得充足的补休时间。

(5)船舶应将船上工作安排表张贴在易见之处。

船舶应保持对船员每天休息时间进行记录，并制作由船长或者船长授权的人员和船员本人签注的休息时间记录表发放给船员本人。

船上工作安排表和休息时间记录表应参照国际劳工组织(ILO)和国际海事组织(IMO)编制船员船上工作安排表和船员工作时间或休息时间记录格式指南并使用船上工作语言和英语制定。

(6)船长在安排船员值班时，应当充分考虑女性船员的生理特点和国家的有关规定。

2. 严禁酗酒和滥用药物

(1)船员不得酗酒。值班人员在值班前四小时内禁止饮酒，且值班期间血液酒精浓度

(BAC)不高于0.05%或呼吸中酒精浓度不高于0.25 mg/L。

(2)船员不得服用可能导致不能安全值班的药物。

(3)航运公司应制定相应的措施防止船员酗酒和滥用药物。船员履行值班职责或有关安全、防污染和保安值班职责的能力受到药物或酒精的影响时,不得安排其值班。

七、法律责任

1. 船员应承担的法律责任

船员有下列情形之一的,由海事管理机构处1 000元以上1万元以下罚款;情节严重的,并给予暂扣船员服务簿、船员适任证书6个月以上2年以下直至吊销船员服务簿、船员适任证书的处罚:①未按要求保持正规瞭望的;②未按要求履行值班职责的;③未按要求值班交接的;④不采用安全航速航行的;⑤不按规定守听航行通信的;⑥不按规定测试、检修船舶设备的;⑦发现或者发生险情、事故、保安事件或者影响航行安全的情况未及时报告的;⑧未按要求填写或者记载有关船舶法定文书的;⑨在船上值班期间,体内酒精含量超过规定标准的;⑩在船上履行船员职务,服食影响安全值班的违禁药物的;⑪不遵守本规则规定的其他情形。

2. 船长应承担的法律责任

船长有下列情形之一的,由海事管理机构处2 000元以上2万元以下罚款;情节严重的,并给予暂扣船员适任证书6个月以上2年以下直至吊销船员适任证书的处罚:①未确保按照规定为船舶配备足额的适任船员的;②未按要求安排值班的;③未保证船舶和船员携带符合法定要求的证书、文书以及有关航行资料的;④未保证船舶和船员存开航时处于适航、适任状态的;⑤未保证船舶安全值班的;未按规定在驾驶台值班的;⑥不遵守本规则规定的其他情形。

3. 航运公司应承担的法律责任

违反本规则的规定,航运公司有下列行为之一的,由海事管理机构责令改正,处3 000元以上3万元以下罚款:①未保证值班船员熟悉本公司安全管理有关规定,熟悉船上的有关设备和船舶特性以及本人职责;②未按照规定为船舶配备足额的适任船员的;③未按要求制定相应规章制度的。

任务6.4 船舶安全检查规则

任务情景

2019年,中国检查数量最多的为散货船,达3 528艘次,占检查总量的45.49%,其次为集装箱船1 500艘次,普通货船927艘次,油轮624艘次,化学品船460艘次,液化气船250艘次,冷藏船129艘次。其中查出缺陷28 234项,单船平均缺陷数量3.64项,滞留船舶435艘次,滞留艘次同比增长20.83%,滞留率达5.61%;在亚太地区港口国监督备忘录组织的应急系统和程序集中检查会战中，我国各级海事管理机构共实施专项检查 1 783 艘次，专项滞留船舶 39 艘次，专项滞留率为 2.19%。

本任务讨论我国海事局认定为重点跟踪船舶的种类。

任务目标

1. 了解安全检查的一般规定和检查内容。
2. 了解安全检查的程序与缺陷处理。
3. 了解船舶违反安全检查规则时应负的法律责任。

任务分析

下列船舶应列为重点跟踪船舶：①中国籍海船、河船 12 个月内在船舶安全检查（含境外港口国监督检查）中被滞留 2 次的；外籍船舶 12 个月内在港口国监督检查中，被中华人民共和国海事机构滞留 2 次的；②发生违章、违法行为后拒绝接受或逃避处理的；③持伪造、变造、转让、买卖、租借的船舶证书或未经主管机关认可对船舶结构布置、设备设施进行变动导致船舶实际状况与船舶证书严重不符的；④发生死亡（失踪）5 人及以上水上交通事故，经调查发现安全管理存在重大问题的船公司管理的所有船舶；⑤三分之一及以上的中国籍船舶被列为重点跟踪船舶的船公司管理的所有船舶；⑥中华人民共和国海事局指定的需要重点跟踪的船舶。

中华人民共和国海事局对报告船舶的情况核准后，将其列入重点跟踪船舶名单并在其官方对外网站公布。各级海事机构应及时核查重点跟踪船舶名单的更新情况，加强对重点跟踪船舶的监管，对重点跟踪船舶实施的船舶安全检查应开展详细检查，并在安全检查报告上标注“重点跟踪检查”字样。对有船舶列入重点跟踪的船舶管理公司，相关海事机构应加大公司日常监督检查的力度和频次。对重点跟踪船舶和有船舶列入重点跟踪的船舶管理公司开展安全管理体系审核时，应将船舶及公司采取的相关整改措施纳入审核范围。

知识获取

安全检查根据实施检查的政府的不同分为船旗国监督检查和港口国监督检查。船旗国监督检查是指船旗国对本国籍船舶实施的船舶安全检查。除了针对船舶技术状况的船舶检验和誉证以外，船旗国还依据有关国际公约和国内法规对国内航行和悬挂本国国旗的国际航行船舶进行安全检查，以加强对船舶技术设备状况和人员配备及适任状况的监督。

我国现行的《中华人民共和国船舶安全检查规则》（以下简称《安全检查规则》）为 2009 年 11 月 30 日交通运输部以交通运输部令 2009 年第 15 号发布，自 2010 年 3 月 1 日起施行，原《中华人民共和国船舶安全检查规则（1997）》同时废止。《安全检查规则》共有 5 章 36 条，包括总则、船舶安全检查和处理、船旗国监督检查记录簿和港口国监督检查报告使用规定、法律责任、附则。修订后的《安全检查规则》增添了检查内容（依据为我国加入的公约，如船舶保安、船员适任能力和健康条件等）和监督措施（主要为船舶保安监督符合措施），规范了复查程序，统一了安全检查和检查报告的名称。

一、总则

1. 制定目的与法律依据

为规范船舶安全检查活动，保障水上人命、财产安全，防止船舶造成水域污染，根据《中华人民共和国海上交通安全法》《中华人民共和国海洋环境保护法》《中华人民共和国内河交通安全管理条例》等法律、行政法规和我国缔结、加入的有关国际公约，制定《安全检查规则》。

2. 船舶安全检查目的与分类

《安全检查规则》所称“船舶安全检查”，是指海事管理机构按照《安全检查规则》规定的程序，对船舶技术状况、船员配备及适任状况等进行监督检查，以督促船舶、船员、船舶所有人、经营人、管理人以及船舶检验机构、发证机构、认可组织等有效执行我国法律、行政法规、规章，船舶法定检验技术规范，以及我国缔结、加入的有关国际公约的规定。

船舶安全检查分为船旗国监督检查和港口国监督检查。船旗国监督检查是指对中国籍船舶实施的船舶安全检查；港口国监督检查是指对航行、停泊、作业于我国港口（包括海上系泊点）、内水和领海的外国籍船舶实施的船舶安全检查。

3. 适用范围与主管机关

《安全检查规则》适用于对中国籍船舶以及航行、停泊、作业于我国港口（包括海上系泊点）、内水和领海的外国籍船舶实施的安全检查活动。

《安全检查规则》不适用于军事船舶、公安船舶、渔业船舶和体育运动船艇。

中华人民共和国海事局统一管理全国的船舶安全检查工作。其他各级海事管理机构按照职责开展船舶安全检查工作。

船舶安全检查遵循依法、公正、诚信、便民的原则。

二、船舶安全检查和处理

1. 一般规定

船舶安全检查，应当由至少两名安全检查人员于船舶停泊或者作业期间实施。

禁止对在航船舶进行安全检查，但法律、行政法规另有规定的除外。

从事船舶安全检查的人员应当具备必要的船舶安全检查知识和技能，并取得相应等级的船舶安全检查资格证书。

海事管理机构应当配备足够、合格的船舶安全检查人员和必要的装备、资料等，以满足船舶安全检查工作的需要。

2. 安全检查内容

船舶安全检查的内容包括：①船舶配员；②船舶和船员有关证书、文书、文件、资料；③船舶结构、设施和设备；④载重线要求；⑤货物积载及其装卸设备；⑥船舶保安相关内容；⑦船员对与其岗位职责相关的设施、设备的实际操作能力以及中国籍船员所持适任证书所对应的适任能力；⑧船员人身安全、卫生健康条件；⑨船舶安全与防污染管理体系的运行有效性；⑩法律、行政法规、规章以及国际公约要求的其他检查内容。

3. 选船

海事管理机构应当根据中华人民共和国海事局制定的选船标准以及国际公约、区域性合作组织的规定,结合辖区实际情况,按照公平对等、便利公开、重点突出的原则,合理选择船舶实施安全检查。

经海事管理机构检查的中国籍船舶或者经《亚太地区港口国监督谅解备忘录》成员当局检查的外国籍船舶,自检查完毕之日起6个月内不再进行检查,但下列船舶除外:①客船、油船、液化气船、散装化学品船;②发生水上交通事故或者污染事故的船舶;③被举报低于安全、防污染、保安、劳工条件等要求的船舶;④新发现存在若干缺陷的船舶;⑤依选船标准核算具有较高安全风险指数的船舶;⑥中华人民共和国海事局指定检查的船舶。

4. 检查程序

检查人员实施船舶安全检查,在登轮后应当向船方出示有效证件,表明来意。先进行初步检查,对船舶进行巡视,核查船舶证书、文书和船员证书。

有下列情形之一的,检查人员应当对船舶实施详细检查,并告知船方进行详细检查的原因:①巡视或者核查过程中发现在安全、防污染、保安、劳工条件等方面明显存在缺陷或者隐患的;②被举报低于安全、防污染、保安、劳工条件等要求的;③两年内未经海事管理机构详细检查的;④中华人民共和国海事局要求进行详细检查的。

检查人员实施详细检查时,船长应当指派人员陪同。陪同人员应当如实回答检查人员提出的问题,并按照检查人员的要求测试和操纵船舶设施、设备。

5. 缺陷处理

(1)处理意见

检查人员应当运用专业知识对船舶存在的缺陷作出判断,并按照有关法律、行政法规或者国际公约的规定,提出下列一种或者几种处理意见:①开航前纠正缺陷;②在开航后限定的期限内纠正缺陷;③滞留;④禁止船舶进港;⑤限制船舶操作;⑥责令船舶驶向指定区域;⑦驱逐船舶出港;⑧法律、行政法规或者国际公约规定的其他措施。

船舶有权对海事管理机构实施船舶安全检查时提出的缺陷以及处理意见当场进行陈述和申辩。海事管理机构应当充分听取船方意见。

(2)检查报告

实施船旗国监督检查结束后,检查人员应当签发《船旗国监督检查记录簿》;实施港口国监督检查结束后,检查人员应当签发《港口国监督检查报告》。

检查人员应当在《船旗国监督检查记录簿》或者《港口国监督检查报告》中标明缺陷及处理意见,签名并加盖船舶安全检查专用章。对于缺陷处理意见为滞留的,检查人员应当在《船旗国监督检查记录簿》或者《港口国监督检查报告》中注明理由。

(3)通知

海事管理机构采取滞留、禁止船舶进港、驱逐船舶出港项处理措施之一的,对于中国籍船舶应当通报船籍港海事管理机构;对于外国籍船舶应当通过中华人民共和国海事局通报其船旗国政府、国际海事组织。

导致滞留的缺陷如与船舶检验机构、发证机构或者认可组织有关的,还应当通报相关的船舶检验机构、发证机构或者认可组织。

接到通报的船舶检验机构、发证机构或者认可组织应当核实和调查有关缺陷情况,采取相应的措施,并将相关情况及时反馈给发出通知的海事管理机构。

(4)缺陷纠正

船舶以及相关人员应当按照海事管理机构签发的船旗国监督检查记录簿或者港口国

监督检查报告的要求，对存在的缺陷进行纠正。

中国籍船舶的船长或者履行船长职责的船员应当对缺陷纠正情况进行检查，并在航行日志中进行记录。

(5)复查

船舶在纠正导致海事管理机构采取滞留、禁止船舶进港、限制船舶操作和驱逐船舶出港处理措施之一的缺陷后，应当向海事管理机构申请复查。对其他缺陷纠正后，船舶可以自愿申请复查。

海事管理机构接到自愿复查申请，决定不予复查的，应当及时通知申请人。

海事管理机构可以根据需要对缺陷纠正情况进行跟踪检查。

对已经纠正的缺陷，经复查或者跟踪检查合格后，检查人员应当在船舶安全检查报告中签名并加盖船舶安全检查复查合格章，海事管理机构应当及时解除相应的处理措施。

(6)境外检查

从事国际航行的中国籍船舶所有人、经营人或者管理人应当按照中华人民共和国海事局的规定，定期将船舶在境外接受检查和处罚的情况向船籍港海事管理机构报告。

对连续两年不能返回国内港口接受船旗国监督检查的船舶，经中华人民共和国海事局授权，船籍港海事管理机构可以到船舶所在地港口对船舶实施船旗国监督检查。

中国籍船舶在境外发生水上交通事故或者污染事故的，或者在境外被滞留、禁止进港(入境)、驱逐出港(境)的，船舶所有人、经营人或者管理人应当在船舶到达国内第一个港口前，将船舶在境外接受检查和处罚的情况向船籍港海事管理机构报告。

对发生上述规定情形的船舶，中华人民共和国海事局可以根据事故或者缺陷的性质以及客观条件，指定有关船舶检验机构对其实施境外临时检验。

船舶存在可能影响水上人命、财产安全或者可能造成水域环境污染的缺陷和隐患的，船员及其他知情人员应当向海事管理机构举报。海事管理机构应当为举报人保守秘密。

(7)责任

海事管理机构应当建立健全船舶安全检查信息公开制度，并接受社会公众和有关方面的咨询和监督。

船舶安全检查不免除船舶、船员及相关方在船舶安全、防污染和保安等方面应当履行的法定责任和义务。

三、船旗国监督检查记录簿和港口国监督检查报告使用规定

中国籍船舶应当随船携带《船旗国监督检查记录簿》，《船旗国监督检查记录簿》由船舶或者其所有人、经营人、管理人向海事管理机构申请换发、补发。《船旗国监督检查记录簿》使用完毕或者污损不能继续使用的，应当申请换发，并交验前一本《船旗国监督检查记录簿》。因遗失或者灭失等原因申请补发的，应当书面说明理由，附具有关证明文件，并提供最近一次对其实施船旗国监督检查的海事管理机构名称。《船旗国监督检查记录簿》应当连续使用，保持完整，不得缺页、擅自涂改或者故意毁损。

《港口国监督检查报告》以及使用完毕的《船旗国监督检查记录簿》应当妥善保管，至少在船上保存二年。

除海事管理机构外，任何单位、人员不得扣留、收缴《船旗国监督检查记录簿》或者《港口国监督检查报告》，也不得在《船旗国监督检查记录簿》或者《港口国监督检查报告》上

签注。

船舶不得涂改、故意损毁、伪造、变造《船旗国监督检查记录簿》或者《港口国监督检查报告》,不得以租借、骗取等手段冒用《船旗国监督检查记录簿》或者《港口国监督检查报告》。

四、法律责任

违反《安全检查规则》,有下列行为之一的,由海事管理机构对违法船舶或者其所有人、经人、管理人处1 000元以上1万元以下的罚款;情节严重的,处1万元以上3万元以下的罚款。对违法人员处以100元以上1 000元以下的罚款;情节严重的,处1 000元以上3 000元以下的罚款:①拒绝或者阻挠检查人员实施船舶安全检查的;②弄虚作假欺骗检查人员的;③未按照《船旗国监督检查记录簿》或者《港口国监督检查报告》的处理意见纠正缺陷或者采取措施的;④船舶在纠正按照规定应当申请复查的缺陷后未申请复查的;⑤未按照规定将船舶在境外接受检查和处罚的情况向船籍港海事管理机构报告的;⑥涂改、故意损毁、伪造、变造《船旗国监督检查记录簿》或者《港口国监督检查报告》的;⑦以租借、骗取等手段冒用《船旗国监督检查记录簿》或者《港口国监督检查报告》的。

中国籍船舶未按照规定携带船旗国监督检查记录簿的,海事管理机构应当责令改正,并对违法船舶处1 000元罚款。

检查人员徇私舞弊、玩忽职守或者滥用职权的,海事管理机构应当按照有关规定作出处理。

海事管理机构在实施船旗国监督检查中发现船舶存在的缺陷与船舶检验机构、发证机构和认可组织有关的,应当根据相关规定对船舶检验机构、发证机构、认可组织或者其工作人员开展调查和处理。

五、附则

《安全检查规则》所称缺陷,是指船舶技术状况、船员配备及适任状况等不符合我国法律、行政法规、规章、船舶法定检验技术规范和我国缔结、加入的国际公约要求的情况。

船舶申请复查的,应当按照规定交纳复查费用并负担相应的交通费用。

《船旗国监督检查记录簿》和《港口国监督检查报告》由中华人民共和国海事局统一印制。

任务6.5 我国船舶进出口岸管理办法

任务情景

IMO船员名单是船舶进出口岸需要提交的重要资料之一,本任务以某船舶IMO船员名单为例,介绍了IMO船员名单样式与填写内容(表6-5-1)。

表 6-5-1　IMO 船员名单

IMO CREW LIST

<table>
<tr><td colspan="3">Arrival</td><td colspan="4">Departure</td><td colspan="4">(Please tick as appropriate)</td></tr>
<tr><td colspan="3">1. Nane of Ship</td><td colspan="4">2. Nationality of Ship</td><td colspan="2">3. Nature and No. Of Identity Document</td><td colspan="2">4. Seaman Identification</td></tr>
<tr><td>5. No.</td><td>6. Family name, Given names, Middle Name</td><td>6a.</td><td>7. Rank of Rating</td><td>8. Nationality</td><td>9. Date of Birth</td><td>Place of Birth</td><td>10. Passport No.</td><td>Expiry Date</td><td>11. Seaman Book</td><td>Expiry Date</td></tr>
<tr><td>1</td><td></td><td></td><td></td><td></td><td></td><td></td><td></td><td></td><td></td><td></td></tr>
<tr><td>2</td><td></td><td></td><td></td><td></td><td></td><td></td><td></td><td></td><td></td><td></td></tr>
<tr><td>3</td><td></td><td></td><td></td><td></td><td></td><td></td><td></td><td></td><td></td><td></td></tr>
<tr><td></td><td></td><td></td><td></td><td></td><td></td><td></td><td></td><td></td><td></td><td></td></tr>
<tr><td></td><td></td><td></td><td></td><td></td><td></td><td></td><td></td><td></td><td></td><td></td></tr>
<tr><td></td><td></td><td></td><td></td><td></td><td></td><td></td><td></td><td></td><td></td><td></td></tr>
<tr><td colspan="11">12. date and signature by Master, authorised agent of officer</td></tr>
</table>

任务目标

1. 了解我国进出口岸检查办法。
2. 了解国内船舶进出港报告。

任务分析

依照 IMO 船员名单表格要求，要填写：

1. 船名、船籍、船舶 IMO 编号。
2. 船员姓名、国籍、出生年月和职务。
3. 船员护照号码及有效期。
4. 海员证号码及有效期。

知识获取

国际航行船舶进出港口需要通过进出口岸检查，国际航行船舶包括外国籍船舶以及航行国际航线的本国籍船舶，除了法律另有规定以外，国际航行船舶进出口岸检查主要针对进出口岸的国际航行船舶及其所载船员、旅客、货物和其他物品。中国籍船舶在我国管辖水域内航行应按照规定实施船舶进出港报告。

一、国际航行船舶进出口岸检查

国际航行的船舶进出港涉及航行安全，船员及旅客出入境、货物通关、卫生检疫等国境管理事务。

1. 主管机关

负责船舶安全管理的海事机构、海关、边防检查机关（实施人员出入境管理，国际上一般称为移民局）、卫生检疫机关和动植物检疫机关。

2. 一般程序

国际航行船舶进出口岸通常由代理代为申报、办理进出口岸手续。

（1）进口岸手续

船舶或其代理人应当在船舶预计抵达口岸前规定的时间内（我国为7天前审批，24小时前报告），将抵达时间、停泊地点、靠泊移泊计划及船员、旅客的有关情况报告检查机关，办妥进口岸手续。如果在船舶抵达口岸前未办妥进口岸手续，须在船舶抵达口岸规定时间内到检查机关办理进口岸手续。

船舶抵达口岸前已经办妥进口岸手续的，船舶抵达后即可上下人员、装卸货物和其他物品。在船舶抵达口岸前未办妥进口岸手续的，船舶抵达后，除检查机关办理进口岸检查手续的工作人员和引航员外，其他人员不得上下船舶，不得装卸货物和其他物品。船舶进出的上一口岸是同一国家口岸的，船舶抵达后一般可上下人员、装卸货物和其他物品，但是应当立即办理进口岸手续。

为了便利船舶进出口岸，通常代理人（或船方）依照有关规定办理进出口岸手续，除卫生检疫或者其他特殊情形外，检查机关一般不登船检查。卫生检疫机关一般对船舶实施电讯检疫，持有卫生证书的船，其船方或其代理人可以向卫生检疫机关申请电讯检疫。对于来自疫区的船舶，载有检疫传染病染疫人、疑似检疫传染病染疫人，或非意外伤害死亡且死因不明尸体的船舶，未持有卫生证书、卫生证书过期或卫生状况不符合要求的船舶，卫生检疫机关应当在锚地实施检疫。动植物检疫机关对来自动植物疫区的船舶和船舶装载的动植物、动植物产品及其他建检疫物，可以在锚地实施检疫。

（2）离口岸手续

船方或其代理人应当在船舶驶离口岸前规定时间内（我国为4 h），到检查机关办理必要的出口岸手续，申请领取出口岸许可。

船舶领取了出口岸许可后，情况发生变化或者规定时间内未能驶离口岸的，船方或其代理人应当报告主管机关，由主管机关协商其他检查机关决定是否重新办理出口岸手续。

船舶在口岸停泊时间较短，满足规定条件的，经检查机关同意，船方或其代理人在办理进口岸手续时，一般可以同时办理出口岸手续。

二、我国进出口岸检查办法

1. 适用范围

适用于进出中华人民共和国口岸的国际航行船舶及其所载船员、旅客、货物和其他物品,但是,法律另有特别规定的,或者国务院另有特别规定的,从其规定。

2. 主管机关

中华人民共和国海事局(以下简称海事局)、中华人民共和国海关(以下简称海关)、中华人民共和国出入境边防检查机关(以下简称边检)是负责对船舶进出中华人民共和国口岸实施检查的机关(以下简称检查机关)。

3. 申报和检查办法

船舶进出中华人民共和国口岸,由船方(是指船舶所有人或其经营人)或其代理人依照本办法有关规定办理进出口岸手续。除卫生检疫或者其他特殊情形外,检查机关不登船检查。

(1)进口岸手续

船方或其代理人应当在船舶预计抵达口岸7日前(航程不足7天,在驶离上一口岸时)填写《国际航行船舶进口岸申请书》,报请抵达口岸的海事局审批。

拟进入长江水域的船舶,船方或其代理人应当在船舶预计经上海港区7日前(航程不足7天,在驶离上一口岸时)填写《国际航行船舶进口岸申请书》,报请抵达口岸的海事局审批。

船方或其代理人应当在船舶预计抵达口岸24 h前(航程不足7天,在驶离上一口岸时),将抵达时间、停泊地点、靠泊移泊计划及船员、旅客的有关情况报告检查机关

船方或其代理人在抵达口岸前未办妥进口岸手续的,须在船舶抵达口岸24 h内到检查机关办理进口岸手续。船舶在口岸停泊时间不足24 h的,经检查机关同意,船方或其代理人在办理进口岸手续时,可以同时办理出口岸手续。

(2)出口岸手续

船方或其代理人应当在船舶驶离口岸前4 h(船舶在口岸停泊时间不足4 h的,在抵达口岸时)到检查机关办理必要的出口岸手续。有关检查机关应当在《船舶出口岸手续联系单》上签注 ,船方或其代理人持《船舶出口岸手续联系单》和海事局要求的其他证件、资料,到海事局申请领取出口岸许可证。

领取出口岸许可证,情况发生变化或24 h内未能驶离口岸,船方或代理人报告海事局,由海事局协商其他检查机关决定是否重新办理出口岸手续。

(3)定期进出口岸手续

定航线、定船员并在24 h内往返一个或者一个以上航次的船舶,船方或其代理人可以向海事局书面申请办理定期进出口岸手续。受理申请的海事局协商其他检查机关批准后,签发有效期不超过7天的定期出口岸许可证,有效期内免办理进口岸手续。

三、国际航行船舶出入境检验检疫管理办法

为了加强国际航行船舶出入境检验检疫管理,便利国际航行船舶进出我国口岸,依据《中华人民共和国国境卫生检疫法》及其实施细则、《中华人民共和国进出境动植物检疫法》及其实施条例、《中华人民共和国进出口商品检验法》及其实施条例以及《国际航行船舶进出中华人民共和国口岸检查办法》的规定制定本办法。

1. 适用范围与主管机关

本办法中的船舶是指进出中华人民共和国国境口岸的外国籍船舶和航行国际航线的中华人民共和国国籍船舶。

海关总署主管船舶进出中华人民共和国国境口岸(以下简称口岸)的检验检疫工作。主管海关负责所辖地区的船舶进出口岸的检验检疫和监督管理工作。

国际航行船舶进出口岸应当按照本办法规定实施检验检疫。

2. 入境检验检疫

入境的船舶必须在最先抵达口岸的指定地点接受检疫,办理入境检验检疫手续。船方或者其代理人应当在船舶预计抵达口岸 24 h 前(航程不足 24 h 的,在驶离上一口岸时)向海关申报,填报入境检疫申报书。如船舶动态或者申报内容有变化,船方或者其代理人应当及时向海关更正。

入境检疫的船舶,在航行中发现检疫传染病、疑似检疫传染病,或者有人非因意外伤害而死亡并死因不明的,船方必须立即向入境口岸海关报告。

海关对申报内容进行审核,确定检疫方式(包括锚地检疫、电讯检疫、靠泊检疫、随船检疫),并及时通知船方或者其代理人。

海关对存在下列情况之的船舶应当实施锚地检疫:

(1)来自检疫传染病疫区的;

(2)来自动植物疫区,国家有明确要求的;

(3)有检疫传染病病人、疑似检疫传染病病人,或者有人非因意外伤害而死亡并死因不明的;

(4)装载的货物为活动物的;

(5)发现有啮齿动物异常死亡的;

(6)废旧船舶;

(7)未持有有效的除鼠/免予除鼠证书的;

(8)船方申请锚地检疫的;

(9)海关工作需要的。

持有我国海关签发的有效《交通工具卫生证书》,并且没有第九条所列情况的船舶,经船方或者其代理人申请,海关应当实施电讯检疫。船舶在收到海关同意电讯检疫的批复后,即视为已实施电讯检疫。船方或者其代理人必须在船舶抵达口岸 24h 内办理入境检验检疫手续。

对未持有有效《交通工具卫生证书》,且没有第九条所列情况或者由于天气、潮水等原因于法宜施错地检疫的船舶,经船方或者其代理人申请,海关可以实施靠泊检疫。

海关对旅游船、军事船、要人访问所乘船舶等特殊船舶以及遇有特殊情况的船舶,如船上有病人需要救治、特殊物资急需装卸、船舶急需抢修等,经船方或者其代理人申请,可以实施随船检疫。

接受入境检疫的船舶,必须按照规定悬挂检疫信号,在海关签发入境检疫证书或者通知检疫完毕以前,不得解除检疫信号。除引航员和经海关许可的人员外,其他人员不准上船;不准装卸货物、行李、邮包等物品;其他船舶不准靠近;船上人员,除因船舶遇险外,未经海关许可,不得离船;检疫完毕之前,未经海并许可,引航员不得擅自将船舶引离检疫锚地。

办理入境检验检疫手续时,船方或者其代理人应当向海关提交《航海健康申报书》《总申报单》《货物申报单》《船员名单》《旅客名单》《船用物品申报单》《压舱水报告单》及载货清单,并应检验检疫人员的要求提交《除鼠/免予除鼠证书》《交通工具卫生证书》《预防接种证书》《健康证书》以及《航海日志》等有关资料。

海关实施登轮检疫时,应当在船方人员的陪同下,根据检验检疫工作规程实施检疫查验。

海关对经检疫判定没有染疫的入境船舶,签发《船舶入境卫生检疫证》;对经检疫判定染疫嫌疑或者来自传染病疫区应当实施卫生除害处理的或者有其他限制事项的入境船舶，在实施相应的卫生除害处理或者注明应当接受的卫生除害处理事项后，签发《船舶入境检疫证》；对来自动植物疫区经检疫判定合格的船舶，应船舶负责人或者其代理人要求签发《运输工具检疫证书》；对须实施卫生除害处理的，应当向船方出具《检验检疫处理通知书》，并在处理合格后，应船方要求签发《运输工具检疫处理证书》。

3. 出境检验检疫

出境的船舶要在离境口岸接受检验检疫，办理出境检验检疫手续。出境的船舶，船方或者其代理人应当在船舶离境前 4h 内向海关申报，办理出境检验检疫手续。已办理手续但出现人员货物的变化或者因其他特殊情况 24h 内不能离境的，须重新办理手续。

船舶在口岸停留时间不足 24h 的，经海关同意，船方或者其代理人在办理入境手续时，可以同时办理出境手续。

对装运出口易腐烂变质食品、冷冻品的船舱，必须在装货前申请适载检验，取得检验证书。未经检验合格的，不准装运。装载植物、动植物产品和其他检疫物出境的船舶，应当符合国家有关动植物防疫和检疫的规定，取得《运输工具检疫证书》。对需实施除害处理的，做除害处理并取得《运输工具检疫处理证书》后，方可装运。

办理出境检验检疫手续时，船方或者其代理人应当向海关提交《航海健康申报书》《总申报单》《货物申报单》《船员名单》《旅客名单》及载货清单等有关资料（入境时已提交且无变动的可免于提供）。

经审核船方提交的出境检验检疫资料或者经登轮检验检疫，符合有关规定的，海关签发《交通工具出境卫生检疫证书》，并在船舶出口岸手续联系单上签注。

4. 检疫处理

对有下列情况之一的船舶，应当实施卫生除害处理：

（1）来自检疫传染病疫区；

（2）被检疫传染病或者监测传染病污染的；

（3）发现有与人类健康有关的医学媒介生物，超过国家卫生标准的；

（4）发现有动物一类、二类传染病、寄生虫病或者植物危险性病、虫、杂草的，或者一般性病虫害超过规定标准的；

（5）装载散装废旧物品或者腐败变质有碍公共卫生物品的；

（6）装载活动物入境和拟装运活动物出境的；

（7）携带尸体棺柩、骸骨入境的；

（8）废旧船舶；

（9）海关总署要求实施卫生除害处理的其他船舶。

对船上的检疫传染病染疫人应当实施隔离，对染疫嫌疑人实施不超过该检疫传染病潜伏期的留验或者就地诊验。对船上的染疫动物实施退回或者扑杀、销毁，对可能被传染的动物实施隔离。发现禁止进境的动植物、动植物产品和其他检疫物的，必须做封存或者销毁处理。对来自疫区且国家明确规定应当实施卫生除害处理的压舱水需要排放的，应当在排放前实施相应的卫生除害处理。对船上的生活垃圾、泔水、动植物性废弃物，应当放置于密封有盖的容器中，在移下前应当实施必要的卫生除害处理。对船上的伴侣动物，船方应当在指定区域隔离。确实需要带离船舶的伴侣动物、船用动植物及其产品，按照有关检疫规定办理。

5. 监督管理

海关对航行或者停留于口岸的船舶实施监督管理，对卫生状况不良和可能导致传染病传播或者病虫害传播扩散的因素提出改进意见，并监督指导采取必要的检疫处理措施。

海关接受船方或者其代理人的申请，办理《除鼠/免予除鼠证书》(或者延期证书)、《交通工具卫生证书》等有关证书。

船舶在口岸停留期间，未经海关许可，不得擅自排放压舱水、移下垃圾和污物等，任何单位和个人不得擅自将船上自用的动植物、动植物产品及其他检疫物带离船舶。船舶在国内停留及航行期间，未经许可不得擅自启封动用海关在船上封存的物品。

海关对船舶上的动植物性铺垫材料进行监督管理，未经海关许可不得装卸。

船舶应当具备并按照规定使用消毒、除虫、除鼠药械及装置。

来自国内疫区的船舶，或者在国内航行中发现检疫传染病、疑似检疫传染病，或者有人非因意外伤害而死亡并死因不明的，船舶负责人应当向到达口岸海关报告，接受临时检疫。

海关对从事船舶食品、饮用水供应的单位以及从事船舶卫生除害处理的单位实行许可管理；对从事船舶代理、船舶物料服务的单位实行备案管理。其从业人员应当按照海关的要求接受培训和考核。

四、国内航行船舶进出港报告

国内航行是指本国籍的船舶在本国管辖水域内航行，国内航行船舶进出港的管理不涉及船员与旅客出入境、货物通关、卫生检疫等国境管理事务。根据我国的相关管理规定，中国籍船舶在我国管辖水域内航行应当按照规定实施船舶进出港报告。船舶进出港报告，是指船舶或者其经营人通过互联网、传真、短信等方式报告船舶进出港信息的行为，包括船舶航次动态、在船人员、客货载运信息等。

1. 历史背景

本国籍国内航行船舶进出港口报告制度是由最初的签证管理、电子签证发展而来。随着政府职能转变的深入推进和信息技术的广泛应用，船舶进出港管理用报告制度替代签证制度，有助于船舶进出港管理，适应航运发展需求。

船舶签证是一种特殊的行政许可，是海事管理机构根据船舶或者其经营人的申请，经依法审查，对符合船舶签证条件的，准予其航行的行政许可行为。通常情况下，船舶每次进出港均需按规定办理航次签证手续。根据特别规定，符合条件的船舶可以申请短期定期签证或年度定期签证取代船舶航次签证。船舶航次签证由负责的海事管理机构当场办理，特殊情况下可以按要求进行补办船舶签证，有些情况下需要重新办理或免予办理。为符合高效、便民的原则，海事管理机构逐步建立、完善有关办理船舶签证所需的船舶、船员管理等基础数据平台，方便船舶或者其经营人办理签证和进出港报告。船舶或者其经营人通过互联网、手机短信、船载设备等电子数据传输方式，办理船舶进出港签证的行为，称为船舶电子签证，船舶电子签证与窗口签证并行实施，具有同等效力。船舶可根据实际情况选择一种方式办理签证，可以采用电报、电传、传真手机信息、电子邮件、电子数据交换(EDI)等方式报告船舶进港情况，并在船舶航海(行)日志内做相应的记载。报告的内容应当包括船舶名称、种类、尺度、总吨、吃水、客货载运情况及拟靠泊地点。

2. 进出港报告

2016 年 11 月 7 日第十二届全国人民代表大会常务委员会第二十四次会议决定，对《中华人民共和国海上交通安全法》作出修改,将第十二条修改为:国际航行船舶进出中华人民共和国港口,必须接受主管机关的检查,本国籍国内航行船舶进出港口,必须向主管机关报告船舶的航次计划、适航状态、船员配备和载货载客等情况。2016 年 11 月 22 日,交通运输部发布交通运输部海事局关于实施国内航行海船进出港报告制度有关事项的通知(海船舶〔2016〕619 号),依据《中华人民共和国海上交通安全法》的修改决议,取消国内航行海船进出港签证,实施船舶进出港报告制度。2017 年 3 月 22 日,交通运输部发布通知(海船舶〔2017〕145 号),依据《中华人民共和国内河交通安全管理条例》的修改决议,取消内河航行船舶进出港签证,自通知印发之日起,内河航行船舶以及进入内河航行的海船实施进出港报告制度。2017 年 7 月 1 日,交通运输部发布施行《中华人民共和国船舶安全监督规则》,规则第二章明确规定了对中国籍船舶在我国管辖水域内航行实施进出港报告的要求。

中国籍国内航行海船在我国管辖水域内航行实施进出港报告制度,船舶进出港口将更加便利,船舶周转效率也会提升。海事管理机构通过对船舶进出港报告信息的现场核查,通过船舶自动识别系统、船舶交通管理系统、港口调度和客运售票系统等多种手段掌握船舶航行动态和在船人员信息,与相关单位建立信息共享和联合检查机制,对不按相关规定进行船舶进出港报告的,将其列为重点跟踪船舶,实施每港必查。

(1)报告时间

船舶应当在预计离港或者抵港 4 h 前向将要离泊或者抵达港口的海事管理机构报告进出港信息,但是提前时间不要超过 24 h。航程不足 4 h 的,在驶离上一港口时报告。

船舶在固定航线航行且单次航程不超过 2 h 的,可以每天至少报告一次进出港信息。船舶应当对报告的完整性和真实性负责。

(2)报告内容

船舶报告的进出港信息应当包括航次动态、在船人员信息、客货载运信息、拟抵离时间和地点等。

(3)报告方式

船舶可以通过互联网、传真、短信等方式报告船舶进出港信息,并在船舶航海或者航行日志内作相应的记载。

(4)信息共享

海事管理机构与水路运输管理部门应当建立信息平台,共享船舶进出港信息。

任务6.6 船舶升挂国旗管理办法

任务情景

国旗(National flag)是国家的一种标志性旗帜,是国家的象征,每个公民和组织都应当尊重和爱护国旗。每个国家的国旗都有一定的样式、色彩、图案和尺度标准。中华人民共和国国旗是五星红旗，为左上角镶有五颗黄色五角星的红色旗帜，旗帜图案中的四颗小五角星围绕在一颗大五角星右侧呈半环形。本任务介绍了中华人民共和国国旗之通用尺度。

任务目标

1. 了解船舶升挂国旗管理办法的适用范围与主管机关。
2. 了解船舶升降旗规定和悬挂位置。

任务分析

1. 中国人民政治协商会议第一届全体会议主席团在1949年9月28日公布了国旗的制法。根据《中华人民共和国国旗法》第四条规定，制作国旗的企业由省、自治区和直辖市的人民政府指定。国旗的长宽之比为3∶2。

2. 先将旗面划分为4个等分长方形，再将左上方长方形划分长宽15×10个方格。大五角星的中心位于该长方形上5下5、左5右10之处。大五角星外接圆的直径为6单位长度。四颗小五角星的中心点，第一颗位于上2下8、左10右5，第二颗位于上4下6、左12右3，第三颗位于上7下3、左12右3，第四颗位于上9下1、左10右5之处。每颗小五角星外接圆的直径均为2单位长度。四颗小五角星均有一角尖正对大五角星的中心点。

3. 国旗之通用尺度定为如下五种，供各界酌情选用：

(1)甲：长288 cm，高192 cm。

(2)乙：长240 cm，高160 cm。

(3)丙：长192 cm，高128 cm。

(4)丁：长144 cm，高96 cm。

(5)戊：长96 cm，高64 cm。

知识获取

由于国旗是国家的象征和标志，每个公民和组织都应当尊重和爱护国旗。为了维护国旗的尊严，增强公民的国家观念，发扬爱国主义精神，根据宪法制定的《中华人民共和国国旗法》，于1990年6月28日第七届全国人大常委会第十四次会议通过，并以中华人民共和国主席令第28号令公布，自1990年10月1日起实施。根据国旗法规定，民用船舶和进入中国领水的外国船舶升挂国旗的办法，由国务院交通主管部门规定。1991年10月10日，交通部根据《中华人民共和国国旗法》第四条二款和第十一条一款的规定，制定《船舶升挂国旗管理办法》，该规定从1991年11月1日开始实施。《船舶升挂国旗管理办法》对升挂国旗的船舶、升降旗的时间及悬挂国旗位置以及下半旗、降旗的程序做出了明确的规定，适用船舶应当严格遵守，以维护国家尊严。

一、适用范围与主管机关

1. 适用范围

《船舶升挂国旗管理办法》适用于中国籍民用船舶（以下简称中国籍船舶）以及进入中华人民共和国内水、港口、锚地的外国籍船舶（以下简称外国籍船舶）的升挂旗（中国国旗）管理。

2. 主管机关

由交通部授权海事局（含港航监督机构，现海事管理机构）对船舶升挂和使用中华人民共和国国旗（以下简称中国国旗）实施监督。

二、船舶升挂国旗规定

1. 中国籍船舶

依照中华人民共和国有关船舶登记法规办理船舶登记，取得了中华人民共和国国籍的船舶，方可将中国国旗作为船旗国国旗悬挂。

除遇有恶劣天气外，下列中国籍船舶应当每日悬挂中国国旗：

(1)50 总吨及以上的船舶；

(2)航行在中国领水以外水域和中国香港、中国澳门地区的船舶；

(3)公务船舶。

2. 外籍船

进入中华人民共和国内水、港口、锚地的外国籍船舶，应当每日悬挂中国国旗。

3. 尺度要求

船舶应按其长度悬挂下列尺度的中国国旗：

(1)150 m 及以上的船舶，应悬挂甲种或乙种或丙种中国国旗；

(2)50 m 及以上不足 150 m 的船舶，应悬挂丙种或丁种中国国旗；

(3)20 m 及以上不足 50 m 的船舶，应悬挂丁种或戊种中国国旗；

(4)不足 20 m 的船舶应悬挂戊种中国国旗。

外国籍船舶悬挂的中国国旗尺度，一般应不小于其悬挂的船旗国国旗的尺度。

4. 升降旗规定

(1)升降旗时间

船舶悬挂中国国旗应当早晨升起，傍晚降下。但遇有恶劣天气时，可以不升挂中国国旗。

(2)保护要求

船舶悬挂的中国国旗应当整洁，不得破损、污损、褪色或者不合规格，不得倒挂。

(3)悬挂位置

①中国籍船舶应将中国国旗悬挂于船尾旗杆上，船尾没有旗杆的，应悬挂于驾驶台信号杆顶部或右横桁；②外国籍船舶悬挂中国国旗，应悬挂于前桅或驾驶台信号杆顶部或右横桁；③中国国旗与其他旗帜同时悬挂于驾驶台信号杆右横桁时，中国国旗应悬挂于最外侧。

三、升降旗仪式和下半旗规定

1. 升旗仪式

船舶取得中华人民共和国国籍后，第一次升挂中国国旗时，可以举行升旗仪式。

2. 下半旗

(1)遇有《中华人民共和国国旗法》规定下半旗的情形时,海事管理机构应通知或通过船舶代理人、所有人通知船舶下半旗。除规定的情况外,船舶非经批准不得将中国国旗下半旗;

(2)外国籍船舶根据船旗国的规定需将船旗国国旗下半旗的,应向港务监督机构报告。

3. 降旗仪式

(1)中国籍船舶改变国籍,在最后一次降中国国旗时,可以举行降旗仪式;降旗仪式可参照升旗仪式进行;降旗仪式后,船长或船舶其他负责人应将中国国旗妥善保管,送交船舶所有人。

(2)船舶遇难必须弃船时,船长或船舶其他负责人应指定专人降下中国国旗,并携带离船,送交船舶所有人。

4. 礼仪

(1)中国籍船舶在航行中与军舰相遇,需要时可以使用中国国旗表示礼仪;

(2)外国国家领导人乘坐、参观中国籍船舶,或我国国家领导人利用中国籍船舶举行欢迎外国国家领导人的仪式,需要悬挂两国以上国旗的,按照有关涉外悬挂和使用国旗的规定办理。

四、处罚规定

对违反《中华人民共和国国旗法》和管理规定的船舶和船员,海事管理机构应令其立即纠正,并可根据情节,按照《中华人民共和国国旗法》和我国其他有关规定予以处罚。

外国籍船舶拒绝按海事管理机构的要求纠正的,海事管理机构可令其驶离中华人民共和国内水、港口、锚地。

任务6.7 船舶载运危险货物安全监管管理规定

任务情景

"韩进宾夕法尼亚"轮V005W航次由天津新港开出,前往欧洲。船上共装有危险货物142TEU,其中烟花(1.4类)危险货物99TEU由上海港出运,主要积载于第一至第三货舱甲板。据审核,所有危险货物积载和隔离未发现问题。2002年11月,建造不到一年的第五代集装箱船"韩进宾夕法尼亚"轮在印度洋海域发生燃烧爆炸事故。大火持续燃烧了三天后被扑灭,但被烧的集装箱仍在冒着烟。由于灭火过程中使用了大量的水,导致"韩进宾夕法尼亚"轮半沉于海中。经调查,船上四舱载有未申报的5.1类危险货物"次氯酸钙",运输途中没有严格货物监管,在受赤道日照、高温影响下,产生发热氧化反应,导致货物燃烧。

本任务讨论海运危险货物的托运人、承运人及代理如何遵守船舶载运危险货物安全监管管理规定。

任务目标

1. 了解规定的适用范围与一般规定。
2. 了解船舶载运危险货物安全监管管理。

任务分析

海运危险货物的托运人、承运人及代理应严格按照法律法规的要求,向海事部门办理船舶载运危险货物的适装许可手续,如实申报相应货况、船况、积载等信息。以避免由于瞒报危险货物等行为给承运船舶带来运输风险或引起燃烧、爆炸等事故,保障船舶安全。

知识获取

为加强船舶载运危险货物监督管理,保障水上人命、财产安全,防止船舶污染环境,交通运输部制定了《中华人民共和国船舶载运危险货物安全监督管理规定》。《中华人民共和国船舶载运危险货物安全监督管理规定》已于 2018 年 7 月 20 日经交通运输部第 12 次部务会议通过,现予以发布,自 2018 年 9 月 15 日起施行。

一、适用范围与主管机关

1. 适用范围

本规定适用于船舶在中华人民共和国管辖水域载运危险货物的活动。

2. 主管机关

国家海事管理机构负责全国船舶载运危险货物的安全监督管理工作。各级海事管理机构按照职责权限具体负责船舶载运危险货物的安全监督管理工作。

二、安全监管管理

1. 船舶和人员管理

从事危险货物运输的船舶所有人、经营人或者管理人,应当按照交通运输部有关船舶安全营运和防污染管理体系的要求建立和实施相应的体系或者制度。

从事危险货物运输的船舶经营人或者管理人,应当配备专职安全管理人员。

载运危险货物的船舶应当编制安全和防污染应急预案,配备相应的应急救护、消防和人员防护等设备及器材。载运危险货物的船舶应当经国家海事管理机构认可的船舶检验机构检验合格,取得相应的检验证书和文书,并保持良好状态。

禁止托运人在普通货物中夹带危险货物,或者将危险货物谎报、匿报为普通货物托运。

2. 包装和集装箱管理

拟交付船舶载运的危险货物包装,其性能应当符合相关法规、技术规范以及国际公约规定,并依法取得相应的检验合格证明。

拟交付船舶载运的危险货物使用新型或者改进的包装类型,应当符合《国际海运危险货物规则》有关等效包装的规定，并向海事管理机构提交该包装的性能检验报告、检验证书或者文书等资料。

装入船用集装箱的危险货物及其包装应当保持完好，无破损、撒漏或者渗漏，并按照规定进行衬垫和加固，其积载、隔离应当符合相关安全要求。性质不相容的危险货物不得同箱装运。

3. 申报和报告管理

船舶载运危险货物进出港口，应当在进出港口 24 小时前（航程不足 24 小时的，在驶离上一港口前），向海事管理机构办理船舶载运危险货物申报手续，提交申请书和交通运输部有关规章要求的证明材料，经海事管理机构批准后，方可进出港口。

船舶在运输途中发生危险货物泄漏、燃烧或者爆炸等情况的，应当在办理船舶载运危险货物申报手续时说明原因、已采取的控制措施和状况等有关情况，并于抵港后送交详细报告。

定船舶、定航线、定货种的船舶可以办理定期申报手续。定期申报期限不超过 30 天。

海事管理机构应当在受理船舶载运危险货物进出港口申报后 24 小时内做出批准或者不批准的决定；属于定期申报的，应当在 7 日内做出批准或者不批准的决定。不予批准的，应当告知申请人不予批准的原因。海事管理机构应当将有关申报信息通报所在地港口行政管理部门。

拟交付船舶载运的危险货物托运人应当在交付载运前向承运人说明所托运的危险货物种类、数量、危险特性以及发生危险情况的应急处置措施，提交以下货物信息，并报告海事管理机构：①危险货物安全适运声明书；②危险货物安全技术说明书；③按照规定需要进出口国家有关部门同意后方可载运的，应当提交有效的批准文件；④危险货物中添加抑制剂或者稳定剂的，应当提交抑制剂或者稳定剂添加证明书；⑤载运危险性质不明的货物，应当提交具有相应资质的评估机构出具的危险货物运输条件鉴定材料。

交付载运包装危险货物的，还应当提交下列材料：①包装、货物运输组件、船用刚性中型散装容器的检验合格证明；②使用船用集装箱载运危险货物的，应当提交《集装箱装箱证明书》；③载运放射性危险货物的，应当提交放射性剂量证明；④载运限量或者可免除量危险货物的，应当提交限量或者可免除量危险货物证明。

4. 作业安全管理

载运危险货物的船舶在装货前，应当检查货物的运输资料和适运状况。发现有违反本规定情形的不得装运。

载运危险货物的船舶在港口水域内从事危险货物过驳作业，应当由负责过驳作业的港口经营人依法向港口行政管理部门提出申请。港口行政管理部门在审批时，应当就船舶过驳作业的水域征得海事管理机构的同意，并将审批情况通报海事管理机构。

船舶在港口水域外从事内河危险货物过驳作业或者海上散装液体污染危害性货物过驳作业，应当依法向海事管理机构申请批准。

船舶进行水上危险货物和散装液体污染危害性货物过驳作业的水域，由海事管理机构发布航行警告或者航行通告。

任务6.8 海上交通事故调查处理条例

任务情景

接到公司指令,某轮本航次由广州港驶往大连港装货,在大连港锚地抛锚过程中,由于操作失误和一锚泊船发生碰撞事故,作为事故发生时的值班驾驶员,在事故发生后,当事人应当如何配合相关部门进行事故调查?

任务目标

1. 了解条例的适用范围和调查程序。
2. 了解违反条例的处理办法。

任务分析

1. 海事局是海上交通事故调查处理的主管机关。

2. 任何时候,船舶驾驶员应当运用良好的船艺操纵船舶,避免发生交通事故。一旦船舶、设施在港区水域内发生海上交通事故,船长必须在事故发生后24 h内向当地海事局提交报告。

3. 被调查人必须接受调查,如实陈述事故的有关情节,并提供真实的文书资料,不得捏造事实违背公司利益。

4. 当事人对海事局依据《中华人民共和国海上交通事故调查处理条例》给予的处罚不服的,可以依法向人民法院提起行政诉讼。

知识获取

1990年1月11日经国务院批准后施行的《中华人民共和国海上交通事故调查处理条例》(以下简称《条例》),是依据《中华人民共和国海上交通安全法》的有关规定制定的一部用以规范海上交通事故调查处理的行政法规。现行《条例》共有6章加特别规定和附则,一共36条,包括总则、报告、调查、处理、调解、罚则、特别规定、附则。

一、总则

《条例》的总则部分明确了制定目的、法律依据以及适用范围。

1. 制定目的与法律依据

为了加强海上交通安全管理,及时调查处理海上交通事故,根据《中华人民共和国海上交通安全法》的有关规定，制定《条例》。

2. 主管机关与适用范围

中华人民共和国海事局是《条例》的实施机关也是海上交通事故调查处理的主管机关，直属及地方各级海事管理机构具体负责本条例的实施。

《条例》适用于船舶、设施在中华人民共和国沿海水域内发生的海上交通事故。以渔业为主的渔港水域内发生的海上交通事故和沿海水域内渔业船舶之间、军用船舶之间发生的海上交通事故的调查处理，国家法律、行政法规另有专门规定的，从其规定。

《条例》所称海上交通事故是指船舶、设施发生的下列事故：①碰撞、触碰或浪损；②触礁或搁浅；③火灾或爆炸；④沉没；⑤在航行中发生影响适航性能的机件或重要属具的损坏或灭失；⑥其他引起财产损失和人身伤亡的海上交通事故。

二、报告

船舶发生海事时应依法及时向主管机关报告，以争取及时救助和处理，避免或减小海事造成的人命、财产和环境的损害，同时，海事报告也是船舶、设施（如发生海上交通事故）的法定责任和义务。海事报告按照报告的时间或形式的不同，可以分为现场报告和书面报告。

1. 报告要求

船舶、设施发生海上交通事故，必须立即用甚高频电话、无线电报或其他有效手段向就近港口的海事局报告。报告的内容应当包括：船舶或设施的名称、呼号、国籍、起迄港，船舶或设施的所有人或经营人名称，事故发生的时间、地点、海况以及船舶、设施的损害程度、救助要求等。

船舶、设施发生海上交通事故，除应按第五条规定立即提出扼要报告外，还必须按下列规定向海事局提交海上交通事故报告书和必要的文书资料：

（1）船舶、设施在港区水域内发生海上交通事故，必须在事故发生后 24 h 内向当地海事局（原港务监督）提交；

（2）船舶、设施在港区水域以外的沿海水域发生海上交通事故，船舶必须在到达中华人民共和国的第一个港口后 48 h 内向海事局提交；设施必须在事故发生后 48 h 内用电报向就近港口的海事局报告海上交通事故报告书要求的内容；

（3）航员在引领船舶的过程中发生海上交通事故，应当在返港后 24 h 内向当地海事局提交海上交通事故报告书。

前述（1）（2）项因特殊情况不能按规定时间提交海上交通事故报告书的，在征得海事局同意后可予以适当延迟。

2. 海上交通事故报告书内容

海上交通事故报告书应当如实写明下列情况：①船舶、设施概况和主要性能数据；②船舶、设施所有人或经营人的名称、地址；③事故发生的时间和地点；④事故发生时的气象和海况；⑤事故发生的详细经过（碰撞事故应附相对运动示意图）；⑥损害情况（附船舶、设施受损部位简图，难以在规定时间内查清的，应于检验后补报）；⑦船舶、设施沉没的，其沉没概位；⑧与事故有关的其他情况。

海上交通事故报告必须真实，不得隐瞒或捏造。

3. 事故检验

因海上交通事故致使船舶、设施发生损害，船长、设施负责人应申请中国当地或船舶第一到达港地的检验部门进行检验或鉴定，并应将检验报告副本送交海事局备案。检验、鉴定事项，海事局可委托有关单位或部门进行，其费用由船舶、设施所有人或经营人承担。

船舶、设施发生火灾、爆炸等事故，船长、设施负责人必须申请公安消防监督机关鉴定并将鉴定书副本送交海事局备案。

三、调查

船舶发生水上交通事故后，由法律授权的海事管理机构代表国家，为维护水上交通秩序、保障水上运输安全、保护公共财产和公民合法权益依法进行行政调查。

1. 调查机构

在港区水域内发生的海上交通事故，由港区地的海事局进行调查。在港区水域外发生的海上交通事故，由就近港口的海事局或船舶到达的中华人民共和国的第一个港口的海事局进行调查。必要时，由中华人民共和国海事局指定的海事局进行调查。海事局认为必要时，可以通知有关机关和社会组织参加事故调查。

2. 调查程序

海事局在接到事故报告后，应及时进行调查。调查应客观、全面，不受事故当事人提供材料的限制。根据调查工作的需要，海事局有权：①询问有关人员；②要求被调查人员提供书面材料和证明；③要求有关当事人提供航海日志、轮机日志、车钟记录、报务日志、航向记录、海图、船舶资料、航行设备仪器的性能以及其他必要的原始文书资料；④检查船舶、设施及有关设备的证书、人员证书和核实事故发生前船舶的适航状态、设施的技术状态；⑤检查船舶、设施及其货物的损害情况和人员伤亡情况；⑥勘查事故现场，搜集有关物证。

海事局在调查中，可以使用录音、照相、录像等设备，并可采取法律允许的其他调查手段。被调查人必须接受调查，如实陈述事故的有关情节，并提供真实的文书资料。

海事局人员在执行调查任务时，应当向被调查人员出示证件。

海事局因调查海上交通事故的需要，可以令当事船舶驶抵指定地点接受调查。当事船舶在不危及自身安全的情况下，未经海事局同意，不得离开指定地点。

3. 调查结果

海事局的海上交通事故调查材料，公安机关、国家安全机关、监察机关、检察机关、审判机关和海事仲裁委员会及法律规定的其他机关和人员因办案需要可以查阅、摘录或复制，审判机关确因开庭需要可以借用。

四、处理

1. 海上交通事故调查报告书

海事局应当根据对海上交通事故的调查，作出海上交通事故调查报告书，查明事故发生的原因，判明当事人的责任；构成重大事故的，通报当地检察机关。

海上交通事故调查报告书应包括以下内容：①船舶、设施的概况和主要数据；②船舶、设施所有人或经营人的名称和地址；③事故发生的时间、地点、过程、气象海况、损害情况等；④事故发生的原因及依据；⑤当事人各方的责任及依据；⑥其他有关情况。

2. 处罚

对海上交通事故的发生负有责任的人员，海事局可以根据其责任的性质和程度依法给予下列处罚：①对中国籍船员、引航员或设施上的工作人员，可以给予警告、罚款或扣留、吊销职务证书；②对外国籍船员或设施上的工作人员，可以给予警告、罚款或将其过失通报其所属国家的主管机关。

对海上交通事故的发生负有责任的人员及船舶、设施的所有人或经营人，需要追究其行政责任的，由海事局提交其主管机关或行政监察机关处理；构成犯罪的，由司法机关依法追究刑事责任。

根据海上交通事故发生的原因，海事局可责令有关船舶、设施的所有人、经营人限期加强对所属船舶、设施的安全管理。对拒不加强安全管理或在期限内达不到安全要求的，海事局有权责令其停航、改航、停止作业，并可采取其他必要的强制性处置措施。

五、调解

对船舶、设施发生海上交通事故引进的民事侵权赔偿纠纷，当事人可以申请海事局调解。调解必须遵循自愿、公平的原则，不得强迫。

民事纠纷，凡已向海事法院起诉或申请海事仲裁机构仲裁的，当事人不得再申请海事局调解。

调解由当事人各方在事故发生之日起30日内向负责该事故调查的海事局提交书面申请。海事局要求提供担保的，当事人应附经济赔偿担保证明文件。

经调解达成协议的，海事局应制作调解书。调解书应当写明当事人的姓名或名称、住所、法定代表人或代理人的姓名及职务、纠纷的主要事实、当事人的责任、协议的内容、调解费的承担、调解协议履行的期限。调解书由当事人各方共同签字，并经海事局盖印确认。调解书应交当事方各持一份，海事局留存一份。

调解达成协议的，当事人各方应当自动履行。达成协议后当事人反悔的或逾期不履行协议的，视为调解不成。

凡向海事局申请调解的民事纠纷，当事人中途不愿调解的，应当向海事局递交撤销调解的书面申请，并通知对方当事人。海事局自收到调解申请书之日起3个月内未能使当事人各方达成调解协议的，可以宣布调解不成。不愿意调解或调解不成的，当事人可以向海事法院起诉或申请海事仲裁机构仲裁。

凡申请海事局调解的，应向海事局缴纳调解费。调解的收费标准，由交通部会同国家物价局、财政部制定。

经调解达成协议的，调解费用按当事人过失比例或约定的数额分摊；调解不成的，由当事人各方平均分摊。

六、罚则

违反《条例》规定，有下列行为之一的，海事局可视情节对有关当事人（自然人）处以警告或者200元以下罚款；对船舶所有人、经营人处以警告或者5 000元以下罚款：①未按规定的时间向海事局报告事故或提交海上交通事故报告书或本条例要求的判决书、裁决书、调解书的副本的；②未按海事局要求驶往指定地点，或在未出现危及船舶安全的情况下未经海事局同意擅自驶离指定地点的；③事故报告或海上交通事故报告书的内容不符合规定要求或不真实，影响调查工作进行或给有关部门造成损失的；④违反规定，影响事故调查的；⑤拒绝接受调查或无理阻挠、干扰海事局进行调查的；⑥在受调查时故意隐瞒事实或提供虚假证明的。

第⑤、⑥项行为构成犯罪的，由司法机关依法追究刑事责任。

对违反本条例规定，玩忽职守、滥用职权、营私舞弊、索贿受贿的海事局人员，由行政监察机关或其所在单位给予行政处分；构成犯罪的，由司法机关依法追究刑事责任。

当事人对海事局依据《条例》给予的处罚不服的，可以依法向人民法院提起行政诉讼。

七、特别规定

中国籍船舶在中华人民共和国沿海水域以外发生的海上交通事故，其所有人或经营人应当向船籍港的海事局报告，并于事故发生之日起 60 日内提交《海上交通事故报告书》。如果事故在国外诉讼、仲裁或调解，船舶所有人或经营人应在诉讼、仲裁或调解结束后60 日内将判决书、裁决书或调解书的副本或影印件报船籍港的海事局备案。

派往外国籍船舶任职的持有中华人民共和国船员职务证书的中国籍船员对海上交通事故的发生负有责任的，其派出单位应当在事故发生之日起60 日内向签发该职务证书的海事局提交《海上交通事故报告书》。

中国籍外派船员负有责任的海上交通事故和中国籍船舶在中华人民共和国沿海水域以外发生的海上交通事故的调查处理，按《条例》的有关规定办理。

八、附则

对违反海上交通安全管理法规进行违章操作，虽未造成直接的交通事故，但构成重大潜在事故隐患的，海事局可以依据本条例进行调查和处罚。

因海上交通事故产生的海洋环境污染，按照我国海洋环境保护的有关法律、法规处理。

任务6.9 海上海事行政处罚规定

任务情景

某港海事处执法人员在现场检查时发现，B 轮存在向海域排放禁止排放的污染物行为。经调查，B 轮近日于多个位置向海洋排放经粉碎的食品废弃物共计 0.06 m^3，上述有三个位置均位于中国领海基线以内。该海事处执法人员根据相关法律、法规，对 B 轮所属公司处以高额罚款。

本任务涉及海上海事行政处罚适用范围、处罚种类。

任务目标

1. 了解海上海事行政处罚制定目的与法律依据。
2. 了解海上海事行政处罚的适用。
3. 了解海事行政违法行为和行政处罚。

任务分析

海上海事行政处罚适用:在中华人民共和国管辖沿海水域及相关陆域发生的违反海上海事行政管理秩序的行为,从事航行、勘探、开发、生产、旅游、科学研究及其他活动,或者在沿海陆域内从事影响海洋环境活动的任何单位和个人,适用中国有关法律、行政法规和《中华人民共和国海上海事行政处罚规定》(以下简称《处罚规定》)实施海事行政处罚。

知识获取

海事处理包括行政或司法的处理以及海事所致民事纠纷的处理,其中行政或司法处理是国家有关主管机关依法进行的强制性处理,包括查明事故原因、惩罚责任人等行政或司法处理程序及措施。海事行政处罚是主管机关依照有关法律规定,对海上交通事故的发生负有责任的人员或船舶所有人或经营人,根据其责任的性质和程度依法给予的处罚。

现行《中华人民共和国海上海事行政处罚规定》(以下简称《处罚规定》)自2021年9月1日起施行,共四章47条,内容包括总则、海事行政处罚的适用、海事行政违法行为和行政处罚、附则。

一、总则

1. 制定目的与法律依据

为规范海上海事行政处罚行为,保护当事人的合法权益,保障和监督海上海事行政管理,维护海上交通秩序,防治船舶污染水域,根据《海上交通安全法》《海洋环境保护法》《行政处罚法》及其他有关法律、行政法规,制定本规定。

《处罚规定》援引的法律、行政法规如下:

(1)《海上交通安全法》,是指《中华人民共和国海上交通安全法》;

(2)《国旗法》,是指《中华人民共和国国旗法》;

(3)《公民出境入境管理法》,是指《中华人民共和国公民出境入境管理法》;

(4)《船舶登记条例》,是指《中华人民共和国船舶登记条例》;

(5)《船舶和海上设施检验条例》,是指《中华人民共和国船舶和海上设施检验条例》;

(6)《航标条例》,是指《中华人民共和国航标条例》;

(7)《海上航行警告和航行通告管理规定》,是指《中华人民共和国海上航行警告和航行通告管理规定》;

(8)《危险化学品安全管理条例》;

(9)《关于外商参与打捞中国沿海水域沉船沉物管理办法》;

(10)《防止拆船污染环境管理条例》;

(11)《海洋环境保护法》,是指《中华人民共和国海洋环境保护法》;

(12)《海上交通事故调查处理条例》,是指《中华人民共和国海上交通事故调查处理条例》;

(13)《行政处罚法》,是指《中华人民共和国行政处罚法》。

2. 定义

《处罚规定》所称沿海水域、船舶、设施、作业,其含义与《海上交通安全法》使用的同一用语的含义相同,但有关法律、行政法规和《处罚规定》另有规定的除外。

《处罚规定》所称船舶经营人,包括船舶管理人。

《处罚规定》所称设施经营人,包括设施管理人。

《处罚规定》所称当事人,包括自然人和法人以及其他组织,可以与有海事行政违法行为的船舶所有人、经营人互相替换。

《处罚规定》所称违反海上海事行政管理秩序的行为,简称海事行政违法行为,包括下列行为:①违反船舶所有人、经营人和船舶安全营运管理秩序;②违反船舶、海上设施检验管理秩序;③违反海上船舶登记管理秩序;④违反海上船员管理秩序;⑤违反海上航行、停泊和作业管理秩序;⑥违反海上通航安全保障管理秩序;⑦违反海上危险货物载运安全监督管理秩序;⑧违反海难救助管理秩序;⑨违反海上打捞管理秩序;⑩违反海上船舶污染沿海水域监督管理秩序;⑪违反海上交通事故调查处理秩序;⑫其他海事行政违法行为。

3. 适用范围与主管机关

在中华人民共和国管辖沿海水域及相关陆域发生的违反海上海事行政管理秩序的行为,适用中国有关法律、行政法规和《处罚规定》实施海事行政处罚。在中国管辖沿海水域及相关陆域外但属于中国籍的海船内发生的违反海上海事行政管理秩序的行为,也适用中国有关法律、行政法规和《处罚规定》实施海事行政处罚。中国籍船员在中国管辖沿海水域及相关陆域外违反海上海事行政管理秩序,并且按照中国有关法律、行政法规应当处以行政处罚的行为,也适用中国有关法律、行政法规和《处罚规定》实施海事行政处罚。

海事行政处罚,由海事管理机构依法实施。

实施海事行政处罚,应当遵循合法、公开、公正,处罚与教育相结合的原则。

二、海上海事行政处罚的适用

海事管理机构实施海事行政处罚时,应当责令当事人改正或者限期改正海事行政违法行为。

对有两个或者两个以上海事行政违法行为的同一当事人,应当分别处以海事行政处罚,合并执行。

对有共同海事行政违法行为的当事人,应当分别处以海事行政处罚。

实施海事行政处罚,应当与海事行政违法行为的事实、性质、情节以及社会危害程度相适应。

海事行政违法行为的当事人有下列情形之一的,应当依法从轻或者减轻给予海事行政处罚:①主动消除或者减轻海事行政违法行为危害后果的;②受他人胁迫或者诱骗实施海事行政违法行为的;③主动供述海事管理机构尚未掌握的违法行为的;④配合海事管理机构查处海事行政违法行为有立功表现的；⑤法律、法规、规章规定应当依法从轻或者减轻行政处罚的其他情形。

海事行政违法行为轻微并及时改正，没有造成危害后果的，不予海事行政处罚。初次违法且危害后果轻微并及时改正的，可以不予海事行政处罚。

依法从轻给予海事行政处罚，是指在法定的海事行政处罚种类、幅度范围内给予较轻的海事行政处罚。

依法减轻给予海事行政处罚，是指在法定的海事行政处罚种类、幅度最低限以下给予海事行政处罚。

有海事行政违法行为的中国籍船舶和船员在境外已经受到处罚的，不得重复给予海事行政处罚。

对当事人的同一个海事行政违法行为，不得给予两次以上罚款的行政处罚。同一个违法行为违反多个法律规范应当给予罚款处罚的，按照罚款数额高的规定处罚。

三、海事行政违法行为和行政处罚

1. 违反船舶、海上设施管理秩序

违反《海上交通安全法》第九条的规定，船舶、海上设施未持有有效的证书、文书的，由海事管理机构责令改正，对违法船舶或者海上设施的所有人、经营人或者管理人处3万元以上30万元以下的罚款，对船长和有关责任人员处3 000元以上3万元以下的罚款；情节严重的，对违法船舶或者海上设施的所有人、经营人或者管理人处3万元以上30万元以下的罚款，暂扣船长、责任船员的船员适任证书18个月至30个月，直至吊销船员适任证书；对船舶持有的伪造、变造证书、文书，予以没收；对存在严重安全隐患的船舶，可以依法予以没收。

"有效的证书、文书"包括船舶国籍证书、船舶最低安全配员证书、符合证明、安全管理证书、海事劳工证书、海上船舶载重线证书、水上移动通信业务标识码证书、船舶制式无线电台执照、航海日志、轮机日志等。

"船舶、海上设施未持有有效的证书、文书"，包括以下情形：①未取得证书、文书的；②超过所持证书、文书限定范围的；③持有的证书、文书超过有效期限的。

"存在严重安全隐患的船舶"，是指未持有任何有效的船舶证书，且存在以下任一情形的船舶：①处于航行、作业状态，已达强制报废年限；或经船舶检验机构评估，船舶结构、稳性、强度等低于强制性标准和技术规范，且经督促在三个月内未整改到位的；②从事客运或者危险货物运输的。

违反《海上交通安全法》第九条的规定，以欺骗、贿赂等不正当手段为中国籍船舶取得相关证书、文书的，由海事管理机构撤销有关许可，没收相关证书、文书，对船舶所有人、经营人或者管理人处4万元以上40万元以下的罚款。

"欺骗"是指以提供虚假材料，隐瞒真实情况等方式骗取相关证书、文书。

违反《海上交通安全法》第九条、第十条、第三十三条的规定，船舶、海上设施有下列情形之一的，由海事管理机构责令改正，对违法船舶或者海上设施的所有人、经营人或者管理人处2万元以上20万元以下的罚款，对船长和有关责任人员处2 000元以上2万元以下的罚款；情节严重的，吊销违法船舶所有人、经营人或者管理人的有关证书、文书，暂扣船长、责任船员的船员适任证书12个月至24个月，直至吊销船员适任证书：①船舶、海上设施的实际状况与持有的证书、文书不符；②船舶未依法悬挂国旗，或者违法悬挂其他国家、地区或者组织的旗帜；③船舶未按规定标明船名、船舶识别号、船籍港、载重线标志。

“船舶所有人、经营人或者管理人的有关证书、文书”包括由海事管理机构颁发给船舶所有人、经营人或者管理人的证书、文书，如符合证明等，也包括船舶所有人、经营人或者管理人依法为其所属船舶办理的证书、文书，如船舶国籍证书、安全管理证书、海事劳工证书等。

2. 违反船员管理秩序

违反《海上交通安全法》第十三条的规定，在船舶上工作未持有船员适任证书、船员健康证明或者所持船员适任证书、健康证明不符合要求的，由海事管理机构对船舶的所有人、经营人或者管理人处1万元以上10万元以下的罚款，对责任船员处3 000元以上3万元以下的罚款；情节严重的，对船舶的所有人、经营人或者管理人处3万元以上30万元以下的罚款，暂扣责任船员的船员适任证书6个月至12个月，直至吊销船员适任证书。

“船员适任证书、健康证明不符合要求”，包括以下情形：①所服务船舶的航区（线）、种类和等级或者所任职务超越所持船员适任证书限定的范围，或所任职务超越所持船员健康证明限定的范围；②超过证书、证明有效期限；③持伪造、变造、转让、买卖或者租借的证书、证明。

以欺骗、贿赂等不正当手段取得船员适任证书的，由海事管理机构撤销有关许可，没收船员适任证书，对责任人员处5 000元以上5万元以下的罚款。

船员用人单位、船舶所有人有下列未按照规定招用外国籍船员在中国籍船舶上任职情形的，依照《船员条例》第五十五条的规定，由海事管理机构责令改正，处3万元以上15万元以下罚款：①在中国籍船舶上工作的外国籍船员未依照法律、行政法规和国家其他有关规定取得就业许可；②在中国籍船舶上工作的外国籍船员未持有国务院交通运输主管部门规定的相应证书和其所属国政府签发的相关身份证件；③擅自招用外国籍船员担任中国籍船舶船长的。

船员服务机构和船员用人单位未将其招用或者管理的船员的有关情况定期向海事管理机构备案的，按照《船员条例》第五十八条的规定，由海事管理机构对责任单位处5 000元以上2万元以下罚款。

所称船员服务机构和船员用人单位未定期向海事管理机构备案，包括下列情形：①未按规定进行备案，或者备案内容不全面、不真实；②未按照规定时间备案；③未按照规定的形式备案。

3. 违反航行、停泊和作业管理秩序

违反《海上交通安全法》第三十三条的规定，船舶、海上设施配员不符合最低安全配员要求的，由海事管理机构责令改正，对违法船舶或者海上设施的所有人、经营人或者管理人处2万元以上20万元以下的罚款，对船长和有关责任人员处2 000元以上2万元以下的罚款；情节严重的，吊销违法船舶所有人、经营人或者管理人的有关证书、文书，暂扣船长、责任船员的船员适任证书12个月至24个月，直至吊销船员适任证书。

“不符合最低安全配员要求”，包括以下情形：①持有有效船舶最低安全配员证书的船舶，所配船员数量低于船舶最低安全配员证书要求的；②未持有有效船舶最低安全配员证书的船舶，配员低于船舶最低安全配员标准的；③所配船员不符合船舶、航区、等级、职务等要求的；④海上设施未按规定配备掌握避碰、信号、通信、消防、救生等专业技能的人员的。

违反《海上交通安全法》第四十二条的规定，船员未保持安全值班，在履行值班职责前和值班期间摄入可能影响安全值班的食品、药品或者其他物品，或者有其他违反海上船员值班规则的行为的，由海事管理机构对船长、责任船员处1 000元以上1万元以下的罚款，或者暂扣船员适任证书3个月至12个月；情节严重的，吊销船长、责任船员的船员适任证书。

“食品、药品或者其他物品”是指酒精、毒品等可能影响安全值班的物品。

“其他违反海上船员值班规则的行为”是指未按照《中华人民共和国海船船员值班规则》和国际公约中关于航行、值班的要求保持安全值班的其他行为。

违反《船员条例》第十六条的规定，船员有下列情形之一的，由海事管理机构处1 000元以上1万元以下罚款；情节严重的，并给予暂扣船员适任证书6个月以上2年以下直至吊销船员适任证书的处罚：①未如实填写或者记载有关船舶、船员法定文书的；②隐匿、篡改或者销毁有关船舶、船员法定证书、文书的。

隐藏掩饰，拒不出示船舶、船员法定证书、文书的，视为隐匿。

违反《海上交通安全法》，船舶在海上航行、停泊、作业，有下列情形之一的，由海事管理机构责令改正，对违法船舶的所有人、经营人或者管理人处2万元以上20万元以下的罚款，对船长、责任船员处2 000元以上2万元以下的罚款，暂扣船员适任证书3个月至12个月；情节严重的，对违法船舶的所有人、经营人或者管理人处2万元以上20万元以下的罚款，吊销船长、责任船员的船员适任证书：①船舶进出港口、锚地或者通过桥区水域、海峡、狭水道、重要渔业水域、通航船舶密集的区域、船舶定线区、交通管制区时，未加强瞭望、保持安全航速并遵守前述区域的特殊航行规则；②未按照有关规定显示信号、悬挂标志或者保持足够的富余水深；③不符合安全开航条件冒险开航，违章冒险操作、作业，或者未按照船舶检验证书载明的航区航行、停泊、作业；④未按照有关规定开启船舶的自动识别、航行数据记录、远程识别和跟踪、通信等与航行安全、保安、防治污染相关的装置，并持续进行显示和记录；⑤擅自拆封、拆解、初始化、再设置航行数据记录装置或者读取其记录的信息；⑥船舶穿越航道妨碍航道内船舶的正常航行，抢越他船船艏或者超过桥梁通航尺度进入桥区水域；⑦船舶违反规定进入或者穿越禁航区；⑧船舶载运或者拖带超长、超高、超宽、半潜的船舶、海上设施或者其他物体航行，未采取特殊的安全保障措施，未在开航前向海事管理机构报告航行计划，未按规定显示信号、悬挂标志，或者拖带移动式平台、浮船坞等大型海上设施未依法交验船舶检验机构出具的拖航检验证书；⑨船舶在不符合安全条件的码头、泊位、装卸站、锚地、安全作业区停泊，或者停泊危及其他船舶、海上设施的安全；⑩船舶违反规定超过检验证书核定的载客定额、载重线、载货种类载运乘客、货物，或者客船载运乘客同时载运危险货物；⑪客船未向乘客明示安全须知、设置安全标志和警示；⑫未按照有关法律、行政法规、规章以及强制性标准和技术规范的要求安全装卸、积载、隔离、系固和管理货物；⑬其他违反海上航行、停泊、作业规则的行为。

违反《海上交通安全法》有下列情形之一的，由海事管理机构责令改正；情节严重的，处3万元以上10万元以下的罚款：①建设海洋工程、海岸工程未按规定配备相应的防止船舶碰撞的设施、设备并设置专用航标；②损坏海上交通支持服务系统或者妨碍其工作效能；③未经海事管理机构同意设置、撤除专用航标，移动专用航标位置或者改变航标灯光、功率等其他状况，或者设置临时航标不符合海事管理机构确定的航标设置点；④在安全作业区、港外锚地范围内从事养殖、种植、捕捞以及其他影响海上交通安全的作业或者活动。

违反《海上交通安全法》第二十四条的规定，有下列情形之一的，由海事管理机构责令改正，对有关责任人员处3万元以下的罚款；情节严重的，处3万元以上10万元以下的罚款，并暂扣责任船员的船员适任证书1个月至3个月：①承担无线电通信任务的船员和岸基无线电台（站）的工作人员未保持海上交通安全通信频道的值守和畅通，或者使用海上交通安全通信频率交流与海上交通安全无关的内容；②违反国家有关规定使用无线电台识别码，影响海上搜救的身份识别；③其他违反海上无线电通信规则的行为。

违反《海上交通安全法》的规定，外国籍船舶进出中华人民共和国内水、领海有下列情形之一的，由海事管理机构对违法船舶的所有人、经营人或者管理人处5万元以上50万元以下的罚款，对船长处1万元以上3万元以下的罚款：①外国籍船舶临时进入非对外开放水域，未依照国务院关于船舶进出口岸的规定取得许可的；②外国籍船舶在中华人民共和国领海非无害通过的；③外国籍船舶进出中华人民共和国领海，应当向海事管理机构报告而未报告的；④外国籍船舶进出中华人民共和国领海，未持有有关证书，未采取符合中华人民共和国法律、行政法规和规章规定的特别预防措施，或不接受海事管理机构指令和监督的⑤外国籍船舶因紧急情况未及获得许可进入中华人民共和国内水的，未及时向海事管理机构紧急报告，或不接受海事管理机构指令和监督的。

“外国籍船舶”是指潜水器、核动力船舶、载运放射性物质或者其他有毒有害物质的船舶以及法律、行政法规或者国务院规定的可能危及中华人民共和国海上交通安全的其他船舶。

违反《海上交通安全法》第四十六条的规定，国际航行船舶未经许可进出口岸的，由海事管理机构对违法船舶的所有人、经营人或者管理人处3 000元以上3万元以下的罚款，对船长、责任船员或者其他责任人员，处2 000元以上2万元以下的罚款；情节严重的，对违法船舶的所有人、经营人或者管理人处3 000元以上3万元以下的罚款，吊销船长、责任船员的船员适任证书。

违反《海上交通安全法》的规定，国内航行船舶进出港口、港外装卸站未依法向海事管理机构报告的，由海事管理机构对违法船舶的所有人、经营人或者管理人处3 000元以上3万元以下的罚款，对船长、责任船员或者其他责任人员处500元以上5 000元以下的罚款。

违反《海上航行警告和航行通告管理规定》第八条规定，海上航行警告、航行通告发布后，申请人未在国家主管机关或者区域主管机关核准的时间和区域内进行活动，或者需要变更活动时间或者改换活动区域的，未按规定重新申请发布海上航行警告、航行通告，依照《海上航行警告和航行通告管理规定》第十七条的规定，由海事管理机构责令其停止活动，并可以处2 000元以下罚款。

违反《海上航行警告和航行通告管理规定》，造成海上交通事故的，依照《海上航行警告和航行通告管理规定》第二十条，由海事管理机构对船舶、设施所有人、经营人或者管理人处3 000元以上1万元以下罚款；对船长或者设施主要负责人处2 000元以上1万元以下罚款并对其他直接责任人员处1 000元以上1万元以下罚款；情节严重的，并给予暂扣船员适任证书6个月至24个月直至吊销船员适任证书的处罚。

违反《海上交通安全法》第五十一条的规定，碍航物的所有人、经营人或者管理人有下列情形之一的，由海事管理机构责令改正，处2万元以上20万元以下的罚款；逾期未改正的，海事管理机构有权依法实施代履行，代履行的费用由碍航物的所有人、经营人或者管理人承担：①未按照有关强制性标准和技术规范的要求及时设置警示标志；②未向海事管理机构报告碍航物的名称、形状、尺寸、位置和深度;③未在海事管理机构限定的期限内打捞清除碍航物。

违反《海上交通安全法》的规定,有关单位、个人拒绝、阻碍海事管理机构监督检查,或者在接受监督检查时弄虚作假的,由海事管理机构处2 000元以上2万元以下的罚款,暂扣船长、责任船员的船员适任证书6个月至24个月,直至吊销船员适任证书。

4. 违反危险货物载运安全监督管理秩序

违反《危险化学品安全管理条例》的规定,危险化学品运输申报人员、集装箱装箱现场检查员未取得从业资格,依照《危险化学品安全管理条例》第八十六条的规定,由海事管理机构责令改正,处5万元以上10万元以下的罚款;拒不改正的,责令停航、停业整顿。

违反《危险化学品安全管理条例》第十八条的规定,运输危险化学品的船舶配载容器未经检验合格而投入使用的,依照《危险化学品安全管理条例》第七十九条的规定,由海事管理机构责令改正,对船舶所有人、经营人或者管理人处10万元以上20万元以下的罚款;有违法所得的,没收违法所得;拒不改正的,责令停航整顿。

"船舶配载容器"包括船用刚性中型散装容器、船用可移动罐柜等。

违反《海上交通安全法》的规定,载运危险货物的船舶有下列情形之一的,海事管理机构应当责令改正,对违法船舶的所有人、经营人或者管理人处5万元以上50万元以下的罚款,对船长、责任船员或者其他责任人员,处5 000元以上5万元以下的罚款;情节严重的,责令停止作业或者航行,对违法船舶的所有人、经营人或者管理人处5万元以上50万元以下的罚款,暂扣船长、责任船员的船员适任证书6个月至12个月,直至吊销船员适任证书:①未经许可进出港口或者从事散装液体危险货物过驳作业;②未按规定编制相应的应急处置预案,配备相应的消防、应急设备和器材;③违反有关强制性标准和安全作业操作规程的要求从事危险货物装卸、过驳作业。

违反《海上交通安全法》第六十三条的规定,托运人托运危险货物,有下列情形之一的,由海事管理机构责令改正,处5万元以上30万元以下的罚款:①未将托运的危险货物的正式名称、危险性质以及应当采取的防护措施通知承运人;②未按照有关法律、行政法规、规章以及强制性标准和技术规范的要求对危险货物妥善包装,设置明显的危险品标志和标签;③在托运的普通货物中夹带危险货物或者将危险货物谎报为普通货物托运;④未依法提交有关专业机构出具的表明该货物危险特性以及应当采取的防护措施等情况的文件。

5. 违反海上搜寻救助管理秩序

违反《海上交通安全法》的规定,船舶、海上设施遇险或者发生海上交通事故后未履行报告义务,或者存在瞒报、谎报情形的,由海事管理机构对违法船舶、海上设施的所有人、经营人或者管理人处3 000元以上3万元以下的罚款,对船长、责任船员处2 000元以上2万元以下的罚款,暂扣船员适任证书6个月至24个月;情节严重的,对违法船舶、海上设施的所有人、经营人或者管理人处1万元以上10万元以下的罚款,吊销船长、责任船员的船员适任证书。

违反《海上交通安全法》的规定,船舶、海上设施不依法履行海上救助义务,不服从海上搜救中心指挥的,由海事管理机构对船舶、海上设施的所有人、经营人或者管理人处3万元以上30万元以下的罚款,暂扣船长、责任船员的船员适任证书6个月至12个月,直至吊销船员适任证书。

违反《海上交通安全法》第七十三条的规定,船舶发生海上交通事故后逃逸的,由海事管理机构对违法船舶的所有人、经营人或者管理人处10万元以上50万元以下的罚款，对船长、责任船员处5 000元以上5万元以下的罚款并吊销船员适任证书，被吊销适任证书者终身不得重新申请。

6. 违反海上船舶污染海域环境管理秩序

“水上拆船、船舶”，其含义分别与《防止拆船污染环境管理条例》使用的同一用语的含义相同。

“海洋环境污染损害、排放”，其含义分别与《海洋环境保护法》使用的同一用语的含义相同。

违反《防止拆船污染环境管理条例》规定，有下列情形之一的，依照《防止拆船污染环境管理条例》第十七条的规定，海事管理机构除责令其限期纠正外，还可以根据不同情节，处1万元以上10万元以下的罚款：①发生污染损害事故，不向监督拆船污染的海事管理机构报告也不采取消除或控制污染措施的；②废油船未经洗舱、排污、清舱和测爆即行拆解的；③任意排放或者丢弃污染物造成严重污染的。

违反《防止拆船污染环境管理条例》规定，有下列情形之一的，依照《防止拆船污染环境管理条例》第十八条的规定，海事管理机构除责令其限期纠正外，还可以根据不同情节，处警告或者1万元以下的罚款：①拒绝或阻挠海事管理机构进行现场检查或在被检查时弄虚作假的；②水上拆船单位未按规定要求配备和使用防污设施、设备和器材，造成环境污染的；③发生污染损害事故，虽采取消除或者控制污染措施，但不向监督拆船污染的海事管理机构报告的；④拆船单位关闭、搬迁后，原厂址的现场清理不合格的。

违反《海洋环境保护法》有关规定，船舶有下列行为之一的，依照《海洋环境保护法》第七十三条的规定，由海事管理机构责令停止违法行为、限期改正，并对船舶所有人、经营人或者管理人处以罚款；拒不改正的，海事管理机构可以自责令改正之日的次日起，按照原罚款数额按日连续处罚：①向海域排放《海洋环境保护法》禁止排放的污染物或者其他物质的；②不按照《海洋环境保护法》规定向海洋排放污染物，或者超过标准排放污染物的；③因发生事故或者其他突发性事件，造成海洋环境污染事故，不立即采取处理措施的。

有上述第①项行为的，处3万元以上20万元以下的罚款；有上述第②项、第③项行为之一的，处2万元以上10万元以下的罚款。

违反《海洋环境保护法》规定，船舶造成珊瑚礁、红树林等海洋生态系统及海洋水产资源、海洋保护区破坏的，依照《海洋环境保护法》第七十六条的规定，由海事管理机构责令限期改正和采取补救措施，并对船舶所有人、经营人或者管理人处1万元以上10万元以下的罚款；有违法所得的，没收其违法所得。

违反《海洋环境保护法》规定，有下列行为之一的，依照《海洋环境保护法》第八十七条的规定，由海事管理机构予以警告，或者处以罚款：①船舶、港口、码头、装卸站未按规定配备防污设施、器材的；②船舶未取得并随船携带防污证书、防污文书的；③船舶未如实记录污染物处置情况；④从事水上和港区水域拆船、旧船改装、打捞和其他水上、水下施工作业，造成海洋环境污染损害的；⑤船舶载运的货物不具备防污适运条件的。

有上述第①项、第⑤项行为之一的，处2万元以上10万元以下的罚款；有上述第②项、第③项行为的，处2万元以下的罚款；有上述第④项行为的，处5万元以上20万元以下的罚款。

违反《海洋环境保护法》规定，船舶不编制溢油应急计划的，依照《海洋环境保护法》第八十八条的规定，由海事管理机构对船舶所有人、经营人或者管理人予以警告，或者责令限期改正。

7. 违反海上交通事故调查处理秩序

本规定所称“海上交通事故”，其含义与《海上交通安全法》使用的同一用语的含义相同。

违反《海上交通事故调查处理条例》规定，有下列行为之一的，依照《海上交通事故调查处理条例》第二十九条的规定予以处罚：①发生海上交通事故，未按规定的时间向海事管理机构提交《海上交通事故报告书》；②中国籍船舶在中华人民共和国管辖水域以外发生海上交通事故，船舶所有人、经营人或者管理人未按《海上交通事故调查处理条例》第三十二条规定将判决书、裁决书或者调解书的副本或者影印件报船籍港的海事管理机构备案；③发生海上交通事故，未按海事管理机构的要求驶往指定地点，或者在未发现危及船舶安全的情况下未经海事管理机构同意擅自驶离指定地点；④发生海上交通事故，报告的内容或者《海上交通事故报告书》的内容不符合《海上交通事故调查处理条例》第五条、第七条规定的要求，影响事故调查或者给有关部门造成损失；⑤发生海上交通事故，不按《海上交通事故调查处理条例》第九条的规定，向当地或者船舶第一到达港的船舶检验机构、公安消防监督机关申请检验、鉴定，并将检验报告副本送交海事管理机构备案，影响事故调查；⑥拒绝接受事故调查或者无理阻挠、干扰海事管理机构进行事故调查的；⑦在接受事故调查时故意隐瞒事实或者提供虚假证明。

四、附则

本规定所称船舶、海上设施、内水、危险货物，其含义与《海上交通安全法》使用的同一用语的含义相同，但有关法律、行政法规和本规定另有规定的除外。

本规定所称的以上、以下包括本数。

本规定所称月，按自然月计算。

海上海事行政处罚程序适用《交通运输行政执法程序规定》。

海事行政处罚可以由违法行为发生地或者发现地的海事管理机构管辖。

任务6.10　船员管理法规

任务情景

以某公司的职务晋升鉴定表为例（表6-10-1），根据公司对船员职务晋升管理的要求，不同岗位的船员职务晋升，需要船上提交职务晋升鉴定。本任务涉及船上职务晋升相关内容。

表 6-10-1　船员职务晋升鉴定表

NAME		VESSEL
RANK		REASON FOR REPORT（see below）
BIRTH		
LICENCES		

This Report to be completed when officer/rating signs off and also when Master(Deck/Catering personnel) or Chief Engineer（E. R. personnel) signs off.

REFERENCE	1	2	3	4	5	ASSESS
ABILITY	Has shown very high ability in all aspects of his work.	Has shown good ability in all aspects of his work.	Has shown satisfactory ability in most aspects of his work.	Lacks ability but willing to learn and has improved.	Has little or no ability and has not improved.	
CONDUCT	Conduct has been exemplary. has been an influence for good.	Has given no cause for complaint.	Occasionally guilty of minor offences.	Repeatedly guilty of minor offences. A bad influence.	Has been guilty of serious misconduct and logged.	
DILIGENCE	Has been extremely willing and a hard worker at all times.	Has always been a good worker.	Works well at times but slacks off at other times.	Has had to be watched and pushed much of the time.	Lazy and required constant pushing.	
ENGLISH	Is fluent in spoken and written English.	Has a sound knowledge of English, but not yet fluent.	Has a rudimentary knowledge of English but needs to work on improving ability.	Has a poor knowledge of English but is trying to improve	Is unable tospeak or understand English at all; this has a negative effect upon his work.	
INTEGRITY	Has been entirely trustworthy and dependable.	Has been generally trustworthy and dependable.	Generally trustworthy with occasional lapses.	Proved untrustworthy understress.	Cannot be trusted. Has frequently been found to be disloyal.	

表 6-10-1(续 1)

REFERENCE	1	2	3	4	5	ASSESS
RESPONSIBILITY	Has always shown a high sense of responsibility.	Can be depended on to do his job. Has rarely failed.	Has to be checked periodically. Generally reliable.	Often failed toshow a sense of responsibility.	Cannot be trusted to do his job without supervision.	
SOBRIETY	Has never been seen drunk or suffering from a hangover.	Has never allowed drink to affect his work.	His work has on occasion been adversely affected by drink.	His work and conduct has often been adversely affected by drink.	Repeatedly been drunk. Efficiency and conduct seriously affected.	
TIMEKEEPING	Always punctual and works considerable time in excess of call of duty.	Has always been punctual and will work willingly if required to do so.	Has never been late but is inclined to be a clock-watcher.	Has occasionally been late for duty.	Has frequently been late for duty and is generally unreliable.	
HEALTH	Always very healthy. Has physical strength for all kinds of duties.	Healthy, but limited physical strength for work.	Generally in good health. Very seldom requests medical exam. in port.	Poor health. Very often requests medical exam. in port.	Bad health. Unsuitable for sea-going work.	
LEADERSHIP (Officers and Petty Officers only)	Very good control over crew and co-operative with Officers/Engineers.	Good control over crew and good co-operation with Officers/Engineers.	His control over crew is acceptable but should be improved.	Poor control, which sometimes caused crew problems.	Completely lacking control over crew.	

表 6-10-1(续 2)

REFERENCE	1	2	3	4	5	ASSESS
OVERALL ASSESSMENT	An asset to the Company. Suitable for promotion anytime.	A good man. Could be considered for promotion with more experience.	Average worker. Recommended for continued employment.	Doubtful case. Recommended given a further chance.	Cannot recommend that he be continued in employment.	
REMARKS：						
OFFICER/ RATING SIGNATURE：						
Training Requirements?						
Department Head SIG.				Master SIG.		

任务目标

1. 了解我国船员条例。
2. 了解我国海船船员适任考试、评估和发证规则。
3. 了解中华人民共和国海事劳工规则。
4. 了解海员外派管理规定。

任务分析

按照主管机关要求完成船员注册，取得海船船员适任考试、评估和发证规则签发的证书，与公司签订劳务协议，遵守外派船员管理规定、遵守公司规章制度，敬岗爱业、热爱祖国、忠于祖国的船员，可以通过在船工作的以下考核，晋升职务：①工作能力；②行为举止；③勤奋；④语言交流水平；⑤职业操守；⑥责任担当；⑦头脑清晰，无极端行为；⑧守时；⑨身体健康；⑩领导力；⑪总体评价等

知识获取

由于船员工作在涉外、安全、工作环境等方面的特殊性，涉及船员管理的国家法规体系涵盖了有关出入境、海关、卫生检疫、边防等国境管理事务以及直接或间接控制船员身份、

职业技术素质和行为、劳动关系的专门和综合性法律法规。

一、船员管理法规体系

船员管理的国家法规体系由出入境管理法规的专门或综合性法律法规以及船员管理专门法规构成，其中出入境管理法规涉及海关、卫生检疫、边防等国境管理事务，并不是针对船员管理而制定，船员管理专门法规是为直接控制船员身份、职业技术素质和行为以及劳动关系管理等制定的法律法规。

1. 出入国境管理法规

我国在有关船员出入境、海关、卫生检疫、边防等国境管理事务的综合性法律法规主要有《中华人民共和国海关法（修正）》《中华人民共和国护照法》《中华人民共和国公民出境入境管理法》《中华人民共和国国境卫生检疫法》。

为加强对船员进出境携带的货物、物品征收关税和其他税费、查缉走私等工作，海关向船员发放运输工具服务人员进出境携带物品登记证，按运输工具服务人员携带进境自用物品限量表规定的时间、物品和数量给船员以免税优待。船员带进物品、外币、金银制品等应如实向入境海关申报，经审核、验放后，方可进口。船员休假离船时，应向海关申报结清海关手续。

为保护人体健康，防止传染病的传入或传出，中华人民共和国国境卫生检疫机关依照《国境卫生检疫法》及其实施细则对出入境的船员进行国境卫生检疫管理。中国籍船员出境前，均须到卫生检疫机关接受健康检查、预防接种，领取和签署国际预防接种证书等卫生文书，出境时经卫生检疫机关验证，方可出境。入境船员需经卫生检疫机关验证，检疫重点为鼠疫、霍乱、黄热病，对中国籍船员还要检查有无艾滋病、性病或其他传染病。

为保护我国主权和国家安全，边防检查机关负责对进出国境的人员及其护照，或其他进出国境证件、行李物品、载运工具和物资实施边防检查。进出境的船舶，必须向边防检查站申报船员、旅客清单，并接受其检查。外国籍船舶上下人员，必须向边防检查机关交验上下船有效证件、检查行李物品，并经许可。

2. 船员管理法规

在国际和国内航运经济以及船员劳务市场的快速发展的推动下，特别是《2006 年海事劳工公约》的通过，国家有关部门加大了船员管理专门立法的实施力度。2007 年 3 月 28 日，国务院第 172 次常务会议通过了《中华人民共和国船员条例》，由 2007 年 4 月 14 日国务院令第 494 号公布，自 2007 年 9 月 1 日起施行。这是我国第一部专门规范船员管理的行政法规，在船员法尚未出台的情况下，为加强船员管理、维护船员的合法权益、保障水上交通安全、保护水域环境提供有力的法律依据。

此外，在直接控制船员身份、职业技术素质和行为方面的立法主要有交通部制定的《中华人民共和国船舶最低安全配员规则》《中华人民共和国船员培训管理规则》《中华人民共和国海船船员适任考试、评估和发证规则》《中华人民共和国交通部内河船舶船员考试发证规则》《中华人民共和国海船船员值班规则》《中华人民共和国海员证管理办法》《办理船员证件管理规则》《中华人民共和国海船船员船上培训管理办法》《中华人民共和国船员违法记分管理办法（试行）》等。

1998 年 10 月 19 日，中编办向交通部下发《关于中华人民共和国海事局（交通部海事局）主要职责和人员编制的批复》（中编办字〔1998〕40 号），其中明确规定，中华人民共和国海事局负责“船员、引航员适任资格培训、考试、发证管理，审核和监督船员、引航员培训机构的资质及其质量管理体系，海事证件管理工作”。主管机关在海员身份，船员资历记载，培训、考试和发证，船员值班等方面依法管理船员、保证海上交通安全。船员必须经过注册、培训申请发证等法定程序，获得适当的证件以证明其合法身份、适任条件，才能够上船服务。船员证件主要包括：海员证、船员服务簿、适任证书、专业技术培训证书。海员证是船员的身份证明，主管机关通过海员证管理来加强海员出入境管理，保障航行安全和航运秩序。船员服务簿用来记载和核定在船服务、违法违纪以及培训资历，主管机关通过船员服务簿加强对船员的监督管理。主管机关通过适任考试、评估和发证用以控制船员技术素质，参加值班的船员需要通过相应职务的适任考试、评估获得适任证书以证明其适任条件。专业技术培训证书用以证明船员经过适当的基本安全、特殊或专项培训，并通过了考试或评估。

此外，在有关船员的劳动关系、权益保障方面的综合性法律、法规主要有《中华人民共和国民法通则》《中华人民共和国劳动法》《中华人民共和国劳动保护监察条例》《中华人民共和国社会保险费征缴暂行条例》等。

二、船员条例

《中华人民共和国船员条例》是为了加强船员管理、提高船员素质、维护船员的合法权益、保障水上交通安全、保护水域环境而制定的专门行政法规，共 8 章 67 条，内容包括总则、船员注册和任职资格、船员职责、船员职业保障、船员教育培训和船员服务、监督检查、法律责任以及附则。

1. 总则

(1)适用范围

船员条例的适用范围为在中华人民共和国境内的船员注册、任职、教育培训、职业保障以及提供船员服务等活动，在取得船员资质或者证书方面的规定同样适用在外国籍船舶上任职或者服务的中国船员。

军用船舶船员的管理，按照国家和军队有关规定执行。渔业船员的管理，由国务院渔业行政主管部门负责，具体管理办法由国务院渔业行政主管部门参照条例另行规定。

(2)主管机关

国家海事管理机构依照本条例负责统一实施船员管理工作。

负责管理中央管辖水域的海事管理机构和负责管理其他水域的地方海事管理机构(以下统称海事管理机构)，依照各自职责具体负责船员管理工作。

渔业船员的管理，由国务院渔业行政主管部门负责，具体管理办法参照条例另行规定。

2. 船员注册和任职资格

船员，是指依照本条例的规定取得船员适任证书的人员，包括船长、高级船员、普通船员。船长，是指依照本条例的规定取得船长任职资格，负责管理和指挥船舶的人员。高级船员，是指依照本条例的规定取得相应任职资格的大副、二副、三副、轮机长、大管轮、二管轮、三管轮、通信人员以及其他在船舶上任职的高级技术或者管理人员。普通船员，是指除船长、高级船员外的其他船员。

(1)船员注册

申请船员注册，应当具备下列条件：①年满 18 周岁(在船实习、见习人员年满 16 周岁)

且初次申请不超过60周岁;②符合船员任职岗位健康要求;③经过船员基本安全培训。

参加航行和轮机值班的船员还应当经过相应的船员适任培训、特殊培训,具备相应的船员任职资历,并且任职表现和安全记录良好。

申请注册国际航行船舶船员的,还应当通过船员专业外语考试。

申请船员注册,可以由本人或者其代理人向海事管理机构提出书面申请,并附送符合条例规定条件的证明材料。海事管理机构应当自受理船员注册申请之日起10日内作出注册或者不予注册的决定。对符合规定条件的,应当给予注册,发给船员服务簿。但是申请人依法被吊销船员服务簿未满5年的,不予注册。

船员服务簿是船员的职业身份证件,应当载明船员的姓名、住所、联系人、联系方式以及其他有关事项。船员服务簿记载的事项发生变更的,当事人应当向海事管理机构办理变更手续。船员有下列情形之一的,海事管理机构应当注销船员注册,并予以公告:①死亡或者被宣告失踪的;②丧失民事行为能力的;③被依法吊销船员服务簿的;④船员本人申请注销注册的。

(2)船员适任

参加航行和轮机值班的船员,应当依照条例的规定取得相应的船员适任证书。

申请船员适任证书,应当具备下列条件:①已经取得船员服务簿;②符合船员任职岗位健康要求;③经过相应的船员适任培训、特殊培训;④具备相应的船员任职资历,并且任职表现和安全记录良好。

申请船员适任证书,应当向海事管理机构提出书面申请,并附送符合规定条件的证明材料。对符合规定条件并通过国家海事管理机构组织的船员任职考试的,海事管理机构应当颁发相应的船员适任证书。

海事管理机构颁发船员适任证书,应当注明船员适任的航区(线)、船舶类别和等级、职务以及有效期限等事项。船员适任证书的有效期不得超过5年。

中国籍船舶的船长和高级船员应当由中国籍船员担任,确需外国籍船员担任高级船员的,应当报国家海事管理机构批准。

船舶在境外遇有不可抗力或者其他特殊情况,不能保证船舶最低安全配员需要由本船下一级船员临时担任上一级职务时,应当向海事管理机构提出申请。海事管理机构根据拟担任上一级船员职务船员的任职资历、任职表现和安全记录,出具相应的批准文书。

曾经在军用船舶、渔业船舶上工作的人员,或者持有其他国家、地区船员适任证书的船员,按照本条例的规定申请船员适任证书时,海事管理机构可以免除相应的船员培训、考试内容。具体办法由国务院交通主管部门另行规定。

(3)海员身份

以海员身份出入国境和在国外船舶上从事工作的中国籍船员,应当向国家海事管理机构指定的海事管理机构申请中华人民共和国海员证。

申请中华人民共和国海员证,应当符合下列条件:①是中华人民共和国公民;②持有国际航行船舶船员适任证书或者有确定的船员出境任务;③无法律、行政法规规定禁止出境的情形。

海事管理机构应当自受理申请之日起7日内做出批准或者不予批准的决定。予以批准的,发给中华人民共和国海员证;不予批准的,应当书面通知申请人并说明理由。

中华人民共和国海员证是中国籍船员在境外执行任务时表明其中华人民共和国公民

身份的证件。中华人民共和国海员证遗失、被盗或者损毁的，应当向海事管理机构申请补发。船员在境外的，应当向中华人民共和国驻外使馆、领馆申请补发。

中华人民共和国海员证的有效期不超过5年。

持有中华人民共和国海员证的船员，在其他国家、地区享有按照当地法律、有关国际条约以及中华人民共和国与有关国家签订的海运或者航运协定规定的权利和通行便利。

在中国籍船舶上工作的外国籍船员，应当依照法律、行政法规和国家其他有关规定取得就业许可，并持有国务院交通主管部门规定的相应证书和其所属国政府签发的相关身份证件。

在中华人民共和国管辖水域航行、停泊、作业的外国籍船舶上任职的外国籍船员，应当持有中华人民共和国缔结或者加入的国际条约规定的相应证书和其所属国政府签发的相关身份证件。

3. 船员职责

(1)一般规定

船员在船工作期间，应当遵守下列要求：①携带条例规定的有效证件；②掌握船舶的适航状况和航线的通航保障情况，以及有关航区气象、海况等必要的信息；③遵守船上的管理制度和值班规定，按照水上交通安全和防治船舶污染的操作规则操纵、控制和管理船舶，如实填写有关船舶法定文书，不得隐匿、篡改或者销毁有关船舶法定证书、文书；④参加船舶应急训练、演习，按照船舶应急部署的要求，落实各项应急预防措施；⑤遵守船舶报告制度，发现或者发生险情、事故或者保安事件以及影响航行安全的情况，应当及时报告；⑥在不严重危及自身安全的情况下，尽力救助遇险人员；⑦不得利用船舶私载旅客、货物，不得携带违禁物品。

(2)船长责任与权利

船长在其职权范围内发布的命令，船上所有人员必须执行。高级船员应当组织下属船员执行船长命令，督促下属船员履行职责。船长、高级船员在航次中，不得擅自辞职、离职或者中止职务。

船长管理和指挥船舶时，应当遵守下列要求：①保证船舶和船员携带符合要求的船舶和船员的证书、文书以及有关航行资料；②制定船舶应急计划并保证其有效实施；③保证船舶和船员在开航时处于适航、适任状态，按照规定保障船舶的最低安全配员，保证船舶的正常值班；④执行海事管理机构有关水上交通安全和防治船舶污染的指令，船舶发生水上交通事故或者污染事故的，向海事管理机构提交事故报告；⑤对本船船员进行日常训练和考核，在本船船员的船员服务簿内如实记载船员的服务资历和任职表现；⑥船舶进港、出港、靠泊、离泊，通过交通密集区、危险航区等区域，或者遇有恶劣气候和海况，或者发生水上交通事故、船舶污染事故、船舶保安事件及其他紧急情况时，应当在驾驶台值班，必要时应当直接指挥船舶；⑦保障船上人员和临时上船人员的安全；⑧船舶发生事故，危及在船人员和财产安全时，船长应当组织船员和其他在船人员尽力施救；⑨弃船时，应当采取一切措施，首先组织旅客安全离船，然后安排船员离船，船长应当最后离船，在离船前，船长应当指挥船员尽力抢救航海日志、机舱日志、油类记录簿、无线电台日志、本航次使用过的航行图和文件，以及贵重物品、邮件和现金。

船长、高级船员在航次中，不得擅自辞职、离职或终止职务。

船长在保障水上人身与财产安全、船舶保安、防治船舶污染水域方面，具有独立决策权，并负有最终责任。船长为履行职责，可以行使下列权力：①决定船舶的航次计划，对不具备船舶安全航行条件的，可以拒绝开航或者续航；②对船员用人单位或者船舶所有人下达的违法指令或者明显威胁有关人员、财产和船舶安全以及造成或者可能造成水域环境污染的指令，可以拒绝执行；③发现引航员的操纵指令对船舶航行安全或者水域环境构成威胁时，可以及时纠正、制止，必要时可以要求更换引航员；④当船舶遇险并严重危及在船人员的生命安全时，可以决定撤离船舶；⑤在船舶可能沉没、毁灭的情况下，可以决定弃船，但是在做出该决定前，应当尽可能报告船舶所有人；⑥对不称职的船员，可以责令其离岗。

船舶在海上航行时，船长为保障在船人员和船舶的安全，可以依照法律的规定对在船上进行违法、犯罪活动的人采取禁闭或者其他必要措施。

4. 船员职业保障

(1)劳动保障

船员用人单位和船员应当按照国家有关规定参加工伤保险、医疗保险、养老保险、失业保险以及其他社会保险，并依法按时足额缴纳各项保险费用。

船员用人单位应当为在驶往或者驶经战区、疫区的船舶和运输有毒、有害物质船舶上工作的船员，办理专门的人身、健康保险，并提供相应的防护措施。

(2)生活与工作条件

船舶上的船员生活和工作场所应当符合国家船舶检验规范中有关船员生活环境、作业安全和防护的要求。

船员用人单位应当为船员提供必要的生活用品、防护用品、医疗用品，建立船员健康档案，并为船员定期进行健康检查，防治职业疾病。

船员在船工作期间患病或者受伤，船员用人单位应当及时给予救治；船员失踪或者死亡的，船员用人单位应当及时做好相应的善后工作。

(3)劳动合同

船员用人单位应当依照有关劳动合同的法律、法规和中华人民共和国缔结或者加入的有关船员劳动与社会保障国际条约的规定，与船员订立劳动合同。

船员用人单位不得招用未取得本条例规定证件的人员上船工作。

船员工会组织应当加强对船员合法权益的保护，指导、帮助船员与船员用人单位订立劳动合同。

(4)工资

船员用人单位应当根据船员职业的风险性、艰苦性、流动性等因素，向船员支付合理的工资，并按时足额发放给船员。任何单位和个人不得克扣船员的工资。

船员用人单位应当向在劳动合同有效期内的待派船员，支付不低于船员用人单位所在地人民政府公布的最低工资。

(5)工作时间

船员在船工作时间应当符合国务院交通主管部门规定的标准，不得疲劳值班。

船员除享有国家法定节假日的假期外，还享有在船舶上每工作 2 个月不少于 5 日的年休假。

船员用人单位应当在船员年休假期间，向其支付不低于该船员在船工作期间平均工资的报酬。

(6)遣返

船员在船工作期间,有下列情形之一的,可以要求遣返:①船员的劳动合同终止或者依法解除的;②船员不具备履行船上岗位职责能力的;③船舶灭失的;④未经船员同意,船舶驶往战区、疫区的;⑤由于破产、变卖船舶、改变船舶登记或者其他原因,船员用人单位、船舶所有人不能继续履行对船员的法定或者约定义务的。

船员可以从下列地点中选择遣返地点:①船员接受招用的地点或者上船任职的地点;②船员的居住地、户籍所在地或者船籍登记国;③船员与船员用人单位或者船舶所有人协议约定的地点。

船员的遣返费用由船员用人单位支付。船员的遣返费用包括乘坐交通工具的费用和30 kg 行李的运输费用、旅途中合理的食宿及医疗费用。

船员的遣返权利受到侵害或者遣返被不合理延误的,船员当时所在地民政部门或者境外领事机构,应当向船员提供援助;必要时,可以直接安排船员遣返。民政部门或者境外领事机构为船员遣返所垫付的费用,船员用人单位应当及时返还。

5. 船员教育培训和船员服务

(1)教育培训

申请在船舶上工作的船员,应当按照国务院交通主管部门的规定,完成相应的船员基本安全培训、船员适任培训。在危险品船、客船等特殊船舶上工作的船员,还应当完成相应的特殊培训。

依法设立的培训机构从事船员培训,应当符合下列条件:①有符合船员培训要求的场地、设施和设备;②有与船员培训相适应的教学人员、管理人员;③有健全的船员培训管理制度、安全防护制度;④有符合国务院交通主管部门规定的船员培训质量控制体系。

(2)船员服务

从事代理船员办理申请培训、考试、申领证书(包括外国海洋船舶船员证书)等有关手续,代理船员用人单位管理船员事务,提供船舶配员等船员服务业务的机构(以下简称船员服务机构)应当建立船员档案,加强船舶配员管理,掌握船员的培训、任职资历、安全记录、健康状况等情况并将上述情况定期报监管机构备案。关于船员劳务派遣业务的信息报劳动保障行政部门备案,关于其他业务的信息报海事管理机构备案。

船员服务机构应当向社会公布服务项目和收费标准。

船员服务机构为船员提供服务,应当诚实守信,不得提供虚假信息,不得损害船员的合法权益。

船员服务机构为船员用人单位提供船舶配员服务,应当按照相关法律、行政法规的规定订立合同。

船员服务机构为船员用人单位提供的船员受伤、失踪或者死亡的,船员服务机构应当配合船员用人单位做好善后工作。

6. 监督检查

海事管理机构应当建立健全船员管理的监督检查制度,重点加强对船员注册、任职资格、履行职责、安全记录,船员教育培训机构的培训质量,船员服务机构诚实守信以及船员用人单位保护船员合法权益等情况的监督检查,督促船员用人单位、船舶所有人以及相关的机构建立健全船员在船舶上的人身安全、卫生、健康和劳动安全保障制度,落实相应的保障措施。

海事管理机构对船员实施监督检查时,应当查验船员必须携带的证件的有效性,检查船员履行职责的情况,必要时可以进行现场考核。对有违反水上交通安全和防治船舶污染水域法律、行政法规行为的船员,除依法给予行政处罚外,实行累计记分制度。对累计记分达到规定分值的船员,应当扣留船员适任证书,责令其参加水上交通安全、防治船舶污染等有关法律、行政法规的培训并进行相应的考试;考试合格的,发还其船员适任证书。

取得船员教育培训、船员服务资格的当事人,不再具备规定条件的,由海事管理机构责令限期改正;拒不改正或者无法改正的,海事管理机构应当撤销相应的行政许可决定。

海事管理机构实施监督检查时,应当有 2 名以上执法人员参加,并出示有效的执法证件。监督检查可以采用询问当事人、向有关单位或者个人了解情况、查阅复制有关资料等手段,应保守被调查单位或者个人的秘密。接受海事管理机构监督检查的有关单位或者个人,应当如实提供有关资料或者情况。海事管理机构应当公开管理事项、办事程序、举报电话号码、通信地址、电子邮件信箱等信息,自觉接受社会的监督。

劳动保障行政主管部门应当加强对船员用人单位遵守国家有关劳动和社会保障的规定情况的监督检查。

7. 法律责任

(1)船员

违反条例的规定,以欺骗、贿赂等不正当手段取得船员服务簿、船员适任证书、船员培训合格证、中华人民共和国海员证的,由海事管理机构吊销有关证书,并处 2 000 元以上 2 万元以下罚款。

伪造、变造或者买卖船员服务簿、船员适任证书、船员培训合格证书、中华人民共和国海员证的,由海事管理机构收缴有关证件,处 2 万元以上 10 万元以下罚款,有违法所得的,还应当没收违法所得。

违反条例的规定,未办理船员注册变更手续的,由海事管理机构责令改正,可以处 1 000 元以下罚款。

船员在船工作期间未携带本条例规定的有效证件的,由海事管理机构责令改正,可以处 2 000 元以下罚款。

船员有下列情形之一的,由海事管理机构处 1 000 元以上 1 万元以下罚款;情节严重的,并给予暂扣船员适任证书 6 个月以上 2 年以下直至吊销船员服务簿、船员适任证书的处罚:①未遵守值班规定擅自离开工作岗位的;②未按照水上交通安全和防治船舶污染操作规则操纵、控制和管理船舶的;③发现或者发生险情、事故、保安事件或者影响航行安全的情况未及时报告的;④未如实填写或者记载有关船舶、船员法定文书的;⑤隐匿、篡改或者销毁有关船舶、船员法定证书、文书的;⑥不依法履行救助义务或者肇事逃逸的;⑦利用船舶私载旅客、货物或者携带违禁物品的。

违反条例的规定,船长有下列情形之一的,由海事管理机构处 2 000 元以上 2 万元以下的罚款;情节严重的,并给予暂扣船员适任证书 6 个月以上 2 年以下直至吊销船员适任证书的处罚:①未保证船舶和船员携带符合法定要求的证书、文书以及有关航行资料的;②未保证船舶和船员在开航时处于适航、适任状态,或者未按照规定保障船舶的最低安全配员,或者未保证船舶的正常值班的;③未在船员服务簿内如实记载船员的履职情况的;④船舶进港、出港、靠泊、离泊,通过交通密集区、危险航区等区域,或者遇有恶劣天气和海况,或者发生水上交通事故、船舶污染事故、船舶保安事件以及其他紧急情况时,未在驾驶台值班的;

⑤在弃船或者撤离船舶时未最后离船的。

船员适任证书被吊销的,在被吊销之日起2年内,不得申请船员适任证书。

(2)船东

船员用人单位、船舶所有人有下列行为之一的,由海事管理机构责令改正,处3万元以上15万元以下罚款:①招用未依照本条例规定取得相应有效证件的人员上船工作的;②中国籍船舶擅自招用外国籍船员担任船长的;③船员在船舶上生活和工作的场所不符合国家船舶检验规范中有关船员生活环境、作业安全和防护要求的;④不履行遣返义务的;⑤船员在船工作期间患病或者受伤,未及时给予救治的。

(3)教育培训机构

未取得船员培训许可证擅自从事船员培训的,由海事管理机构责令改正,处5万元以上25万元以下罚款,有违法所得的,还应当没收违法所得。

船员培训机构不按照国务院交通主管部门规定的培训大纲和水上交通安全、防治船舶污染等要求,进行培训的,由海事管理机构责令改正,可以处2万元以上10万元以下罚款;情节严重的,给予暂扣船员培训许可证6个月以上2年以下直至吊销船员培训许可证的处罚。

(4)船员服务机构

船员服务机构和船员用人单位未将其招用或者管理的船员的有关情况定期报海事管理机构或者劳动保障行政部门备案的,由海事管理机构或者劳动保障行政部门责令改正,处5 000元以上2万元以下罚款。

船员服务机构在提供船员服务时,提供虚假信息,欺诈船员的,由海事管理机构或者劳动保障行政部门依据职责令改正,处3万元以上15万元以下罚款;情节严重的,并给予暂停船员服务6个月以上2年以下直至吊销相关业务经营许可的处罚。

船员服务机构从事船员劳务派遣业务时未依法与相关劳动者或者船员用人单位订立合同的,由劳动保障行政部门按照相关劳动法律、行政法规的规定处罚。

(5)海事管理机构

海事管理机构工作人员有下列情形之一的,依法给予处分:①违反规定签发船员适任证书、中华人民共和国海员证,或者违反规定批准船员培训机构从事相关活动的;②不依法履行监督检查职责的;③不依法实施行政强制或者行政处罚的;④滥用职权、玩忽职守的其他行为。

三、海船船员适任考试、评估和发证规则

为了提高海船船员技术素质,保障海上人命和财产安全,保护海洋环境,促进海运业发展,根据《中华人民共和国海上交通安全法》以及我国加入的有关国际公约规定,制定了《中华人民共和国海船船员适任考试、评估和发证规则》(交通部令2004年第6号,以下简称"04规则")。自2004年8月1日起施行以来,在提高船员素质,保障海上人命安全和防治船舶污染等方面发挥了十分重要的作用。但随着2007年《中华人民共和国船员条例》的生效实施,以及2012年1月1日的《1978年船员培训、发证和值班标准公约》生效,为了提高海船船员素质,保障海上人命和财产安全,保护海洋环境,根据《中华人民共和国海上交通安全法》《中华人民共和国船员条例》以及我国缔结或者加入的有关国际公约,制定《中华人民共和国海船船员适任考试和发证规则》(交通运输部令2011年第12号,以下简称"11规

则”)并于2012年3月1日起生效实施。

1. 总则

(1)适用范围

本规则适用于为取得《中华人民共和国海船船员适任证书》(以下简称适任证书)而进行的考试以及适任证书、适任证书特免证明和外国适任证书承认签证的签发与管理。

(2)主管机关

国务院交通运输主管部门主管全国海船船员适任考试和发证工作。

国家海事管理机构在国务院交通运输主管部门的领导下,对海船船员适任考试和发证工作进行统一管理。

国家海事管理机构所属的各级海事管理机构按照国家海事管理机构确定的职责范围具体负责海船船员适任考试和发证工作。

海船船员适任考试和发证应当遵循公平、公正、公开、便民的原则。

2. 适任证书

(1)证书基本信息

适任证书包含以下基本内容:①持证人姓名、性别、出生日期、国籍、持证人签名及照片;②证书等级、编号;③有关国际公约的适用条款;④持证人适任的航区、职务、职能;⑤持证人适任的船舶种类、主推进动力装置、特殊设备操作等项目;⑥发证日期和有效期截止日期;⑦签发机关名称和签发官员署名;⑧规定需要载明的其他内容。

航区分为无限航区、近洋航区、沿海航区和近岸航区,但全球海上遇险和安全系统(以下简称GMDSS)适任证书的航区分为:A1、A2、A3和A4海区。

(2)适任证书等级分为:

①船长、驾驶员、轮机长和轮机员适任证书等级分为:

a. 无限航区适任证书分为二个等级:

一等适任证书:适用于3 000总吨及以上或者主推进动力装置3 000千瓦及以上的船舶;

二等适任证书:适用于500总吨及以上至3 000总吨或者主推进动力装置750千瓦及以上至3 000千瓦的船舶。

b. 沿海航区适任证书分为二个等级:

一等适任证书:适用于3 000总吨及以上或者主推进动力装置3 000千瓦及以上的船舶;

二等适任证书:适用于500总吨及以上至3 000总吨或者主推进动力装置750千瓦及以上至3 000千瓦的船舶;

三等适任证书:适用于未满500总吨或者主推进动力装置未满750千瓦的船舶。

②高级值班水手、高级值班机工适任证书适用于500总吨及以上或者主推进动力装置750千瓦及以上的船舶。

值班水手、值班机工适任证书等级分为:

a. 无限航区适任证书适用于500总吨及以上或者主推进动力装置750千瓦及以上的船舶;

b. 沿海航区适任证书分为二个等级:(a)一等适任证书:适用于500总吨及以上或者主推进动力装置750千瓦及以上的船舶;(b)二等适任证书:适用于未满500总吨或者主推进

动力装置未满 750 千瓦的船舶。

③电子电气员和电子技工适任证书适用于主推进动力装置 750 千瓦及以上的船舶。

在拖轮上任职的船长和甲板部船员所持适任证书等级与该拖轮的主推进动力装置功率的等级相对应。

(3)船员分工

船员职务根据服务部门分为:①船长;②甲板部船员:大副、二副、三副、高级值班水手、值班水手,其中大副、二副、三副统称为驾驶员;③轮机部船员:轮机长、大管轮、二管轮、三管轮、电子电气员、高级值班机工、值班机工、电子技工,其中大管轮、二管轮、三管轮统称为轮机员;④无线电操作人员:一级无线电电子员、二级无线电电子员、通用操作员、限用操作员。

船员职能根据分工分为:①航行;②货物操作和积载;③船舶作业和人员管理;④轮机工程;⑤电气、电子和控制工程;⑥维护和修理;⑦无线电通信。

船员职能根据技术要求分为:①管理级;②操作级;③支持级。

适任证书持有人应当在适任证书适用范围内担任职务或者担任低于适任证书适用范围的职务。但担任值班水手职务的船员必须持有值班水手或者高级值班水手适任证书,担任值班机工职务的船员必须持有值班机工或者高级值班机工适任证书。

3. 适任证书的签发

(1)取得适任证书,应当具备下列条件:①持有有效的船员服务簿;②符合国家海事管理机构规定的海船船员任职岗位健康标准;③完成本规则附件规定的适任培训;④具备本规则附件规定的海上任职资历,并且任职表现和安全记录良好;⑤通过相应的适任考试。

拟在油船、化学品船、液化气船、客船、高速船等特殊类型船舶上任职的船员,还应当具备本章第三节规定的培训、资历等特殊要求。

(2)申请海船船员适任证书的,应当提交下列材料:①海船船员适任证书申请表;②船员服务簿;③海船船员健康证书;④身份证件;⑤符合海事管理机构要求的照片;⑥岗位适任培训证明或者航海教育毕业证书;⑦船上见习记录簿;⑧现持有的适任证书;⑨专业技能适任培训合格证;⑩适任考试的合格证明。

持有三副、三管轮适任证书申请二副、二管轮适任证书者,免于向海事管理机构提交第⑥、⑦、⑨、⑩项规定的材料;

按照本规则规定免于船上见习者,免于向海事管理机构提交第⑦项规定的材料;

初次申请海船船员适任证书者,免于向海事管理机构提交第⑧项规定的材料。

按照规定拟在特殊类型船舶上任职的,还应当提供相应的特殊培训合格证。

申请适任证书再有效的,还应当提交经过相应知识更新的材料,但满足 A 条件按照规定申请适任证书再有效的,免于提交⑥、⑦、⑨、⑩项规定的材料,未满足 A 条件的船长和高级船员,申请适任证书再有效的,免于提交⑥、⑨项规定的材料。

海事管理机构对于发证申请,经审核符合本规则规定条件的,应当按照《行政许可法》《交通行政许可实施程序规定》的要求签发相应的适任证书。

适任证书有效期不超过 5 年,有效期截止日期不超过持证人 65 周岁生日。

(3)证书的再有效条件

A 条件:持有船长和高级船员适任证书者在证书有效期内,满足下列条件之一,并经过与其职务相适应的知识更新培训,可以在适任证书有效期届满前 12 个月内向有相应管理权限的海事管理机构申请适任证书再有效：①从申请之日起向前计算5年内具有与其适任证书所记载范围相应的不少于12个月的海上服务资历，且任职表现和安全记录良好；②从申请之日起向前计算6个月内具有与其适任证书所记载的范围相应的累计不少于3个月的海上服务资历，且任职表现和安全记录良好。

B条件：未满足本规则第上述规定的船长和高级船员，申请适任证书再有效的，应当符合下列规定：①未满足上述A条件①、②项规定，或者适任证书过期5年以内的，应当参加模拟器培训和知识更新培训，并通过相应的抽查项目的评估；②适任证书过期5年及以上10年以下的，应当参加模拟器培训和知识更新培训，并通过相应的抽查科目的理论考试和项目的评估；③适任证书过期10年及以上的，应当参加模拟器培训和知识更新培训，通过相应的抽查科目的理论考试和项目的评估，并在适任证书记载的相应航区、等级范围内按照《船上见习记录簿》规定完成不少于3个月的船上见习。

(4)证书的补发及发放

适任证书损坏或者遗失时，持证人除应当向原证书签发的海事管理机构提出补发申请及本规则要求的材料外，还应当满足下列要求：①适任证书损坏的，应当缴回被损坏的证书原件；②适任证书遗失的，应当在发行范围覆盖全国的报纸上登载适任证书遗失公告，或者提交原证书签发海事管理机构所在地公证机关出具的公证书；登载适任证书遗失公告的，自公告之日起满30日后方可申请。

补发的适任证书的有效期截止日期与原适任证书的有效期截止日期相同。

因违反海事行政管理规定被吊销适任证书者，自证书被吊销之日起2年后，通过低一职务的适任考试，可以按照本规则的规定提交相应材料，向原签发适任证书的海事管理机构申请低一职务的适任证书。

海事管理机构对通过适任考试，且安全记录良好的，应当签发其相应的适任证书。

曾在内河船舶、海洋渔业船舶或者军事船舶上任职的人员，具备下列条件的，可以按照国家海事管理机构的规定申请相应的适任证书：①拟申请证书的等级和职务不高于其在内河船舶、海洋渔业船舶或者军事船舶上相应的证书等级和职务，其中可以申请的职务最高为大副或者大管轮；②在内河船舶、海洋渔业船舶或者军事船舶上的水上服务资历能够与本规则规定的海上服务资历相适应，且任职表现和安全记录良好；③参加相应的岗位适任培训，并通过与申请职务相应的的理论考试和评估。

4. 特殊类型船舶船员的特殊要求

拟在油船、化学品船、液化气船、客船、高速船等特殊类型船舶上任职的，还应当完成相应的特殊培训，并取得培训合格证。

在两港间航程50海里及以上的客船上服务的船长和高级船员应当持有适用于相应航区3 000总吨及以上或者3 000千瓦及以上船舶的适任证书。

申请适用于两港间航程50海里及以上客船驾驶员、船长适任证书的，应当具备下列条件：①申请适用于客船三副适任证书者，应当在其他种类的3 000总吨及以上海船上担任三副满12个月，任职表现和安全记录良好，并至少在客船上任见习三副3个月；或者通过三副适任考试，在客船上完成18个月的船上见习，任职表现和安全记录良好。②申请适用于客船二副适任证书者，应当在其他种类的3 000总吨及以上海船上担任二副满12个月，任职表现和安全记录良好，并至少在客船上任见习二副3个月；或者持有客船三副适任证书并在相应航区、船舶等级的海船上担任三副不少于18个月，任职表现和安全记录良好，其中曾经

担任客船三副至少6个月。③申请适用于客船大副适任证书者,应当在其他种类的3 000总吨及以上海船上担任大副满24个月,任职表现和安全记录良好,并至少在客船上任见习大副3个月;或者持有客船二副适任证书并在相应航区、船舶等级的海船上担任二副不少于12个月,其中曾经担任客船二副至少6个月,通过大副考试,至少在客船上任见习大副3个月,任职表现和安全记录良好。④申请适用于客船船长适任证书者,应当在其他种类的3 000总吨及以上海船上担任船长满24个月,任职表现和安全记录良好,并至少在客船上任见习船长3个月;或者持有客船大副适任证书并在相应航区、船舶等级的海船上担任大副不少于18个月,任职表现和安全记录良好,其中曾经担任客船大副至少6个月,通过船长考试,且至少在客船上任见习船长3个月。

初次申请适用于两港间航程50海里及以上客船轮机长、轮机员适任证书者,应当在其他种类的3 000千瓦及以上海船上担任相应职务满12个月,任职表现和安全记录良好,并在客船上任相应见习职务3个月。

通过三管轮适任考试者,在客船上完成规定的18个月船上见习,任职表现和安全记录良好,可以申请适用于客船的三管轮适任证书。

5. 适任考试

(1)海船船员的适任考试包括:①理论考试,以理论知识为主要考试内容,重点对海船船员专业知识的掌握和理解程度进行测试。②评估,通过对相应船舶、模拟器或者其他设备的操作,国际通用语言听力测验与口试等方式,重点对海船船员专业知识综合运用、操作及应急等能力进行技能测评。

适任考试科目、大纲由国家海事管理机构统一制定并公布。相关海事管理机构应当在职责范围内制定并公布适任考试具体计划,明确适任考试的时间、地点、申请程序等相关信息。

(2)申请参加适任考试的,应当按照公布的申请程序向有相应权限的海事管理机构提供下列信息:①身份证件;②所申请考试的适任证书航区、等级、职务;③符合海事管理机构要求的照片。

海事管理机构应当于适任考试开始5日前向申请人发放准考证,并告知申请人查询适任考试成绩的途径等事项。

适任考试有科目或者项目不及格的,可以在初次适任考试准考证签发之日起3年内申请5次补考。逾期不能通过全部适任考试的,所有适任考试成绩失效。

海事管理机构应当在考试结束后30日内公布成绩。适任考试成绩自全部理论考试和评估成绩均合格之日起5年内有效。

6. 特免证明

中国籍船舶在境外遇有不可抗力或者其他导致持证船员不能履行职务的特殊情况,无法满足船舶最低安全配员要求,需要由本船下一级船员临时担任上一级职务时,应当向海事管理机构申请签发特免证明。

(1)申请船长、驾驶员、轮机长、轮机员特免证明的,应当符合下列条件:

①申请船长、轮机长特免证明的,应当持有大副或者大管轮适任证书并在自申请之日起前5年内,具有不少于12个月的不低于其适任证书所记载船舶、航区、职务的任职资历,任职表现和安全记录良好,且船长、轮机长不能履行职务的情况是因不可抗力原因造成;

②申请大副、大管轮特免证明的,应当持有二副、二管轮适任证书,并在自申请之日起

前5年内，具有不少于12个月的不低于其适任证书所记载船舶、航区、职务的任职资历，且任职表现和安全记录良好；

③申请二副、二管轮特免证明的，应当持有三副、三管轮适任证书，并在自申请之日起前5年内，具有不少于12个月的不低于其适任证书所记载船舶、航区、职务的任职资历，且任职表现和安全记录良好；

④申请三副、三管轮特免证明的，应当持有高级值班水手、值班水手或者高级值班机工、值班机工适任证书，并在自申请之日起前5年内，具有不少于12个月的不低于其适任证书所记载船舶、航区、职务的任职资历，任职表现和安全记录良好。

本条第一款规定的船员以外的其他船员，不予签发特免证明。

(2)申请特免证明的，应当向海事管理机构提交包含下列内容的申请报告：①申请理由；②船舶名称、航行区域、停泊港口；③拟申请签发对象的资历情况；④相关证明材料。

受理申请的海事管理机构应当在受理之日起3日内核实有关情况并报国家海事管理机构批准，对符合规定条件的，国家海事管理机构应当签发有效期不超过6个月的特免证明，但船长或者轮机长特免证明的有效期不超过3个月。不符合条件的，应当在受理申请之日起3日内告知申请人不予签发的决定及理由。

一艘船舶上同时持特免证明的船长和高级船员总共不得超过3名。

当事船舶抵达中国第一个港口后，特免证明自动失效。失效的特免证明应当及时缴回原签发的海事管理机构。

7. 承认签证

持有经修正的《1978年海员培训、发证和值班标准国际公约》(以下简称STCW公约)缔约国签发的外国适任证书的船员在中国籍船舶上任职的，应当取得由国家海事管理机构签发的外国适任证书的承认该证书的签证(以下简称承认签证)。

(1)申请承认签证的，应当向国家海事管理机构提交下列材料：①所属缔约国签发的适任证书原件；②表明申请者符合STCW公约和所属缔约国有关船员管理规定的证明文件；③申请人的海船船员身份证件。

(2)国家海事管理机构应当按照STCW公约和本规则规定的标准、条件等内容，对申请承认签证船员所属缔约国的有关船员管理制度从下列方面进行评价：①有关船员适任培训、考试及发证制度是否符合STCW公约要求；②是否按照STCW公约要求建立了有效的船员质量标准控制体系；③船员适任条件等相关要求是否低于本规则规定的相关标准。

按照本条第一款进行评价的结果应当作为签发承认签证的依据，对于评价结果表明该缔约国的有关船员管理制度不低于STCW公约及本规则相关要求，且申请人按照要求提供的材料真实、全面的，国家海事管理机构应当签发相应的承认签证。其中，签发船长、大副、轮机长、大管轮适任证书承认签证前，申请人还应当参加与申请职务相应的海上交通安全、环境保护等方面的培训，并经海事管理机构考核合格。

承认签证的有效期不得超过被承认适任证书的有效期，且最长不得超过5年。当被承认适任证书失效时，相应的承认签证自动失效。

8. 航运公司及相关机构的责任

(1)航运公司及相关机构应当保证被指派任职的船员满足下列要求：①持有适当、有效的适任证书，熟悉自身岗位职责；②熟悉船舶的布置、装置、设备、工作程序、特性和局限性等相关情况；③具有良好工作语言运用及沟通能力，确保在紧急情况下和执行安全、防污染和保安职能时,能够有效履行职责。

(2)航运公司及相关机构应当建立并完善船员培训制度,按照以下要求加强对本公司、机构船员的培训:①按照国家海事管理机构的规定制定并执行有关培训、见习等方面的培训计划,并在培训、见习记录簿内如实填写或者记载;②采取有效措施,确保应当由本公司、机构负责的其他各类船员培训有效实施。

航运公司及相关机构应当备有完整、最新的船员管理法规和相关国际公约。

航运公司及相关机构应当建立船员档案,对船员录用、培训、资历、健康状况以及有关船员考试、证书持有情况等信息进行连续有效的记录和管理,并确保可以供随时查询。

9. 监督管理

海事管理机构应当对船员履行职责、安全记录等情况进行监督检查,加强对船员适任能力的监管。

有下列情形之一的,海事管理机构可以组织对船员适任能力进行考核:①船舶发生碰撞、搁浅或者触礁的;②在航行、锚泊或者靠泊时,从船上非法排放物质的;③违反航行规则的;④以其他危及海上人命、财产安全和海洋环境的方式操作船舶的。

按照本条第一款对船员进行适任能力考核的,应当根据本规则规定的船员适任要求通过抽考、现场考核等方式进行。对于考核结果表明船员不再符合适任条件的,海事管理机构应当注销其适任证书或者承认签证。

按照上述情形考核被注销适任证书的船员,可以按照海事管理机构的要求参加低等级、职务或者航区的评估,海事管理机构签发与其考核结果相适应的适任证书。

负责船员适任考试和发证的海事管理机构应当配备满足适任考试、发证要求的人员、设备、场地和资料,建立相关的质量管理体系并通过国家海事管理机构的审核。

海事管理机构应当加强对从事船员适任考试、发证工作人员岗位培训和考核。不符合上岗条件的,不得从事船员适任考试、发证工作。

海事管理机构应当建立船员信息数据库、船员证书电子登记系统等船员档案,并按照国家海事管理机构的规定具备相应信息的查询功能。

海事管理机构应当公开海船船员适任考试和发证管理的事项、办事程序、举报电话等信息,自觉接受社会的监督。

除海事管理机构依法实施外,任何机构和个人不得以任何理由扣留或者吊销船员适任证书。

10. 法律责任

(1)隐瞒有关情况或者提供虚假材料申请适任证书、特免证明、承认签证的,海事管理机构不予受理或者不予签发适任证书、特免证明、承认签证,并给予警告;申请人在1年内不得再次申请与前次申请等级、职务资格、航区相同的适任证书、特免证明、承认签证。

(2)以欺骗、贿赂等不正当手段取得适任证书、特免证明、承认签证的,由签发证书的海事管理机构或者其上级海事管理机构吊销有关证书,并处2 000元以上2万元以下的罚款。

(3)伪造、变造或者买卖适任证书、特免证明、承认签证的,由海事管理机构收缴有关证件,处2万元以上10万元以下罚款,有违法所得的,还应当没收违法所得。

(4)船员未在培训、见习记录簿内作出如实填写或者记载的,由海事管理机构处1 000元以上1万元以下罚款;情节严重的,并给予暂扣船员服务簿、船员适任证书6个月以上2年以下直至吊销船员服务簿、船员适任证书的处罚。

(5)船长未在船员服务簿内如实记载船员的服务资历和任职表现,由海事管理机构处2 000元以上2万元以下罚款;情节严重的,并给予暂扣适任证书6个月以上2年以下直至吊销适任证书的处罚。

(6)因违反本规则或者其他水上交通安全法规的规定,被海事管理机构吊销适任证书的,自被吊销之日起2年内,不得申请适任证书。

(7)海事管理机构有下列情形之一的,由国家海事管理机构责令改正;情节严重的,限制或者取消其开展适任考试和发证的权限:①违反行政许可法规规定的程序开展适任考试和发证工作的;②超越权限开展适任考试或者签发适任证书的;③对不具备条件的申请人签发适任证书的。

11. 附则

(1)适任证书、特免证明、承认签证由国家海事管理机构统一印制。

船上培训、见习记录簿的具体格式和内容由国家海事管理机构统一规定。

(2)本规则下列用语的含义:

①海船,是指航行于海上以及江海直达的各类船舶,但不包括军事船舶、渔业船舶、体育运动船舶和非营业性游艇;

②无限航区,是指海上任何通航水域,包括世界各国的开放港口和国际通航运河及河流;

③沿海航区,是指我国沿海的港口、内水和领海以及国家管辖的一切其他通航海域;

④A1海区,是指至少由一个具有连续数字选择呼叫(即DSC)报警能力的甚高频(VHF)岸台的无线电话所覆盖的区域;

⑤A2海区,是指除A1海区以外,至少由一个具有连续DSC报警能力的中频(MF)岸台的无线电话所覆盖的区域;

⑥A3海区,是指除A1和A2海区以外,由具有连续报警能力的国际海事卫星组织(INMARSAT)静止卫星所覆盖的区域;

⑦A4海区,是指除A1、A2和A3海区以外的海区;

⑧非运输船,是指工程船舶、拖轮等不从事货物(或者旅客)运输的机动船舶;

⑨安全记录良好,是指自申请之日起向前计算5年内未发生负有主要责任的大事故及以上等级事故;

⑩实践教学,是指航海类院校或者培训机构组织实施的实验教学、工厂实习教学和船上实习。

⑪航运公司,是指船舶所有人、经营人、管理人或者光船承租人;

⑫相关机构,是指海船船员服务机构和海员外派机构。

(3)下列船舶船员的适任考试和发证不适用本规则,按照国家海事管理机构的相关规定执行:

①在两港间航程不足50海里的客船或者滚装客船上任职的船长和高级船员;

②在未满100总吨船舶上任职的船长和甲板部船员;

③在主推进动力装置未满220千瓦船舶上任职的轮机部船员;

④仅在船籍港和船籍港附近水域航行和作业的船舶上任职的船员;

⑤在公务船、水上飞机、地效翼船、非营业性游艇、摩托艇、非自航船上任职的船员。

海船在内河行驶,其船长、驾驶员应当按照国家海事管理机构规定取得相应航线的《海船船员内河航线行驶资格证明》证书,但申请引航的除外。

我国缔结或者加入的国际公约对普通船员适任证书有效期有特别规定的,按照其规定执行。

本规则施行前已经取得海船船员适任证书和正在接受海船船员教育、培训的人员的考试和发证工作,由国家海事管理机构在相关国际公约规定的时间内,采取相应的过渡措施,逐步进行规范。

四、船员违法记分管理办法

为了增强船员遵章守法的意识,减少人为因素对水上交通安全的影响,根据有关法律和法规的规定,交通部制定了《中华人民共和国船员违法记分管理办法(试行)》,内容包括:①总则;②违法计分分值;③船员违法记、分培训和销分;④附则;⑤附录。

1. 总则

违法记分管理办法适用于在中、外籍船舶上服务的持中华人民共和国海船船员适任证书、内河船员职务适任证书的中国籍船员和持有中华人民共和国引航员证书的引航员(以下统称"船员")。

中华人民共和国海事机构对船员因违反水上交通安全管理法规受到海事行政处罚的船员,船舶安全检查存在缺陷的当事船员或实际操作检查不合格的船员实施违法记分管理,对严重违法或屡次违法的船员实施强制培训和考试。船员违法记分不影响行政处罚的决定和执行。

违法记分管理办法由中华人民共和国各级海事机构负责实施。

2. 违法记分分值

(1)计分周期

每一公历年为一个记分周期。一个周期期满后,分值累加未达到15分的,该周期内的分值不转入下一个记分周期。在一个记分周期内记分满15分的船员,经培训、考试后,记分分值重新起算。初次申请证书的船员,自签发证书之日起开始记分。

(2)计分分值

①船员受到警告处罚的,对应的违法记分分值为1分;

②船员受到罚款处罚的,罚款数额每100元对应违法记分值为1分,100元及以下的对应违法记分值为1分,罚款数额超过1 500元的对应违法记分值一律为15分;

③船员受到扣留海船船员适任证书、内河船员职务适任证书、引航员证书(以下统称"证书")处罚的,对应的违法记分分值分别为:证书被扣留3个月的,记10分;证书被扣留3个月以上的,记15分;

④海事机构进行船舶安全检查时,发现船舶存在缺陷,应对负有直接或间接责任的船员记1分。对船员实操检查不合格的船员,记1分。

船员受到罚款和扣留证书行政处罚一并执行的,违法记分在两者之中取高者。

船员对行政处罚不服,按照有关规定申请行政复议或提起行政诉讼,经依法裁决变更或撤销原处罚决定的,相应的记分分值也应予以变更或者撤销。

3. 船员违法记分、培训和销分

(1)记载

船员违法记分由做出行政处罚或实施船舶安全检查、船员实际操作检查的海事机构予以记载。

海事机构做出行政处罚决定或实施船舶安全检查、船员实际操作检查后，由海事机构在海船船员所持的船员服务簿“主管机关签注(-)”栏或内河船员职务适任证书记分附页上加盖“船员违法记分专用章”，填写记分分值、执法人员号码、记分时间。当时不能进行违法记分记录的，由做出行政处罚的海事管理机构负责跟踪落实记录事宜。

(2)滞留证书

船员违法记分分值满15分的，最后记分的海事机构应将船员的证书滞留，并将滞留船员适任证书通知书送船员本人签收。

《滞留船员适任证书通知书》一式三份分别由滞留证书的海事机构、签发证书的海事机构、船员本人留存。签发证书的海事机构应将滞留船员适任证书通知书归人船员个人档案中保存。

《滞留船员适任证书通知书》不能作为船员持有适任证书的证明，船员不能凭《滞留船员适任证书通知书》继续在船任职。

滞留证书的海事机构应同时填写《船员违法记分登记表》作为内部工作记录。

(3)强制培训

海船船员和引航员必须在收到《滞留船员适任证书通知书》作6个月内到证书的签发机关申请强制培训、考试。

强制培训由海事机构指定的培训机构实施，培训的时间不超过7天，培训的内容为水上安全管理法规、安全教育宣传和海事案例等。考试在强制培训结束后进行，考试由海事机构组织。

(4)发还证书

海船船员参加强制培训、考试合格后，海事机构应在船员服务簿“主管机关签注(一)”栏填写“业经考试、培训合格”，加盖船员服务簿签证专用章，及时发还被滞留的证书，但同时受到扣留证书行政处罚期限未到的，应在扣留期满后发还被扣证书。

船员对行政处罚不服，按照有关规定申请行政复议或提起行政诉讼，在复议或诉讼期间船员申请强制培训的时限顺延。

船员无正当理由，逾期不参加强制培训、考试的，海事管理机构应将证书寄送至原签发机关，船员需按照证书载明的航区、等级、职务参加职务晋升考试，合格后，方可领回被扣留的证书。

船员遗失证书、证书记分附页或船员服务簿，海事机构可视为其违法记分已满15分，应在船员参加强制培训、考试合格后，方可按规定补发证书、证书记分附页或船员服务簿。

4. 附则

船员违法行为是指：

(1)违反有关船舶管理、船员管理、通航管理、危险货物运输安全监督管理、防止船舶污染管理、船舶交通事故管理、航标管理秩序行为；

(2)其他违反有关水上安全监督管理秩序的行为。

船员依据办法参加强制培训、考试，应缴纳有关费用。

五、海员证和船员服务簿管理

海员证是船员在境外执行任务时表明其公民身份的证件，船员服务簿是记录船员本人的资历、有关训练和参加体格检查情况的证件,是船员申请考试、办理职务升级签证和换领船员适任证书的证明文件之一。

1. 海员证管理

根据《中华人民共和国公民出境入境管理法》的有关规定,交通部制定了《中华人民共和国海员证管理办法》(1989 年 8 月 14 日交通部令第 7 号),主要内容包括总则、申请与颁发、海员证使用、罚则和附则。

(1)总则

中华人民共和国海员证(以下简称海员证)是中国海员出入中国国境和在境外通行使用的有效身份证件。海员证颁发给在航行国际航线的中国籍船舶上工作的中国海员和由国内有关部门派往外国籍船舶上工作的中国海员。

海员证由中华人民共和国海事局或其授权的海事部门(下称颁发机关)颁发。海员证在国外的延期和补发,由中国驻外国的外交代表机关、领事机关或者外交部授权的其他驻外机关办理。

(2)申请与颁发

申请海员证的中国海员,必须具备下列条件:①没有《中华人民共和国公民出境入境管理法》规定的不批准出境的情形;②经批准,有具体的工作任务;③经过海员专业技术训练,具有相应的证书。

拟派往外国籍船舶上的中国海员申请海员证,还应具备下列条件之一:①经过不少于 6 个月的海员职业培训,或毕业于航海类大、中专院校、技工学校;②具有 3 年以上相应专业服务资历。

海员证的有效期限,由颁发机关根据海员出境任务所需时间长短确定,最长不超过五年。

海员证有效期将满时,海员需到境外执行任务,应由海员所在单位或派出单位按规定的程序提前到原颁发机关重新申请办理海员证,并将原海员证交回颁发机关。

海员在境外执行任务时海员证有效期届满,应由海员所在船船长出具书面报告,到中国驻外国的外交代表机关、领事机关或者外交部授权的其他驻外机关申请办理海员证延期手续。所延期限最长不得超过 3 个月。有效期不足 2 年的海员证,不得办理延期手续。

海员在国内遗失海员证,海员本人应立即向所在单位或派出单位报告,由所在单位或派出单位向原颁发机关报告并申请补发海员证。原颁发机关在宣布该遗失海员证作废的同时,可以以书面或电信的方式委托其他就近的颁发机关代为补发有效期不超过原有期限的海员证。

海员在国外遗失海员证,应由所在船船长持书面报告,向中国驻外国的外交代表机关、领事机关或者外交部授权的其他驻外机关申请补发海员证。所补发海员证的有效期,按返回国内所需时间确定,但最长不得超过半年。办理补发海员证的机关应及时将补发的海员证编号、有效期和海员姓名通告中华人民共和国海事局。海员进入中国国境后,在国外补发的海员证立即作废。船长在为海员申请补发海员证的同时,应将海员证遗失情况电告海员所在单位或派出单位,由所在单位或派出单位将船舶名称、船员姓名、海员证号码报告原颁发机关和公安部边防局。原颁发机关应即宣布该遗失海员证作废。

(3)海员证使用

中国海员持海员证出入中国国境,无需办理签证。

海员持海员证乘坐服务船舶以外的其他交通工具出境,应在出境前办妥前往国家和地区的入境过境签证。如前往国家和地区不需办理签证,应由海员所属单位或派出单位向边防检查机关出具证明。证明内容应包括海员姓名、证件号码,前往国家和地区。经边防检查站查验后放行。

海员证仅限持证人在为其申请办理海员证的单位工作时使用。海员脱离原所在单位或派出单位,应将海员证交回,由所在单位或派出单位送交原颁发机关注销。

申请办理海员证的单位应对所申请办理的海员证负责。申请办理单位有权向脱离本单位的海员收回为其办理的海员证。必要时,也可向原颁发机关提出申请,由原颁发机关吊销该海员证或宣布该海员证作废。

港务监督吊销或宣布作废海员证,应立即通知边防检查机关。

海员证应保持整洁,不得涂改或书写其他内容。如发生破损,应向原颁发机关重新申请办理海员证。

(4)罚则

海员脱离原工作单位不按规定交回海员证的,颁发机关可处以人民币500~3 000元的罚款。

海员遗失或损坏海员证的,颁发机关可视情节处以人民币100元以下的罚款。

对伪造、涂改,转让海员证的,颁发机关、边防检查机关可处以人民币3 000~10 000元的罚款,颁发机关还应同时吊销该海员证;构成犯罪的,由司法机关依法追究刑事责任。

2. 船员服务簿管理

为加强对中国籍船员的服务和监督管理,记载并核定船员的在部服务资历,中华人民共和国海事局于1985年1月1日颁布并实施了船员服务簿制度,船员服务簿由各海事机关负责签发、监督、管理。

自2002年10月1日起,中华人民共和国海事机构对因违反水上交通安全管理法规受到海事行政处罚的船员、船舶安全检查存在缺陷的当事船员或实际操作检查不合格的船员实施违法记分管理,在船员服务簿"主管机关签注(-)栏"加盖"船员违法记分专用章"并填上分值。在每一公历年的记分周期期满时,分值累加满15分的船员,必须经强制培训、考试后,记分分值方可重新起算。

船员服务簿"任解职记载"栏的各项内容,都必须正确无误,不得谎报或涂改。

船长应负责填写的栏目应认真负责。

签发机关如发现谎报或涂改任解职记载的各项内容,可回收、注销该船员服务簿,责令该船员写出检查报告后,方准申请新的船员服务簿,并可同时对该船员进行相应的处罚。

3. 船员注册管理

为规范船员注册管理,根据《中华人民共和国船员条例》,交通运输部制定《中华人民共和国船员注册管理办法》(中华人民共和国交通运输部令,2008年第1号),自2008年7月1日起施行。注册管理办法对船员注册和船员服务簿的管理提出了明确具体规定。

(1)船员注册的申请和受理

船员注册申请可以向任何海事管理机构提出。船员注册申请可以由申请人本人提出,也可以由船员服务机构、船员用人单位代为提出。

申请船员注册,应当具备下列条件:①年满18周岁(在船实习、见习人员年满16周岁)但不超过60周岁;②符合船员健康要求;③经过海船船员、内河船舶船员基本安全培训,并经海事管理机构考试合格。

申请注册国际航行船舶船员的,还应当通过海事管理机构组织的船员专业外语考试。

申请船员注册,应当提交下列材料:①船员注册申请;②居民身份证复印件;③船员体格检查表;④近期直边正面 5 cm 免冠白底彩色照片 2 张;⑤海船船员、内河船舶船员基本安全培训合格证明复印件。

申请注册国际航线船舶船员的,还应当提交船员专业外语考试合格证明复印件。

申请人在提交居民身份证、海船船员基本安全培训合格证明、内河船舶船员基本安全培训合格证明以及船员专业外语考试合格证明等复印件时,应当同时向海事管理机构出示原件。

船员注册的申请和受理工作应当按照《交通行政许可实施程序规定》的有关要求办理。

海事管理机构应当自受理船员注册申请之日起 10 日内作出注册或者不予注册的决定。对符合规定的,应当给予船员注册,并签发船员服务簿。对不符合规定的,应当退回申请材料并书面说明理由。

海事管理机构应当对船员赋予唯一的注册编号。业经注册的船员不得重复申请船员注册。

(2)船员注册的变更和注销

有下列情形之一的,船员应当在 6 个月内向管理本人注册档案的海事管理机构申请办理船员注册变更手续:①船员服务簿中记载的事项发生变化;②相貌发生显著变化。

海事管理机构应当将变更情况在船员服务簿中作相应记载或者换发新船员服务簿。

船员有下列情形之一的,海事管理机构应当注销船员注册,并予以公告:①死亡或者被宣告失踪的;②丧失民事行为能力的;③依法被吊销船员服务簿的;④本人申请注销注册的。

船员在劳动合同期间发生上述第①项、第②项情形的,船员服务机构或者船员用人单位应当向海事管理机构报告,并提交相关证明材料,由海事管理机构核实后依法予以注销。海事管理机构吊销船员服务簿的决定,应当向管理该船员注册档案的海事管理机构通报。

申请人被依法吊销船员服务簿的,自被吊销之日起 5 年内不予重新注册。

(3)船员服务簿管理

船员服务簿是船员的职业身份证件,任何单位或者个人不得冒用、出租、出借、伪造、变造或者买卖。

船员在船工作期间应当携带船员服务簿。

船员服务簿应当载明船员的姓名、性别、国籍、出生日期、住所、联系人、联系方式以及其他有关事项。海事管理机构应当在船员服务簿中记载船员的安全记录、累计记分情况和违法情况。

船员上船任职后和离船解职前,应当主动将船员服务簿提交船长办理船员任职、解职签注。

船长应当为本船船员办理船员任职、解职签注,并在船员服务簿中及时、如实记载其服务资历和任职表现。船长的任职签注由离任船长负责签注,船长的解职签注由接任船长负责签注。因船舶新投入运行、报废等特殊情况无离任或者接任船长时,船长的任职、解职,在境内由船舶靠泊地海事管理机构签注;在境外由船长本人签注。

船员服务簿记载页满或者损坏的,应当到管理本人注册档案的海事管理机构办理换发事宜,并提交下列材料:①船员服务簿换发申请;②近期直边正面 5 cm 免冠白底彩色照片 2

张;③记载页满或者损坏的船员服务簿。

船员服务簿遗失的,应当到管理本人注册档案的海事管理机构办理补发事宜,并提交下列材料:①船员服务簿补发申请;②相应证明文件;③近期直边正面 5 cm 免冠白底彩色照片 2 张。

(4)监督检查

海事管理机构应当建立船员注册数据库和设立船员注册记录簿,记载船员的基本信息。

船员用人单位应当建立船员档案,记录船员的个人基本资料、服务资历、培训纪录、安全纪录、健康状况、任解职情况等信息,保持记录内容的真实、连续和完整,并定期向海事管理机构报送船员任职、解职情况海事管理机构对船员进行监督检查时,应当对下列情况进行核查:①持有并携带船员服务簿;②船员服务簿的真实性和符合性;③船长为在船船员进行签注的情况。

海事管理机构对船员服务机构和船员用人单位进行监督检查时,应当对下列情况进行核查:①船员档案的建立情况;②定期向海事管理机构报送船员任职、解职情况。

海事管理机构实施监督检查,可以询问当事人,向有关单位、船舶或者个人了解情况,查阅、复制有关资料。有关单位、船舶或者个人应当配合。海事管理机构应当保守被调查单位、船舶或者个人的商业秘密和个人隐私。

(5)法律责任

①以欺骗、贿赂等不正当手段进行注册并取得船员服务簿的,由海事管理机构吊销船员服务簿,并处 2 000 元以上 2 万元以下罚款;

②伪造、变造或者买卖船员服务簿的,由海事管理机构收缴船员服务簿,并对违法个人处 2 万元以上 5 万元以下罚款,对违法单位处 5 万元以上 10 万元以下罚款,有违法所得的,还应当投收违法所得;

③船员服务簿记载的事项发生变更,船员未办理变更手续的,由海事管理机构责令改正,并处 1 000 元以下罚款;

④未进行船员注册而上船工作的,由海事管理机构责令其离岗;

⑤船员在船工作期间未携带船员服务簿的,由海事管理机构责令改正,并可以处 2 000 元以下罚款;

⑥违反规定,船长未在船员服务簿内及时、如实记载船员服务资历和任职表现的,由海事管理机构处 2 000 元以上 2 万元以下罚款;情节严重的,并给予暂扣船员适任证书 6 个月以上 2 年以下直至吊销船员适任证书的处罚;

⑦违反规定,船员用人单位招用未经注册的人员上船工作的,由海事管理机构责令改正,处 3 万元以上 15 万元以下罚款。

六、酒精和麻醉品控制

酒精、麻醉品和毒品不仅危害人体健康,也会通过影响人的神经系统对海上交通安全构成威胁。为了保障船舶航行安全和社会治安、保障船员的身心健康,应严格禁止船员酗酒、吸毒和滥用各种会产生麻醉作用的违禁药物。STCW 公约第Ⅷ章给出了关于适于值班的强制性标准和关于适于值班的指导。

1. STCW 公约的指导

吸毒和酗酒直接影响到海员履行值班职责或负责安全、防污染和保安值班的健康和能力。当海员被发现受到吸毒或酗酒的影响时,将不允许其值班或负责安全、防污染和保安值班,直至他们履行其职责的能力不再受到妨碍为止。

主管机关应确保采取适当措施以防止毒品或酒精削弱值班人员或负责安全、防污染和保安值班人员的能力,并应制订必要的甄别计划:①鉴别吸毒和酗酒;②尊重每个有关人员的尊严、隐私、保密和基本的法定权利;③考虑相关的国际指南。

公司应考虑履行防止吸毒和酗酒的明确书面政策,不论在公司的质量管理体系,还是通过提供适当的信息方法和对海员的教育,包括禁止值班人员在值班前 4 h 内喝酒。

制订防止吸毒和酗酒计划应考虑由 ILO 公布的、可能被修正的海运业防止吸毒和酗酒计划中的指导内容。

2. 船上酒精控制

船长对船上酒精管理负有全部责任,有权对酗酒的船员和旅客采取强制性措施,以保证船舶航行安全和公共安全。船上任何人都应了解和考虑过量饮酒对人的反应能力和判断能力的影响,严格遵守有关国际公约、船旗国和港口国的法律对酒类控制和管理的规定。船长和船员应定期进行酒精测试,如果有关当局要求进行上述测试,船长和船员应与配合。

船上应当在公共场合张贴有关禁止酗酒的规定,值班人员在值班前 4 h 内或值班时喝酒、血液酒精含量超过标准或在休息时间的饮酒对船上正常工作和生活秩序造成影响或妨碍等情况应按照酗酒处理。

3. 船上毒品控制

毒品使用是全球性的社会问题,在船上尤其需要严格控制。

(1)毒品的种类

会影响人的行为能力以及反应能力的各类违禁药品均属于毒品的范畴,船上需要严格控制的常见毒品种类包括:①大麻、可卡因、鸦片、氨基丙苯、海洛因、PCP 等;②其他能使人麻痹、麻醉或损害其行为和反应能力的物质;③各国或各港规定的受控制的物质。

(2)船上控制毒品应采取的措施:

船上应健全并落实规章制度,并在公共场所张贴相关的管理规定,加强宣传教育和管理。

船上以急救为目的所配备的少量麻醉药品应认真登记,由船长亲自保管,到港应如实申报,船长负有所有酒类控制和处方麻醉品的使用责任。

停靠毒品走私活动频繁的港口,船上应加强巡查,防止毒品通过各种渠道上船,如发现暗藏的毒品或可疑物品,应送交船长并尽快与港口有关当局联系。

禁止船员携带、传递任何毒品,也不得到港口陆地上使用、接触任何毒品。船员中酗酒、吸毒者不能当值和使用船舶设备。

如果港口有关机关认为有必要对船舶、船员进行毒品检(搜)查,船方应予配合。

船长和船员应进行定期的毒品测试,如果有关当局要求进行上述测试,船长和船员应与配合。

七、中华人民共和国海事劳工规则

为了保护海员的就业和社会的各项权利，交通运输部拟定了《中华人民共和国海事劳工规则》，该规则为《船员条例》的配套法规，目前正在履行审批程序，并将在适当的时机公布实施。该规则草案的主要内容包括：

1. 适用范围

本规则适用于从事国际航行的500总吨及以上中国籍海船，以及所有中国籍海员。

2. 海员上船工作的最低要求

（1）海员均应按规定注册后方能上船服务。

（2）在海船船舶上任职的海员还应按规定取得相应的证书。

（3）未成年海员经注册后仅限于在船见习或实习，不得担任任何职务或以完成某项具体岗位任务为目的的工作。

（4）海员在上船工作之前均应持有根据船员健康检查要求的标准签发的有效的体检证书，证明其健康状况适合其将在海上履行的职责。

（5）海员的体检证书有效期不得超过2年。紧急情况下，在海员持有最近过期的体检证书的条件下，可允许海员工作直至其可以从合格的医师那里取得一份有效的体检证书的下一停靠港，此期限最长不超过3个月。

3. 海员的招募与安置

（1）海员可通过公共的就业服务机构或经海事管理机构许可的船员服务机构或船员外派机构寻找船上就业的机会。

（2）开展海员招募与安置服务的机构应取得相应的船员服务机构或船员外派机构资质许可证。

（3）在中国籍船舶上服务的海员应通过在境内依法设立的船公司或船员服务机构开展招募与安置工作。

（4）招募与安置机构不得以任何形式向海员收取为海员提供就业的任何费用，但海员取得国家法定的体检证书、船员服务簿、护照或其他旅行证件以及国家法律规定的其他费用除外。

4. 海员就业

（1）国家海事管理机构应建立和维护合格海员的分类登记，做出促进海员就业的安排，并定期审查海员登记册的海员人数。被纳入国家海员登记册的海员应随时准备按国家法律或惯例或通过集体协议确定的方式开展工作。

（2）国家海事管理机构应在海上劳动关系三方协调机制协商下，为海员提供职业发展和技能培训的机会。

（3）在中国籍船舶上服务的海员均应持有海员就业协议，该协议应随船携带。

（4）海员就业协议应包括以下内容：①海员的全名、出生日期或年龄及出生地；②船东的名称和地址；③签署海员就业协议的地点及日期；④海员在船将担任的职务；⑤海员的工资总额及构成，包括发放时间、发放形式、计算公式等；⑥带薪年假的天数，包括计算公式；⑦海员就业协议的终止及终止条件；⑧船东提供给海员的人身意外保险、健康津贴和社会保险；⑨海船船员获得遣返的权利；⑩适用的中国船员集体协议；⑪国家法律所要求的其他内容。

(5)海员和船东提前终止海员就业协议的最短通知期由海上劳动关系三方协调机制协商

后确定,原则上不得短于7天。

(6)中国船员集体协议作为保障海员及船东利益的基本标准,可确定海员工资的构成及最低工资标准。

(7)在中国籍船舶上服务的海员应持有海员就业记录簿,记录簿应载明海员在船上就业的记录信息,但不得包括关于海员工作的质量和其工资的记录。

(8)海员均有权根据其就业协议定期获得全额工作报酬,船东应以法定方式支付。

(9)船东应采取措施,为海员提供一种将其收入的全部或部分转给其家人或受赡养人或法定受益人的方式。

(10)海员的正常工时标准应以每天8 h,每周休息2天和国家法定的公共节假日休息,以及海员在船舶上每工作2个月不少于5日的年休假为依据。

(11)海员在船工作时间每周不得超过44 h,每月加班不得超过36 h,按照综合计时计算工资标准的用人单位应按照法定程序向相关部门报批。

(12)海员用人单位应当在海员年休假期间,向其支付不低于该海员在船工作期间平均工资的报酬。

(13)船东根据国家法律规定为船员缴纳的失业保险以及商业保险或其他约定行为,应充分考虑到由于船舶灭失或沉没对船员造成的失业赔偿,该赔偿额应与海员就业协议中约定的可支付工资比率相当,但其总额可限于2个月的工资。

(14)所有海员的工作时间安排应按照我国海船船员值班规则的相关工作时间的规定执行。

5. 海员的遣返

(1)船东应为所有在船工作合同期满的海员安排遣返,并负担遣返费用和其他方面的安排,除非根据国家法律或条例或其他措施或适用的集体谈判协议,海员出现严重失职、渎职等情况而被遣返,否则船东不得以任何形式扣回遣返费用。

(2)海员在上船途中或在船工作期间,擅自离职或中止职务,给船东造成的经济损失,船东有权追究其相关法律责任。

(3)海员应在协议期满前15天向船东提出遣返申请,以便能得到及时安排与遣返。

(4)船东有义务将那些由于非自身责任的原因在港口被置于岸上的海员做出妥善安排。

6. 海员的起居舱室、娱乐设施及膳食服务

(1)国家海事管理机构应确保为本规则所适用的在船舶上工作或生活的海员提供并保持与促进海员的健康和福利一致的舒适起居舱室和娱乐设施。

(2)船东应为每艘本规则适用的船舶设置并装备膳食服务部门,并免费为海员提供在良好卫生条件下准备和服务的充分、多品种和有营养的餐食。

(3)船长应本人或指定专人,在船舶上对以下方面每周开展检查,并保存检查记录:

①食品和饮用水供应;

②用于储存和处理食物和饮用水的所有场所和设备;

③用于准备和供应餐食的厨房或其他设备。

7. 海员的健康和安全保护

(1)船东、船员服务机构应采取措施向在悬挂中国旗船舶上工作的海员提供健康保护和医疗。

(2)船东管理船舶悬挂中国旗,应确保:①船上医务室及医疗设施和设备,应按照有关规定,对船舶做出相应规定;②船东应确保所有船舶均携带医药箱、医疗设备和医疗指南,如果船东的船舶是载员 100 人以上,从事 3 天以上国际航行,应配备 1 名医生负责提供医疗;③确保没有配备医生的船舶,至少有 1 名海员接受了精通急救或高级医护的培训,并达到要求的认可水平;④应确保所有船舶均配备足够的医疗设备,其中包括医药箱、医疗设备及最新版国际船舶医疗指南或者我国法律法规规定的医疗指南;⑤应确保运营船舶船员熟悉主管机关建立的无线电或卫星通信医疗指导,同时确保船舶备有一份最新的能够获得医疗指导的岸上地面站的完整清单;⑥利用船员岸基培训的机会,传授海员健康和保健的知识和技能。

8. 海员的福利和社会保障

(1)船东或者船员服务机构应确保海员获得符合公约要求的社会保障,应保证船员能够按照我国相关劳动法律、法规享受社会保障。这些保障应遵循以下原则:①船东或者船员服务机构应与船员签订符合国家劳动法律、法规要求的劳动合同;②船员所获得社会保障不低于同一公司岸上工作人员所获福利水平;③船员所获社会保障应按照社会保险条例有关规定为船员缴纳社会保险,种类应当包括但不限于包括养老保险、工伤保险和医疗保险,所有社会保险内容应明确在劳动合同中予以明确。

(2)考虑到船员职业的危险性,船东和服务机构应负责为船员购买在船期间的商业保险。

9. 投诉及处理

(1)海事管理机构应尽量鼓励投诉方寻求通过船上投诉程序解决问题。但投诉方有权对涉及违反公约的要求(包括船员权利)的行为直接向所在港口的港口国监督检查部门递交投诉。

(2)海事管理机构收到投诉后,应进行初步调查,如投诉涉及船上工作和生活条件的缺陷,构成对船上船员保安,健康和安全的明显危害,或有理由相信某项缺陷构成对公约要求(包括船员的权利)的严重违反,应及时安排检查人员按照船舶安全检查程序登船实施详细检查。如投诉属于船上所有船员或某一类船员的普遍性缺陷,基于投诉性质,可考虑按照船舶安全检查程序登船实施详细检查。

(3)船舶安全检查员实施详细调查后发现船上条件明显危害船员的安全、健康或保安,或不符合有关要求的情况构成对公约要求(包括船员权利)的严重或屡次违反,应及时对船舶采取禁止离港的措施,直到船舶递交了不符合情况纠正计划后才允许船舶开航。

八、海员外派管理规定

为规范海员外派管理,提高我国外派海员的整体素质和国际形象,维护外派海员的合法权益,促进海员外派事业的健康发展,交通运输部制定了《海员外派管理规定》。该办法为我国《船员条例》的配套法规,自 2011 年 7 月 1 日起开始实施。

1. 适用范围

在中华人民共和国境内依法设立的机构从事海员外派活动,适用本规定。

2. 主管机关

(1)交通运输部主管全国海员外派工作。国家海事管理机构负责统一实施全国海员外派的监督管理工作。交通运输部直属海事管理机构依照各自职责负责具体实施海员外派的监督管理工作。

（2）海员外派遵循“谁派出，谁负责”的原则。从事海员外派的机构应当对其派出的外派海员负责，做好外派海员在船工作期间及登、离船过程中的各项保障工作。

3. 海员外派机构的责任与义务

（1）海员外派机构应当遵守国家船员管理、船员服务管理、船员证件管理、劳动和社会保障及对外劳务合作等有关规定。

（2）海员外派机构为海员提供海员外派服务，应当保证外派海员与本机构，或境外船东，或我国的航运公司，或其他相关行业单位签订有劳动合同。

（3）外派海员与我国的航运公司或者其他相关行业单位签订劳动合同的，海员外派机构在外派该海员时，应当事先经过外派海员用人单位同意。外派海员与境外船东签订劳动合同的，海员外派机构应当负责审查劳动合同的内容，发现劳动合同内容存在侵害外派海员利益条款的，应当要求境外船东及时予以纠正。

（4）海员外派机构应当为外派海员购买境外人身意外伤害保险。

（5）海员外派机构应当在充分了解并确保境外船东资信和运营情况良好的前提下，方可与境外船东签订船舶配员服务协议。

（6）海员外派机构应当将船舶配员服务协议中与外派海员利益有关的内容如实告知外派海员。

（7）海员外派机构应当根据派往船舶的船旗国和公司情况对外派海员进行相关法律法规、管理制度、风俗习惯和注意事项等任职前培训，并根据海员外派实际需要对外派海员进行必要的岗位技能训练。

（8）海员外派机构应当在外派海员上船工作前，与其签订上船协议，协议内容应当至少包括下列内容：①船舶配员服务协议中涉及外派海员利益的所有条款；②海员外派机构对外派海员工作期间的管理和服务责任；③外派海员在境外发生紧急情况时海员外派机构对其的安置责任；④违约责任。

（9）海员外派机构应当对外派海员工作期间有关人身安全、身体健康、工作技能及职业发展等方面进行跟踪管理，为外派海员履行船舶配员服务合同提供必要支持。

（10）海员外派机构不得因提供就业机会而向外派海员收取费用。海员外派机构不得克扣外派海员的劳动报酬。海员外派机构不得要求外派海员提供抵押金或担保金等。

（11）海员外派机构不得把海员外派到下列公司或者船舶：①被港口国监督检查中列入黑名单的船舶；②非经中国境内保险机构或者国际保赔协会成员保险的船舶；③未建立安全营运和防治船舶污染管理体系的公司或者船舶。

4. 突发事件处理

（1）突发事件发生时，海员外派机构应当按照应急处理制度的规定，立即启动应急预案，并及时向海事管理机构报告。

（2）海员外派机构应当与境外船东共同做好突发事件的处置工作。当境外船东未能及时全面履行突发事件责任时，海员外派机构应妥善处理突发事件，避免外派海员利益受损。

（3）当海员外派机构拒绝承担或者无力承担发生突发事件责任时，可以动用海员外派备用金，用于支付外派海员回国或者接受其他紧急救助所需费用。

任务6.11　与船员就业条件有关的法规与知识

情景任务

船员用人单位应当依照有关劳动合同的法律、法规和中华人民共和国缔结或者加入的有关船员劳动与社会保障国际条约的规定,与船员订立劳动合同。本任务涉及上船船员与公司签订就业协议中的各类条款。

任务目标

1. 了解劳动合同的订立。
2. 了解船员劳动合同的解除和终止。
3. 了解船员就业协议有关的知识。

任务分析

1. 以下以某公司海员雇佣协议某一页为例(表6-11-1)。

表6-11-1　海员雇佣协议

SEAFARER'S EMPLOYMENT AGREEMENT

No.(编号):

Accordıng to the principle of equality and voluntariness, this agreement is signed between the seafarer and employ/company/shipowner/agent of the ship. M. V ________ after friendly consulting,

THE SEAFARER

Surname:		Given Name:
Date of birth	Place of birth	Nationality
Full home address		
Seaman's book No.	Passport No.	Nedical certificate issued on
Position of employment	Estimated time of taking up position	Port of where position it taken up

THE EMPLOYER

表 6-11-1(续)

Name:		
Address:		

THE SHIP

Name	Flag	IMO No.
Gross Registered Tonnage(GRT)	Year Built	vessel Type
Trade Area	Classification Society	

GENERALTERMS OF THEAGREEMENT

Period of employment (months)	Wages from and including	Basic hours of work per week(hrs)
Monthly Basic wage	Monthly fixed overtime (103 hrs guaranteed)	Overtime rate of hours worked in excess of 103 hrs(1.25 per hour)
Monthly Leave pay:	Leave Subsis tence:	Annual leave pay:(2. 5 days wages per month for the period service onboard)
Sub Allowance:	Total:	official holidays:12 days annual
Monthly Performance Appraisal Award	Yearly Performance Appraisal Award	Yearly Performance Appraisal Award will Be Paid For In One Month After Overboard
1. The Seafarer has read, understood and agreed to the terms and conditions of employment as identified in followings and enters into this contract freely.		

2. 船员就业协议应该包括：职责、合同期限和起始时间、从雇佣地到上船港的免费行程、行李额度、卫生与预防接种、工资、工作或休息时间、加班时间和节假日、带薪休假、上岸休假、饮食及日用、转船条款、申诉机制、违纪处理程序、合同终止、休假、赔偿与福利、航行区、由于海难事故导致船员个人物品损坏和丢失、船员社会保险、总体安全要求、争端解决程序、诉讼时效和使用法律等。

知识获取

一、与船员劳动合同有关的国内法

1. 劳动法

《中华人民共和国劳动法》由第八届全国人民代表大会常务委员会第八次会议于 1994 年 7 月 5 日通过，自 1995 年 1 月 1 日起开始实施。

该法中涉及劳动合同的相关规定有：

(1)劳动合同是劳动者与用人单位确定劳动关系、明确双方权利和义务的协议。建立劳动关系应当订立劳动合同。订立和变更劳动合同，应当遵循平等自愿、协商一致的原则，不得违反法律、行政法规的规定。

(2)劳动合同依法订立即具有法律约束力,当事人双方必须履行劳动合同规定的义务。

2. 劳动合同法

《中华人民共和国劳动合同法》由第十届全国人民代表大会常务委员会第二十八次会议于2007年6月29日通过,自2008年1月1日起开始实施。

该法中有关劳动合同的规定包括:

(1)劳动合同的订立

用人单位与劳动者建立劳动关系,应当订立书面劳动合同。

(2)劳动合同期限

劳动合同分为固定期限劳动合同、无固定期限劳动合同和以完成一定工作任务为期限的劳动合同。固定期限劳动合同,是指用人单位与劳动者约定合同终止时间的劳动合同;无固定期限劳动合同,是指用人单位与劳动者约定无确定终止时间的劳动合同。

(3)劳动合同的履行

①用人单位与劳动者应当按照劳动合同的约定,全面履行各自的义务。

②用人单位应当按照劳动合同约定和国家规定,向劳动者及时足额支付劳动报酬。

③用人单位应当严格执行劳动定额标准,不得强迫或者变相强迫劳动者加班。

④劳动者拒绝用人单位管理人员违章指挥、强令冒险作业的,不视为违反劳动合同。

⑤劳动者对危害生命安全和身体健康的劳动条件,有权对用人单位批评、检举和控告。

(4)劳动合同的变更

用人单位与劳动者协商一致,可以变更劳动合同约定的内容。

(5)劳动合同的解除

①用人单位与劳动者协商一致:可以解除劳动合同。

②劳动者提前30天以书面形式通知用人单位,可以解除劳动合同。

③用人单位未按照劳动合同约定提供劳动保护或者劳动条件;或未及时足额支付劳动报酬;或未依法为劳动者缴纳社会保险费;或用人单位的规章制度违反法律、法规的规定,损害劳动者权益的,劳动者可以与之解除劳动合同。

④劳动者严重违反用人单位的规章制度;或严重失职,营私舞弊,给用人单位造成重大损害;或被依法追究刑事责任的,用人单位可以与之解除劳动合同。

⑤劳动者患病或者非因工负伤,在规定的医疗期满后不能从事原工作,也不能从事由用人单位另行安排的工作的;或劳动者不能胜任工作,经过培训或者调整工作岗位,仍不能胜任工作的;或劳动合同订立时所依据的客观情况发生重大变化,致使劳动合同无法履行的,用人单位提前30天以书面形式通知劳动者本人或者额外支付劳动者1个月工资后,可以解除劳动合同。

(6)劳动合同的终止

有下列情形之一的,劳动合同终止:①劳动合同期满的;②劳动者开始依法享受基本养老保险待遇的;③劳动者死亡,或者被人民法院宣告死亡或者宣告失踪的;④用人单位被依法宣告破产的;⑤用人单位被吊销营业执照、责令关闭、撤销或者用人单位决定提前解散的;⑥法律、行政法规规定的其他情形。

二、与船员劳动合同有关的知识

1. 船员劳动合同应包含的主要内容

船员劳动合同所包含的内容应符合我国劳动合同法的要求。通常,船员劳动合同应包括下列内容:①船员用人单位的名称、住所和法定代表人或者主要负责人;②船员的姓名、住址和居民身份证或者其他有效身份证件号码;③船员劳动合同期限;④工作内容和工作地点;⑤工作时间和休假;⑥劳动报酬;⑦社会保险;⑧劳动保护、劳动条件和职业危害防护;⑨集体合同的并入;⑩法律、法规规定应当纳入劳动合同的其他事项。

除上述的必备条款外,船员用人单位与船员可以在劳动合同中约定试用期、培训、保密、补充保险和福利待遇等其他事项。

2. 船员劳动合同期限

(1)船员劳动合同的期限主要分为有固定期限和无固定期限两种,船员劳动合同期限由代表船员用人单位的船员服务机构与船员协商确定。

(2)船员劳动合同期满,经当事人协商一致,可以续订劳动合同。续订的船员劳动合同不得约定试用期。

(3)有下列情形之一,船员提出或者同意订立或续订劳动合同的,除船员主动提出要求订立固定期限劳动合同外,应当订立无固定期限劳动合同:

①船员在与之签订劳动合同的船员公司或劳务公司连续工作已满一定年限(如10年)的;

②连续订立了两次固定期限劳动合同,且船员没有劳动合同法中规定的船员用人单位可以解除劳动合同的情形,在此情况下续订劳动合同的。

3. 船员劳动合同的履行与变更

船员与船员用人单位在履行劳动合同时应该遵循下列原则和规定:①船员用人单位与船员应当按照劳动合同的约定履行各自的义务;①船员用人单位应当按照劳动合同约定向船员及时足额支付劳动报酬;③船员用人单位应当执行船员工作和休息时间标准,不得强迫船员加班;④船员用人单位和船员应按合同约定以及国家的有关法律、法规办理社会保险和商业保险,并足额支付保险费;⑤船员与船员用人单位协商一致,可以变更劳动合同约定的内容。

4. 船员劳动合同的解除和终止

船员劳动合同的解除和终止应遵循下列原则和规定:

(1)船员与船员用人单位协商一致,可以解除劳动合同。

(2)船员以书面申请的形式提前30天通知船员用人单位或者通过船长通知船员用人单位,可以提前解除劳动合同。但劳动法、劳动合同法、船员条例另有规定的除外。

(3)船员用人单位有下列情形之一的,船员可以解除劳动合同:①未按照劳动合同约定为船员提供劳动保护或者劳动条件的;②未及时足额向船员支付劳动报酬的;③未依法为船员缴纳社会保险费和(或)商业保险费的;④船员用人单位的规章制度违反法律、法规的规定,损害船员权益的;⑤船员工作于合同约定的某特定航线后,如果该特定航线发生了实质性变化,经过船员用人单位与船员协商,就调整航线无法达成一致意见的;⑥船员工作于合同约定的船舶,该船依照船旗国或港口国检查,被证实不适航,并且船舶的缺陷永久不能得到修复,使船员用人单位不能继续履行合同约定的义务的。

尽管船员在上述情况下有解除劳动合同的权利,但船长和高级船员在航次中,不得擅自辞职、离职或者终止职务。对此我国船员条例有明确规定,在船员就业协议中,通常也有相应条款。

(4)船员有下列情形之一的,船员用人单位可以解除劳动合同:①严重违反船员用人单位的规章制度;②严重失职,给船员用人单位造成重大损害;③不能胜任劳动合同中规定的工作且经过调整职务,仍不能胜任;④患病或者非因工负伤,在规定的医疗期满后仍不能上船任职;⑤被依法追究刑事责任。

尽管船员用人单位在上述情况下有解除劳动合同的权利,但船员因工伤或患职业病而丧失或者大部分丧失劳动能力的,或依照船旗国或港口国检查证实船舶不适航、不具备安全航行条件,因而船员拒绝执行开航命令的,船员用人单位不可以因此单方解除劳动合同。

(5)有下列情形之一的,劳动合同终止:①船员劳动合同期满;②船员死亡或失踪;③船员用人单位破产或被吊销营业执照;④船员劳动合同订立时所依据的客观情况发生重大变化,致使船员劳动合同无法履行,并且船员用人单位已提前向船员通告。

(6)解除或者终止船员劳动合同涉及支付经济补偿金的,船员用人单位应当按劳动合同法等法律、行政法规的具体规定执行。解除或者终止船员劳动合同后船员要求遣返的,船员用人单位应当同意,并支付相应的遣返费用。

(7)船员违法解除劳动合同,给船员用人单位造成损失的,应当承担赔偿责任。

5. 船员劳动合同争议处理

(1)有关船员劳动合同的争议处理应按照合同中的争议处理条款中规定的途径、方法和准据法进行。如合同中没有规定的,应按照有关国际公约和国内法规的规定进行。

(2)根据我国劳动法和劳动合同法的精神,船员用人单位与船员发生劳动争议,可以依法申请调解、仲裁或提起诉讼,也可以协商解决。劳动争议发生后,船员及船员用人单位均可向合同中约定的劳动争议仲裁委员会申请律裁。对仲裁裁决不服的,可以向人民法院提起诉讼。

三、与船员就业协议有关的知识

不管以哪种形式就业的船员在上船工作前,均需要与代表船员用人单位的船员服务机构(船员公司、船员劳务公司、船员劳务中介公司等)签订船员上船就业协议。在该协议中应就船员在船期间的具体职务、工资、奖金、航区、休假、遣返、保险以及违约责征等做出约定。

1. 对船员就业协议的要求

根据2006年海事劳工公约,对船员就业协议有如下要求:①上船工作的船员应持有一份由其本人和船东或船东代表签订的船员就业协议;②签订船员就业协议的船员在签字前应有机会对协议进行审查和征询意见;③船东、船长和船员应各持有一份经签字的船员就业协议原件;④应采取措施,确保船员在船上可以容易地获得关于其就业条件的明确信息;⑤如果集体谈判协议构成船员就业协议的一部分,该集体谈判协议的一份副本应保留在船上。

2. 船员就业协议应包含的内容

根据2006年海事劳工公约和我国海事劳工规则,船员就业协议应包含以下内容:①船员的姓名、年龄及出生地;②船员的住址和有效身份证件号码;③船东的名称、营业所所在地和法定代表人;④订立船员就业协议的地点及日期;⑤船员将服务的船舶及航区;⑥船员将担任的职务及主要工作内容;⑦就业协议期限;⑧船员的工资数额;⑨关于休假(包括带薪年休假)的约定;⑩就业协议终止及终止条件;⑪船员应获得的保险和福利待遇,以及加班费支付规定等；⑫船员应获得的遣返权利及相关规定；⑬集体谈判协议的并入；⑭违约责任；⑮双方认为需要规定的其他事项；⑯国家法律所要求的其他细节等。

3. 中国船员集体协议

（1）中国船员集体协议由中国海员建设工会代表中国船员，中国船东协会代表中国船东共同签署。签署中国船员集体协议的主要目的是为保障中国船员的合法权益，促进中国船员体面劳动，满足2006年海事劳工公约的要求。

（2）中国船员集体协议就船员上船工作的最低要求、船员就业条件、船员在船生活与工作条件、船员健康保护、医疗、福利和社会保障等通过集体协议的形式予以约定。中国船员集体协议内容包括：总则；劳动合同及管理；劳动报酬、社会保险及福利；工作时间和休息休假；船舶配员及值班；职业安全和医疗；食品、居室、寝具和娱乐；服务于战区、疫区、海盗活动区域等危险区域；伤亡保赔；遣返；解除和终止合同；船员投诉及劳动争议；船员的教育培训等。

（3）在船员与船舶用人单位签订的就业协议、外派协议或其他形式的就业协议中，应考虑并满足中国船员集体协议的要求，也可采用并入条款的形式将中国船员集体协议并入到船员就业协议中去，尽管这种做法并不强制。

项目7

船舶检验与船舶登记

学习目标

1. 了解船舶检验机构的种类。
2. 了解法定检验的种类。
3. 了解船舶检验法定证书。
4. 了解船舶登记制度和我国登记条例。

项目概述

船舶检验是船舶检验机构或验船师对船舶及其设备的技术状况进行的检验、审核、测试和鉴定的总称。船舶通过相应的检验可取得必要的技术证书或船舶状况的证明。船舶只有通过相应的检验,才能取得必要的技术证书或保持技术证书继续有效。另外,为保持技术证书的有效性,船舶也需要进行某些特定的检验。

船舶登记的法律效力主要表现在从船舶登记机关获取了相应的登记证书来证明其享有的船舶权利,可以对抗第三人。同时,有权悬挂该国国旗在海上航行。

任务7.1 船舶检验的目的、机构和种类

任务情景

某轮船舶法定证书于2022年12月25日到期,根据公司安排,下一航次的任务是从美国长滩港装货到上海港卸货,卸完货后驶往上海长兴岛某船厂修船并进行换证检验,船长根据公司安排召开会议,布置修船和迎检任务。

本任务的内容讨论了船舶检验的目的和法律作用。

任务目标

1. 了解船舶检验目的。
2. 了解船舶检验种类。
3. 了解法定检验证书。
4. 熟悉法定检验的种类及检验时间安排。

任务分析

1. 船舶检验的目的:对船舶及其设备的检验,促使船公司保持船舶的良好技术状况,达到安全营运、防止污染;在政府层面对船舶实施有效的监管;提高船舶的竞争力以及为商务、海事处理提供技术支持。

2. 船舶法定检验的法律地位:法定检验属于强制性检验,按照船旗国政府的法令、法规、条例和(或)政府批准、接受、承认或加入的有关国际公约、议定书、修正案、规则等,对从事国际或国内航行的船舶所进行的检验、检查和鉴定。在检验、检查和鉴定合格后签发或签署相应的法定证书。船舶所有人或经营人应当向船检机构申请相关检验,船舶、浮动设施未持有合格的检验证书擅自航行或者作业的,由海事管理机构责令停止航行或者作业。拒不停止的,暂扣船舶、浮动设施;情节严重的,予以没收。

知识获取

一、船舶检验的目的

船舶检验的目的在于通过对船舶及其设备的检验,促使船公司保持船舶的良好技术状况,以保证船舶的营运安全和防止污染、损害海洋环境,保证船旗国和港口国政府对船舶实施有效的管理和控制,同时也为船舶所有人提高船舶在航运市场的竞争力,降低保险费用,以及为公证、索赔、海事处理等提供必要的技术依据。

二、船舶检验的机构和种类

1. 船舶检验机构

世界上大多数海运国家的船舶,其各类检验是由民间组织——船级社来完成的。

国际船级社协会(IACS)于1968年成立,致力于联合各船级社,利用技术支持、检测证明和开发研究,通过海事安全与海事规范,维护与保障全球船舶安全及海洋环境清洁。

目前IACS有13个正式会员,分别是:美国船级社(ABS)、法国船级社(BV)、中国船级社(CCS)、克罗地亚船级社(CRS)、挪威船级社(DNV)、德国劳氏船级社(G1)、韩国船级社(KR)、印度船级社(IRS)、英国劳氏船级社(1R)、日本海事协会(NK)、波兰船级社(PRS)、意大利船级社(RINA)、俄罗斯船舶登记局(RS)。

中国船级社(CCS)于1988年加入IACS。CCS对中国籍船舶进行船级检验,并进行经海事局授权的法定检验，同时也接受其他缔约国的委托，对停靠我国港口的外国籍船舶进行法定检验，签发技术证书。

在我国实施法定检验的机构为中华人民共和国船舶检验局(ZC)，ZC隶属于中华人民共和国海事局。

2. 船舶检验的种类

按照检验性质的不同，船舶检验可以分为法定检验、船级检验和公证检验等三种基本类型。

(1)法定检验

法定检验属于强制性检验，是指按照船旗国政府的法令、法规、条例和(或)政府批准、接受、承认或加入的有关国际公约、议定书、修正案、规则等，对从事国际或国内航行的船舶所进行的检验、检查和鉴定。在检验、检查和鉴定合格后签发或签署相应的法定证书。法定检验必须由政府主管机关或其授权的组织或个人进行。

(2)船级检验

船级检验(也称入级检验)属于商业性检验，是指由船舶所有人选定的船级社，依据其制定的船舶入级规范，对船体(包括设备，下同)、船舶机械装置(包括电气设备，下同)等是否处于或保持良好、有效的技术状态进行的检验、检查和鉴定。在检验、检查和鉴定合格后签发或签署相应的船级证书。

(3)公证检验

公证检验是应船舶所有人、经营人、租船人或保险人等的申请，对由于某种原因而造成的船舶实际状况进行具有公证性质的检验，以证明船舶的实际状况或产生事故的原因，公证检验完成后应签发相应的检验报告。

三、法定检验的范围、目的与依据

1. 范围

法定检验的检验范围包括：SOLAS公约中规定的各种船舶结构与设备检验；MARPOL公约中规定的符种船舶结构与设备检验；LL公约规定的船舶载重线勘绘与检验；特种船舶构造和设备检验；船舶起重、吊货设备的检验；船舶吨位丈量等，以及按有关国际公约和各国制定的法规，对船舶结构、设备、载重线、稳性、吨位等进行的各种监督性检查、试验和鉴定。

2. 目的

法定检验的目的是为了按照有关国际公约和船旗国法律、法规的要求，对船舶结构、设备、载重线、稳性、吨化、锅炉及其他受压容器、主机、副机、电气设备、无线电通信设备、救生设备、消防设备、航行和信号设备、防止污染设备、起货设备等进行监督，并确认处于有效技术状态并适合其预定用途。

3. 依据

实施法定检验的依据为有关国际公约以及船旗国制定的有关法规，如：1974年国际海上人命安全公约(SOLAS1974)及作为该公约组成部分的所有规则(如FSS规则、LSA规则、IBC规则、IGC规则、IMSBC规则、ISPS规则等)；国际防止船舶造成污染公约(MARPOL 73/78)；1969年国际船舶吨位丈量公约(ITC 1969)；1966年国际载重线公约及1988年议定书(LL 66/88)；1972年国际海上避碰规则(COLREG 1972)及其2001年修正案；国内的《船舶和海上设施检验条例》《海船法定检验技术规则》《散装运输危险化学品船舶结构与设备规范》《非国际航行海船法定检验技术规则》等。

四、法定检验的种类

船舶法定检验的种类有：

1. 初次检验

船舶投入营运以及第一次对船舶颁发证书之前应进行初次检验，包括对船舶结构、机械、设备的一次完整检查和必要时的试验，以确保船舶满足相应证书的有关要求，保证船舶结构、机械和设备都适合其所要从事的营运业务。

经初次检验合格的船舶应颁发相应的法定证书和记录簿。

2. 年度检验

在有关船舶法定证书上记载的签发日每周年前后3个月内应进行年度检验。年度检验应能使主管机关确认船舶的状况（包括其机械和设备）都按有关公约的要求得到了保持。

3. 期间检验

在有关船舶法定证书上记载的签发日第2个或第3个周年前后3个月内应进行期间检验。该期间检验应替代一次年度检验。期间检验是对有关法定证书的指定项目进行检查，以确保这些项目处于良好状态，并且适合船舶所从事的营运业务。

经期间检验合格的船舶应在有关法定证书上签署。

4. 定期检验

对货船设备安全证书而言，在该证书上记载的签发日第2个或第3个周年日前后3个月内应进行定期检验，且该定期检验应替代一次年度检验。定期检验应包括对设备的检验以及必要时的试验，以确保符合货船设备安全证书和货船无线电安全证书的要求，且设备处于良好的状态，并且适合船舶所从事的营运业务。

5. 船底外部检查

这是货船构造安全证书所要求的特有的检查。货船船底外部检查和有关项目的检验应能确保其处于良好状态，并且适合于所从事的营运业务。通常船舶在干船坞内进行船底外部检查.但也可考虑在船舶处于浮态状态下进行水下检验。

6. 附加检验

附加检验也称临时检验。每当船舶发生事故时，或发现影响船舶安全性或完整性，或影响其设备的效力配套性的缺陷，由船长或船舶所有人提出申请，负责颁发有关证书的主管机关、指定的验船师或承认的组织根据具体情况，确定是否需要按适用的公约或规则进行检验，此种检验称之为附加检验。附加检验可以是总体的，也可以是部分的。附加检验应确保维修和任何换新已经有效地进行，且船舶及其设备继续适合于船舶所从事的营运业务。一般认为，下列情况应申请法定附加检验：更换船名、船舶所有人、船旗、船籍港、船舶识别号；船舶重大修理、改装、改建、更换设备；更改船舶航区或航线等。

我国《船舶和海上设施检验条例》明确规定，下列情况下中国籍船舶必须向船舶检验机构申请附加检验：①因发生事故，影响船舶适航性能的；②改变船舶证书所限定的用途或者航区的；③船舶检验机构签发的证书失效的；④海上交通安全或者环境保护主管机关责成检验的。

7. 换证检验

也称换新检验。是指原证书到期，在相应证书换新之前进行的检验。换证检验应包括对结构、机械和设备的检验以及必要时的试验，以确保船舶满足相应证书的有关要求，保证船舶结构、机械和设备都处于良好状态，适合于其所从事的营运业务。

经相应证书换证检验合格的船舶应为其换发相应的新证书。

五、国际公约及我国法规涉及的法定检验

法定检验涉及的国际公约主要包括：国际海上人命安全公约、国际船舶吨位丈量公约、国际载重线公约、国际防止船舶造成污染公约、海事劳工公约、国际海上避碰规则、FSS 规则、LSA 规则、IMSBC 规则、IBGC 规则、IBC 规则、IGC 规则、HSC 规则、ISPS 规则等。

法定检验涉及的国内法规主要包括：海上交通安全法、防治船舶污染海洋环境管理条例、船舶和海上设施检验条例、船舶与海上设施法定检验技术规则等。

六、法定检验时间安排

1. 初次和换证检验

(1)初次检验应在船舶投入营运前进行。

(2)换证检验：所有需要换证检验的证书应在相应证书到期前 3 个月内完成换证检验。

2. 年度和期间检验

(1)年度检验应在证书的每周年日前、后各 3 个月内进行。

(2)期间检验应在相应证书的第 2 个或第 3 个周年日前、后 3 个月内进行，且该期间检验应替代 1 次年度检验。

3. 定期检验

(1)货船设备安全证书的定期检验应在该证书的第 2 个或第 3 个周年日期前、后 3 个月内进行，且该定期检验应替代 1 次年度检验。

(2)货船无线电安全证书的定期检验应在证书的每 1 周年日期前、后 3 个月内进行。

4. 船底外部检查

客船的船底外部检查应每年进行 1 次。

货船的船底外部检查，存货船构造安全证书有效期间的 5 年内应至少进行 2 次，且任何 2 次之间的间隔应不超过 3 年，其中 1 次应在换证检验时进行。

高速船的船底外部检查一般应每年进行 1 次。

任务7.2 船舶登记条例和国际船舶登记制度

任务情景

根据船舶登记证书，了解证书需要登记的内容(图 7-2-1)。

CERTIFICATE OF REGISTRY

PARTICULARS OF SHIP

Name of Ship	IMO No.
Port of Registry	Call Sign
Official No.	Date of Registry
Type of Ship	Material of Hull
Date Keel Laid	
Name and Address of Builder	
Length	Breadth
Moulded Depth	
Gross Tonnage	Net Tonnage
Main Engine Type	Engine Make and Model
No.of Sets of Engine	Total Engine Power
How Propelled	No.of Shafts

This Certificate was issued on ____________ under the provisions of the Merchant Shipping (Registration) Ordinance.

This Certificate expires on the termination of the Demise Charter party on ____________ .

Registrar of Ships

图 7-2-1　船舶登记证书

任务目标

1. 了解船舶登记的作用。
2. 了解船舶登记制度的种类。
3. 了解中华人民共和国船舶登记条例。

任务分析

1. 中华人民共和国港务监督机构是船舶登记主管机关。

2. 我国属于严格的船舶登记制度国家。

3. 船舶登记证书内容包括：船名、呼号、注册号、船长、船宽、型深、船舶类型、船体材质、总吨、净吨、主机类型、主机名称与型号、主机数量、主机总功率、推进装置和轴数等。

知识获取

保证悬挂本国国旗的船舶符合已生效的国际公约的相关要求是每一船旗国政府的责任。事实上，大多数船旗国认为，港口国和沿岸国同样也有履约的义务，如搜救、VTS、避难地、航标、引航、疏浚、接收设施、溢油反应和联合事故调查等。尽管 PSC 在确保国际海事公约提供的标准中扮演着重要角色，但消除低标准船舶的根本责任仍在于船旗国和船公司、船舶所有人及船舶经营人。船旗国应根据本国的法律对愿意加入并符合登记条件的船舶进行登记，并按相关要求对船舶进行管理，确保其能遵守本国制定的其他相关法规。

一、船舶登记制度

船舶登记是一项法律行为，各个国家对在本国登记的船舶，都有自己的规定。我国的船舶登记条例规定，船舶经依法登记，取得中华人民共和国国籍，方可悬挂中华人民共和国国旗航行，船舶所有权的取得、转让和消灭，应当向船舶登记机关登记，船舶抵押权、光船租赁权的设定、转移和消灭，均应登记。

1. 船舶登记的作用

船舶登记一般是船舶获得国籍的前提条件，船舶在获得国籍后就必须遵守船旗国的法律及其他有关规定。船舶有权悬挂船旗国的国旗；有权受到船旗国的外交和军事保护；船东享有包括本国货运和其他贸易行为的权利；船舶登记后所获得的国籍还决定了船舶在战争中的贸易地位。在航运的民法上。船舶自登记后保护了船东对船舶的所有权，保护了包括船舶抵押权人对被抵押船舶的应有权利。

2. 船舶登记制度种类

当前，可以根据船舶登记制度的不同把船舶的登记类型归纳为三种模式：严格的登记制度、开放的登记制度和半开放登记制度。

(1)严格登记制度

严格登记制度的登记条件是：船舶所有权全部或大部分属船旗国所有；船公司或主要营业所设在船旗国境内，并由船旗国公民或法人管理；船员必须全部或主要是船旗国公民。我国属于严格的船舶登记制度国家。

(2)开放登记制度

开放登记制度对船舶登记条件的限制很少。当前世界上前8名吨位的船队中有5个是属于开放登记国家的船队，它们分别是：巴拿马、利比里亚、塞浦路斯、巴哈马和马耳他。

开放登记主要的特征可以归纳为：船舶所有权可以归外国人所有；船舶登记手续比较简单；基本不收船舶的收入税；在国内法上对船舶的规定和要求比较宽松，尽管对船舶的吨位收较低的登记费用，但通过吸收大量的吨位可以获得较大的国家收入；允许雇佣外籍船员；登记机关既没有能力又没有管理机构来强制实施本国及国际公约的规定，也没有能力和意愿来监督公司的遵法行为。这些特点使开放的登记制度备受指责，国际上一些专家学者认为开放的登记制度是低标准船的“温床”。

(3)半开放登记制度

介于严格登记制度与开放登记制度二者之间的为半开放登记制度。在20世纪的80年代里，欧洲船队所付出的高昂费用使很多船东把自己的船都登记为方便旗船。面对吨位的巨大损失，以挪威为代表的许多欧洲船旗国变通了严格的登记制度，设立了半开放登记制度的模式，其主要特征可以归纳为：船东和船员都可以为外籍人；可以协商船员的工资；船东只要有营业代理在本国工作，并实施部分管理船舶的功能，他的主要营业场所就可以设在国外；对外国的船东不增加税收等。吨位的回流使这些欧洲国家已经获益，当前许多国家正在考虑学习这种设立半开放登记制度的方法。

3. 方便旗船

(1)方便旗船概念

方便旗船(ship of flag of convenience),是指在实行开放登记的国家进行船舶登记,从而取得该国国籍,并悬挂该国国旗的船舶。

(2)办理方便旗登记的国家

目前,世界上实行开放登记的国家有:安第列斯、安提瓜和巴布达、巴哈马、百慕大、塞浦路斯、直布罗陀、洪都拉斯、开曼群岛、黎巴嫩、利比里亚、马耳他、马绍尔群岛、巴拿马、斯里兰卡、圣文森特、瓦努阿图等。在这些国家可以办理方便旗船登记。

(3)方便旗船的特点

①提供方便旗登记的国家允许船舶所有人和(或)管理人员不是该国家的公民,也允许不雇佣该国家的公民为船员。

②运营成本低,登记国一般是按照船舶吨位征收登记费和年税,免征或象征性地征收船舶所得税。

③登记手续简便,一般可以在登记国家驻外领事馆办理,履行相对简单的登记手续。

④登记国对船公司不加控制,通常也不予以监督。

由于允许挂方便旗的开放登记国大多对船员的雇佣不加限制,对船舶的经营管理不予干涉,对船舶的技术条件要求不高,加之税收较低等原因,使得船舶营运成本较低,船东乐于接受,因此方便旗船发展非常迅速。目前,方便旗船的总吨位约占世界船队总吨位的37%。

但是,方便旗船也暴露出许多弊端,如船舶技术条件相对较差,安全无保障、海事发生率相对较高,船员工资不高,社会福利方面没有保证,船东身份不易确定,海运欺诈常有发生等。

二、中华人民共和国船舶登记条例

为了加强国家对船舶的监督管理,保障船舶登记有关各方的合法权益,我国制定了《中华人民共和国船舶登记条例》(中华人民共和国国务院令第155号),自1995年1月1日起施行。《国务院关于修改部分行政法规的决定》已于2014年7月9日国务院第54次常务会议通过,对21部行政法规的部分条款予以修改。

1. 适用范围

在中华人民共和国境内有住所或者主要营业所的中国公民的船舶;依据中华人民共和国法律设立的主要营业所在中华人民共和国境内的企业法人的船舶;在该法人的注册资本中有外商出资的,中方投资人的出资额不得低于百分之五十的船舶;中华人民共和国政府公务船舶和事业法人的船舶;中华人民共和国港务监督机构认为应当登记的其他船舶。

军事船舶、渔业船舶和体育运动船艇的登记依照有关法规的规定办理。

国家所有的船舶由国家授予具有法人资格的全民所有制企业经营管理的,条例有关船舶所有人的规定适用于该法人。

2. 主管机关

中华人民共和国海事局是船舶登记主管机关。各港的海事局是具体实施船舶登记的机关(以下简称船舶登记机关),其管辖范围由中华人民共和国海事局确定。

3. 船舶登记的一般规定

(1)国籍登记

船舶经依法登记,取得中华人民共和国国籍,方可悬挂中华人民共和国国旗航行;未经登记的,不得悬挂中华人民共和国国旗航行。船舶不得具有双重国籍。凡有外国登记的船舶,未中止或者注销原登记国国籍的,不得取得中华人民共和国国籍。

(2)所有权、抵押权、光船租赁权登记

船舶所有权的取得、转让和消灭,应当向船舶登记机关登记,未经登记的,不得对抗第三人;船舶由两个以上的法人或者个人共有的,应当向船舶登记机关登记,未经登记的,不得对抗第三人;船舶抵押权、光船租赁权的设定、转移和消灭,应当向船舶登记机关登记,未经登记的,不得对抗第三人。

(3)船员

中国籍船舶上的船员应当由中国公民担任;中国籍船舶上应持适任证书的船员,必须持有相应的中华人民共和国船员适任证书;确需雇用外国籍船员的,应当报国务院交通主管部门批准。

(4)登记港

船舶登记港为船籍港。船舶登记港由船舶所有人依据其住所或者主要营业所所在地就近选择,但是不得选择两个或者两个以上的船舶登记港。

一艘船舶只准使用一个名称,船名由船籍港船舶登记机关核定,船名不得与登记在先的船舶重名或者同音。船舶登记机关应当建立船舶登记簿。船舶登记机关应当允许利害关系人查阅船舶登记簿。

船舶港船舶登记机关应当对船舶所有权登记申请进行审查核实;对符合本条例规定的,应当自收到申请之日起7日内向船舶所有人颁发船舶所在权登记证书,授予船舶登记号码,并在船舶登记簿中载明下列事项:

①船舶名称、船舶呼号;

②船籍港和登记号码、登记标志;

③船舶所有人的名称、地址及其法定代表人的姓名;

④船舶所有权的取得方式和取得日期;

⑤船舶所有权登记日期;

⑥船舶建造商名称、建造日期和建造地点;

⑦船舶价值、船体材料和船舶主要技术数据;

⑧船舶的曾用名、原船籍港以及原船舶登记的注销或者中止的日期;

⑨船舶为数人共有的,还应当载明船舶共有人的共有情况;

⑩船舶所有人不实际使用和控制船舶的,还应当载明光船承租人或者船舶经营人的名称、地址及其法定代表人的姓名;

⑪船舶已设定抵押权的,还应当载明船舶抵押权的设定情况。

船舶登记机关对不符合本条例规定的,应当自收到申请之日起7日内书面通知船舶所有人。

4. 船舶所有权登记

船舶所有人申请船舶所有权登记,应当向船籍港船舶登记机关交验足以证明其合法身份的文件,并提供有关船舶技术资料和船舶所有权取得的证明文件的正本、副本。就购买取得的船舶申请船舶所有权登记的,应当提供下列文件:购船发票或者船舶的买卖合同和交接文件；原船籍港船舶登记机关出具的船舶所有权登记注销证明书；未进行抵押的证明文件或者抵押权人同意被抵押船舶转让他人的文件。

就新造船舶申请船舶所有权登记的，应当提供船舶建造合同和交接文件。但是，就建造中的船舶申请船舶所有权登记的，仅需提供船舶建造合同。就自造自用船舶申请船舶所有权登记的，应当提供足以证明其所有权取得的文件。就因继承、赠予、依法拍卖以及法院判决取得的船舶申请船舶所有权登记的，应当提供具有相应法律效力的船舶所有权取得的证明文件。

船籍港船舶登记机关对船舶所有权登记申请进行审查核实，对符合条例规定的，向船舶所有人颁发船舶所有权登记证书，授予船舶登记号码。船舶已设定抵押权的，还应当载明船舶抵押权的设定情况。

5. 船舶国籍登记

（1）登记条件

船舶所有人申请船舶国籍，除应当交验依照条例取得的船舶所有权登记证书外，还应当按照船舶航区相应交验下列文件：

航行国际航线的船舶，船舶所有人应当根据船舶的种类交验法定的船舶检验机构签发的下列有效船舶技术证书：①国际吨位丈量证书；②国际船舶载重线证书；③货船构造安全证书；④货船设备安全证书；⑤乘客定额证书；⑥客船安全证书；⑦货船无线电报安全证书；⑧国际防止油污证书；⑨船舶航行安全证书；⑩其他有关技术证书。

国内航行的船舶，船舶所有人应当根据船舶的种类交验法定的船舶检验机构签发的船舶检验证书簿和其他有效船舶技术证书。

从境外购买具有外国国籍的船舶，船舶所有人在申请船舶国籍时，还应当提供原船籍港船舶登记机关出具的注销原国籍的证明书或者将于重新登记时立即注销原国籍的证明书。

（2）国籍证书

对经审查符合条例规定的船舶，船籍港船舶登记机关予以核准并发给船舶国籍证书。

依照条例规定申请登记的船舶，经核准后，船舶登记机关发给船舶国籍证书。船舶国籍证书的有效期为5年。

向境外出售新造的船舶，船舶所有人应当持船舶所有权取得的证明文件和有效船舶技术证书，到建造地船舶登记机关申请办理临时船舶国籍证书。从境外购买新造的船舶，船舶所有人应当持船舶所有权取得的证明文件和有效船舶技术证书，到中华人民共和国驻外大使馆、领事馆申请办理临时船舶国籍证书。境内异地建造船舶，需要办理临时船舶国籍证书的，船舶所有人应当持船舶建造合同和交接文件以及有效船舶技术证书，到建造地船舶登记机关申请办理临时船舶国籍证书。

在境外建造船舶，船舶所有人应当持船舶建造合同和交接文件以及有效船舶技术证书，到中华人民共和国驻外大使馆、领事馆申请办理临时船舶国籍证书。以光船条件从境外租进船舶，光船承租人应当持光船租赁合同和原船籍港船舶登记机关出具的中止或者注销原国籍的证明书，或者将于重新登记时立即中止或者注销原国籍的证明书到船舶登记机关申请办理临时船舶国籍证书。对经审查符合本条例规定的船舶，船舶登记机关或者中华人民共和国驻外大使馆、领事馆予以核准并发给临时船舶国籍证书。

临时船舶国籍证书的有效期一般不超过1年。以光船租赁条件从境外租进的船舶，临时船舶国籍证书的期限可以根据租期确定，但是最长不得超过2年。光船租赁合同期限超过2年的，承租人应当在证书有效期内，到船籍港船舶登记机关申请换发临时船舶国籍证书。

临时船舶国籍证书和船舶国籍证书具有同等法律效力。

6. 船舶抵押权与光船租赁登记

(1)抵押权登记

对20总吨以上的船舶设定抵押权时，抵押权人和抵押人持应当双方签字的书面申请书、船舶所有权登记证书或者船舶建造合同、船舶抵押合同等有关证明文件到船籍港船舶登记机关申请办理船舶抵押权登记。

船舶抵押权转移时，抵押权人和承转人应当持船舶抵押权转移合同到船籍港船舶登记机关申请办理抵押权转移登记。

(2)光船租赁登记

有下列情形之一的，出租人、承租人应当办理光船租赁登记：①中国籍船舶以光船条件出租给本国企业的；②中国企业以光船条件租进外国籍船舶的；③中国籍船舶以光船条件出租境外的。

以光船条件从境外租进船舶，承租人应当比照国籍登记规定确定船籍港。对经审查符合条例规定的，船舶登记机关应当发给光船租赁登记证明书，并按规定发给临时船舶国籍证书，在船舶登记簿上载明原登记国。

7. 变更登记和注销登记

船舶登记项目发生变更时，船舶所有人应当持船舶登记的有关证明文件和变更证明文件，到船籍港船舶登记机关办理变更登记。

船舶变更船籍港时，船舶所有人应当持船舶国籍证书和变更证明文件，到原船籍港船舶登记机关申请办理船籍港变更登记。对经审查符合条例规定的，原船籍港船舶登记机关应当在船舶国籍证书签证栏内注明，并将船舶有关登记档案转交新船籍港船舶登记机关，船舶所有人再到新船籍港船舶登记机关办理登记。

船舶共有情况发生变更时，船舶所有人应当持船舶所有权登记证书和有关船舶共有情况变更的证明文件，到船籍港船舶登记机关办理有关变更登记。

船舶抵押合同变更时，抵押权人和抵押人应当持船舶所有权登记证书、船舶抵押权登记证书和船舶抵押合同变更的证明文件，到船籍港船舶登记机关办理变更登记。对经审查符合条例规定的，船籍港船舶登记机关应当在船舶所有权登记证书和船舶抵押权登记证书以及船舶登记簿上注明船舶抵押合同的变更事项。

船舶所有权发生转移时，原船舶所有人应当持船舶所有权登记证书、船舶国籍证书和其他有关证明文件到船籍港船舶登记机关办理注销登记。对经审查符合条例规定的，船籍港船舶登记机关应当注销该船舶在船舶登记簿上的所有权登记以及与之相关的登记，收回有关登记证书，并向船舶所有人出具相应的船舶登记注销证明书。向境外出售的船舶，船舶登记机关可以根据具体情况出具注销国籍的证明书或者将于重新登记时立即注销国籍的证明书。

船舶灭失(含船舶拆解、船舶沉没)和船舶失踪，船舶所有人应当自船舶灭失(含船舶拆解、船舶沉没)或者船舶失踪之日起3个月内持船舶所有权登记证书、船舶国籍证书和有关船舶灭失(含船舶拆解、船舶沉没)、船舶失踪的证明文件，到船籍港船舶登记机关办理注销登记。经审查核实，船籍港船舶登记机关应当注销该船舶在船舶登记簿上的登记，收回有关登记证书，并向船舶所有人出具船舶登记注销证明书。

船舶抵押合同解除，抵押权人和抵押人应当持船舶所有权登记证书、船舶抵押权登记证书和经抵押权人签字的解除抵押合同的文件，到船籍港船舶登记机关办理注销登记。对经审查符合本条例规定的，船籍港船舶登记机关应当注销其在船舶所有权登记证书和船舶登记簿上的抵押登记的记录。

以光船条件出租到境外的船舶，出租人除依照规定办理光船租赁登记外，还应当办理船舶国籍的中止或者注销登记。船籍港船舶登记机关应当封存原船舶国籍证书，发给中止或者注销船舶国籍证明书。特殊情况下，船籍港船舶登记机关可以发给将于重新登记时立即中止或者注销船舶国籍的证明书。

光船租赁合同期满或者光船租赁关系终止，出租人应当自光船租赁合同期满或者光船租赁关系终止之日起 15 日内，持船舶所有权登记证书、光船租赁合同或者终止光船租赁关系的证明文件，到船籍港船舶登记机关办理光船租赁注销登记。以光船条件出租到境外的船舶，出租人还应当提供承租人所在地船舶登记机关出具的注销船舶国籍证明书或者将于重新登记时立即注销船舶国籍的证明书。经核准后，船籍港船舶登记机关应当注销其在船舶所有权登记证书和船舶登记簿上的光船租赁登记的记录，并发还原船舶国籍证书。

以光船条件租进的船舶，承租人应当自光船租赁合同期满或者光船租赁关系终止之日起 15 日内，持光船租赁合同、终止光船租赁关系的证明文件，到船籍港船舶登记机关办理注销登记。以光船条件从境外租进的船舶，还应当提供临时船舶国籍证书。经核准后，船籍港船舶登记机关应当注销其在船舶登记簿上的光船租赁登记，收回临时船舶国籍证书，并出具光船租赁登记注销证明书和临时船舶国籍注销证明书。

8. 船舶所有权登记证书、船舶国籍证书的换发和补发

船舶国籍证书有效期届满前 1 年内，船舶所有人应当持船舶国籍证书和有效船舶技术证书，到船籍港船舶登记机关办理证书换发手续。

船舶所有权登记证书、船舶国籍证书污损不能使用的，持证人应当向船籍港船舶登记机关申请换发。

船舶所有权登记证书、船舶国籍证书遗失的，持证人应当书面叙明理由，附具有关证明文件，向船籍港船舶登记机关申请补发。船籍港船舶登记机关应当在当地报纸上公告声明原证书作废。

船舶所有人在境外发现船舶国籍证书遗失或者污损时，应当向中华人民共和国驻外大使馆、领事馆申请办理临时船舶国籍证书，但是必须在抵达本国第一个港口后及时向船籍港船舶登记机关申请换发船舶国籍证书。

9. 船舶标志与烟囱标志

（1）船舶标志包括：船首两舷和船尾标明船名；船尾船名下方标明船籍港；船名、船籍港下方标明汉语拼音；船首和船尾两舷标明吃水标尺；船舶中部两舷标明载重线。受船型或者尺寸限制不能在规定的位置标明标志的船舶，应当在船上显著位置标明船名和船籍港。

（2）同一公司的船舶只准使用一个船舶烟囱标志和公司旗，由船籍港船舶登记机关核准。船舶烟囱标志、公司旗不得与登记在先的船舶烟囱标志、公司旗相同或者相似。船籍港船舶登记机关对经核准予以登记的船舶烟囱标志、公司旗应当予以公告。业经登记的船舶烟囱标志、公司旗属登记申请人专用，其他船舶或者公司不得使用。

项目8

船 舶 应 急

学习目标

1. 了解船舶应急种类。
2. 了解各种应急情况下的应急职责和应急措施。
3. 了解各种应急计划的基本程序以及非客船旅客保护措施。

项目概述

船舶在营运过程中,受人为因素和自然环境条件的影响,非正常的紧急情况时有发生。紧急情况出现后,全体船员能否在船长的统一领导下,依据成熟的应急反应计划,利用船上现有的设备和装置,充分发挥自身的应急技术,立即采取相应的措施,做出迅速有效的反应,避免或减少因紧急情况对人员、船舶和环境造成的危害,是船舶安全管理的重要内容之一。

任务8.1 船舶应急反应计划

任务情景

由于人为因素和自然环境条件影响,船舶会发生各种紧急情况。一旦发生紧急情况,如何避免或减少因紧急情况对人员、船舶和环境造成的危害。首先要识别船舶潜在的各种危险,然后针对不同的危险制定相应的应急反应计划,船舶一旦发生危险就可以迅速实施相应的应急反应计划,使船舶转危为安,或让损失减至最低。

本任务的内容涉及讨论船舶应急管理的意义。

任务目标

1. 应急反应计划的种类。
2. 应急反应计划的制订。

任务分析

船舶应急管理的意义:

1. 增强忧患意识,防患于未然。坚持预防与应急相结合,常态与非常态相结合,在船舶发生突发事故时,能作好应对船舶突发事故的思想准备、预案准备、船员准备以及设备准备等。

2. 快速反应,最大程度地减少事故带来的危害和影响。

3. 充分体现了以人为本,把保障船员的生命安全作为首要任务,最大程度地避免、减少突事故造成的人员伤亡、货物损失、对机器设备的损害和对环境的危害。

知识获取

船舶应急,顾名思义就是船上应对紧急情况,是指船舶发生各种意外事故等紧急情况后,为了控制和消除紧急情况所带来的危害而采取的处置方法和抢救措施。成功的应急离不开训练有素的人员、完备的应急设备、高效的应急计划和良好的应急组织,其中应急反应计划是应急训练和组织的基础。

一、船舶应急种类

船舶的紧急情况可能包括各种海损、机损、货损、污染、人身伤害以及保安事件或威胁等。船舶应急在过去习惯上分为消防、救生(包括弃船和人落水救助)、堵漏和综合应变四种,随着客观形势的变化,安全的概念不但包括人命和财产的安全,还必须包括海洋环境的安全和保安。按目前多数船上配置的船舶应变部署表中的应变部署,船舶应急分为消防、救生(包括弃船和人员落水)、油污以及保安四种应急。

严格地讲,船舶应急反应指的是在船舶发生各种意外事故等紧急情况后的处置方法和措施。船舶的紧急情况大致可分为以下几类:火灾和海损类(包括碰撞、搁浅/触礁、火灾/爆炸致船体破损/进水、严重横倾、恶劣天气损害、弃船求生);机损和污染类(包括主机失灵、舵机失灵、供电故障、机舱事故、船舶溢漏、造成污染的意外排放);货物损害类(包括货物移位、海难自救抛货危险货物事故);人身安全类(包括严重伤病、人员落水、海盗或暴力行动、搜寻/救助、进入封闭场所、战区遇险、直升机操作)。

船上应急要求对以上各种紧急情况加以标识,并应指导建立各种应急计划的反应和具体内容。

二、船舶应急反应计划

由于营运环境的特殊性,船舶遇到紧急情况,主要立足于自救,并尽量争取外界援助。为了充分发挥自身条件，做出有效反应，避免或减少因紧急情况对人员、船舶和环境造成的危害，应急准备工作的要点应包括事先制定反应程序、落实应急措施、备妥应急设备器材，人员应明确分工并熟悉岗位职责，平时应做好演练以保证临危不乱，并从演练和事故中吸取经验，完善应急计划，提高应急反应能力，上述应急工作的各环节均包含在应急反应计划范畴内。

1. 应急反应计划的要求

应急反应计划或应急预案是指针对可能发生的突发事件或紧急情况预先制定的行动方案，其目的是为了迅速、有序地开展应急行动。为了使船员面临紧急情况时避免混乱、延误时机、措施失误，应急计划的编制必须做到：切实可行、易于操作；能被船上人员和岸上的船舶管理人员理解；应定期进行评估、检查和修改。

2. 应急反应计划的种类

根据ISM规则A部分的要求，对于船上可能出现的紧急情况，公司应建立标识、描述和反应程序，制订应急训练和演习计划，还应提供措施，确保公司有关机构能在任何时候对其船舶所面临的危险、事故和紧急情况做出反应。这就要求船公司必须对船上的所有紧急情况进行标识、描述，并制订应急反应计划或预案。

根据船舶的类型以及所载货物的不同，船舶的应急计划也不尽相同，但大多数船舶应当根据本船可能遇到的紧急情况制订针对性的应急计划，包括：船舶弃船、消防、人员落水的应急计划（应变部署表）；船舶油污应急计划、船上海洋污染应急计划（有毒液体物质污染与油污染应急计划的综合）等。另外，船舶碰撞、搁浅、触礁、进水、货物移动、紧急拖带、战争以及保安威胁等应急反应也属于应急计划的范畴。

3. 应急反应计划的复查

船上应急预防准备和反应行动的主要目的是建立该系统并不断得到完善，要保持应急反应计划的有效性，应明确计划维护和更新的基本要求并纳入日常管理规章，定期进行评审，实现可持续改进。计划应规定岸上公司和船上应急计划和反应的协调联系、规定有应急程度的评价、对实施提出适当反馈信息和修改计划的程序，以改进船上事故预防、准备和措施。

应急反应计划应接受有关机构的监督、审核和检查，不断自我改进。当所依据的公约、法律法规、所涉及的机构和人员发生重大改变或在执行中发现存在重大缺陷时，应及时对应急反应计划组织评审修订。对于需要主管机关认可的应急反应计划（如船上油污应急计划和船舶保安计划），修订需要经过主管机关审核批准。

应急反应计划的复查，可通过下述方法或渠道完成：船上平时的演习、公司的内审与定期的体系审核、船旗国或港口国监督检查、船舶发生事故后对计划的复查。

三、应急反应计划的制订与整体系统

如果根据船舶每一种紧急情况来制订可能发生的诸多不同类型的紧急情况的应变行动的准备计划，则会造成大量的重复。同时，因为船上远离陆地、人员数量有限、难以立即得到外界的支援，分别制定的情况也不利于船上人员立足自救。针对每一类事故灾难的具体相应措施可能千差万别，但其基本应急模式是一致的，可以由一个综合的标准化应急体系来完成。因此，应该有一个综合系统，为诸多按不同潜在紧急情况制订的独立应急计划提供一种具有统一和单元式设计结构的框架。

1. 船上紧急情况应急计划整体系统构成指南

为了协调船舶应急计划的编制结构，由国际海事组织（IMO）海上安全委员会（MSC）制定了《船上紧急情况应急计划整体系统构成指南》（以下简称《指南》），《指南》提供了制定公司和船上人员对紧急情况做出有效反应的程序的框架,其主要目的在于:利用整体系统的构成帮助公司将规则要求转化成行动要求;将有关船上的紧急情况融合进这一系统中;帮助公司编制协调的应急计划,使船上人员接受,并在紧急情况下能得到正确应用;为取得一致,鼓励各国政府采用整体系统的结构制订各种船上应急计划。《指南》的核心内容是对船上应急计划整体体系(应急计划整体体系作为安全管理体系的基本组成部分)的结构、内容以及制定提出建议和指导。

2. 应急反应计划体系结构

根据应急反应计划的功能要求,计划应至少包括反应程序、应急行动和评估修改程序等。

根据 IMO《指南》,船上应急计划整体体系的结构分为 6 个单元或模块,分别为概述,规定,计划、准备和培训,反应行动,报告程序和附录。

(1)概述模块

概述模块一般应载有标题“前言”,内容包括制订整体系统和整体计划的用途,主要目标目的以及改进要求。

(2)规定模块

规定模块阐述整体计划至少应符合的最重要的要求,包括:报告紧急情况时应遵循的程序;识别、描述和对船上潜在的紧急情况反应的程序;维护系统和有关计划的程序或活动。规定模块中应规定,船上应急预防准备和反应行动的主要目的是建立该系统并不断得到完善,规定岸上公司和船上应急计划和反应的协调联系机制,规定有应急程度的评价并对实施提出适当反馈信息和修改计划的程序,以改进船上事故预防的准备和措施。

(3)计划、准备和培训模块

本模块应规定程序、计划和行动的内容,以达到以下最低要求:使船上人员熟悉系统和计划的规定;培训和教育船上新换岗人员关于系统和计划内容;做出日常训练和练习的时间表,使船员能够处理船上可能的紧急情况;有效地协调船上人员和公司的行动,包括外部应急机构可能提供的帮助;准备可操作的反馈系统。

为达到要求,本模块应:规定对船上人员进行定期培训和教育;提供信息保证船上每个关键人员都理解计划并能执行计划、履行职责和正确报告;制订训练和演习计划;提供反馈信息,并不断改进。

(4)反应行动模块

反应行动模块对船上各种紧急情况加以标识,并指导建立各种应急计划的反应和具体内容。船舶的紧急情况大致可分为船上火灾、船体损害、船舶污染、人员威胁、人员事故与紧急援助他船,反应行动模块应对船上各种紧急情况指导建立各种应急计划的反应和具体内容,包括:反应行动的协调;对各种可能的事故的情况的反应程序,包括保护人命、海上环境和财产;对各项反应行动负责的人员,能通过职务或姓名识别;用于与外部应急反应专家联络的通信路线;关于应急反应设备可用性和所在位置的信息;船上报告和联络程序。

在各种情况下,应按照保护人命、海上环境、财产的顺序采取行动,根据《指南》,紧急情况应急反应的程序可参阅应急计划实施流程。

(5)报告程序单元

对涉及紧急情况或海洋污染事故的船舶必须与适当的船方联系点和沿海国或港口联络点进行通信,及时通报,获得外援。

为此,应有程序确保船舶与应急控制中心、公司主要办公室和国家当局之间建立和保持迅速可靠的 24h 通信畅通,同时对电话、电传和传真号码等详细资料也应及时更新。

报告程序可参照IMO《船上油污应急计划编制指南》,其中包括报告时间、报告方法、联络人员、报告内容等。

(6)附录单元

除了对紧急情况成功地做出反应所要求的资料外,可能还要求有其他一些有利于提高船上人员判定和执行反应计划能力的规定。

四、客船船长决策支持系统

根据 SOLAS 1974 公约规定,所有客船应在驾驶室设有一个处理紧急情况的决策支持系统。

1. 系统构成

决策支持系统应至少由1个或几个印制的应急计划构成。所有可预计的紧急状况均应在应急计划中标明,包括但不限于下列各类主要的紧急情况:火灾、船舶破损、污染、威胁到船舶安全及乘客和船员保安的非法行为、人员事故、与货物相关的事故和对其他船舶的应急援助。

应急计划中所建立的应急程序,应向船长提供用来处理各种组合紧急状况的决策支持方案。应急计划应有统一的格式并易于使用。如适用,为客船航行稳性而计算的实际装载工况应用于破损控制。

2. 计算机系统

除印制的应急计划外,主管机关也可接受在驾驶室使用以计算机为基础的决策支持系统。该系统能提供应急计划中包括的所有信息、程序、检查清单等,也能针对可预计的紧急情况提出拟采取的建议措施的清单。

五、船舶应急响应服务

在紧急情况下,事先计划的行动并不一定是有效的,而且应急行动的最佳措施并不是显而易见的,船员及其管理者需要准确的技术信息以便尽快地减轻事故的破坏后果。在这种情况下,一份全面的关于船体稳性和总纵强度的评估是必需的。船舶应急响应服务就是为了能够全年全天候提供这种技术支持而建立的。

1. 基本概念

船舶应急响应服务(Emergency Response Service,ERS),是指将船舶的线型、结构等数据录入数据库,当船舶处于紧急状态下,应船东或船舶管理公司申请,常设的岸基应急响应机构迅速集结,启动船舶应急响应数据库,按船东或船舶管理公司提出的要求提供包括破损稳性、剩余强度、溢油等的计算分析,为协助船舶脱离危险提供技术支持,为船长、船东或船舶管理公司最终决策提供参考意见的咨询服务。

2. 发展背景

随着国际社会对船舶海难和漏油事件的日益关注,ERS日益受到国际海事界和各港口国的重视。继1990年美国规定"进入美国水域所有油船都应获得快速岸上破损稳性和剩余强度计算机程序支持"后,2005年2月美国海岸警卫队发布通告,要求进入美国水域的所有400总吨及以上的非油船,在2005年8月9日之前向其提交船舶应急响应计划,并要求该计划应表明可在24小时内得到岸上服务机构提供计算破损稳性和剩余强度的计算机程序支持。根据MARPOL 73/78公约附则Ⅰ的规定(2007年1月1日起),所有载重量为5 000吨或以上的油船均应可立即使用破损稳性和剩余结构强度岸基电脑计算快速响应程序。

为满足进入美国水域的所有油船、400总吨以上非油船和所有遇险船舶的要求,更好地为船东服务,CCS于2005年4月开始正式受理ERS,功能包括:破损稳性与浮态分析;剩余总纵强度分析；搁浅稳性与总纵强度分析；破损溢油量评估；客船甲板消防积水完整稳性评估；提供保持最低稳性、船体强度安全的应急处理建议。

3. 我国的实施

交通运输部《关于强制实施船舶应急响应服务系统的通知》明确指出在我国强制实施船舶应急响应服务（ERS）系统，即符合 ERS 要求的船舶在紧急状态下可立即使用破损稳性和剩余结构强度岸基电脑计算程序以获得妥善处置措施的技术支持。交通运输部决定分航区、分船种、分步骤强制实施船舶应急响应服务（ERS）。实施 ERS 的船舶在处于紧急状态，如发生碰撞、搁浅、溢油等事故时，岸上服务机构（船级社）将迅速启动船舶应急响应数据库，按要求提供相关计算分析，为船舶脱险提供技术支持。

按照分航区、分船种、分步骤的策略，交通运输部海事局要求我国国际航行的客船（客滚船）、5 000 载重吨及以上的液货船、船长 90 m 及以上的散货船、船长 150 m 及以上的普通货（滚装船、集装箱船）在 2000 年 7 月 1 日前满足 ERS 要求；船长 90 m 及以上的所有船舶在 2011 年 7 月 1 日前满足 ERS 要求。国内海上航行船舶，包括渤海湾所有客船（客滚船）、海上航行 1 级客船（客滚船）、海上航行 5 000 载重吨以上液货船在 2009 年 7 月 1 日前满足 ERS 要求；三峡库区“四客一危”船舶在相关 ERS 技术出台后立即予以执行。交通运输部将在总结上述船舶实施 ERS 情况的基础上，综合考虑国内海上搜救能力和搜救分布，再提出国内其他海上航行船舶实施 ERS 的要求。

4. 服务流程

以中国船级社（CCS）受理的 ERS 船舶为例，其流程大致如下：船舶遇险后，船东第一时间将遇险情况报告给 CCS，CCS 启动 ERS，调用遇险船舶的数据分析技术状况；专家结合风险、海况和航线各方面进行计算分析，制定避灾、施救或减灾的方案，并反馈给船东或救助公司。

任务8.2　应急组织与应变部署

任务情景

以中国海洋运输船舶应变部署表为例，了解货船应变部署表的船员分工。

任务目标

1. 了解船舶应急组织要点。
2. 了解船舶应变部署要点和船员应变须知。

任务分析

具体参见中国海洋运输船舶应变部署表(图 8-2-1)。

货船应变部署表
MUSTER LIST FOR CARGO SHIP

船名：M/V:　　　　船东/管理公司：SHIPOWNER/MANAGEMENT COMPANY:

驾驶台/机舱 BRIDGE/ENGINE ROOM

任务 DUTIES	执行人 EXECUTOR
[illegible]	
[illegible]	
[illegible]	

编号 Crew No	1	2	3	4	5	6	7	8	9	10	11	12	13	14	15	16	17	18	19	20	21	22	23	24	25	26	27	28	29	30
职务 Rank																														
姓名 Name																														
艇号 Craft No																														
艇号 Boat No																														

弃船救生动作 ACTIONS FOR ABANDONING SHIP

弃船时的任务 DUTIES	执行人 EXECUTOR	弃船时的任务 DUTIES	执行人 EXECUTOR
[illegible]		[illegible]	

放救生艇/救助艇/救生筏动作与任务 SURVIVALS CRAFT LAUNCHING

执行人 EXECUTOR	自由降落式救生艇 GRAVITY FREEFALL LIFEBOAT	吊放式救生筏 DAVIT TYPE LIFERAFT	执行人 EXECUTOR	抛投式救生筏 FLAT TYPE LIFERAFT	重力式救助艇/救生艇 GRAVITY LIFEBOAT/RESCUE BOAT	执行人 EXECUTOR
	[illegible]	[illegible]		[illegible]	[illegible]	

救生部署 BOAT STATIONS

驾驶台 BRIDGE　　船长 MASTER　　电台任务 RADIO STATION

值班驾驶员 Duty officer	[illegible]
值班水手 Duty seaman	[illegible]

GMDSS 操作员 GMDSS operator	[illegible]

消防部署 FIRE STATIONS

消防队 FIRE-FIGHTING SQUAD　　隔离队 ISOLATION SQUAD

任务 DUTIES	执行人 EXECUTOR	任务 DUTIES	执行人 EXECUTOR
[illegible]		[illegible]	

救护队 FIRST-AID SQUAD　　技术队 TECHNICAL SQUAD

任务 DUTIES	执行人 EXECUTOR	任务 DUTIES	执行人 EXECUTOR
[illegible]		[illegible]	

封闭处所进入与救助 ENCLOSED SPACE ENTRY & RESCUE

任务 DUTIES	执行人 EXECUTOR
[illegible]	

备注 REMARKS: [illegible]

船长 MASTER:　　　　日期 DATE:

图 8-2-1　中国海洋运输船舶应变部署表

知识获取

船舶应急组织和应变部署是船舶应急的重要环节，良好的应急组织是应急计划得以实施和应急成功的重要保证。船舶应变部署是船上应急计划整体系统的一个部分，既是紧急情况下应采取应急措施的计划，又是平时进行应急演习的依据。

一、船舶应急组织要点

船舶应急组织是指针对船舶应急根据本船设备和人员情况进行的资源分配、任务分派、行动协调等，

广义的应急组织贯穿整个应急计划的制订过程，具体的应急组织指针对特定应急情况的分配、组织和协调，包括应急反应的程序和采取具体的应急措施。

1. 应急组织原则与要求

应急组织包括事先的应急组织和现场的应急组织，主要原则是针对具体情况充分有效利用现有资源并利于任务完成。

(1)事先的应急组织

船舶应急由于设备资源和人力资源有限，事先的应急组织是船舶应急组织的重要环节，也是制订应急计划的重要组成部分。

船舶应急组织具体的工作要点包括：明确应变目标、合理分配资源、确定应变行动和措施、人员任务分工、人员职责熟悉和培训、应急训练和演习以及应变设备器材的维护等。

事先的应急组织应充分考虑各种可能的情况并准备替代方案。

(2)船舶现场应急组织

船舶现场应急组织是船舶应急的重要环节，现场的应急组织应当依据事先的计划和组织有条不紊地进行。在具体的应急反应过程中，现场的组织要求灵活应变，当事先的应急安排不适用于现场应急反应时，应及时根据情况的变化做出有利于行动的调整。

现场的应急组织工作要点包括：查明具体情况、明确人力和物力资源、应变措施决策、应变措施实施、效果的查核等。现场的组织对应急指挥的决策能力和应变能力要求较高。

2. 船舶应急反应基本程序

船舶发生紧急情况时，为有助于快速响应，采用应急反应的基本程序大体相同。

(1)初始应急反应

在船舶应急的初始阶段，通常的反应程序为：报警并对险情进行初步控制；启动应急预案、召集船员；初步确定紧急情况的性质；获取信息并评估局面；确定应急方案；组建应急反应小组，准备应急设备和器材；按应急方案采取行动。

(2)应急行动基本程序

在船舶应急阶段，应急行动的基本程序为：实施应急预案或商定的应急方案；对实施效果予以评估；必要时调整方案和行动；必要时寻求外部援助或采取其他应急措施(如弃船等)。

(3)善后阶段的行动程序

善后阶段的基本程序为：现场检查，消除隐患；讲评；解除警报；记录与报告。

3. 保证人命安全的行动

船舶在紧急情况下，最优先的措施是保证人命安全，因此应遵循下列原则：首先检查是

否有人员伤亡;然后判断是否需要救助;最后决定是否弃船。

(1)人员撤离

船舶发生碰撞、火灾、爆炸等紧急情况时,除迅速采取必要的应急措施外,应将旅客撤离事故现场,转移至安全区域。遭遇海盗袭击时,如可能,应将船员、旅客迅速撤至预先设定的安全区域。对于武装海盗,应放弃抵抗的企图,以避免不必要的报复行动和伤亡。

(2)伤员救治

船舶发生紧急情况后,如有人员受伤时,若在港内可立即联系送往医院治疗,若在海上可根据船舶的具体情况,按照船舶医疗指南的指导,由负责的相关人员进行治疗。当因伤势严重、船上条件限制等无法进行有效治疗时,应经船长请示船东后申请医疗援助或驶往最近港口治疗。

(3)争取外援

船舶发生紧急情况,特别是较严重的海上交通事故时,应首先立足于自救,即按应变部署尽力采取必要的应急措施进行自救。如果船舶受损程度已超出自救的可能范围,或经自救努力之后仍无保证安全的希望时,则应在继续采取自救措施、争取时间的同时争取外界的救助。

(4)决定弃船

经努力而船舶确已无法挽救且将危及人身安全时,船长可做出弃船决定。弃船时,应按先旅客、后船员、船长最后的离船原则,有秩序地安全、迅速离船。客船决定弃船后,应按应变部署表的规定,指派船员专项负责指导、引导和保护旅客,包括向旅客告警、指导、检查旅客穿好衣服和救生衣,召集旅客到各登乘点登艇,维持通道及梯道上的秩序,控制旅客的动向,保证把毛毯送到艇上,检查旅客舱室有无遗漏人员等。

4. 船舶自救行动

船舶发生海事,应尽最大努力采取自救行动保全船舶。当确认无法避免船舶的沉没或灭失时,船长应果断下令撤离船舶或弃船求生,以保证旅客、船员的安全。

(1)针对具体情况采取自救行动

对于碰撞、触礁等海事导致船体破损进水,进而有沉船危险时,首先应将主要精力放在堵漏和排水,以保证船舶有足够稳性、浮力及抗沉能力。如进水速度较快,难以控制时,则应考虑选择适当的水域实施抢滩。对于火灾或爆炸等海事,应立即按照应变部署表组织船员灭火,并尽可能驶离会危及邻近船舶和设施的水域。

(2)船舶自救重点

船舶自救重点因船而异,客船的自救重点永远是旅客安全,而油船及液化气船的自救重点则在于灭火,防止发生爆炸,控制货油外泄,防止船体断裂和沉船。

(3)自救组织

船舶自救组织工作应在准确地查清当时船舶所处的环境、受损情况以及可能面临的危险等基础上进行。情况不清不可盲目采取行动,否则可能会导致损失的扩大与险情的增加。

(4)快速响应

船舶采取自救应急措施,应抓紧时机,按事先拟定的应变部署和应变程序进行。船舶自救是否能够有效实施,往往取决于能否抓住有利时机。实施限制损害并救助本船的行动,特别是最初几分钟所采取的应急措施,将对人命、船舶及货物的损失程度,以及救助投入和费用产生重大影响。而按事先拟定的应变部署和应变程序进行自救,是有条不紊地做好自救工作的保证,但不妨碍根据船舶实际情况临时调整应急方案。

二、船舶应变部署要点

船舶应变部署可以理解为事先预定的应急组织。应变部署明确应变的信号、集合地点,指定每个人在紧急情况时的岗位及任务,并按照应变部署定期进行训练及演习。

1. 应变信号

我国应变部署表中各类应急的报警信号如下:

消防:由警铃或汽笛发出连续短声,持续 1 min 后,另加火灾部位指示信号:一短声表示在船前部;二短声表示在船中部;三短声表示在船后部;四短声表示在机舱;五短声表示在上层建筑。

人员落水:由警铃或汽笛连续发出三长声,持续 1 min。

弃船:由警铃或汽笛连续发出七短一长声,持续 1 min。

堵漏:由警铃或汽笛连续发出二长一短声,持续 1 min。

油污:应发出本船《油污应急计划》中规定的信号,我国船舶大都采用一短二长一短声的报警信号;

保安:应发出公司《船舶保安计划》中规定的信号。

各类应急情况的警报解除信号为一长声(持续 4~6 秒)或口头宣布。

2. 指挥人员

船长是各类应急情况的总指挥(替代人是大副),有权采取一切措施进行抢险处置,并可请求有关方面给予援助。船舶在港停泊发生应急情况时,如船长、大副均不在船,则由值班的驾驶员全权负责应变指挥。

大副是各类应急情况的现场指挥,是应变总指挥的接替人。事故现场在机舱时,由轮机长担任现场指挥,并负责保障船舶动力。

3. 人员组织

应变部署应根据每个船员的职务、特长、工作能力及是否有训练合格证书等,来安排每个人在应变部署中的岗位和任务。人力资源组织的基本原则包括:关键部位、动作派得力人员;根据本船情况可以一职多人或一人多职;人员编排应最有利于应变任务的完成;当事先的应急安排不适用于现场应急反应时,应急指挥应做出有利于行动的调整。

为了有利于应急反应,船舶通常对相同的应急反应采用通用的应变部署以及人员应急分工和组织。

(1)弃船

船长在弃船后仍对全体人员负有指挥责任,对全体人员的安全负责。救生艇长应由驾驶员或持证人员担任,除艇长外尚应指派一名副艇长(轮机员)。艇长和副艇长应有一份该艇的船员名单。放艇时先进入艇内的两人应是技术熟练的一级水手,机动救生艇应由轮机员或熟练机匠操作发动机。

(2)消防

消防应急时,将人员分成灭火、隔离与救护 3 队。灭火队由三副或水手长任队长,负责现场灭火;隔离队由木匠任队长,在机舱相关人员配合下,根据火情负责关闭防火门、窗、通风孔,切断相关电路、移开火场附近的易燃物品,阻止火灾的蔓延;救护队由船医或事务部负责人任队长,负责救护伤员、维持现场秩序等。

(3)堵漏

堵漏应急时,将人员分成堵漏、隔离、排水和救护4队。堵漏队由水手长和三管轮任正、副队长,负责现场堵漏和抢修任务;隔离队由三副任队长,在轮机部相关人员配合下,负责关闭水密门、窗、孔、隔舱阀等,防止水势蔓延,木匠按指示负责测量水位;排水队由轮机长负责,领导机舱值班人员进行排水工作;救护队分工与消防应急时相同。

(4)搁浅和触礁应急

在船长指挥下,现场指挥大副率水手长等了解搁浅/触礁部位情况,木匠测量淡水舱、压载舱污水沟等的液位,二管轮等测量油舱液位,三副率水手测量和记录船舶四周(尤其是船尾)水深,二副在驾驶台协助船长测定船位和估算潮水等,所有探测结果必须及时报告船长供判断决策。一水应及时按《国际海上避碰规则》显示号灯号型。轮机长指挥机舱人员检查主机、舵机和辅助机械有无损害并告知船长,根据需要换用高位海水吸入阀,以防被搅起的淤泥和沙子吸入机械设备,根据船长指示备妥主副机。

(5)油污应急

油污应急时,按本船《油污应急计划》规定的分工进行。根据货油和船用燃油溢油的情况,人员组织稍有差别。

货油的溢油应急组织通常为:船长为总指挥;大副任现场指挥,在溢油现场协助船长做好指挥工作;二副的职责是在货油控制室或货油现场,采取应急措施,控制有关阀门、管线,做好现场记录,防止溢油扩散,回收清除溢油;三副带领溢油回收组(由水手长、水手组成)在溢油现场或收艇现场,提供消防、清污器材,放艇、防止溢油扩散和回收清除溢油;木匠通常负责测量有关舱室,检查甲板疏水孔,关闭有关通道,防止溢油扩散;机舱负责管理机舱设备、泵、管系,并提供人力协助艇机操作(三管轮随艇下)、清除和回收溢油。

燃油溢油应急组织通常为:船长为总指挥,二副在驾驶台协助;由轮机长任现场指挥,在溢油现场协助船长做好指挥工作;二管轮的职责是采取应急措施,控制有关阀门、管线,做好现场记录,防止溢油扩散,回收清除溢油;三副带领溢油回收组(由水手长、水手组成)在溢油现场或收艇现场,并提供消防、清污器材,放艇、防止溢油扩散和回收清除溢油;木匠负责测量有关舱室,检查甲板疏水孔,关闭有关通道,防止溢油扩散;三管轮随艇下,协助放艇、操艇机,回收溢油;机匠长带领机匠提供清污器材,防止溢油扩散,回收溢油。

(6)保安应急

保安应急按当事船舶《船舶保安计划》规定的分工进行。

三、船舶应变部署表与应变须知

船舶应根据本船设备和人员情况,编制应变部署表与应变须知,并将应变部署表和应变须知展示在全船各个显著之处,包括驾驶台、机舱和各船员起居处所。对于应变部署表与应变须知的内容和要求,SOLAS 1974公约有明确的规定,客船上使用的应变部署表的格式应经主管机关认可。对于应变部署表的格式,主管机关一般有统一规定。

1. 制定和张贴要求

应变部署表的制定应有利于应变任务的完成,并符合公约和主管机关的规定,应变部署表应展示在全船各个显著之处。

(1)制定

应变部署表应在船舶出航前制定。应变部署表由大副具体负责。三副根据大副的部署意图,于船舶开航前编排应变部署表,经大副审核,船长批准签署后公布实施。在应变部署表制定后,如船员有所变动而必须更改应变部署表时,船长应修订该表,或制定新表。

应变部署表应根据每个船员的职务、特长、工作能力及是否有训练合格证书等,来安排每个人在应变部署中的岗位和任务。主要原则为:符合本船的船舶条件、船员条件、客货条件以及航区自然条件;关键部位、动作派得力人员;根据本船情况可以一职多人或一人多职;人员编排应最有利于应变任务的完成。

(2)张贴

符合要求的应变部署表和应变须知应展示在全船各个显著之处,包括驾驶室、机舱和各船员起居处所。应变部署表应张贴或用镜框配挂在驾驶台、机舱、餐厅和生活区内走廊的主要部位,在其附近,应有本船消防器材布置示意图。为使应变中各级负责人熟悉所领导的人员及其分工,应将部署表中各编队(组)分别抄录发给各艇(队、组)长。

在客船上,还应绘制出本船各层安全通道的路线图,图上应标明各梯口、出入口和各登艇点的位置和走向。张贴在旅客生活区(包括餐厅、休息室、主要走廊、重点舱室和其他旅客活动场所)各部位。在此附近和每个客房内均应挂有救生衣穿着法示意图。在备用救生衣站(箱或柜)处应有醒目标志。走廊内每隔适当距离,应标有指明通道走向的箭头标志并注明去向。

2. 应变部署表内容

应变部署表应写明规定的通用紧急报警信号和公共广播系统的细则,并规定发出警报时船员和乘客应采取的行动。应变部署表还应写明弃船命令将如何发出。每艘客船应具有寻找并救出困在客舱内乘客的适当的程序。

应变部署表应写明分派给不同船员的任务,包括:船上水密门、防火门、防火阀、泄水孔、舷窗天窗、装货舷门和其他类似开口的关闭;救生艇筏和其他救生设备的配备;救生艇筏的准备和降落工作;其他救生设备的一般准备工作;集合乘客;通信设备的用法;指定处理火灾的消防队的人员配备;指定使用灭火设备及装置方面的专门任务。

应变部署表应规定指定的驾驶员负责确保维护救生和消防设备,使其处于完好状态,并立即可用。应变部署表应指明关键人员受伤后的替换者,要考虑不同的紧急情况可能要求不同的行动。应变部署表应指明在紧急情况下,指定给船员与乘客有关的各项任务。这些任务应包括:向乘客告警;查看乘客是否适当地穿好衣服,以及是否正确地穿好救生衣;召集乘客于各集合站;维持通道及梯道上的秩序,并大体上控制乘客的动向;确保把毛毯送到救生艇筏上。

3. 应变须知

根据 SOLAS 1974 公约附则第Ⅲ章要求,所有船舶应为船上每个人员配备 1 份在紧急情况下必须遵循的明确的须知。如为客船,这些须知应使用船旗国要求的一种或数种语言以及英语写成。客船上应在乘客舱室、集合地点及其他乘客处所张贴用适当文字书写的图解和应急须知,并向旅客通知旅客集合点;应急时必须采取的行动;救生衣的穿着方法。

我国船上通常将应变部署表中每个人的职责、编号、艇筏号以及报警信号制成应变任务卡(俗称床头卡)分派给相应的船员,以便船员随时阅读掌握。

四、我国对应变部署表的规定

按照公约和主管机关的要求,每一船舶应按主管机关规定的格式和要求(中国籍 200

总吨及以上的运输船舶，都必须配备我国海事局和船舶检验机构认可的统一印制的货船或客船应变部署表），根据本船的具体情况，编制应变部署表和应变须知，明确指定每个人在紧急情况下的岗位及职责并定期进行演习和训练，以便在紧急情况下全体船员能正确熟练地使用各种应急设备，达到保护人命、财产和环境的目的。

1. 海洋运输船舶应变部署表

我国的船舶应变部署表采用统一的表格，格式由交通运输部统一制定，现行的标准为GB 17566-2010，于2011年5月1日起实施。

船舶应变部署表的内容包括：船舶及公司的名称、船舶识别号；紧急报警信号的应变种类及信号特征、信号发送方式和持续时间；职务与编号姓名、艇号、筏号的对照一览表；航行中驾驶台、机舱等固定人员和任务；消防、弃船求生、准备和释放救生艇筏的详细分工内容和执行人员；关键人员受伤后的接替人员：有关救生设备（包括救生衣、救生服、救生圈、双向无线电话 EPIRB、SART、EEBD 等）、消防设备（包括消防员装备、CO_2 泡沫枪、消火栓与皮龙、应急消防泵、手提灭火器、国际通岸接头、控制站等）的位置；船长署名和公布日期。

2. 溢油应变部署表

溢油应变部署表的格式标准由中华人民共和国交通运输部提出，现行的标准为GB 16559-2010，于2011年3月1日起实施。

溢油应变部署表的内容包括：船名；报警信号；集合点（主甲板）；职务与编号、姓名和任务；船长和制表人署名和公布日期。

溢油应变部署表用于帮助船员处理意外的排油，其主要目的是采取必要措施以控制或减少排放或减轻其危害。标准根据国际公约的要求做出的具体的溢油应变部署，规定了当船舶发生溢油时，全体船员应变反应分工部位和职责，以便能迅速做出反应，最大限度地减小溢油引起的污染灾害和损失，具有实用性和可操作性。

现行标准（GB/T 16559-2010）重新划分了溢油应变部署表（原标准将溢油应变部署表分为船用油溢油应变部署表与货油溢油应变部署表），将其分为油船溢油应变部署表与非油船溢油应变部署表。对于油船，发生货油或船用油溢油时，使用油船溢油应变部署表；对于非油船，在发生船用油溢油时，使用非油船溢油应变部署表。

当船舶实际配员与表中有不同时，可按实际配员对表中所列职责进行调整：船上有表中没有的岗位，可在表后空白处依次填写，并由船长布置这些人员在溢油应急反应中的职责；船上没有表中所列人员，船长应将其职责重新分配给他人；发生溢油且表中的安排不适用于现场应急反应时，船长有权根据实际情况调整岗位职责。

任务8.3 船舶应急行动与应急措施

任务情景

本任务以船员落水为例，介绍了一个现场营救人员落水的操作流程。

任务目标

了解商船各类应急行动与措施。

任务分析

人员落水的操作流程见表 8-3-1。

表 8-3-1 人员落水营救行动

人员落水营救行动	
紧急情况	人员落水
事故危害	1. 溺水。 2. 伤亡。
应急步骤	1. 发现人员落水时，就近向落水者抛投救生圈（夜间时，要抛投带自亮灯浮的救生圈），并大声呼喊，通知驾驶台说明落水部位。 2. 值班驾驶员向落水者一舷操满舵，停车，避开落水人员。 3. 值班驾驶员迅速发出人员落水警报，通报附近船舶；全体船员迅速按应变部署表到达各自岗位。 4. 船长上驾驶台接替操作后，轮机长下机舱协助用车，组织施救，向当地海事主管机关、公司报告，二副上驾驶室协助操作。根据不同外界环境，或采用单旋回法（立即行动时），或采用 WILLIAMSON 旋回（延误行动时），或采用斯恰诺回旋法（人员失踪时）进行搜救。 5. 指定专人紧盯落水者，三副、三管轮、两名水手做好登艇准备。 6. 大副组织水手长等人员放艇营救落水人员。 7. 兼职卫生员应作好急救准备，并根据具体情况进行急救。
注意事项	1. 夜间应朝落水者方向加强照明。 2. 救生艇应从落水者的下游/下风接近。 3. 落水人员有伤情或神志不清时，船舶应向岸基寻求支持。
公司联系	1. 事故状况。 2. 落水者姓名。 3. 救生开始/结束的时间、地点。 4. 救生方法、天气等情况。 5. 被救者的健康状况。

知识获取

船舶应急行动与应急措施是应急反应计划的一部分，在紧急情况下，应当根据计划进行应急反应,采取应急措施。

一、弃船应急行动

船舶发生海上事故后,全体船员应在船长的统一领导下,按照船上应急反应计划,尽力救助人命和船舶。船长根据专业判断,当船舶沉没、毁灭不可避免时,可以做出弃船决定。如情况许可,应报经船舶所有人同意。

1. 弃船前行动

船长发出弃船信号或宣布弃船命令,船员按应变部署表规定的职责进行弃船准备。电台机舱值班人员应坚守岗位,完成弃船前必要的通信和操车工作,直至总指挥通知撤离为止。

弃船前应做好下列工作:降下国旗;销毁必要的文件;关闭油舱(柜)在甲板上的透气孔、门;撤离机舱前应关机、熄火、放汽、停电,关闭海底阀、应急遥控油阀等;船长应指挥船员尽力抢救并指定专人或亲自携带国旗和航海日志、轮机日志、油类记录簿、无线电台日志、本航次使用过的海图和文件以及贵重物品、邮件和现金等;通知值班人员撤离并检查清点人数。此外,船长应向各艇负责人通报(或各艇负责人向船长请示):本船遇难地点;发出的求救信号是否有回答;可能获救的时间、地点;驶往最近陆地或交通线的航向、距离;其他有关救生方面的指示。

2. 弃船后行动

登艇后迅速驶离难船适当的安全距离,防止因大船下沉对艇筏的影响。

弃船登艇时,人员撤离顺序应是首先组织旅客撤离,然后安排船员离船,船长最后离船。

二、船舶失火或爆炸时的应急行动

船舶消防安全目标为防止火灾和爆炸的发生、减少火灾造成的生命危险和对财产及环境的破坏危险,并将火灾和爆炸抑制、控制和扑灭在火源舱室内。船舶在发生火灾或爆炸时应当根据船舶火灾特点,按照应变部署采取应变行动,保护人员、船舶、货物安全以及海洋环境。

1. 船舶火灾的特点

由于船舶结构复杂,一旦发生火灾,发现往往较晚,船员灭火作业熟练程度较低,易错失最好的扑灭时机,而且灭火作业较为特殊和困难。

海上航行中发生火灾,短时间内很难得到外援。系泊中发生火灾,由于岸上消防人员对船舶的特点、舱室、管道等缺乏了解,也会给灭火工作带来种种困难,有时还会危及港口安全。

载货舱室内发生火灾,尤其是满载时,几乎不可能将燃烧物移出,小型灭火器材也起不了什么作用,且火势蔓延较快,很难控制。机舱是易发生火灾的场所之一,除各种油和沾油棉纱等可燃物外,还有锅炉、发电机和排气管等热源,一旦操作不慎,或违章明火作业,就可能发生火灾。起居场所所用材料大多具有可燃性,易蔓延,而且随着船龄的增加,电器老化导致火灾发生的概率也会增加。

船上灭火应注意,采用封闭窒息法灭火后,不要急于开舱或通风,因其有死灰复燃的可能。采用灌水法灭火时,应注意船舶浮力、横倾和稳性的变化,以防发生不利倾斜甚至倾覆和沉没。

2. 应急处置

船舶发生火灾或爆炸，火情发现者应立即用快捷可行的方式报警，并用就近的灭火器材尽力扑救。船舶应立即发出消防应变信息，全体船员听到警报信号后，按应变部署迅速到达指定地点集合待命，并按具体分工投入灭火工作。

（1）消防应变措施

应急措施一般包括如下各点：切断通往火场的电路和油路；保证人员安全，如有人被困火场，应采取救助措施，客船上应将旅客转移至安全区域，防止有人跳水逃生；确定火区无人后关闭火灾舱室的所有门窗、通风设备，以隔绝空气流通；迅速将火场附近的易燃物品隔离，并应对隔舱壁喷水降温；危险物有可能失火时，应不失时机地采取灌水或抛入海中等措施；船长应根据具体情况决定灭火方案，根据火灾性质选择合适的灭火器进行灭火，并对是否可能引起爆炸做出判断；使用 CO_2、蒸汽等大型灭火设施灭火时，在施救之前应确保现场人员全部撤离，封闭现场，然后按现场指挥的命令正确地操作和施救。

在自力灭火无效或觉察无法有效控制火势时，应请求外援。若无外援，应决策抢滩或弃船。

船舶发生火灾或爆炸时，应按规定向有关主管机关或沿岸国报告，并迅速将事故报告船舶所有人；当判断自力灭火无望时，应尽早请求消防援助或做好弃船准备。

（2）应急操纵措施

航行中发生火灾，应根据火源地点操纵船舶使火源处于下风侧，具体操作方法为包括舷侧失火时使船横风行驶、船尾失火时使船迎风行驶、船首失火时使船顺风行驶并使船速小于风速。但应注意避免急剧转向，并尽可能降低航速，以免风助火势。

在港内时应立即停止货物作业，视具体情况做好拖带出港的准备。如在系泊中发生火灾并涉及港口安全时，应尽快离开泊位，确保港口安全，油船更是如此。

（3）灭火行动

船舶灭火行动应遵循以下顺序：

①查明火情：查明火源、火灾性质、燃烧范围及火势是确定灭火方案的基础。现场指挥（大副）应指挥灭火人员尽快查明火源及火灾的性质、火场周围情况，以便确定合适的扑救方案、使用适当的灭火剂和正确的扑救方法。

②控制火势：在探明火情的基础上可立即展开灭火行动，控制火势，或采取疏散并隔离火场周围的可燃物，喷水降低火场周围的温度，切断电源，关闭通风，封闭门窗等，防止火势蔓延。

③组织救援：设法及时解救被火灾围困的人员及伤员，将其转移至安全地带。

④现场检查清理：火灾被基本扑灭之后，应及时清理，检查现场，发现存在或可能存在的余火和隐蔽的燃烧物，防止复燃。

3. 船上灭火措施

火灾的发生离不开“燃烧三要素”，即可燃物质、助燃物质和火源。灭火的方法就是针对三要素而采取的冷却法、隔离法、窒息法等。

（1）机舱火灾

机舱火灾的灭火措施包括：以喷雾水枪掩护灭火人员；可打开机舱天窗排放机舱内的热气和烟雾，防止灭火人员被浓烟和巨大的热浪包围；因火势猛而无法进入机舱灭火时，可尝试从地轴弄或逃生口进入,往往机舱底部的温度和烟雾较轻,且易于接近火源;使用 CO_2 固定灭火系统时,必须先撤离一切人员,再封闭一切开口,然后快速一次性施放足量的灭火剂。

(2)货舱火灾

扑灭一般货船的货舱火灾时,如使用 CO_2 固定灭火系统,应首先关闭舱盖、通风及所有开口,然后一次性施放足量灭火剂,但不能轻易开舱,防止复燃。对黄麻、棉花等类物质的燃烧至少要在灭火后 48h 才能开舱。如使用水灭火系统,应估计大量注水后船舶损失的浮力和稳性。

(3)起居处所火灾

起居处所发生火灾,首先应查明是否有被困人员并设法抢救,并迅速关闭防火门、舷窗,切断通风,用水冷却舱壁,防止火势蔓延。扑救房间内的火灾,尽量不要开门,减少空气进入,水枪可从门下部的百叶窗处伸进喷射。

(4)危险品火灾的扑救

危险品的种类繁多,性质复杂,船舶装运危险品必须按照国际海上危险货物运输规则和我国有关规定进行,一旦发生火灾,按其理化性质,采取正确的扑救措施。

①爆炸品火灾的扑救:最有效的灭火方法是大量喷水,使燃烧的物质急剧降温(但与水发生反应者除外)。可以使用泡沫和 CO_2 灭火剂,但效果较差。不能用沙土掩盖的窒息灭火法。

②压缩、液化气体火灾的扑救:贮存在压力容器内的高压气体种类较多,具有易燃、助燃、剧毒等性质,在受热或在剧烈撞击下可能燃烧、爆炸。扑救宜用大量喷水冷却,也可用 CO_2 泡沫或沙土等扑灭。

③易燃液体火灾的扑救:对不溶于水的油类火灾,扑救时宜用泡沫、干粉、沙土等方法,但不能使用水冲冷却法;而对能溶于水的易燃液体,则可用水扑救。

④自燃物品和遇水燃烧物品火灾的扑救:扑救一级自燃物品火灾可用干粉、沙土等灭火剂,但不能用水;扑救遇水燃烧物品火灾,可用沙土、干粉等灭火剂,但不能用水和泡沫等灭火剂。

三、船舶碰撞时的应急行动

由于通航密度的增大、人的失误以及环境因素的影响等,船舶航行可能发生避碰失误而导致碰撞事故,在发生碰撞事故的前后,应采取适当船舶操纵措施,以使损失降到最低程度。

1. 碰撞前的应急操纵

无论由于何种原因导致碰撞不可避免时,船舶驾引人员应运用良好船艺,采取减少碰撞损失的应急措施。这些措施包括:采取紧急措施避免船中或机舱附近被他船船首撞击;采取大角度紧急转向措施减小碰撞角度,避免垂直角度碰撞。全速后退,降低船速,以减小撞击能量。

2. 碰撞后的应急操纵

当我船船首撞入他船船体后,应首先开微速进车顶住对方。为使本船能与对方船体靠紧以减少进水量和防止滑出,有时可互用缆绳系住,并配合用车,保持顶住对方破洞的姿态。如被撞船舶有沉没的危险且附近有浅滩,经对方同意后,可顶向浅滩处搁浅。待被撞船舶采取防水应急措施后，征得同意后方可倒车脱出。倒车退出后，应滞留在附近，一方面检查本船的损坏情况，另一方面可随时准备实施救助和协助，当确信对方已经脱离危险可以继续航行，本船也确信可安全续航时，在办理完有关碰撞事实确认手续之后，方可离去。当我船船体被他船撞入后，应尽可能减小或消除船舶纵向惯性速度，使本船停住（消除对水速度），以减少进水量，并迅速关闭破损舱室前后的水密装置，进行排水及堵漏工作。当确认船舶没有沉没的危险，且船舶本身的排水、堵漏器材能控制进水量后，方可同意对方倒车脱出。如果是一舷船体受损，应尽可能操纵船舶使破损部位处于下风侧。

3. 碰撞后的应变部署

船舶发生碰撞后，应立即发出碰撞警报信号，实施碰撞应变部署。

（1）查明情况

检查受损情况，决定应变部署。查明船体进水情况要进行现场检查，大副和水手长检查全船，测量各货舱污水井（沟）、压载水舱和淡水舱的水位，通知机舱测量各油舱的油位，迅速确定船体破损的位置、大小及进水量等情况。

判明损坏情况时应考虑下列因素：碰撞的船舶大小、碰撞前的相对速度、碰撞角度的大小碰撞的部位。

（2）应急措施

根据船舶发生碰撞的性质、具体情况，迅速调查受损程度和部位，可酌情分别发出堵漏、人员落水、消防、油污等应变部署警报，并采取适当的应急措施。根据具体情况，应急措施包括：及时处理遇水有危险的货物，在因进水可能引起货物着火或可能引起货物急剧膨胀、为保持稳性及保留储备浮力以及为减少进水量的情况下应采取抛弃货物的措施；当船舶倾斜接近纵倾10°或横倾20°时，应及时降下救生艇备用；如双方均有沉没危险，要迅速发出求救信号，做出弃船决定；发生碰撞的船舶在不严重危及自身安全的情况下，应尽力救助遇难人员；因船体破损进水有沉没危险时，如条件许可（如近岸航行）可择地抢滩搁浅，等待救援。

4. 碰撞事故处理

船舶发生碰撞后，船上应尽快调查双方受损情况并做记录，包括拍照及将对方船名、船籍港等电告船东。船长尽快写出碰撞通知书，及时向对方提交并要求由对方承担事故责任，要求对方船长签署。若对方船长要求签署碰撞责任通知书时，不应承认本船对事故的责任，只签署收到的日期和时间，船长应签字并加盖船章，应批注“仅限收讫”。船舶发生碰撞后的事实经过应详细记入航海日志。

5. 续航、抢滩或弃船

船舶发生碰撞，采取了上述应急措施后，应对船舶所面临的危险进行评估，根据评估结果做出续航、抢滩或弃船的决策。

四、船舶搁浅和触礁后应采取的行动

搁浅是由于水深小于船舶实际吃水使船体搁置水底上，触礁是船体与礁石的触碰。无论搁浅还是触礁，严重者均可能导致船体的破损，并进一步导致溢油或沉没。船舶在发生搁浅触礁事故后，视具体情况，采取有效应急措施限制损害和救助船舶。

船舶发生搁浅或触礁时，值班驾驶员应立即报告船长，船长应通知机舱发出警报、召集船员，进行应急反应。

1. 判明情况

船舶搁浅、触礁后，首要的工作是搞清搁浅、触礁的部位和船体损害情况。情况不明时禁止盲目用车或用舵企图脱浅或摆脱礁石。船长或驾驶员应对搁浅船的态势进行初步评估，包括但不限于下列各项：船上人员的安全状况；天气和海况，包括预报情况；潮流和潮汐情况：船的周围水域的海底底质、海岸线和水深情况；船舶损坏情况以及已发生的污染和潜在污染的危险性；进一步损失的危险性；保持通信畅通的情况；船体与海底之间的作用力；脱浅后船舶的吃水和纵倾情况。

2. 争取外援

一旦决定通过外援浮起船舶时，应立即发出救助请求，且不可延误。救助程序的及早启动和救助人员的及早到达是救助成功的关键。

3. 启动相应应变部署

如船体进水或漏油，应立即执行堵漏或油污应变部署。为防止因严重横倾而无法放艇，应先放下高舷救生艇以备急需。发现船舶进水，应立即按堵漏应变部署或进水应急计划，组织排水、水密隔离和堵漏，同时判断可否立即动车脱浅。

4. 确定脱浅方案

船长根据情况调查，结合当时当地的天气、海况、潮汐情况，做出船舶能否起浮、脱浅的判断和实施方案。

船舶低潮时搁浅且不严重时，根据搁浅部位，可采取调整首尾吃水改变纵倾或转移燃油或压载水改变横倾，同时可采取排除压载水、淡水、抛货减小吃水等措施，争取下一个高潮时起浮自力脱浅。

大型船舶在高潮前后搁浅，难以自力脱浅或自力脱浅无效果时，船长应考虑并经船东同意，申请外援脱浅。在等候自力脱浅时机或外援脱浅期间，应根据天气、海况及等候时间的长短，适当采取固定船位的措施，包括用锚和向舱室灌水的方法，防止船体打横、严重横倾、断裂被推上高滩甚至倾覆。

五、船体破损进水应急行动

船体因碰撞、搁浅、触礁、爆炸等原因，使水线下船体破损进水后，船舶应立即按照应急反应计划采取应急行动。

1. 应急反应程序

发出堵漏应变报警信号，召集船员，如果破损部位已明确，则按应变部署表规定的职责和分工，携带堵漏器材迅速赶赴现场。船长任总指挥，在驾驶台操纵船舶，大副任现场指挥。如破损部位尚需判断，则应按现场指挥的意图行动，查明进水部位。

如果出现溢油现象，应立即关闭该油舱(柜)在甲板上的所有开口，包括透气阀，并发出油污应急警报，救生艇应降至水面以备急需，防止因严重横倾而无法降落。

详细记录抢救过程，迅速将破损事故的时间、地点、破损程度、抢救情况及是否需要援助等情况按要求向沿岸国主管机关及船东报告。

2. 应急措施

破损部位如查明，应根据本船破损控制图，迅速关闭破损部位附近各层甲板及舱室的水密装置，必要时对邻近舱壁进行加强。如果破损面积较大，用一般的堵漏工具难以短时间奏效时，应对相邻的舱壁进行加固和支撑。

如果船舶仍在航行中，则应减速以减少水流、波浪对船体的冲击，必要时应停车或改变航向将破损部位置于下风（流）舷，减少进水量。

通知机舱备妥主机，机舱人员除应保持主、辅机处于良好、可用状态外，应全力排水，并协助堵漏队在现场进行抢修和堵漏。

3. 调整严重横倾和纵倾

为了调整严重横倾和纵倾，应根据本船的实际情况，慎重选择适当方法保持船体平衡。

（1）移驳法

向破损相反一侧调驳油、水。此法的优点是不增加船舶载荷，不损失储备浮力，但要防止重心提高，减小稳性，而且可移驳的油、水数量有限，故此法效果不明显，只适用于调整纵、横倾不大的情况。

（2）对称注入法

向破损相反一侧注入海水。此法增加船舶载荷，损失储备浮力，只适用于水密舱室多而小的船舶（如客船、军舰等），一般船舶必须慎用。

（3）减载法

将横、纵倾一侧的油、水排出，或将该侧的货物抛弃或向他船驳载以减轻该侧的重量。此法可减少船舶载荷、增加储备浮力，对船舶安全有利，但排油、抛货应慎重，要及时宣布共同海损。无论如何，采取的任何措施都应充分考虑对船舶的稳性和强度的影响。

六、船舶污染应急反应

根据 MARPOL 73/78 公约附则Ⅰ要求，150 总吨及以上的油船和 400 总吨及以上的非油船应备有经主管机关认可的《船上油污应急计划》，如果对公约附则Ⅱ也适用的船舶，应将《船上有毒液体物质海洋污染应急计划》与《船上油污应急计划》合并（以下简称《计划》）。船舶发生油污事故时，应当按照船上应急计划采取应急行动，包括报告、控制排放、与沿岸国的协调等。

1. 报告

船长或负责管理本船的其他人员，应按照 MARPOL 73/78 公约第 8 条和议定书的要求，根据《计划》中在报告油类或有毒液体物质污染事故时应遵守的程序，把实际排放或可能排放情况通知最近的沿岸国家，以便沿岸国家采取相应的行动。

（1）报告时机

船舶发生实际排放或可能排放的事故以及船舶损坏、失灵或故障时，均应按规定的程序进行报告。

发生实际排油或有毒液体物质的情况，船长需要向沿海国家报告，包括：无论任何原因，包括为保障船舶安全和海上救助人命所致的排放油类或有毒液体物质超过允许水平；船舶操作过程中，油类或有毒液体物质的排放超过公约允许排放量或瞬时排放率。

有可能发生排放时，船长应评估排放的可能状况。在判断是否有排放可能以及是否应该报告时，至少应考虑以下因素：船舶、机器或设备的损坏、故障或失灵；船位以及与陆地的接近程度或其他航行危险；天气、潮汐、水流和海况；交通密集程度。当船上发生下列情况时，船长判断可能造成排放时，也应予以报告：影响船舶安全的损坏、故障或失灵，如碰撞、搁浅、火灾、爆炸、结构故障、进水和货物移动等；影响船舶航行安全的机器或设备故障或失灵,如舵机、推进器、发电系统、导航装置等故障或失灵。

(2)报告内容

报告的内容应按照A.851(20)决议中的《报告指南》的要求。在最初报告之后,应尽快和尽量在补充报告中提供与事故有关的保护海洋环境所必需的资料并使用同样的格式和标准的航海英语。包括:船上货物或燃料油的数量和种类及损坏概况;污染概况,溢漏量;天气、海况;船舶资料等。

(3)联系人

为了迅速反应并最大限度地减少海洋污染物质造成的损害,迅速及时地通知有关方面是非常必要的。需要进行通信联系的有关方面包括:沿岸国联系人;港口联系人;与船舶有关的利益方,如货主、保险公司、救助单位等。这些人的单位、姓名、地址、电话、电传、传真号码等信息,应列入附录的表中并且必须及时更新。

2.控制排放的措施

不同类型的船舶采取的应急措施可能有所不同,对操作性溢漏和事故溢漏应采取相应的应急措施。操作性溢漏应急措施,应包括防止管系渗漏、舱柜满溢和船体渗漏3种溢漏的措施和应急反应程序。海损事故指船舶发生火灾或爆炸、搁浅、碰撞、严重横倾等13种情况。《船上油污应急计划》或《船上海洋污染应急计划》应针对上述各种事故分别制定应急措施,包括能确保船长在船舶面临危险、事故和紧急情况下做出反应时考虑所有适当因素的各种核查清单或其他方法,核查清单必须针对具体船舶、具体品名和物质类型特别编制。下面是一些典型操作性溢油和事故应急措施的实例。

(1)管系泄漏应急措施

船舶装卸油类或NLS作业期间,因管系泄漏,应立即采取以下措施:发出报警信号,采取行动并通知有关方面;尽快停止有关操作,关闭有关管系上的有关阀门;采取适当措施清除甲板的泄漏物,以减少向船舶外部的泄漏,并查明管系泄漏来源及原因;若本船不能处理,应通知岸上协作;泄漏事故未查明或事故未排除前不能恢复工作;使用过的清洁材料和收集的残油或NLS应妥善保存,待以后处理;管系泄漏经妥善处理后,必须得到当地海事主管机关的允许,方可继续进行正常作业。

(2)舱柜满溢应急措施

该措施主要是将可能满溢的油类或NLS驳送到空液舱或不满的液舱,或者将其超量的部分移送到岸上容器中,以降低其液位。

应采取的措施包括:发出警报采取行动通知有关方面;立即停止有关操作;关闭有关阀门,确认溢流阀开启(如适用);将满溢液舱中的油类或NLS驳入空液舱或不满的液舱中去,或者将其超量的部分移送到岸上容器中,以降低其液位;清除泄漏的油类或NLS和甲板上的油类或NLS;收集的残油或NLS应妥善保存,待以后处理;如满溢的数量较大,除船上船员的应急反应外,应联系清污公司协助清污。

如果可能,立即操纵小艇准备和布置围油栏以防油类扩散,同时用吸油材料尽量收回漂浮的油。液舱满溢经妥善处理后,必须得到当地海事主管当局的允许,方可继续进行正常作业。

(3)船体泄漏应急措施

在船舶加装作业期间,如发现在船舶邻近水面有油类或NLS,并经查未发现任何“作业溢漏”的迹象,则很可能是船壳泄漏。采取应急措施时,应考虑到破裂船壳处和其他部位的应力及船舶稳性的问题。

船壳泄漏，通常采取的程序和措施如下：立即停止有关操作，关闭有关管系上的有关阀门并确认溢流阀开启（如适用）；发出报警信号，实施最初的溢漏应急反应程序；将事故情况通知有关装卸作业方，配合采取应急措施；估计船壳水下可能破漏的部位，应请潜水员探摸，查明泄漏的原因；在查明泄漏原因的同时，进行清除工作；将破漏的油类或 NLS 驳入空液舱或不满的液舱或岸上容器中去；如可能，可考虑用泵将海水泵入受损的破口舱内，形成水垫，防止更多的油类或 NLS 泄漏；如溢漏的数量较大，除船上船员的应急反应外，应联系清污公司协助清污；采取上述措施时，应考虑到破裂船壳处和其他部位的应力和船舶稳性的问题；船壳泄漏经妥善处理后，必须得到当地海事主管当局的允许，方可继续进行正常作业。

(4) 火灾或爆炸应急防污措施

如果船舶发生火灾或爆炸，应采取下列措施：发出应急警报，实施应急反应程序；按本船消防应变部署表规定的人员职责，组织船员动用消防灭火器材施救，力争控制火势；迅速探明着火部位，查明火情，了解起火原因及火场周围有无易燃物品或爆炸物品；调整船舶航行，使着火部位处于下风位置（即：火在前部，顺风而行；火在后部，迎风而行；火在中部，停止航行）；尽量减低航速和摇摆，避免急剧转向；切断通入失火舱室油或 NLS 管系和电路，关闭水密门窗和不必要的进风口，向失火舱室释放二氧化碳气体，防止火灾蔓延；如采用水消防系统连续长时间地向舱内冲水最后会产生导致船身倾斜和倾覆的危险，此时应考虑将船驶至就近安全地点抢滩后继续施救；如果"溢漏"量较大，仅由本船船员处理难以获得理想效果，应直接联系或通过当地代理联系当地清污公司协助清理。

(5) 搁浅应急防污措施

如果船舶发生搁浅，应采取以下措施：发出应急警报，实施应急反应程序；校测船舶的搁浅位置，测量四周水深；确定搁浅部位，了解搁浅水域底质及当地的气象和潮流湖汐情况；测量液货舱，燃润油料舱及与船壳邻近的其他舱室中的液位变化情况；如发现船底破损进水，应查看破口位置和破损程度，并考虑其对船体应力和稳性的影响，决定是否采取排水堵漏、减载过驳或将破损液舱中的油或 NLS 吸入其他舱室等措施，以避免进一步"溢漏"；如果"溢漏"量较大仅由本船船员难以获得理想效果，应直接联系或通过当地代理联系当地清污公司协助清理；如果船舶尝试自行脱浅，应评估由此造成的额外损坏情况是否大于停留在原地直至获得援助。

(6) 碰撞应急防污措施

如果船舶发生碰撞，应采取以下措施：发出应急警报，实施应急反应程序；探明本船和他船的受损情况（在未查明破口对船体稳性和强度影响前，应采取措施使尚未脱离的两船碰撞部位，保持不分离）；测定碰撞位置附近的液舱（含淡水舱、压载水舱），双层底及污水井中的液位和水深变化情况，确定船体受损情况；如发现船体破损进水，应立即查明破口位置和破损程度，评估对船舶的整体结构（应力和稳性损失）的影响，如可能，应采取排水、堵漏、补焊等抢救措施；如发现破口位置有油或 NLS 外溢，应迅速查明溢漏源，采取转驳措施，并迅速采取控制排放的措施；如果"溢漏"量较大，仅由本船船员难以获得理想效果，应直接联系或通过当地代理联系当地清污公司协助清理。

(7) 严重横倾应急措施

如果船舶意外地发生严重横倾，可能是船壳破损、两舱间的舱壁破损、不正确的装卸及驳油或 NLS、压载作业及机舱进水、自由液面影响等。应立即采取以下措施：停止有关作业；发出应急警报，集合全体船员；如在航行中，则应调整航向和航速，使船舶顶风航行，尽量减少横摇角度；关闭一切水密门、窗和甲板开口，防止上浪进水加剧横倾；机舱应尽力保证主、辅机、舵机等设备处于绝对安全和良好的状态；尽快查明原因，并采取适当的纠正措施扶正船舶；采用压水扶正船身的方法，应考虑到自由液面对稳性的影响，不能几个舱同时压；可选择高舷侧双层底舱，先压前后两端的小舱，后压中部大舱；如高舷侧双层底舱压满后，船身仍没有扶正，可排出低舷侧双层底舱中的压载水（一般不宜将舷侧双层底舱中的压载水直接移入高舷侧双层底舱，特别是在船舶稳性欠佳时）；如发现破口位置有油或 NLS 外溢，应迅速查明溢漏源，迅速采取控制排放的措施；如果"溢漏"量较大，仅由本船船员难以获得理想效果，应直接联系或通过当地代理联系当地清污公司协助清理。

3. 特别要求

发生油污或有毒液体物质污染时，船长还应考虑有关优先措施，稳性、应力影响及减载和缓解措施。

（1）优先措施

对事故的反应，船长优先考虑的应是保证船舶和人员安全，并采取措施，防止事故升级。在发生溢漏的海损事故中，应立即采取防止发生火灾或爆炸的有效措施，如改变航向，使船舶位于浮油或 NLS 的上风，关闭不必要的进风口等。因搁浅船舶不能操纵，应消除一切火源，并采取措施防止易燃气体进入居住舱室和机舱处所。当船舶可以操纵时，应设法把船移泊到较合适的位置，以便能够进行应急修理或减载作业；采取补救措施之前，应对所有货油舱或 NLS 舱等舱室进行直观检查，关闭透气、测量等所有开口；确认船舶损害状况以后，再决定采取何种措施，防止或减少进一步溢漏。

（2）稳性和应力

在海损事故应急反应中，采取措施防止或减缓油类或 NLS 溢漏或使船舶脱浅时，应特别谨慎地考虑船体稳性和应力，船内转驳，只有在充分考虑可能影响船舶整体稳性和应力之后，才能进行。相应的计划应明确指明，为评估破舱稳性和受损的纵向强度，应与谁联系，以便获得所需资料

（3）减载

船舶结构受损严重时，可能有必要将全部或部分货物驳到另一条船上，因此计划应制定船与船过驳的安全措施和操作程序。

4. 国家和地方协作

发生溢漏事故，船舶与沿岸国或其他有关部门快速、有效的协作，对减少污染事故的危害影响至关重要，因此实施控制措施之前，有必要与沿岸国取得联系，以得到核准。计划应提供与沿岸国或地方当局联系请求协作的方式、注意事项和有关应急反应队伍资料。

七、防范海盗及暴力袭击

目前，海盗活动日益猖獗，正朝着集团化、组织化、国际化的方向发展。海盗活动猖獗的地区有西非沿岸海域、南美沿岸海域和东南亚海域以及印度、孟加拉国、斯里兰卡、索马里等地区。

1. 海盗袭击规律

劫匪通常在夜间,特别是在深夜至凌晨袭击船舶,以一艘或多艘小艇靠近大船,用带钩的绳索登船。登船地点通常选在船尾,如果船舶干舷低时,也可能从舷侧登船。海盗袭击的目标通常为吨位较小的船舶、速度较慢的船舶、处于满载状态或干舷较小的船舶、戒备松懈的船舶。登船后的抢劫目标是船长室,因为那是船上保险柜及钥匙的存放地。

2. 防范海盗的基本原则

防范海盗的基本原则为:加强值班,及早发现可疑船舶和人员,并用一切有效手段(灯光、警铃)警告他们已被发现;使用一切手段阻止海盗登船;发现海盗登船,应迅速集合船员,占据有利位置,千方百计地将其驱赶下船。驱赶海盗可使用水龙带或其他器械,但不要伤其生命,更不要抓人,以防报复。如被海盗抢劫少量物料,不要穷追不舍。注意保护船员的安全,防止被海盗伤害。如海盗已登船,要尽力保证船员的安全,对武装的匪徒应放弃与之对峙,即使有武器也不应发给船员,以避免伤亡;将人员、财产损失降至最低程度。

3. 防范海盗的行动

提高警惕,保持 24 h 监视与安全的值班;值班人员对小艇和渔船须保持特别的雷达观测和瞭望。除此之外,船员应经常保持在显眼处的巡逻,以便使海盗船发现船员已处于戒备状态,而没有规律的巡逻比有规律的巡逻更可取;加强夜间值班和巡逻,巡逻人员与驾驶员保持联系,如可能,在海盗活动频繁区域应指派一名驾驶员专门负责雷达观测和瞭望试图接近本船的小艇;封闭进入船内的一切通道,除紧急逃生需要外,尽可能封闭通往生活区尤其是后甲板至生活区的通道;在船长室和电台以外的地方设置一台备用的 VHF 装置,以备急需;在不影响本船和他船安全航行的情况下,尽量增设甲板和舷外照明灯,甲板水龙带处于随时可用状态;备妥砍断缆绳的太平斧;将可被盗走的物品、设备等移至安全场所,减少损失。根据舱室结构和有效封闭程度,建立一个或几个安全区,当大批武装劫匪已登船时将船员撤至安全区,保证船员、旅客安全;制订防海盗的安全计划,规定报警信号并举行演习和训练;等待进港期间为了防范海盗,如条件许可,应避免抛锚,宜在距岸 20~40 n mile 的地方保持滞航或漂航,必须抛锚时,锚链水要保持常开。

4. 发现海盗时的行动

第一个发现海盗者,应立即通知值班驾驶员,如可行,应立即执行防海盗计划规定的程序;鸣放预先规定的警报,打开全船的扩音系统;如可行,船舶应立即加速转向外海;用探照灯照射海盗船,使其耀眼;操作水龙带使其无法靠近;燃放火箭信号;向海岸和附近船舶报警;如海盗正在用带钩的绳索登船,则砍断其绳索。

5. 海盗已登船的行动

根据已登船海盗的人数、武器情况,可将船员撤至预先安排的安全区,并向沿岸就近的港口主管机关报告,寻求可能的援助。对于武装海盗要避免冲突,防止人员伤亡。

任务8.4 应急演习与训练要求

任务情景

"H"轮2005年第2047航次,自青岛至日本大阪。9月26日1320时,在日本对马海峡航行途中,生活区主甲板更衣室发生火灾,经船员奋力抢救后火势仍无法控制,在向机舱施放大量CO_2后,船长下令弃船,22名船员无人员受伤,全部上救生艇,随后登上前来救助的外轮。

此起火灾事故发生后,在扑救火灾的应急反应中,船长、轮机长、政委均有严重失职行为:如报告延误、未执行报告程序、灭火现场未有效统一组织指挥、灭火措施不当等。船员缺乏灭火实际经验和演练经验,应急应变能力不强,初期灭火措施不当,后期没有有效统一行动等。致使小火酿成大火,最后弃船。

本任务通过这起不成功的船舶火灾扑救案例,讨论船舶应急演习中需要注意的事项。

任务目标

1. 了解船舶各种应急演习要求与周期。
2. 了解船舶各应急内容与组织。
3. 了解训练手册与应急培训。

任务分析

从以下几种情况做分析讨论:①应急科目训练周期;②模拟灾情真实程度;③应急响应速度与程序的有效性;④设备(包括通信设备等)使用情况;⑤应急措施与操作的得当程度。

知识获取

为使船舶应变部署表或应急计划能够发挥控制或减少人命、财产损失、环境损害的作用,船上应严格按照公约和公司体系文件的要求进行演习,使船员熟悉发生紧急情况时的应急程序,采取有效应急措施,正确使用应急设备,把事故损害降到最低限度。对于消防和救生演习,SOLAS公约明确规定了演习的内容和组织,要求尽可能模拟实际应急情况,检查、检验各类应变器材设备的技术状态,正确使用各种应急设备,以便在船舶发生各种事故时,做到临危不乱,及时正确施救。

一、应急反应计划的演习

演习时应严格按照公司体系文件的要求进行,尽可能模拟实际应急情况,检查、检验各类应变器材设备的技术状态,正确使用各种应急设备,并对应急反应过程进行总结,对发现的问题应尽快排除和整改。

1. 演习周期

演习的周期由船舶安全管理体系规定,但不应低于有关公约和船旗国法规的最低标准。

(1)弃船演习和消防演习

根据 SOLAS 1974 公约及国内的有关规定:货船每个船员每月至少参加弃船演习和消防演习各一次,若 25%的船员未参加上个月的演习,应在该船离港后 24 h 内举行上述两项演习。

当船舶在经重大改建后首次投入营运,或有新船员时,应在开航前举行这些演习。对于无法这样做的各类船舶,主管机关可同意至少进行等效的其他安排。

客船每周进行一次弃船演习和消防演习,每次演习中不必全体船员都参加,但应满足每人每月参加一次弃船演习和消防演习的要求。

(2)船舶保安演习

船舶保安演习应至少每 3 个月一次,如果在任一时间有 25%的船员被换成了在前 3 个月内未曾参加过该船的任何演练的人员,应在变动后 1 周内进行。另外,船岸联合演习应至少每日历年进行 1 次,两次演习间隔不得超过 18 个月。船舶保安演习可与其他演习合并。

(3)其他演习

堵漏、应急操舵、人员落水等演习每 3 个月至少进行一次。我国船上配备的船上油污应急计划中通常要求每月至少进行一次,中远系统要求船舶每月至少进行 1 次溢油演习,溢油或溢漏应急演习可与其他演习合并举行。

根据 IMO《营救落水人员的计划和程序的编写指南》,船舶应通过演习确使船员熟悉营救落水人员的计划、程序和设备,演习可以结合例行的人员落水演习一起进行。根据 SOLAS 公约修正案 MSC. 350(92),要求具有围蔽处所进入或救助职责的船员应参加船上每 2 个月内至少举行一次的围蔽处所进入和救助演习。

根据 SOLAS 公约附则第Ⅱ-1 部分第 21 条“客船水密门等的定期操作和检查”规定,水密门、舷窗、阀门以及排水孔、出灰管和垃圾管的关闭机构的操作演习,须每周进行一次。对航程超过一周的船舶,在离港前须进行一次全面的演习,此后在航行中至少每周进行一次。水密舱壁上的一切水密门,无论是铰链操作还是动力操作,凡需在航行中使用者,须每天进行操作。

水密门及其连接的所有机构和指示器、为使舱室水密而必须关闭的一切阀门及为破损控制横贯连通所必须操作的一切阀门,须在航行中定期检查,每周至少一次。

2. 演习要求

演习要求应尽可能按实际紧急情况进行,对于消防和救生演习, SOLAS 公约附则规定了具体的演习要求。

(1)反应时间

应急警报发出后,全体船员应在 2 min 内按应急职责的规定,携带指定器材到达指定地点。消防演习时，机舱应能在 5 min 内开泵供水。弃船演习时，发出弃船信号后，客船和货船全部救生艇应分别于 30 min 和 10 min 内降至水面，发出放艇命令后每艘艇应在 5 min 内放至水面。

(2)设备使用

演习中使用过的设备应立即恢复到工作状态，演习中发现的问题应尽快排除。

(3)演习记录

进行演习的日期以及演习的详细内容均应按规定进行记录，除保安演习以外，其他的演习通常记录在航海日志内，某些特定的应急反应计划也可能有记录保存的要求。

根据 SOLAS 公约要求，举行弃船演习、消防演习、围蔽处所进入和救助演习的详细情况、其他救生设备演习均应记载于主管机关可能规定的航海日志内。如果在指定时间内未举行全部演习项目，则应在航海日志内记述其原因和已举行的演习项目的范围。

我国船上油污应急计划一般要求油污应急反应演习和训练都要做好记录，每次的演习情况应详细记入航海日志，保存 3 年。

二、演习的内容和组织

演习的内容和组织由船舶安全管理体系规定，但不应低于有关公约和船旗国法规的最低要求。弃船、消防、围蔽处所进入和救助演习、应急舵演习等内容和组织在 SOLAS 公约附则第Ⅲ章、第Ⅴ章规定。各类演习可以根据情况联合进行。

1. 救生演习的内容和组织

对救生演习的内容和组织，SOLAS 公约附则第Ⅲ章规定了具体的要求，演习的内容应包括船员旅客集合、艇筏操纵、测试应急照明系统以及模拟人员救助等。

(1)演习内容

每次弃船演习应包括：先使用要求的报警系统，然后通过公共广播或其他通信系统宣布进行演习，将乘客和船员召集至集合站，并确保他们知道弃船命令；船上人员向集合站报到，并准备执行应变部署表所述的任务；查看乘客和船员穿着是否合适；查看是否正确地穿好救生衣；在完成任何必要的降落准备工作后，至少降下 1 艘救生艇；起动并操作救生艇发动机；操作降落救生筏所用的吊筏架；模拟搜救几位被困于客舱中的乘客；介绍无线电救生设备的使用。

如船上配备海上撤离系统，演习应包括按对该系统布放所要求的程序，演练至即将实际布放这一系统的程度。这方面的演习应使用公约附则要求的船上培训教具并按正规规程予以增加。此外，该系统的每一成员还应尽实际可能，通过在船上或岸上参加类似系统在水中的全面布放而进行进一步的培训，参加的间隔期应不超过 2 年，但无论如何不得超过 3 年。

在每次弃船演习时，应测试用于集合与弃船的应急照明系统。

(2)放艇要求

不同的救生艇应尽实际可能按要求逐次在演习中降放，除自由降落下水不可行或短程国际航行的船舶由于港口泊位的安排及其运输方式不允许救生艇在某一舷降落下水以外，每艘救生艇应在弃船演习中每 3 个月至少有一次乘载被指派的操艇船员降落下水，并在水上进行操纵。除非船长根据 ISM 规则授予的职责权限，基于安全方面考虑认为操艇船员应随艇一起降落以外，并不要求操艇船员必须登艇并随艇一起降落水中。这可理解为船舶在进行救生艇降落下水及进行水面操纵试验时，可以先将救生艇空载降落至水面，而指派的操艇船员可经由引航员软梯或其他更安全的方式下降至水面后登艇进行操纵。

对于自由降落式救生艇，应在每3个月至少进行一次的弃船演习时要求船员登上救生艇就座并系好安全带，开始降落程序直到释放救生艇（不必进行实际放艇，艇钩不必释放）。然后救生艇可仅乘载必要的操作人员释放，或使用满足LSA规则要求的辅助降落方式降落入水（乘载或不乘载操作人员均可），这两种情况下操艇人员均应在水面上对艇进行操作。在不超过6个月的间隔期内，救生艇均应乘载操艇船员自由降落下水，或按海安会指南进行模拟降落下水。

对于从事短程国际航行的船舶，如果由于港口泊位的安排及其运输方式不允许救生艇在某一舷降落下水，主管机关可准许救生艇不在该舷降落下水。但是，所有这些救生艇应至少每3个月下降一次并每年至少降落下水一次。

除兼作救生艇的救助艇外，其他救助艇均应在合理和可行的范围内，每个月乘载指定的船员降落下水并在水上进行操纵。在任何情况下，应至少每3个月按此要求进行一次。

如救生艇与救助艇的降落下水演习是在船舶前进航行中进行，由于涉及风险，该项演习应仅在有遮蔽的水域，并在有此项演习经验的驾驶员监督下进行。

根据IMO A.624(15)决议《水中前进航行船舶的救生艇和救助艇降落下水训练指南》：为了安全，在训练时不必以该设备最高的5节设计降放能力进行操练；应在相对水速较低的情况下进行操练，特别当有生手参加时；在计划操练时，应考虑到确保在可行时要在相对水速最小时将艇回收。降放操练时，应遵守以下注意事项：操练一定要在对这种操练具有经验的高级船员的监督下于风平浪静、水面无障碍的条件下进行；做好在出现未能预见的情况下向操练中使用的艇提供援助的准备工作，例如应做好降放第二艘艇的准备工作；在可行时，操练应在船处于最小干舷时进行；操练开始前，负责的高级船员应将程序须知通知艇上船员；艇中的船员应为适合于训练的最小数目；如果适当的话应穿上救生衣和浸水服；除非是全封闭艇，否则应戴头盔；在操练时，艇内如装有滑座，除非滑座设计为在一切降放情况下都保留的，否则应被取下；对于全封闭艇，除为了更好地观察降放情况而可以打开的舵手舱口之外，其他一切开口均要合上；在降放开始前，在负责降放的高级船员、驾驶桥楼和艇之间应确立起双向无线电话通信并在整个操练期间保持这种通信；如果可行的话，在降艇和收艇以及当艇靠近船舶时，应采取措施确保船舶的推进器不在转动状态；在艇下水之前，艇的发动机应当是开动的；在降艇和收艇后应进行情况汇报以巩固学到的东西。

2. 消防演习

消防演习要求应尽可能按实际紧急情况进行，对消防演习的内容和组织，SOLAS公约附则第Ⅲ章规定了具体的要求。

(1)消防演习内容

在制订消防演习计划时，对在根据船型和货物类型而可能发生的各种紧急情况下的常规做法应给予充分考虑。每次消防演习应包括：向集合站报到，并准备执行应变部署表所述的任务；起动一个消防泵，要求至少射出两股水柱，以表明该系统是处于正常的工作状况；检查消防员装备和其他个人救助设备；船上应针对演习所使用的呼吸器气瓶提供充装方法或提供适当数量的备用气瓶用来替换；检查有关的通信设备；检查演习区域内的水密门、防火门和防火闸以及通风系统主要进出口的工作情况；检查供随后弃船用的必要装置。演习中使用过的设备应立即恢复到完好的操作状况，演习中发现的任何故障和缺陷，应尽快予以消除。

（2）消防演习要求

应急警报发出后，全体船员应在 2 min 内按应急职责的规定，携带指定器材到达指定地点。消防演习时，机舱应能在 5 min 内开泵供水。演习中使用过的设备应立即恢复到工作状态，演习中发现的问题应尽快排除。

3. 围蔽处所进入和救助演习

围蔽处所进入和救助演习应以安全的方式计划和执行，并视具体情况考虑到 IMO 制定的建议案 A. 1050(27)决议通过的《经修订的进入船上围蔽处所建议案》中提供的指导，每次围蔽处所进入和救助演习均应包括：检查并使用进入所需的个人保护设备；检查并使用通信设备和程序；检查并使用测量围蔽处所内空气的仪器；检查并使用救助设备和程序；急救和复苏技术的指导。

4. 应急舵演习

根据 SOLAS 公约要求，除开航前的常规校核和试验外，船舶应至少每 3 个月进行一次应急操舵演习，以练习应急操舵程序。

演习应包括在舵机室内的直接控制、与驾驶室的通信程序以及（如适用时）转换动力供应的操作。应急操舵演习的日期以及详细内容应进行记录。

5. 人员落水营救演习

人员落水营救演习的组织应当根据船上应变部署以安全的方式计划和执行，并应当模拟进行人员落水应急操作，包括鸣放警报、模拟应急操纵、集合人员、模拟放艇、模拟营救落水人员等程序。

演习应当包括下列内容：鸣放人员落水警报；模拟抛掷救生圈并观察；船员集合，准备执行应变部署规定的任务；检查演习船员携带的器材是否符合规定；检查演习船员是否熟悉自己的应急职责、能否完成应急任务；做好释放救助艇的准备并模拟放艇；模拟救助落水人员；综合讲评。

6. 溢油演习

溢油演习的组织应当根据油污应急计划进行，并应尽可能按实际紧急情况进行。演习应当模拟演练溢油的各种应急程序，包括：鸣放警报、集合人员、关闭阀门、堵塞排水孔、模拟收集溢油等。

演习应当包括下列内容：检查警报和通信系统；鸣放警报信号；演习人员集合、准备执行应变部署规定的任务；检查演习船员携带的器材是否符合规定；检查演习船员是否熟悉自己的应急职责、能否完成应急任务；模拟向公司以及有关主管机关报告；演练关闭阀门、堵塞甲板泄水孔、围栏并收集甲板溢油以及模拟清除舷外溢油等；综合讲评。

三、应急培训要求

所有船舶的应急培训应满足有关公约规定的要求。根据 SOLAS 公约附则第Ⅲ章 B 部分第 19 条关于船上应急训练的要求，船上应进行熟悉安全装置与集合演习以及船上训练与授课。举行集合的日期的详细情况以及船上培训均应记载于主管机关可能规定的航海日志内。如果在指定时间内未举行全部集合或培训项目，则应在航海日志内记述其原因和已举行的集合或培训项目的范围。

1. 熟悉安全装置与集合演习

每位被指派为具有应急职责的船员，应在开航前熟悉其应急职责。

对于乘客在船上航行的计划时间超过24h的船舶，应在乘客登船后24 h内召集乘客，并向乘客介绍救生衣的使用方法以及在紧急情况下应采取的行动。

当有新的乘客登船时，应在开航前，或在开航后立即召开一次乘客安全简要介绍会。介绍会的内容应包括要求的应变须知并应以一种或几种易被乘客听懂的语言进行宣讲。宣讲应使用船上的公共广播或用其他等效的方式，至少使得在航行中尚未听到的乘客易于听到。如果上述要求的集合是在开航后立即举行的，则简要介绍会也可被包括在该集合演习之内。也可以使用资料卡或标贴，或船上录像机播放的录像节目作为简要介绍会的补充，但其不可以替代宣讲。

2. 船上培训与授课

船员上船后，应在不迟于2个星期内，对其进行有关使用包括救生艇筏属具在内的船上救生设备和使用船上灭火设备的船上培训。但是，如果船员是定期安排轮派上船的，则这种培训应在不迟于船员第一次上船后2个星期内进行。培训应讲授船舶灭火设备和救生设备的用法以及海上救生的课程，授课间隔期与演习间隔期相同。每次授课可以包括船舶救生设备和灭火设备的各个不同部分，但在任何2个月的授课期内应包括该船的全部救生和灭火设备。

每位船员均应听课，课程应包括但不必局限于：船舶气胀式救生筏的操作与使用；低温保护问题，体温过低的急救护理和其他合适的急救程序；在恶劣气候和恶劣海况中使用船舶救生设备所必需的专门课程；灭火设备的操作与使用；对于围蔽处所的相关风险和安全进入围蔽处所的船上程序，应视具体情况考虑到建议案A. 1050(27)中提供的指导。

在每艘装有吊架降落式救生筏的船上，应在不超过4个月的间隔时间内举行一次此设备用法的船上培训。凡可行时，此项培训应包括一个救生筏的充气与下降。这个救生筏可以是培训专用救生筏，而不是船舶救生设备的组成部分，并应明显地标出专用救生筏标志。

四、训练手册

根据SOLAS公约附则第Ⅲ章B部分第V节第35条要求，每一船员餐厅、娱乐室、船员住舱应配备一本培训手册。培训手册和培训教材等使用的语言明确规定必须是船上的工作语言。

手册的内容应包括救生设备和最佳救生方法的须知和资料，包括：救生衣和救生服的穿着方法；在指定地点集合；救生艇筏的登乘、降落和离开；在救生艇筏内降落的方法；从降落设备上脱开；降落区域内防护方法与防护设备的用法；降落区域的照明；所有救生属具的用法；所有探测装备的用法；用图解说明无线电救生设备的用法；发动机及辅助设备的用法；救生艇筏和救助艇的回收，包括存放和系固；暴露的危险和穿用保暖衣服的必要性；为救生使用救生艇筏设备的最佳方法；拯救的方法，包括直升机救助装置（吊绳、吊篮和吊担架）、连裤救生圈、海岸救生工具和船舶抛绳设备的用法；应变部署表与应变须知所列出的所有其他职责；救生设备应急修理须知。

任务8.5 应急设备检查与维护

任务情景

每个公司都会依照国际公约条款、国内法律法规对船舶应急设备检验的技术要求,规范公司船舶应急设备的检查与维护,规范应急设备的正确操作和管理,定期测试和保养以确保应急设备良好技术状况及应急需要。

本任务涉及船上二副、三副管理的应急设备种类。

任务目标

1. 了解消防系统和设备的维护与检查。
2. 了解救生设备的维护与检查。

任务分析

1. 三副管理应急设备一般包括:大型固定式灭火系统及移动灭火器材、CO_2 检测报告;艇架及收放艇设备、救生艇及艇内属具物品、救生筏(筏及静水压力释放器检修日期)、救生衣、救生圈和救生船及救生艇救生信号、抛绳器(过期日期)、消防员装备(氧气瓶、面罩、空气管、消防服)、逃生通道及标识、火警报警装置、烟雾探测器、黄沙箱、国际通岸接头;船令呼叫广播系统;防火控制图及其设备、应变部署表。

2. 二副管理应急设备一般包括:无线电应急示位标(检测、电池、释放器日期)、双向无线电话(电池日期及备电池)中高频无线电 DSC 测试,甚高频无线电 DSC 测试,雷达应答器测试。

3. 按保养计划对船舶应急设备试验、检查、维护并正确记录。

知识获取

应急设备和器材的配备是船舶应急工作的重要基础,船上的应急设备和器材应进行定期维护保养、检查和试验,确保这些应急设备和器材处在随时可用的状态。

一、维护程序要求

对于消防和救生设备的维护, SOLAS 1974 公约给出了最低的要求。船上应建立、实施文件化的船舶和设备维护程序,使船舶和设备得到良好和有效的维护,并始终处于适航和适货状态。

1. 程序要求

公司的维护程序首先应文件化,并符合有关规定、规则的要求。有关的"规定、规则"应至少包括以下内容:适用的国际公约、船旗国和港口国的规则、船级社的规范、制造厂的要求等。其次要充分考虑公司的相关要求和设备制造厂的有关建议,如:公司在船舶和设备维护方面所积累的经验;公司所经营航线的特点对船舶和设备维护提出的要求、公司同类型船舶所得出的经验教训;公司根据设备损坏、故障分析所得出的综合信息,制造厂对所生产设备在维护方面提供的建议等。

2. 功能要求

为使船舶和设备的技术状态满足法定规则和建议标准,船舶和设备的维护措施应当保证按照适当的间隔期进行检查,保证任何不符合规定情况得到报告,并附可能的原因;采取适当的纠正措施;保存这些活动的记录。

二、消防系统和设备的维护与检查

消防系统和设备的维护、试验和检查应符合强制性的最低要求,应根据 IMO 制定的指南进行,并充分考虑到确保消防系统和设备的可靠性。

1. 目的与功能要求

消防系统和设备的维护、试验和检查的目的是保持和监控船舶所具备的消防安全措施的有效性。为此,应满足下列功能要求:防火系统及灭火系统和设备应进行维护保养,使其随时可用;防火系统及灭火系统和设备应妥为试验和检查。

2. 一般要求

为了保证达到消防安全目标与功能要求,船舶在营运期间的任何时候,防火、灭火系统以及设备应保持随时可用。

(1)营运期间

营运期间包括船舶航行、停泊和作业期间,但以下情况属于非营运期间:船舶正在修理或闲置(在锚地或港内)或进干船坞;船东或其代表宣布船舶停止营运;客船上无旅客。

(2)随时可操作状态

为确保在发生火灾时能够发挥所要求的作用,下列防火系统应保持完好状态:结构防火,包括防火分隔以及防火分隔上的开口和贯穿防火分隔的部件;探火系统和火警系统;紧急脱险通道及设备。

灭火系统和消防设备应保持良好的工作状态并随时可用,用过的手提式灭火器应立即再充装或用等效装置替代。

(3)维护保养、试验和检查

维护保养、试验和检查应根据 IMO 制定的指南进行,并充分考虑到确保灭火系统和设备的可靠性。

维护保养计划应保存在船上,并应在主管机关要求时出示,以供其检查。维护保养计划应至少包括下列防火系统和灭火系统及设备(如设有):消防总管、消防泵和消火栓,包括水带水枪和国际通岸接头;固定式探火和失火报警系统;固定式灭火系统和其他灭火设备;自动喷水器、探火和失火报警系统;通风系统,包括挡火闸和挡烟闸、风机及其控制装置;燃油供应的紧急切断;防火门,包括其控制装置;通用应急报警系统;紧急逃生呼吸装置;手提式灭火器,包括备用气瓶;消防员装备。

维护保养程序可由计算机编制。

3. 对客船的附加要求

除防火系统和设备维护保养计划外,载客超过36人的客船还应编制低位照明和公共广播系统的维护保养计划。

4. 对液货船的附加要求

除防火系统和设备维护保养计划外,液货船还应为下列系统和装置编制维护保养计划:惰性气体系统;甲板泡沫系统;液货泵舱的消防安全装置;易燃气体探测器。

5. 船上维护工作要点

消防设备的船上维护工作一般包括以下各点:消防设备、器材,应造册并逐项登记,确保按照规定进行定期养护、检查和换剂及更新;消防设备布置图应与其实际布置情况一致,防火控制图装入梯口附近风雨密筒内;固定式灭火系统保持管系和分路阀的铭牌、标志鲜明。大型灭火系统应做到:房间内清洁、整齐、无杂物、通风,CO_2 间的室温应在 45 ℃以下;有适当的照明和有效的通信设备;所有 CO_2 气瓶,每 2 年进行称重检查,若瓶内 CO_2 净重减少达 10%时应予填充,并做好记录;标志清楚,并附中、英文操作说明;房间门外有备用钥匙。手提式灭火器应按时检查、换剂、登记,应注意检验和换剂日期:泡沫灭火器药液每年更换一次;CO_2 灭火器每年检查一次重量,净重减少达 10%时应予填充;干粉灭火器每年检查一次干粉是否结块;火警报警装置及烟火探测系统保持正常工作状态。

三、救生设备的维护与检查

船舶应备有符合要求的救生设备船上维护保养须知,并应相应地进行维护保养。主管机关可接受用包括公约要求的船上计划维护保养表以替代所要求的保养须知。救生设备的维护保养、试验和检查应根据 IMO 制定的指南来进行,其开展方式要充分考虑到确保这些设备的可靠性。

1. 维护保养须知

船舶安全管理体系应为每种救生设备建立符合要求的维护保养须知或维护保养计划,确保按时进行规定的每周检查和月度检查,并将检查情况记入航海日志。

根据 SOLAS 公约附则第Ⅲ章第 36 条要求,救生设备的船上维护保养须知应是易懂的,如有可能应加以图解说明,并且按适用情况,每种设备应包括下列各项:进行要求的检查时所用的检查清单;维护保养与修理须知;定期维护保养计划;润滑点示意图,并注明建议用的润滑剂;可替换部件一览表;备件来源一览表;检查和维护保养记录簿。

2. 维护与检查要求

根据 SOLAS 公约附则第Ⅲ章第 20 条要求,船舶应保证所有救生设备在船舶离港前及航行中处于正常工作状态,并立即可用,所有救生信号应保持在有效期内,并按要求予以维护。

救生设备的维护、测试和检查应根据 IMO 制定的指南(《防止救生艇事故的措施》,MSC. 1/Circ. 1206/Rev. 1)来开展,其开展方式要充分考虑到确保此种设备的可靠性。船上应备有符合前述船上维护保养须知要求的救生设备船的维护说明并据此进行维护。主管机关应依照此要求,接受船上的计划维护安排。

救生设备及其易损或易耗而需要定期更换的部件，应配有备件与修理设备。

3. 维护与检查周期

船上救生设备的检查周期视具体的检查内容而定。

(1)每周检查

每周应对所有救生艇筏、救助艇及降落设备应进行目视检查，以确保其立即可用。检查应包括但不限于：挂钩、挂钩与救生艇的连接以及承载释放装置是否已备妥并完全复位；只要环境温度在起动和运转发动机所要求的最低温度以上，所有救生艇和救助艇的发动机应进行运转试验，总时间不少于 3 min，应证实齿轮箱和齿轮箱传动系统运行正常。如果装在救助艇上的舷外发动机由于其特殊性在螺旋桨没有浸没的情况下不允许运转 3 min，则可提供适当的供水。通用应急报警系统每周试验一次。

(2)月度检查与维护

除自由降落救生艇外，在气候和海况允许时，每月应将所有救生艇在艇上无人情况下从其存放位置移出。

每月应使用要求的检查表按救生艇属具清册清点、检查救生设备，包括救生艇属具，以确保其完整无缺并处于良好状态，发现失效、短缺的项目及时补充和更换。

救生口粮按保质期要求及时更换，救生艇淡水每月更换一次，艇用包装淡水配备上船时其包装上应注明符合经修订的 LSA 规则，要求淡水的包装可以在戴着保温服手套时打开包装和食用，否则应要求更换。

检查报告应载入航海日志。

(3)年度检验

气胀式救生筏及静水压力释放器以及气胀式救生衣、海上撤离系统与充气式救助艇应在不超过 12 个月的间隔期内，送检修站检修（在外观正常和合情合理的情况下，可展期到 17 个月）。其中气胀式救生筏、气胀式救生衣与海上撤离系统以及静水压力释放器应在认可的检修站进行检修，该检修站应是胜任检修该筏的、备有正规的检修设施，并仅雇用受过正规训练的人员检修。

(4)海上撤离系统布放间隔

除了上述要求的海上撤离系统检修间隔期以外，每一海上撤离系统还应以主管机关同意的间隔期从船上轮换布放，但每一系统每 6 年应至少布放一次。

(5)降落设备与承载释放装置检修

降落设备应根据要求的船上维护说明来维护，在（如适用）要求的年度检验时受到全面的检查，年度检查后，在最大降落速度时对绞车刹车做动力测试，所加负荷须为救生艇或救助艇无乘员时的质量。除此之外，在不超过 5 年的间隔里，须用相等于救生艇或救助艇及其全部定员和设备重量 1.1 倍的验证负荷进行试验。

救生艇或救助艇的承载释放装置，包括自由降落救生艇的释放系统，须根据要求的船上维护说明来维护，由受过正式培训的熟悉该系统的人员在要求的年度检验期间进行全面的检查和操作性测试。除此之外，当释放装置拆卸检修时，在艇载有全部乘员和设备的总质量的 1 倍载荷下进行操作性测试，此种拆卸检修应至少每五年进行一次。尽管有上述规定，自由降落救生艇释放系统的操作试验须仅搭载操艇船员自由降落下水或按 IMO 制定的指南（《防止救生艇事故的措施》，MSC. 1/Circ. 1206/Rev. 1）进行模拟降落下水。

吊艇架降放的救生筏自动释放钩，须按照要求的船上保养说明进行保养，在进行所要求的年度检验时，由经过适当培训并熟悉该系统的人员进行彻底检查和操作测试。除此之外，每次自动释放钩大修后，用该救生筏及其全部定员和设备总质量1.1倍的负荷进行运作试验，此大修及试验须至少每五年进行一次。

(6)吊艇索换新

船舶应注意吊艇索的保养，降落所用的吊艇索应定期检查，要特别注意穿过滑轮的区域，因变质不能安全使用时，或在不超过5年的间隔期内应予以换新。SOLAS公约2006年修正案MSC.216(82)取消了每30个月对调的要求，而是按照海安会1206号通函在进行定期的检修时如发现艇索蚀耗超过制造厂规定的标准或者使用达到5年(取早者)，则应更换艇索。

4.救生设备的保养要点

救生设备的船上维护工作一般包括以下各点：

救生设备的容器、支架、搁架及其他类似存放装置的位置，应按IMO的建议案用符号加以标记，表明该位置存放的设备及用途。如这个位置存放有一个以上的设备，则应表明其数量。

保持救生设备的标记清楚，救生艇编号应由首至尾、左舷艇为双号、右舷艇为单号，乘员定额标在艇首左右两舷。

救生艇软梯、绳索、踏板不得霉烂，外面应加防护罩；确保卫星EPIRB处于正常工作状态，恶劣天气中航行，应经常检查其放置是否牢固；在某些港口停泊时，为防止丢失，可视具体情况将其收回房间保管，开航前置回原处；

救生圈、救生衣的数量应符合规定的要求，放置在指定地点，并按规定配备自亮灯浮、自发烟雾信号、可浮救生索等。其中个人配备要求应为船员配备合适尺寸的救生服，位于遥远的工作站附近的救生艇筏(如船首附加救生筏)也应配备救生服(一般不少于两套，如船旗国有特殊要求时，按其要求配备)。在更换船员时需立即对救生服进行试穿，如果不能完整包覆身体，则应为船员重新配备救生服，为救生艇筏和工作站存放的救生服，也应由操作人员或经常值班的人员进行试穿。

项目9

领导力与团队合作

学习目标

1. 了解船上人员的管理和培训。
2. 了解运用有效资源管理的知识和能力。
3. 了解运用决策技能的知识和能力。
4. 了解团队任务和工作量管理。

任务情景

作为操作级船员需掌握基础的管理知识，具备一定的领导力和管理技能，并运用到日常船舶管理工作中。根据STCW公约与我国海船船员培训的要求，二、三副应当了解或掌握船上人员管理和培训、有效资源管理、运用决策技能、任务和工作量管理的知识，具备有效资源管理、任务和工作量管理的能力以及决策制定的技巧。

任务9.1 船上人员的管理和培训

任务情景

日本海难审判厅对某一特定年间的4 800起海难事故进行统计分析，在海难事故中出现次数较多的事故原因有：瞭望不当、未遵守规则、打瞌睡、监督指挥不当、未正确鸣放声响信号、对主机的使用维护不当、未检查船位、船舶操纵不当等(图9-1-1)。

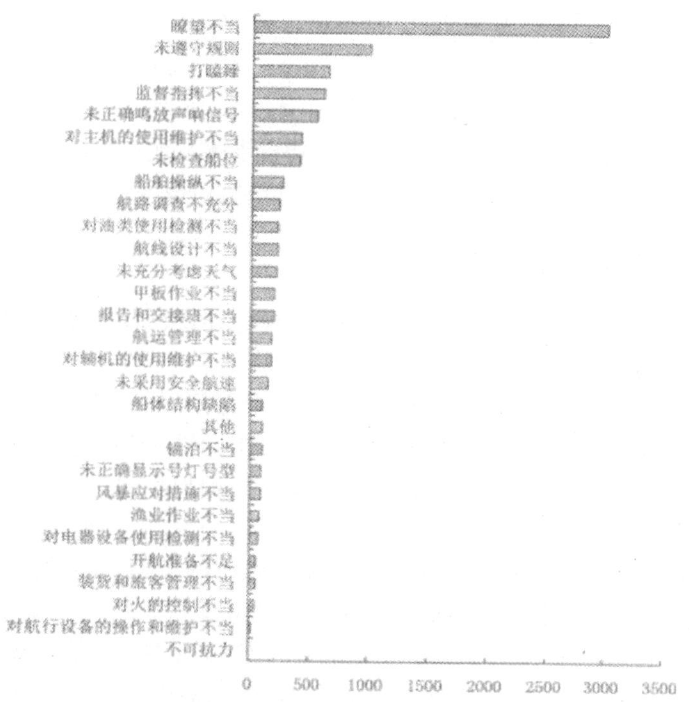

图 9-1-1　事故原因出现次数

本任务涉及讨论船舶应当从哪些方面对驾驶员加强管理与培训。

任务目标

1. 了解船员组织、管理架构和责任。
2. 了解文化意识、内在特质、态度、行为和跨文化交流的知识。
3. 了解船上非正式社会结构及其影响。
4. 了解人为失误、情景意识、主动意识、自满和倦怠的相关知识。
5. 了解领导力和团队合作的相关知识。
6. 了解船上计划和实施的相关知识。
7. 了解个人能力和行为特征。
8. 了解国际公约中与人员管理相关的内容。

任务分析

主要从SMS对值班驾驶员的管理、驾驶台值班规则、设备的正确使用、《1972国际海上避碰规则》、开航前安全会议（包括讨论本航次航行所经水域的通航环境及航行安全注意事项等）等方面开展讨论。

知识获取

为保障船舶、设施和人命财产的安全,船旗国需要保证船舶按照标准定额配备足以保证船舶安全的合格船员,并按照相关要求对船上人员进行管理和培训。

一、船员组织、管理架构和责任

船员按照一定的组织、管理架构工作,完成团队和各自责任。船舶组织的工作越是统一协调,工作效率也就越高。

1. 船舶组织

船舶组织是指船舶管理者对船舶内部人员的工作安排与协调。船舶组织的重要性突出表现在以对船舶内部人员的合理调配进而达到保障船舶安全的目的。

(1)船舶组织的设计步骤

船舶组织的设计步骤为:确定完成组织目标所必做的工作、将工作合理地划分为具有可行性的个人行为、将组织机制设计成便于协调组织成员工作的统一而且和谐的整体。

由于组织拟完成的工作无法由个人完成,这些工作应合理地划分给各个组织成员。

“合理”在这里包括两层含义:①组织成员不应被指派去完成不适合他完成的工作;②工作的强度不宜过大,也不宜过小。过大的工作强度导致工作无法及时准确完成,而过小的工作强度则造成时间的浪费、效率的降低及不必要的开支。更为重要的是,疲劳可能导致事故的发生,进而造成更大的损失。

传统的组织设计包括以下五个要素:划分工作、确定从属关系、确定职责和责任、划分管理层次、划分部门。

(2)传统组织结构的优势和缺点

传统组织设计具有从属关系清晰、责任明确以及专门化带来低成本等优点,但同时它也存在着以下缺点;下级单纯依赖上级;追求部门目标影响整体目标;不同部门之间存在隔阂;资源重复配置导致浪费等。

2. 船舶管理架构及驾驶台组织架构

船舶管理架构及驾驶台组织架构并不是固定不变的,具体取决于船舶条件、环境条件以及航行任务等。

(1)船舶管理架构

船舶管理架构取决于船舶种类、大小等因素,现代大型货船上船员的分工以及船员的职能大致相同。一般分为甲板部、轮机部和事务部,客船还有客运部等。

(2)驾驶台组织架构

驾驶台组织构架即驾驶台团队,成员包括船长、驾驶员、值班水手、值班的轮机员和在船引航员。不同的航行环境会有不同的工作特点,需要结合当时的工作特点。才能有效发挥团队管理的作用。

驾驶台组织的作用包括:消除由于个人失误而可能造成灾难性局面的危险性;强调保持良好视觉瞭望的必要性和执行避碰规则的必要性;鼓励利用所有确定船位的方法,以便在一种方法失效的情况下其他方法立即可用;每位成员都应认识到每个人在船舶安全航行中所起到的重要作用且安全取决于每位成员尽自己的能力履行其职责;每位成员必须认识到船舶安全不应该仅仅有赖于某个人的决定，应仔细检查所有决定和命令，并监视其执行，如果低资历成员认为那个决定对于船舶并不是最好的话，他们必须毫不犹豫地针对某个决定提出自己的看法。

驾驶台组织的原则为：驾驶台主要功能是确定适合的航路；根据任务和境况配置合适的人员；委派驾驶员合适的任务；驾驶台团队的成员应尽职尽责相互支持；接纳引航员作为重要的一员加入驾驶台班组；充分利用驾驶台所有资源；消除成员中任何人可能引起严重后果的失误。

3. 驾驶台团队的责任

视船舶航行情况而定，驾驶台团队可能由值班驾驶员、瞭望人员、操舵人员、船长、辅助驾驶员、引航员等人员构成并共同承担驾驶和航行责任。

（1）值班驾驶员

在某些情况下，值班驾驶员是唯一的一位积极参与船舶航行的人。在对团队的合作没有明显要求时，值班驾驶员应对安全航行各个方面负责。

如果值班驾驶员忙于履行其他职责而不能瞭望，他必须呼叫瞭望人员协助瞭望。除瞭望人员外。值班驾驶员还可能要求一个人在操舵。值班驾驶员负有值班职责，有责任使瞭望人员和操舵人员（如有）了解各自职责并提高他们值班的有效性。

在某些情况下，值班驾驶员觉得有必要呼叫船长上驾驶台，这也许是因为事先计划，或船长常规命令或夜航命令已指明，或值班驾驶员意识到需要船长的知识和经验。呼叫船长上驾驶台并不是将船舶操纵职责由驾驶员转交给船长，除非船长明确表示接任操纵任务。在船长到达驾驶台之前。值班人员仍应履行其职责。一旦船长承担操纵职责，应将此记入航海日志。此后，驾驶员履行支持职责，但仍有责任采取值班人员的行动。

（2）船长

船长承担操纵职责时，确定每位团队成员的职责是有必要的，这在很大程度上有赖于相关人员及本船的实际情况。除非所有相关人员都理解各自的职责，否则有些职责会相互重叠，或者有些职责被忽视了。在此情况下，驾驶台团队合作有赖于以下几点：船长根据航路规则和推荐的航路要求控制船舶运动，规定航向及航速，监控船舶的安全航行，协调并监控所有值班成员；值班驾驶员负责驾驶船舶并向船长报告有关信息，保证这些信息得到确认，须确定船位、向船长提供船位和其他信息，须监视操舵和车钟命令的执行，应协调内部或外部信息联系，将相应的要求记入航海日志，并履行船长要求的其他职责。

（3）辅助驾驶员

某些情况下，船长认为有必要得到两位航行驾驶员的支持时其中一位应为值班驾驶员，另一位应为辅助驾驶员，这两位驾驶员的职责应分工明确。

需要两位驾驶员协助船长时表明船舶处于非常危险的情况，原因可能是：安全界限要求船舶谨慎地保持在航线上；龙骨下富余水深减小；交通繁忙；能见度不良或出现类似的情况。

在正常航行的前提下，值班驾驶员依然履行前面所确定的职责。辅助驾驶员的职责是向船长提供基于雷达的交通信息，在海图作业方面给予值班驾驶员支持，包括按要求提供有航行信息的海图、确定重要的航行决策、处理内部和外部的一般通信联系。

（4）引航员在船

自引航员到达驾驶台开始直至离开驾驶台，其将作为驾驶台团队的一名主要成员，参与驾驶台团队工作。引航员在船是为了协助船上驾驶台班组在受限水域航行、进出港口以及靠离泊作业。在引航员缺乏经验或判断有误的情况下，船长有责任、权利和义务行使船舶的指挥权。

引航员在船时，船长和其他驾驶员需要清楚引航员的意图，必要的话，在航行的过程中，询问引航员的意图。在这种情况下，驾驶台团队间必须相互交换信息，船长、驾驶员应了解引航水域的特性、引航的困难程度和当地的相关规定；引航员应了解船舶的操纵性能、熟悉船舶的设备使用、了解驾驶台人员的相关情况。

二、文化意识、内在特质、态度、行为和跨文化交流

航运业是国际化的行业，船员之间有时语言存在巨大差异，风俗习惯也各不相同。因此会存在交流障碍、相处困难等问题，从而影响安全。

1. 文化和文化意识

船员了解各地文化和习俗，有助于船上的工作和生活，避免危险情况发生，保证安全。

(1)文化

广义上的文化指的是人类社会历史实践过程中所创造的物质财富和精神财富的总和。狭义上的文化是指社会的意识形态以及与之相适应的制度和组织结构。

文化具有明显的地域性，不同的国家、民族、人种具有不同的生活和工作模式，每一种文化模式都有自己的价值体系和行为准则，并与造成这种差异的特定社会环境相联系。各种文化模式的特点可以通过属于各文化的成员的行为、信仰、习惯和社会组织形式表现出来。一般的特点可以表现在服装、饮食和语言中，比较复杂的特点则融化在人们的信仰、价值观、思维方式和言行举止当中。

(2)文化差异

每个人的性格及特点都不尽相同，决定人的差异的主要因素就是文化的差异。决定文化差异的背景因素包括宗教、教育、文艺、艺术运动、音乐和其他兴趣、身体健康、食物与饮料、职业与培训、家庭、社会和经济背景朋友与关系等。文化差异主要表现在语言差异、价值观的差异、认识差异、生活和工作方式的差异、民族的文化差异。

2. 文化差异处理

对比分析不同民族的文化差异，需要以下列价值观念判断作为基本标准。

(1)等级观念

等级观念就是对社会不平等的认可程度。根据人们对等级观念的认可程度不同，可以将国家分为低等级观念社会和高等级观念社会。低等级观念是不平等不被接受并期望商议的观念。高等级观念就是不平等是被接受的观念。高等级观念的人希望被告诉该做什么，对于不平等认为这是社会常规。高等级观念船员之所以被普遍接受，重要原因就是服从意识特强。就船舶管理而言，适度的等级差有助于船舶管理。我们通常的做法是在进行重大作业前，先开工前会，领导先提出一套方案，然后征求意见，看还有没有更好的方案，最后统一意见。在都没有绝对把握的情况下，听领导的，原因有两个：一是领导对工作负责任；二是领导一般从知识经验角度要比其他人全面。原则就是先民主，后集中。

(2)群体性和个体性

群体性和个体性指对待同样的问题在处理方式上的不同，以群体和独立作战为区分。群体性是指把保持融洽、避免不和谐看得很重要，常常隐瞒坏消息，犯错误就意味着个人和

整体团队都没面子。而个体性是说话大胆,真诚坦率,犯错误就意味着内疚和降低自尊。多数亚洲国家为群体性社会,而欧美国家则较多为个体性社会。

作为船舶管理,应注重于集体性的培养。从安全角度来说,只有整个船舶安全了,每个人才能安全。安全检查缺陷是以船舶为单位,不分甲板与机舱,也不会标明是哪一个人的缺陷。船东评价一条船也是按总体得分来评定的。

(3)女性化和男性化

女性化和男性化是根据社会普遍态度而分。女性化(平和)假设人们是谦让的,表现为:平等团结、关心他人,等级关系不重要。男性化(张扬)假设人们是坚强的,英雄主义、权力、等级关系是重要的。张扬是一种精神、一种信念,在某种意义上代表活力、积极进取,但处事方面骄横自大,往往过于相信自己,到处标榜和推行自己的观点与做法,并要尽可能地将其他国家和人员置于他控制之下。

船员 24 小时共同在船舶的特定氛围中生活和工作,处理好张扬与平和之间的关系尤为重要,要相互理解,相互谦让,才能和谐相处。

3. 跨文化交流

跨文化交流需要认识文化差异、尊重其他文化、协同文化差异。认识到在不同的文化里什么可以做,什么是禁忌,才能避免误会。文化只有不同,没有好与坏之分,要和睦相处,就得互相尊重。只有认识文化差异和尊重其他文化,才能协同,达到默契。

4. 工作态度

工作态度是个体在一定环境中对工作做出积极或消极反应的心理倾向,工作态度与责任心紧密相关。

(1)工作态度的作用

一个人的态度决定了他对某些人或事物的行为,态度的积极与否、健康与否都会直接影响事物的最终结果。工作态度直接影响工作情绪的高低和生产率的高低,影响工作的投入程度,决定个人是否认同自己的工作,能否积极参与工作以及把工作绩效看成是个人价值的体现程度。

(2)工作态度的作用与分类

工作态度大致可以分为积极与消极,或危险与安全,差异对比见表 9-1-1。

表 9-1-1　不同态度的表现

积极	消极
这个工作很重要。 It is an important work.	我必须完成这个工作吗? Should I complete this work?
这是我的本职工作。 It is my duty.	其他人也应对此负责。 Others should be responsible.
应该做得更好。 Do it better.	这样已经不错了。 I think it is better.
再试一下。 Try again.	已经没办法了。 I have not a good idea.

表 9-1-1(续)

积极	消极
安全 safe	危险 danger
为什么不试一试? Why take chance?	我能干! I can do it.
这种事可能会发生在我身上! It could happen to me.	这种事不会发生在我身上! It won't happen to me.
按规章办事。 Follow the rules.	用不着你告诉我怎么做! Don't tell me what to do.
是到了我们改变的时候了。 It's about time we changed.	我们经常就这么干! We've always done it that way.

三、船上非正式社会结构

船上非正式社会结构是满足个人从组织中得不到的需要,并由具有相似的社会背景、文化素养、兴趣爱好的组织成员自觉自愿形成的非正式群体。

船员在日常工作中经常性的联系可能会加深相互之间的了解,并在此基础上产生感情沟通进而形成非正式关系。因此,非正式关系可能会与正式的工作关系结为一体,在这种情况下,船员之间处理工作问题时有可能会采取超出正式规定的方式。

1. 正向功能

非正式社会结构在一定条件下对正式社会结构起着一定的补充作用,换言之,它对正式结构有着正向功能,表现为:能缓冲正式结构所带来的压力;能提供正式结构以外的丰富的控制和沟通形式;能够成为推动组织改革,维护组织成员合理利益的有效力量。

2. 负向功能

非正式社会结构也有一些负向功能,特别是非正式结构与组织的正式目标相互抵触时,这种消极作用就展现得比较明显。这种负向功能表现为:非正式结构的过分整合往往会削弱组织权威系统的有效性,影响组织目标的实现;有意利用非正式结构拉帮结伙分裂组织,谋取个人和小团体利益的行为会造成组织精力内耗;以非正式结构代替正式结构,工作程序发生混乱,会破坏组织的正常运行;过多的非正式沟通联络容易导致机密漏泄、谣言四起,造成人心涣散。

四、人为失误、情境意识、主动意识、自满和倦怠

80%以上的海事是由于人为失误造成的,这已成为海运业的共识。人不是机器,人具有主观意识和情感性,容易出现失误,在正常工作或发生特殊情况时往往会导致事故发生。

1. 人为失误

人为失误是指在某一特定系统中的操作人员在完成任务的过程中因意识、判断或行为等出现疏忽,从而不能根据当时环境和情况进行适当的操作,最终致使其无法正确处理面临的情况而发生系统运行的失常。

(1)人为失误的种类

在船舶事故中,经常涉及两种主要的情况:一是完全由人的失误造成的事故;二是由于船舶的技术性故障引起的事故。因此,把人为失误按由内外部造成的失误分为内部失误和外部失误。

内部失误又可分为:由厌倦导致的疏忽及非常规事件、由疲劳导致的失误、由知识缺乏带来的失误、由过于自信导致的失误。

外部失误可分为:基于技术原因的失误、基于信息原因的失误和基于气象条件的失误。

(2)失误的原因

在海上,人为失误主要表现在:疏忽和差错、基于知识的失误、基于技能的失误、基于文化制约的失误、基于违反安全惯例的失误,导致失误的原因也不尽相同。

由于疏忽或差错而导致的失误是最为常见的,这与工作态度和工作环境密切相关。原因包括:由于掉以轻心而引起注意力分散;对安全工作重视不够而未能保持高度警惕性;因工作压力太大和过度疲劳等造成不能采取适当有效行动。另外,心理上注意力的不稳定和分配不当也会造成疏忽和差错。

基于知识的失误主要是由于本身的无知而犯错,即缺乏足够的相关知识,或错误理解关键性原则而无法或不能正确应对或处理相关的局面或情况而导致的失误。这种失误在受过良好教育的船舶驾驶人员中间并不多见,但客观上因自己对工作知识的理解不深和运用不当而引起的错误还是存在的,即使具备了基本的知识,但从知识到技能,从经历到经验还有相当长的距离,需要通过实践中的操作去完成这种转化和升华。

基于法规的失误主要是由于本身没有正确或充分考虑相应的法规而草率决定并采取行动,或是没有注意到法规的适用性而错误地执行了法规,或是凭主观意念错误地应用被"简化的"法规而导致,也包括了由于对相关法规的内容不明确而犯错的现象。

基于技能的失误主要是由于缺乏从事本职工作的操作技能而导致,往往是由于缺乏足够的训练或缺少实际工作的实践经验而引起的,当然这也和自己与同事间相互交流经验过少有关。

基于文化制约的失误是由于团队人员文化意识与背景的不同而产生的局限性所引发,可以包括团队人员中由于不同语言的使用与理解或缺乏上下级人员之间的交流与质询,或可能由对意图的误解和毫无疑问地服从等具体原因而产生的失误。由于船舶驾驶人员所涉及工作环境的特殊性,如在国外港口经常需与不同国家或地区的引航员组成新的驾驶台团队,所以这类涉及不同文化制约所导致的失误也是常有发生的。

基于违反安全惯例的失误是因未能严格遵守实际工作中形成的安全习惯做法所引发,导致这类失误的发生常与自己的过于自信或自满、对工作中良好的通常习惯做法与安全之间的关系不够重视、喜欢凭个人经验办事、不注重团队工作的作用忽视别人的建议、查阅的书或出版物有误以及背离原定的计划航线有关。

(3)人为失误的预防措施

船舶驾驶人员必须充分考虑和结合自己行为模型中的错觉及在实际工作中对信息处理、决策和操作过程中可能产生的失误及其对本职工作的影响,从思想上全面认识人为失误与船舶事故之间的密切关系。

除了应全面认识人的因素与船舶事故的关系外,还应对船舶事故的综合因素加以认真分析,以制定有效的措施来消除或减少人为失误。

为了预防船舶事故的发生，船舶驾驶人员应注意调节生理与心理状态，保持良好的生理状态，避免不正常的心理状态。

为了能及时发现失误链与事故链的存在及其发展过程，船舶驾驶人员必须通过保持高度的情境意识，了解自己船舶内外部的实际情况，掌握和知晓周围局面对本船将产生的影响，才能在发现失误链与事故链的存在后及时采取相应的措施来终止它们的发展。保持高度的情境意识是及时发现和中断失误链与事故链发展的基本保证。

2. 情境意识

情境意识（Situation Awareness）有的译作"局面意识""警惕性"等，是指在一个特定的时间对影响船舶的因素和条件的准确感知。它是人们对于事故发生的一种预知和警惕，属于思维和思想活动的范畴。

（1）情境意识的构成

情境意识不是一种特定的行为，而是工作态度和思维的产物，它决定着人的行为与动作。同时，情境意识具体指由理解力、注意力、判断力和适应性所组合而成的一种综合表现。

情境意识的构成涉及很多因素，其中主要表现为：经验与训练、操纵与操作技能、身体情况与心理状态；对情况的适应与熟悉程度；驾驶台领导与管理技能。

（2）良好的情境意识

良好的情境意识表现为：能正确地感知船舶条件的实际状态与变化趋势的理解力；能敏锐地觉察船舶周围的实际情况与变化趋势的注意力；能全面地了解周围情况变化对船舶运动影响的判断力；能正确地预测船舶即将面临的局面和安全状况的适应性。

船舶作业是一个多部门多人员相协同的工作。就驾驶台来讲，船长、引航员、驾驶员、舵工是一种常见的工作组合。单凭个人的力量是不可能保持高水平的情境意识的。要想得到良好的情境意识，充分发挥每一成员的作用与功能及相互之间的支持和监督是十分必要的。驾驶台领导与管理技能的高低与驾驶台团队成员所形成的情境意识有着密切的联系。

3. 主动意识

主动意识，是用更多努力来改进自我，如熟练掌握设备的使用或主动做些额外的工作的意识。真正的主动意识意味着在工作范围之外，提出一些有益于同事和整个组织的大胆的、建设性的建议。

4. 自满和倦怠

船员的自满和倦怠是船员个体不能顺利应对工作压力的一种表现，是情感、态度和行为的表现。自满是对事对人都有不逊的看法，以自己为中心，觉得除了自己，其他的都不行，觉得自己对什么都懂了，再学习或听取别人的建议都是多余的。产生自满的原因主要是做事以自我为中心，为避免自满，应多看看别人的长处，再看看自己有什么缺点，每个人身上都有自己值得学习的地方。船员出现职业倦怠的主要原因有：工作环境的原因、人际关系的原因、价值与意义方面的原因和家庭的原因等。

五、领导力和团队合作

船上团队工作需要发挥领导作用，并保证船上良好的团队协同。

1. 领导力

作为引导和影响个人或组织的领导，必须通过正确发挥自己在工作中的计划、组织指挥、控制协调的职能和作用，积极鼓励和调动下属人员的工作积极性，才能带领他们共同实现预定的目标。

(1) 领导的基本概念

所谓“领导”，就是指设定目标，率领和引导组织或个人在一定的时间以及其他条件下，按照一定的计划或方法实现该目标的行为过程。它也可以解释为“指挥、带领、引导和鼓励部下为实现目标而努力的过程”。

(2) 领导者的基本条件

为了能保证领导的正确性和有效性，领导者应具备此特定的基本条件和素质。作为一名领导者，要想带领下级去完成本部门的既定目标，首先就必须建立起自己的领导权威。权威就是权力与威信的统一，是由领导者的素质及其行为所形成的，它标志着一个领导者的能力是否被他人所承认。一个优秀领导者的良好素质包括：高尚的品德；高深的专业知识；丰富的工作经验；敏锐的观察能力；冷静的思考判断；巧妙的沟通影响；充沛的精神活力；坚定的意志目标和公正的立场和评判。

(3) 领导的类型与风格

领导者在实际工作中都会根据具体的要求，结合自己领导工作的经验和风格而从事具体的领导工作，他们也会因工作要求和具体的实施方式的不同而产生以下多种领导的类型和风格。

领导的类型包括民主型、激励型、制度型、教育型、榜样型、专制型、放任型等，不同类型的领导在实际工作中的领导风格也会各不相同，领导风格主要包括：命令型、指示型、参与型、委托型。但是，这些具有不同性格与特点的领导在从事他们的具体实际工作中，也不是完全采用单一的领导风格来办事的。在不同的场合和情况下，他们也会根据实际情况调整或采用混合型的领导风格来适应或满足需要。

(4) 领导者的影响力

影响力一般指人在人际交往中影响和改变他人心理与行为的能力。领导影响力就是领导者在领导过程中，有效改变和影响他人心理和行为的一种能力或力量。构成领导影响力(或者说权力)的基础有两大方面：一是权力性影响力；二是非权力性影响力。

权力性影响力又称为强制性影响力，它主要源于法律、职位、习惯和武力等。权力性影响力对人的影响带有强迫性、不可抗拒性，它是通过外推力的方式发挥其作用。在这种方式的作用下，权力性影响力对人的心理和行为的激励是有限的。

非权力性影响力也称非强制性影响力，它主要来源于领导者个人的人格魅力，来源于领导者与被领导者之间的相互感召和相互信赖。构成非权力性影响力的因素主要有品格、才能、知识、情感等因素。

(5) 提高领导影响力的途径

提高领导影响力的途径包括：正确行使手中的权力、培养健全的心理素质、进一步提升领导能力、构建合理的知识结构。

正确行使权力需要：树立正确的权力观；遵循权力行使的原则，必须依照正当、民主、公正的原则来行使权力，不能滥用；能科学地运用权力，授权应该坚持合法授权、视能授权、权责统一、有效控制信任支持的原则。

道德品质是构成领导影响力的最重要因素，领导干部要提升领导影响力，必须培养自身高尚的道德品质，要做到以下三点：①要时刻注意自重自省；②要重于慎独自律；③要从小节做起。

领导者培养健全的心理素质最主要的就是培养自己开阔的胸襟和坚强的意志，树立正确的人生观、价值观、权力观、利益观。

领导能力是领导者履行职责的重要的主观条件，它决定着领导工作的成败。领导者提升领导能力要注意以下几点：科学正确的决策能力；知人善任的用人能力，要做到知人善任必须处理好亲与贤、德与才、长与短、职与能的关系；开拓进取的创新能力，逆向思维、发散思维、转向思维。

领导者不仅要有广博的知识，更重要的是要建立合理的知识结构。领导者合理的知识结构包括以下内容：深厚的政治理论知识、精深的专业业务知识、娴熟的领导专业知识、广博的科学文化知识。

2. 团队合作

船上许多工作是需要团队工作完成的，团队的重要特点是团队内成员间在心理上有一定联系，彼此之间相互影响。

(1) 团队

团队是由两个或两个以上的人组成的，是通过人们彼此之间的相互影响、相互作用，在行为上有共同规范的一种组织形态。通俗地说，团队是由一起工作以完成共同任务的个体组成的一个群体。

(2) 团队的特点

团队成员有着共同的目标，为了完成这一目标，成员之间彼此合作，这是构成和维持团队的基本条件。团队成员之间分工不同，但每个人又都为了实现共同的目标而承担着一定的责任。团队成员具备实现目标所必需的技术和能力，而且相互之间有能够良好合作的个性品质，从而能够出色地完成任务。

(3) 船舶团队的管理

船舶团队是指在同一艘船上工作，由船舶驾驶人员、机舱管理人员以及为团队服务的支持人员组成，为实现团队共同目标的一个群体。通过团队的合作、监督、提醒、支持，并发挥每一成员的主观能动性，实现船舶、货物、人员和环境安全的共同目标。

船舶团队合作应当做到：船舶管理人员应当将船上所有人员看作是一个有共同目标的团队，不断强化船员的团队意识；船舶团队应当能够很好地与临时加入的第三方进行合作；应防止船上任何人员孤立地工作，即使在人员紧张的情况下，也应保证单独工作的船员能够随时与其他队员进行有效的沟通，并随时可以得到相应的支持；如果条件允许，船长在确定工作目标时应与自己的团队共同讨论，使相关人员能够充分地表明自己的观点，在此基础上制订详细的实施计划；团队领导者应当坚定，但又不失灵活和友好，应当尽力避免形成过于专制与放任不管的领导方式；团队中每一名队员都有自己明确的职责并恪尽职守，随时留心周围发生的一切，以便及早地发现失误并避免事故链的形成；团队管理者要意识到每个成员的贡献都是有价值的，这会对团队产生强烈的激励作用；团队工作应当始终按规定的标准操作程序进行，任何决定的作出都要依据事实，而不是个人偏见和主观臆断；船舶团队成员应当保持不间断的警觉、加强情境意识、对重要事件预先予以考虑、做事应当分清轻重缓急，警惕对小问题纠缠不清，避免因小失大、保持良好的联络与沟通、建立质询和回应的氛围，工作中有疑虑时及时澄清、习惯性地进行相互检查、保持身心健康；船舶团队成员要警惕过分依赖无线电助航设备和自动系统、不愿寻求帮助、不愿指出上级犯的错误、因小问题分心而忽视了需优先考虑的大问题等危险倾向。

(4)船上良好的团队协同方法

船上良好的团队协同方法包括:团队领导力坚定,但又不失灵活和友好;良好的管理风格,掌握权威与自信的平衡,同时使用沟通和质询等工具;各司其职,船长需要随时监督航行和避让行动的有效性;培养良好的情境意识,决策时要基于事实,而不能凭个人主观臆断;团队应能正确地应对各种紧急情况和环境的任何突然变化;团队应能顺利地接纳新成员,新成员也能立即融入团队,如引航员;团队成员间要相互支持,共同执行船长的决策。

六、船上计划和实施

为保障船舶、设施和人命财产的安全,船上工作需要按照强制性要求,并考虑建议性指导,制订船上计划并严格实施。

1. 计划的定义

计划是事先制订的,为进行某事或制作某物的一些详细的方法。合理的计划可以确保组织按照行为的需要分配资源,组织成员按照规定的程序开展自己的工作,监测工作进程是否达到组织目标,以便在未能达到上述要求时及时采取改进措施。

2. 计划的制订

计划的基本过程可分为四个阶段:确立远景目标、分析当前形势、分析影响远景目标实现的有利和不利因素以及制定实现远景目标的方案。

(1)确立远景目标

远景目标为组织的行为规定了基本方向。它们由组织的目的、任务、目标和战略四部分组成。

组织的目的是在其行为过程中由社会为其划定的基本地位,也是社会中所有同类型组织的基本目标。组织的任务是指能使其与同类组织区分开来的主要的和特有的目标,它是组织为自己确定的最基本的目标。组织的目标是指为完成任务所必须达到的各种指标。组织的战略是指达到组织目标和完成组织任务的基本原则。

以驾驶台团队为例:团队的目的是保证船舶安全和高效营运,而它的任务是按照计划航线操纵船舶。航线上的每一航段都有各自应达到的目标,包括既定的航速、最大许可偏航距离和预计到达转向点的时间等,为保证团队实现上述目标,还应该制订下列相应的战略:开航前应该搜集哪些信息;应使用哪种定位方式;怎样改善船舶的操纵性能等。

(2)分析当前形势

分析当前形势包括确定个体与远景目标间的差距、为实现远景目标应准备的资源以及妨碍目标实现的自身局限性。

以一艘计划抵港的巴拿马型满载散货船为例:该轮最大操纵速度是 12 kn,其位置距引航站 60 n mile。它几乎没有可能在 5 h 内抵达引航站,因为船舶的航速通常会由于浅水效应的影响而下降。除此之外,船舶还需要主动降低主机转速使航速降低至满足引航员安全登轮要求的程度(比如 5 kn)。因此,在确定预计抵达引航站时间时,至少需要增加半小时计划时间,增加 1 h 则更切合实际。

在规划过程中将前面两个阶段机械地分隔开也是很困难的,因为远景目标在确定后还可能根据环境的改变而调整。

(3)分析影响远景目标实现的有利和不利因素

管理者一旦确定了自己的远景目标,就必须确定环境中哪些因素有助于组织实现其远景目标,哪些因素起妨碍作用。它还包括对未来可能出现的因素及当前因素在未来可能发生的变化的预测。

众所周知,影响船舶运动的因素很多,包括风向、水域的深度和宽度、能见度及通航密度等。在进行航行计划时,所有因素都应该被充分考虑,包括其未来的可能变化。以潮汐为例,潮汐的影响随着时间、位置,船舶的航速和航向甚至风向和风力的变化而变化。在船长和引航员看来,准确预报潮汐的影响几乎是不可能的事,他们所能做到的是在安全范围内消除上述影响。

(4)制定实现远景目标的方案

计划工作的最后一步是制定若干种实现既定远景目标的方案以供选择,通过对这些方案的评估和筛选,最后确定一个能实现目标的最佳方案。如果原有计划已经引领组织去实现其既定远景目标,则管理者通常应仔细观察该计划的进展情况,随时准备在出现特殊情况时采取应变措施。但绝大部分情况下,他们将重新进行计划,因为当前的环境和条件已经不能适应远景目标的变化情况。因此,在新的计划中通常包括下列元素:达到目标所需要的主要措施;个人和组织在上述措施的职责;上述措施开始实施和预计完成的时间。

七、个人能力和行为特征

不同的船舶驾驶人员,由于人文素质的不同,会表现出不同的安全水平、不同的安全行为。为了达到抑制不安全行为的目的,有必要了解掌握影响人的行为的因素,并从安全行为科学的角度来认识和解决这一问题。

1.影响个人的安全行为的因素

个人的安全行为主要受个性心理因素、性格特征、社会心理因素等影响,工作条件以及疲劳程度对安全行为的影响也不可忽视。

(1)个性心理因素的影响

情绪为每个人所固有的,受个人气质和性格的影响,是受客观事物影响的一种外在表现。从安全行为的角度看,当情绪处于兴奋状态时,人的思维与动作则非常敏捷;处于抑制状态时,思维与动作显得迟缓。在处于一定的紧急局面时,往往会产生反常的举动,这种情绪可能导致思维与行动不协调、动作不连贯,所以这是不安全行为的一种反映。

(2)安全行为自觉性方面性格特征的影响

这种影响表现在从事安全行为的目的性或盲目性、自动性或依赖性、纪律性或散漫性。在安全行为的自制方面,表现为自制能力的强弱、约束或放任、主动或被动等。安全行为果断性方面的特征,表现在长期的工作过程中,安全行为是坚持不懈还是半途而废,严谨还是松散,意志坚强还是懦弱。

(3)社会心理因素的影响

社会心理因素的影响包括社会知觉对人的行为的影响、价值观对人的行为的影响、角色对人的行为的影响、环境与物质的影响。

(4)其他因素

除了以上所述的影响因素外,还必须考虑到从事不同工作的人员在生理或心理方面的局限性,如警惕性、注意力、适应性和其他与这些局限性相关的各种因素。由于船舶是在动态的环境中运行,船舶航行的时间也受到进港、装卸货物、离港时间和潮汐等因素的制约。这种由于工作环境和条件决定的,没有固定时间规律的工作与生活方式,很可能增加船舶驾驶人员产生人为失误的风险。

必须强调的是,有两个非常重要的因素也可能影响船舶驾驶人员的行为:①由于工作性质和连续的工作时间造成的精神疲劳;②由于生理节奏的打乱和不连续的睡眠,尤其是在夜间值班所引起的警惕性的降低。

2. 不安全行为

作业中的不安全行为主要指违章作业、违章指挥。而这些违章行为又分为有意违章和无意违章。究其原因有:社会因素、环境因素、生理因素和心理因素等。而心理因素包括:侥幸心理、冒险心理、贪便宜走捷径心理、逆反心理、凑兴心理、从众心理、自私心理。

八、国际公约中与人员管理相关的内容

国际海事组织(IMO)在1995修订的《1978年海员培训、发证和值班标准公约》(STCW78/95)的B-Ⅷ/2部分中强调了船舶驾驶人员团队工作的重要性,并且指出:"参加驾驶台团队工作的人员必须由足够的、称职的、不同职级的航海人员组成,他们必须分工明确、任务到人,各人之间的对话与联系应明确无误,能集中精力工作,能随时对环境与局面的变化及时反应和采取有效的措施"。

2010年6月,国际海事组织在马尼拉召开STCW公约缔约国大会,通过了《STCW公约马尼拉修正案》,该案在2012年1月1日开始生效。在马尼拉修正案中,首次将"驾驶台资源管理"和"机舱资源管理"课程列为强制性适任标准,并在修正案的A-Ⅱ/1和A-Ⅱ/2中,分别对操作级和管理级驾驶员提出领导和团队工作技能的运用以及领导力和管理技能的运用的适任要求。

对管理级和操作级驾驶员的适任要求包括以下内容:船上人员管理和培训的知识;国际海事公约和建议以及相关国内立法的知识;运用任务及工作量管理的能力,包括计划和协调、人员分配时间和资源的限制和优先排序;运用有效资源管理的知识和能力,包括资源的分配分派和优先排序、船上和岸上的有效沟通、决策反映出团队的经验、决断力和领导力(包括激励)、具有并保持情境意识;运用决策技能的知识和能力,包括局面和风险评估确定并形成选项、选择行动方案和评价结果的有效性。

任务9.2 船舶有效资源管理

任务情景

2009年2月27日,货船"MARTI PRINCESS"轮驶离土耳其海岸,当时该水域的能见度至少5海里。21时40分,船长上达驾驶台,发现船首右舷的"ILGAS"轮迎面而来,且相距

很近。同时发现在船首左舷还有另外两艘船舶。在船长全神贯注于避让“ILGAS”轮的过程中，他未注意到处于船首正前方的集装箱船“RENATE SHUTLE”轮，而下达了“恢复原航向”的指令。四分钟后，“RENATE SHUTLE”轮船首撞入了“MARTI PRINCESS”轮的第二货舱。事后的综合报告显示，“MARTIPRINCESS”轮和“ILGAS”轮的值班驾驶员均未正确判断当时局面，导致两轮发生紧迫局面。同时双方驾驶员也存在未正确进行无线电沟通、未正确使用导航设备进行定位和避让等其他问题。

本案例中，两艘船舶的值班驾驶员都没能有效利用驾驶台资源，因此本任务讨论了船舶驾驶台资源主要有哪些。

任务目标

1. 了解船上、岸上有效交流。
2. 了解和具备有效资源管理的能力。
3. 了解反应团队经验的决策制定。
4. 了解决断和激励。
5. 了解情境意识的获取和维持。
6. 了解工作表现的评估。
7. 了解短期和长期策略。

任务分析

前文案例介绍了由于通信沟通不畅、值班驾驶员未集中精力进行瞭望、未严格遵守STCW规则、国际海上避碰规则、没有充分地遵循驾驶台资源管理规则而导致的碰撞事故。国际海事组织已将“驾驶台资源管理”培训纳入STCW公约中的A部分，属强制性培训课程范畴，并在2012年全面实施。

“驾驶台资源管理”的资源包括：

①人力资源。包括船长、引航员、驾驶员、舵工和保证船舶动力及其他相关设备正常工作的其他人的技能、经验以及他们的潜力和协作力。

②物质资源。船舶正常航行和操作所需要的设备、仪器、物品、工具、备件等。

③信息资源。船舶正常航行和操作所需要的信息与资料，包括电子海图、AIS、夜航命令簿、操作手册、使用指导书、海图、航次计划、航海出版物、港口信息等。

④其他资源。船舶正常航行和操作所需要的时间、空间、技能、经验和与有关部门的沟通能力。

知识获取

由于船上操作的特殊性，每项操作都需要团队成员清楚地知道各自在不同操作阶段的职责，有效进行沟通和船舶资源的分配及排序，通过船舶资源管理这一手段，实现船舶团队工作的预期目标，保障安全以及船舶营运生产的效益最大化。

一、船上、岸上有效交流

通信与沟通是人与人之间在日常生活和工作中主要的交流方式。在船舶上，与他船、与岸上、船员间有效的交流是船舶航行安全的重要保障。

1. 通信

(1)通信准备

在建立通信前，发送方首先应明确或确定“5 个 W”：

Why：为什么要发送信息，即发送信息的原因。

Who：向谁发信，即明确通信的对象。

What：发送什么样的信息应当考虑按接受者易于理解的方式来安排发送信息的内容。

When：在什么时间发送信息应当考虑选择适宜的时机，不要在充满压力的时候发送信息。

Where：在哪里发送信息应当考虑选择适宜的发送信息的地点，尽量避开环境干扰。

(2)完整的通信过程

完整的通信过程包括：

需求：发送方希望向接收方发送信息；

发送：选择合适的方式和手段，有效传送信息；

接收：接收方接收并准确理解信息，如有任何疑问应当要求发送方做进一步澄清；

反馈：接收方确认收到的信息，并根据情况及时向发送方反馈；

完成：通信完成并终止。

(3)准确通信的 4C 原则

通信的 4C 原则，即完整性(Complete)、连贯性(Coherence)、简洁性(Conciseness)和准确性(Correction)。

2. 船舶通信和沟通的重要性

由于船上的许多操作是特殊性甚至是临界操作，如果驾驶台通信与沟通过程中出现任何障碍，都可能导致不可估量的后果。

(1)沟通的方式及特点

在团队中，沟通的形式是多样化的，按照不同的分类标准，沟通可分为不同的类别并具有不同的特征。

按沟通的表现形式来分，包括口头沟通、书面沟通、非语言沟通。按沟通的方向来分，包括上行沟通、下行沟通、平行沟通。按组织的结构特征来分，包括正式沟通与非正式沟通。正式沟通依据一定的组织原则所进行的信息传递与交流，优点是沟通效果好、约束力强、保持权威性，缺点是比较刻板、沟通速度慢。非正式沟通的优点是沟通形式多样，速度快，能提供大量的通过正式渠道难以获得的信息，真实地反映员工的思想、态度和动机。其缺点在于难以控制，传递的信息有时不确切，易于失真曲解，而且它可能导致形成小集团小圈子，影响人心稳定和团队的凝聚力。

(2)船上重要的沟通

船上重要的沟通包括：船舶安全工作会议中的沟通；船舶驾驶台与机舱的沟通；船舶驾驶台与船首尾部的沟通(包括在靠离码头抛起锚、狭窄水道航行时)；船长航行(夜航)命令；船长及驾驶台团队与引航员的沟通；船舶驾驶台与引航站、VTS 及港调等管理部门的沟通等。

3. 船上沟通的技巧

良好的沟通可以消除误解，增加团队的凝聚力，可以提高船舶指挥人员的情境意识和工作效率，保证系统正常运作，减少人为事故的发生。因此，船舶指挥人员，应当掌握一定的沟通技巧。

首先应根据需要选择最佳的沟通途径和工具，以期达到最佳的沟通效果。

沟通中应注意：应当遵守标准的沟通程序，如：发送车钟令舵令等；保证信息交流准确、清晰、简洁并切中要点：发送者尽量减少、限制那些多余的、没必要的信息传送；接收者要学会耐心聆听，以准确理解发送者的意图。如有任何疑问应及时要求澄清；应当使用标准的专业术语和 IMO 标准航海通信用语；对有些复杂的口头沟通最好先做书面准备。

4. 在船人员之间的沟通

在船人员之间的沟通可能发生在船长和驾驶员、驾驶员与引航员、驾驶员之间、驾驶台与机舱之间，沟通内容和要点取决于工作需要。

（1）船长和驾驶员的沟通与交流

为了和驾驶员建立有效的沟通与交流，船长应组织航前准备会。船长应：向驾驶员介绍航线计划；与驾驶人员进行相互交流；对驾驶人员提出相关要求；向驾驶人员指出航线中可能存在的控制薄弱的航区。

航次工作中，船长应：告知驾驶人员有责任通报各自情况以及协调其中的具体操作；在驾驶台建立一种开放的、互动的、闭环的交流与沟通方式；航行中向驾驶人员传达遇到的具有重要意义的情报；鼓励所有驾驶人员勇于质询和相应的回应；航行中或航次结束后尽快会同驾驶人员总结航行中遇到的重要情况。

在航次结束后召开总结会，在总结会上船长应带领驾驶员总结正、反两方面的情况。总结会上不要对个人进行指责，应通过总结会积极地学习总结经验，制订一个可及早发现并改正错误的改进计划。

（2）驾驶员与引航员的沟通与交流

驾驶员与引航员的沟通与交流要点包括：引航员上驾驶台后应与驾驶员进行充分的沟通和交流，引航员应尽可能多地让驾驶员清楚自己的操作（纵）计划；引航员应向驾驶员简述当地的环境和交通规则，对航向或航速所做的任何改变，除了告诉船长外还应告知驾驶员；对于任何通航、天气、能见度、海流的改变或预期改变的情况，告知驾驶员；驾驶员应将自己通过正规瞭望获得的信息及时告知引航员，对引航员的指令、行为或意图如有任何疑问，应向引航员求证或要求澄清，必要时应立即报告船长，如果引航员没有遵守做详尽情况介绍以及充分交流的原则，在不影响权威的前提下，值班驾驶员应该用恰当的方式加以指出。

（3）驾驶员之间的沟通

交接班的驾驶员之间应熟知以下有关情况：船长对船舶航行有关的常规命令和其他特别指示；船位、航行、航速和船舶吃水；当时的和预报的潮汐、海流、气象能见度等因素及其对航向和航速的影响；当主机在驾驶台控制时，操纵主机的程序；航行局面。

5. 与船舶交管站和港口当局的沟通

船舶进出港口时应使用通信设备，按照规定向 VTS 报告。在报告与交流中，须注意以下方面：保持交流简短准确，把多余的交流降到最少（如航次计划报告），将有关船舶的主要信息(包括进港、出港、过境;船名、国籍、总长度、总吨位吃水、最大高度;始发港、目的港、预靠泊位或锚位、预抵时间;载货种类与数量和旅客人数)进行报告,而多余的情况尽量减少。在报告前先写好信息对减少报告时间是有帮助的。

二、资源的分配、布置和优先化

船舶资源管理是充分发挥船舶团队成员对驾驶台、机舱等船舶工作场所及工作环境内各种可供利用的资源的控制、协调和组织的管理艺术和技能,也是实现船舶团队工作目标的重要手段。

1. 船舶资源管理

船舶资源管理是通过协调和利用船上人员的技能、知识、经验和船舶内外的相关资源,以实现保障船舶安全生产和提高船舶营运效益的目标。

2. 船舶资源管理的作用与目的

船舶资源管理的作用:能够合理利用和管理船舶资源,得到事半功倍的效果;船舶资源的不合理利用是导致事故的重要原因。

驾驶台资源管理的目的是:驾驶台团队成员对预计航线达成共识和取得一致的操作程序;成功制订一个考虑到工作压力要求与风险的航行计划;确定基于工作压力要求与风险度配员标准和应急策略;明确驾驶台团队成员的作用和职责;驾驶台团队成员全员参与问题的解决;确信早期活动信息并分析危险的状况;团队成员十分清楚决策的制定、反应和挑战的控制过程。

3. 船舶资源的构成、特点、分配与排序

(1)船舶资源构成及特点

船舶资源分为内部资源和外部资源,包括船舶人员、在船引航员、船舶设备、各种信息等。决定驾驶台资源的优先排序是一个很难判断的工作,作为船长和驾驶员应该因地制宜,根据不同的情境,做出不同的顺序排列。驾驶台资源的优先排序的决定是否合适,也是考核船长和驾驶员的决策能力、判断能力的一项重要指标。

除驾驶台团队的因素之外,驾驶台资源中的设备、仪器资源(如驾驶台的导航仪器、无线电系统、机舱的所有主副机系统、操纵系统),以及保证以上这些仪器设备和机械正常运行所必需的备件和保养工具等都是为船舶提供必要的安全保证。因此,船舶设备、仪器资源也是驾驶台资源中不可缺少的重要资源。

船舶相关人员应保证能及时获得对安全提供保障的航行和操作所需信息和资料,如航海通告、航行警告、天气预报、制定的航次计划、制定的应急预案、AIS 及 VHF 提供的动态信息、所有航海仪器的说明书、操作手册、港口信息、公司提供的信息等,并能对船舶人员正确决策和避免安全隐患提供帮助。所以,来自驾驶台内、外的信息资源也是驾驶台资源的重要组成部分。

(2)船舶资源的分配和排序

船舶资源包括船员资源、硬件资源、软件资源、其他资源,在船舶资源的分配与排序时应予以分别考虑。

船员资源,包括船长、引航员、驾驶台和机舱值班人员,属于人力资源,是船舶资源中最为重要的资源,在船舶资源的分配与排序时应放在首位考虑。

硬件资源,包括为保证船舶正常航行和操作所需的设备、仪器、工具、备件、物品等,属于物质资源，是确保船舶正常航行和操作的基本资源，在船舶资源的分配与排序时应予以重点考虑。

软件资源，包括来自电子海图、AIS、命令簿、手册、指导书、指南、海图、计划、规范、航次计划、航海出版物等提供的信息，属于信息资源，是确保船舶正常航行和操作的必要资源，在船舶资源的分配与排序时应予以特别考虑。

其他资源，包括为保证船舶正常航行和操作所需的时间、空间、技能、经验，以及与有关部门合作和可获得的支持等。其他资源有助于船舶资源管理的组织目标实现，在船舶资源的分配与排序时不能忽视。

4. 船舶资源的利用与协调

"人-软件"界面是船舶安全管理系统中最容易出现问题的界面，保证软件的完备、充足、可靠和可操作是"人-软件"界面关系的核心。船员应重视配备、保持、更新各种航海图书资料、航行指导文件、船舶与设备操作文件，同时应重视从软件中获得的信息，避免由于软件方面存在的问题和忽视从软件中获得的信息而导致发生事故。

三、反映团队经验的决策制定

1. 决策的概念

决策就是为了实现某一特定目标，借助于一定的科学决策程序，在分析、评价、比较的基础上，从两个或两个以上的可行方案中选择一个最优方案的全部过程。

2. 决策的内涵

决策的内涵包括：决策的主体是人；决策有明确的目标性；决策是人心理活动的反映；决策是人思维活动的最终成果；在决策过程中，人的思维活动起着关键性作用；决策是对方案分析、比较和选择的过程。

3. 决策的类型

(1) 紧急情况下的决策

当面对意外而又紧迫的局面或问题，为了能及时处置和应对，在这种没有太多的时间做审慎的考虑情况下做出的决策，称为紧急情况下的决策。

(2) 一般情况下的决策

原定的计划或安排因为生产或工作的变化而无法继续实施，或是遇到一些新的问题，必须做出一些新的决策，在这种情况并不紧急，可以在有一定的时间来考虑的情况下所做的决策，称为一般情况下的决策。

(3) 日常工作中的决策

在平时工作中，根据计划、任务进度或操作规程，做出常规性的决定，称为日常工作中的决策。

4. 决策的方式

决策的方式包括个体决策和群体决策。

(1) 个体决策

个体决策是指管理者根据自己所掌握的知识做出决策，然后向群体解释并使其接受。其优点一是快速，二是职责清晰，即谁决策谁负责。

(2) 群体决策

群体决策是指对组织中的重大问题，在领导的主持下通过集体讨论做出最合理的决定的过程。其优点在于通过集思广益,能够提供更加丰富的信息和知识,增加观点的多样性,因而就会有更多的方法和选择。群体决策能增加个体决策的认可程度,因为这个决策是共同做出的。缺点是浪费时间,有从众压力,责任不清。

5. 决策过程

决策过程包括以下步骤:确认决策的必要性;明确决策的目的;收集决策所需资料;拟定决策的方案;选择最终的决策;实施应对方案。

6. 决策的要点

决策前,应明确决策的目的,有的放矢;调动成员的工作积极性,集思广益;资料收集,获取信息。

决策时,应根据问题的轻重缓急进行决策;对搜集到的信息和资料加以分析、研究和判断,确保资料和信息的真实性;做出相应决定的同时,应当认真考虑其后可能发生的情况,做好最坏情况的打算,并制定好替代性方案。

决策后,应做到决策一旦付诸实施,就应当及时和连续地监督其实际进展情况,并不断核实所采取的决定和方法能否发挥预期的效果;在监督决策的实施和查核其有效性的过程中,还应当对其进行评估。如果发现新的情况与所做决策有冲突,不要急于假设决策或情况有误,而要再次认真地考虑和分析局面;通过对决策方案的核查和评估,结合所收集到的经验与教训,在必要时对决策方案加以改进和完善,以便能真正充分利用好所有的资源。

7. 驾驶台团队决策

船舶航行过程中,需要做出决策的驾驶台团队成员包括船长、驾驶员和引航员。

四、决断和激励

决断和激励是重要的船舶资源管理和团队工作技能,对实现船舶团队工作的预期目标,保障安全营运和生产效益具有重要意义。

1. 决断

管理者在决策或决断的时候可能面对三种条件:确定性、风险性和不确定性。

(1)确定性

对于决策来说,理想的情况是确定性条件,在这种情况下,管理者可以制定出精确的决策,因为每种方案的结果是已知的。但正如人们也许能够估计到的,这种条件不是大多数管理决策环境的特征,它更多的是一种理想化的特征。

(2)风险性

更一般的情况是风险性条件,在这种条件下,决策者能够估计出每一种备选方案的可能性或者结果。在风险性条件下,管理者所具有的历史数据使他们能够给不同的决策方案分配概率。正如任何决策都包括风险一样,掌握的信息越多,就越能评估风险,从而就能做出更慎重的决策。尽管不能消除所有与承担风险有关的负面影响,但是至少能够知道这些风险是什么。

(3)不确定性

如果要制定一项决策,但不能肯定它的结果,以及不能对概率做出合理的估计,这一情况即称为不确定性。管理者都会面对在不确定性情况下的决策。在不确定性情况下,决策方案的选择受到决策者能够获得的有限信息的影响。

在不确定性情况下,影响决策结果的另一个因素是决策者的心理定位。乐观的决策者将会遵循最大选择(最大化最大可能的收益);悲观的决策者将遵循最大最小选择(最大化最小可能的收益);对于期望最小化最大“遗憾”的管理者来说将会选择最小最大选择。

一般来说,不确定性驱使人们更依赖于直觉创造性预感和本能的“感觉”。实际上,无论决策的条件如何,每一个管理者都有他自已的决策风格。

2. 激励

为有效地激励船员,完成团队工作,应在公平的基础上,根据船员的特点和需求,合理运用目标激励措施。

(1)满足船员的合理需求

结合船舶实际情况,尽量满足船员的合理要求,是营造团结高效团队氛围、激励船员努力工作的重要前提。

(2)结合船员特点分配工作

不同的态度和人格的船员在从事不同性质工作时能够产生不同的工作绩效。一个责任意识强的船员如果在团队协作中被指派负责某部分工作,他将会以更高的工作满意度去完成工作。一个性格内向但领悟能力强的人更适合于从事复杂的故障分析和繁琐的设备拆解工作。

(3)合理运用目标激励

目标激励是用提高目标吸引力的方法调动船员的积极性。目标是人们期望达到的成就和结果。它的吸引力越大,就越能产生强烈的情感,进而转化为积极的动机。与此同时,目标应该是具体的和可行的,并且符合船员的需要。

(4)检查体制是否公平

体制是否公平不仅体现在工资上,而且也体现在其他福利待遇上。

(5)奖励与绩效挂钩

对于表现良好的船员应该给予相应的奖励。奖励的方法不仅仅局限于金钱,也包括及时的晋升职务,提供上船和离船时的方便,甚至包括口头的表扬。适当的奖励不仅满足了表现良好的船员的需要,而且也为其他船员树立了目标,使所有人都朝着有利于团队高效运作的方向努力。

五、情境意识的获取和维持

情境意识是指在特定的时间段内对影响船舶的因素和条件的准确感知,是人们对于事故发生的种种预知和警惕。情境意识不是一种特定的行为,而是工作态度的产物,属于思维和思想活动的范畴,它决定着人的行为与动作。

船舶运动充满了复杂性和偶然性,这就要求我们对船舶所处环境和条件的复杂性与偶然性有更加全面的、综合的和动态感的了解。为保证船舶的航行安全,保持对船舶运动的情境意识是十分必要的。

1. 情境意识丧失的迹象

情境意识丧失的迹象包括:不确定性;注意力分散;感知不全面或混乱;通信中断;指挥不当(对环境和局面不能做出正确的感知);偏离计划航线;违反已建立的规则或程序;自满(过于自信)。

2. 情境意识获得和维持

为了获得和维持良好的情境意识,及时发现情境意识丧失迹象并中止事故链,以达到船舶航行安全的目的,驾驶台团队成员应当:培养和提高个人的情境意识;提前做好周密详尽的计划和准备;在平时工作中养成安全的做法和习惯;灵活地把握注意力的转移和集中;避免由于个人的错觉以及主观臆断造成的失误;充分认识和发挥其他驾驶台团队成员的作用;重视通信、交流与沟通中的反馈;进行有效的相互检查和监督;对航行风险等级进行预见性评估,并制定与风险等级对应的戒备措施。

3. 情境意识与船舶安全

如果船舶团队成员丧失情境意识,表明事故链正在形成,事故正在"逼近"。因此,船舶团队成员的情境意识越好,发生事故的概率就越小;反之,情境意识越差,发生事故的概率就越大,如图 9-2-1 所示。为了保持船舶的航行安全,应要求船舶团队成员具有和保持良好的情境意识。

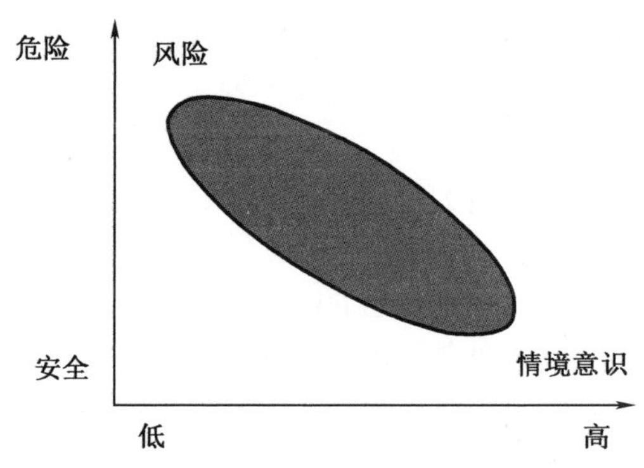

图 9-2-1　情绪意识与安全的关系

六、工作表现的评估

为了确定团队或个人对所规定职责的履行程度或其工作成绩,需要对工作表现进行科学的评估。

1. 评估的含义与目的

工作表现的评估是按照一定的标准,采用科学的方法,检查和评定船舶团队成员对职位所规定的职责的履行程度,以确定其工作成绩的管理方法。

其目的主要在于通过对船员进行全面综合的评估,判断他们是否称职和具备适任性,并以此作为有效船舶资源管理的基本依据,切实保证船员的报酬、晋升、调动、激励、辞退等工作的科学性。同时,也可以检查船舶管理各项政策,如人员配置、船员培训等方面是否有失误。

2. 评估的内容

由于工作表现评估的对象、目的和范围复杂多样,因此工作表现评估的内容也比较复杂。从基本方面而言,主要包括德、能、勤、绩四个方面的内容。其中:德是指政治思想和职业道德的表现评估,是较为重要的评估部分,并且也是其他评估内容的前提和基础;能是指人的能力素质,即职责适任的能力;勤是指一种工作态度,它主要体现在员工日常工作表现上,如工作的积极性、主动性、创造性、努力程度以及出勤率上;绩是指员工的工作业绩,包括完成工作的数量、质量、经济效益。

七、短期和长期策略

策略的长期和短期取决于策略目标,因为长期策略是一段时间的规划,而策略的实施是逐步推进的,因此就有长短期策略之分。

1. 短期策略

(1)短期策略的定义

短期策略就是发挥集体力量去解决突发问题的策略。其实这个问题并不陌生,在我们实际工作中经常遇到,也在不知不觉中使用。比如:在起锚过程中,锚起不起来,绞不动。我们首先需要找到问题所在,是锚机本身问题(如液压达不到功率,液压油少了,或液压管路问题,电机问题),还是水深超过起锚深度,还是锚被挂住,这时我们经常把三管轮、电机员、大副、木匠甚至资深水手长组织到一起,查找原因,最终解决问题。

(2)短期策略的必要性

每一个人都有自己的知识点和不同的经验,同时又有盲点,通过 STS 可以优势互补,减少盲点,减少失误概率,从而降低风险,也就是集集体智慧于一身。

(3)短期策略步骤

短期策略包括五个步骤:

第一步,找出问题所在。在前面的例子中,首先要找出锚为什么起不动。这时就要动用一切资源。

第二步,制订计划。每一人都根据自己的知识和经验,提供一个解决方案。如有人提出用起货机钩头拉锚链,有人提出刹车打死,动车向浅水区移动,应各抒己见。

第三步,完善计划。其中包括计划的比较,充分讨论,周密考虑,是否还有遗漏,取长补短,通过论证,统一意见,最后形成一个完美的计划。如决定先用车向浅水区拖,拖一段,试着绞一点。此方案不行时,再考虑其他方案。

第四步,概括总结。根据以上的讨论,执行拖锚计划,把计划进行简报,让机舱、大副、木匠及所有相关的人知道全部计划,并全力配合。

第五步,监督执行。按预定方针,船长监督每一个环节进展,根据情况随时调整监督重点。

(4)短期策略过程中的技巧和工具

在使用短期策略 STS 过程中,应特别注意运用良好的"沟通技巧",发挥沟通在解决突发问题的及时性,充分应用"质询-回应"工具,确保突发问题解决的有效性。

在面对突发事件时,每个人都参与,每个人都在为解决同一个问题干着不同的分工。一方面,按照步骤操作更能有效避免人为因素对行为的影响;另一方面,人与人之间的沟通和协作也非常重要。

2. 长期策略

长期策略是指比较全面、长期的发展策略计划。

长期策略是个大的方向,因此要长远。但是目标不是一蹴而就的,因此船舶团队,必须一个目标、一个目标地实现,直至达成最终目标,特别是应对一些应急事件和偶发事件。因此短期策略显得尤为重要。在船舶管理中,要坚持科学发展观,坚持可持续性发展的战略,从长远利益出发。船长应在本任期内,根据人力、物力和船舶现状,首先制订长期计划,从哪里下手,最终达到一个什么样的目标。根据具体情况分清优先次序,逐步层层分解成短期目标,分步落实。

任务9.3　团队决策制定技巧

任务情景

2009年2月25日，一艘装载35 000吨航空煤油的油船“VALLERMOSA”轮在引航员指挥下驶往英国某燃料码头，该轮在最后时刻被告知取消靠泊计划。由于计划突变，“VALLERMOSA”轮在没有拖轮协助的情况下尝试返回原先的锚地。在此期间，引航员忙于应付本应由船长负责的诸多事务，导致他无法集中精力指挥该轮通过南汉普顿水域。同时，驾驶台值班人员也未主动向引航员报告相关情况，且所有的值班人员也未尽职瞭望，直到最后一刻才关注到船舶处于危险境地。但为时已晚，最终导致船舶和停靠在码头的另外两艘油轮发生碰撞，致使三艘船舶均严重受损，需要大规模修理。

本任务从本案例发生的原因讨论了优秀的驾驶台团队所具备的特征主要有哪些。

任务目标

1. 了解决策的概念和过程。
2. 了解决策制定和问题解决技巧。
3. 了解权威和决断以及决策的判定。
4. 了解应急和人群管理。

任务分析

由于船上的工作环境复杂，许多操作是特殊操作甚至是临界性操作，错误的操作可能导致不可估量的后果，在营运过程中，尤其在面对突发事故时，需要充分发挥决策的制定技巧，保证作业安全。驾驶台团队的组成应该包括：船长、驾驶员、值班水手、值班轮机员、在船引航员。一个优秀团队必须具备的特征有：①明确的目标；②相关的技能；③良好的沟通；④一致的承诺；⑤有效的领导；⑥相互的信任。

本案例主要是因驾驶台团队成员缺乏有效沟通、船舶安全的目标不明确、缺乏有效领导和驾驶员缺乏本职技能等，导致事故发生。

知识获取

由于船上工作环境复杂，许多操作是特殊性甚至是临界操作，错误的操作可能导致不可估量的后果，在营运过程中，尤其是在面对突发事故时，需要充分发挥决策制定技巧，保证安全作业。

一、决策

1. 决策的概述

决策是指在两个或者更多的方案中做出选择。每个人不论在组织内或组织的某个领域中，都在决策。也就是说，他们要在两个或者更多的方案中做出选择。制定决策并非仅仅是管理者所做的事情，所有的组织成员都在制定决策，这些决策影响着他们的工作和所在的组织。

虽然决策通常被描述为“在不同的方案中做出选择”，但是这种观点过于简单化，由于决策是个复杂的过程，不仅限于从不同的方案中做出选择，而且应遵循一些决策过程的步骤。

2. 决策的过程

决策过程包括八个步骤，如图 9-3-1 所示。整个过程开始于识别问题和制定决策标准，以及为每个决策标准分配权重，然后进入到开发、分析和选择备选方案，这些方案能够解决问题。接下来是实施备选方案以及最终评估决策的结果。

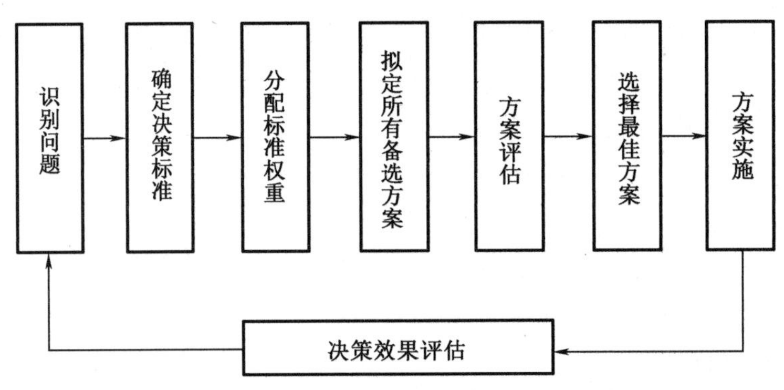

图 9-3-1　最佳决策模型

二、情景和风险评估

情景和风险评估是指通过分析未来可能发生的各种情景，以及各种情景可能产生的影响来分析风险的一类方法。换而言之，情景分析是类似“如果怎样”的分析方法。未来总是不确定的，而情景和风险评估分析使我们能够“预见”将来，对未来的不确定性有一个直观的认识。用情景和风险评估法来进行预测，不仅能得出具体的预测结果，而且还能分析达到未来不同发展情景的可行性以及提出需要采取的技术和安全保障措施，为管理者决策提供依据。

三、生成选项的确定和考虑

一旦管理者确定了他需要关注的问题，对于解决问题来说，确认决策标准就非常重要了。也就是说，管理者必须决定什么与制定决策有关。无论决策标准是否被清晰地陈述，每一个决策者都会有某些标准来指导他的决策。在这个步骤上注意的是：什么不作为标准和什么作为标准同样重要。

确认了的决策标准并非都是同等重要的，故决策者必须为每一项标准分配权重，以便正确的规定他们的优先顺序。怎么给决策标准分配权重呢？一种简单的方法是给予最重要的标准 10 分的权重，然后参照这一权重为其他标准分配权重。要领是采用你个人的偏好来排列已确认指标的优先顺序。

四、功能课程选择

功能课程选择要求决策者列出可供选择的决策方案。这些方案要能够解决决策面临的问题，无需对这一步所列出的方案进行评估，只需要列出即可。

1. 分析备选方案

一旦确认了备选方案，决策者必须认真地分析每一种方案。对每种方案的评价就是将其与决策标准进行比较。通过比较，每一种备选方案的优点和缺点就显而易见了。

2. 选择备选方案

从所有备选方案中选择最佳方案很重要。已经确定了所有相关的标准、各自的权重，以及确认和分析了各种备选方案，现在仅仅需要从备选方案（最高得分的）中做出选择即可。

3. 实施备选方案

实施包含了将决策传送给有关的人员和部门，并要求他们对实施结果做出承诺。群体或团队能够帮助管理者做出承诺。如果即将执行决策的员工参与了决策的制定过程，那么他们更可能热情地支持决策的执行并取得效果。相比较而言。对于那些仅仅是被告知要怎么做的员工来说，他们的热情将小得多。

4. 评估决策结果

决策过程的最后一步是评估决策结果，看看问题是不是得到了解决，上两步选择的方案和实施的结果是否达到了期望的效果等。

五、决策制定和问题解决技巧

决策产生过程：首先收集所有信息，有些信息容易得到，有些信息需要寻找，然后对信息进行筛选，选出有价值的信息，形成完整的信息库。其次，对信息处理和团队进行讨论分析，最后做出决定。

例如，船在海上航行，未来几天内航线附近有台风形成，我们根据各种渠道得到气象信息，并进行分析，最后估计出未来移动路线，这个过程就是判断。根据判断然后确定我船将采取什么样的行动，这就是决定。

六、权威和决断

1. 权威

权威是权力在人的头脑中的主观反映，是对权力的一种自愿的服从和支持。对权力安排的服从可能有被迫的成分，但是对权威的安排的服从则属于认同。

2. 船长的权威

船长的权威就是权力与威信的统一，是由领导者的素质及其行为所形成的，它标志着一个船长的能力是否被他人所承认。具体体现在：能团结与其共同工作的同事和下属，充分调动他们的工作积极性，并通过自己的良好素质与魅力来创建威信。这些良好的素质包括：高尚的品德；丰富的专业知识；丰富的工作经验；敏锐的观察能力；冷静的思考判断；巧妙的沟通影响；充沛的精神活力；坚定的意志目标；公正的立场和评判。

3. 决断

船长的决断，即坚信自己是正确的，要有即使自己判断失误也要执行完毕，然后重来的魄力。很多事情，没有做完之前，是无法评判对错的，只有做完才有机会认清对错。对此，首先要有清醒认识，在没有明确的信息，表明所做的决策是错误的情况下，要坚持自己的判断，不要随便动摇，并有为自己行为承担后果的觉悟。这是建立在足够的眼界和知识储备的前提下的。虽然要有足够的自信，但是绝不是盲目自信，妄下判断。必须在有足够高的素养和眼界时，才能做出准确的判断。

七、判定

决策的判定可以是由群体做出，也可以是由个体做出。一般组织都是采用委员会特别行动小组、评估小组或其他各类团队做出的决策。与个体决策相比，群体决策具有优势，也有劣势。

1. 群体决策的优势

群体制定的决策源于有效的观点，所以是好的决策，其优势主要包括下列几点。

（1）提供更全面更完整的信息

在决策过程中群体带来了各个方面的经验和观点，这是单独个体做不到的。

（2）产生更多的备选方案

由于群体中信息更多也更全面，因而能够比个体产生更多的备选方案。当然群体成员来自不同的专业技术领域时，这种优势尤其明显。

（3）增加解决方案的可接受性

很多选择的决策最终是失败的，因为人们根本不接受这种解决方案，但是，群体成员不愿意反对或驳回他们亲自做出的决策。

（4）增强合理性

群体决策的过程与民主化思想相一致，由群体做出的决策会被认为比个人单方面做出的决策更合乎逻辑。

2. 群体决策的劣势

群体制定的决策是好的决策，但是也有缺点，主要包括下列几点。

（1）花费时间

在群体内做任何决策时，都需要花费时间把群体组织在一起。其结果导致群体在确定解决方案时，几乎总是花费更多时间。

（2）少数人控制局面

群体成员永远不可能绝对平等。他们组织内部成员的层次对过去经验和对问题的了解、对其他成员的影响力，言语表达能力，决断性等方面都有差异。这种差异制造了由一个或几个人更多控制其他人的机会。一群具有影响力且积极活跃的少数人通常对最终决策拥有更大的影响力。

（3）遵从压力

群体中存在着遵从压力，这会引发一种群体思维的现象，即群体成员为了达到表面上的统一而隐藏分歧意见或不受欢迎的观点。群体思维破坏了群体中严谨务实的思维风格，并最终会损害到决策的质量。

(4)责任不明

群体成员共享责任,但是最终结果由谁来承担呢?在个体决策中,谁来承担责任显而易见。但在群体决策中,任何群体成员的责任都被扩散了。

八、应急和人群管理

从船舶资源管理角度看,在紧急情况下,需要船长具备一定的应急反应能力,合理利用所用资源,通过团队力量完成工作。

1. 应急情况下的领导

船舶在任何时候都需要领导,紧急情况下领导更起到核心作用。平时遇到问题,因为时间可能不紧迫,即使错了,后果也不会多严重,可能船员都参与讨论。一旦出现紧急情况,船员反而鸦雀无声,这时通常由船长作出决定。

所有人都知道,在紧急情况下,一旦指挥失误,就会出现事故。从船舶资源管理角度,船员处于震惊期,一时还反应不过来,所以只能保持沉默,这时就需要船长的应急反应能力。另一种情况是,船长集中精力关注某方面时,可能忽略其他因素,如果这时船员关注到了,一定及时给予提醒,如果有好的建议,也不应刻意保留。

2. 紧急情况的分类

紧急情况大致可以分为以下类型:①有准备的,如着火、人落水;②无准备的,如爆炸和碰撞;③可预见的,如冰况可以提前收到航警;④不可预见的,如设备故障;⑤允许慢速做出反应的;⑥需要快速做出反应的。

显而易见,有准备的、可预见的、允许慢速做出反应的情况,要比无准备的、不可预见的、需要快速做出反应的容易处理。

3. 船舶资源管理的理念

把难以处理的转化为相对容易处理的,即把无准备的转化为有准备的,把不可预见的转化可预见的,把需要快速做出反应的转化为允许慢速做出反应的。

任何事情只有做好充分的心理准备,才能做到遇事不惊、沉着应对。体系只是一个原则,不可能面面俱到,也不可能事无巨细。这就需要我们在体系的基础上根据自己船舶具体情况,对每种可能发生的紧急情况都做出详细预案。比如航行安全,在开航前,应做好航行计划,包括应急方案。

4. 保持应有的警惕,时刻为可能发生的紧急情况做好准备

在做好预案的基础上,在不同的阶段,还有许多具体情况需要具体考虑,在大脑中对各种可能发生的紧急情况进行预演。如:航行在狭水道,且出现主机故障、或舵机故障,应怎么办?根据当时的环境想出具体对策,如提前选择出紧急锚地,向哪里转向,包括人力物力准备,向 VTS、周围船舶发出报警等。

5. 训练反应速度

紧急情况下,时间就是一切,有计划、有方案后,就需要练习,增加熟练度和协调度,以提高反应速度。

紧急情况下,可能没有时间考虑短期策略,也没时间考虑领导风格。但在平时,一个好的领导应该注意训练技能、加强学习、运用好资源管理工具。

技能来自理论水平和实践,不管做哪一项工作,都包含技能水平。如航行中处于同样的局面,技能好就可能化险为夷,技能不好就可能出事故。而理论知识的获得,依赖于平时

的学习和积累，要把每个人的技能发挥到极限，必须运用好船舶资源管理的工具。

好的领导应做到以下几点：紧急情况下，靠第一反应来体现领导力，也就是面对紧急情况，从你采取的第一个行动，就体现出你对情况负全责，如遇紧迫局面，从喊出第一个舵令开始，表明船长行使指挥权，或及时给出建议；下属做出良好的、可学习的榜样，要求领导注意自己的言行，否则你无法高标准要求下属，但同时注意，不要让下属感觉到你完美无缺、遥不可及，他们永远也无法达到，那样就会没人跟随；简报和总结的充分理解，要充分利用简报和总结，使下属理解自己的意图，确保每一个下属都在跟进；目标管理，没有目标，就不知行动方向，领导要建立明确的目标，如计划达到什么样的水平和质量，并朝着这个目标努力；了解并尊重下属，并肩作战，一个好的船长，应该了解每一个下属，包括家庭情况学历情况和以前的经历技术状态、精神状态，掌握他们的情况，并充分尊重他们，便于更好地沟通，更好地融入他们，达成默契。

6. 使用分派和鼓励的方式合理控制紧急情况

无论在紧急情况还是日常工作，船长不可能自己独立做好一切工作，必须在了解的基础上做好分派，利用好所用资源，通过团队力量完成工作。如果你认为某人可以担当，但其却没有信心，这时就需要鼓励。

7. 应急情况下队员的应对

应急情况下，队员应做到：应充分理解领导者肩负的责任，由于责任重大，紧急情况下，领导可能出现态度、行为、言语不周之处，需要下属给予充分理解；提供支持，尽自己最大努力来支持领导，包括工作方面和心理方面；必要时，发挥领导的功能，但不能对领导者的权威形成威胁，在领导授权监督下，做一些船长的工作。

应急情况下，除了技术和经验之外，最重要就是心理素质，也可以叫抗压指数。在同等紧急情况下，能够迅速做出反应，采取最有效的措施挽救局面，避免事故的发生或把损失降低到最小。

8. 应急和人群管理

无论我们如何运用船舶资源管理，灾难事故都不可能绝对避免。航海本身是一个高风险职业，决定着事故的必然性，但通过偶然性表现出来。任何努力，只能减少偶然性，而不能根除必然性。绝对禁止、杜绝任何事故的发生，诸如此类的观点不符合客观规律。

(1)应急情况下的指挥

作为应急中的指挥，指挥者必须随时掌握队员们的精神反应阶段，并随时调整管理风格，危机发生时精神反应包括震惊期、情绪激动期、行动期三个阶段，指挥是需要根据情况采取针对性的措施。

震惊期，船员由于不确定而显出紧张，下属头脑往往一片空白，依赖领导的指导，每个人都需要明确地告诉应做什么。船长应该做出明确方向，对情况做出初始评估，要体现出权威，行动要迅速，否则队员们可能处于缺乏领导而无所适从，这个时期，宜采用强硬风格（老虎型）。

情绪激动期，处于危机高峰阶段，船员们急于制定计划和核查计划。在这个阶段，表现为情绪冲突，高度紧张，高度抵触，和领导或队员表现出急躁或发生口角，新队员可能成为发泄的目标。这个阶段在争议结束后通过总结简报最终统一意见，危机没有结束，计划统一后焦虑等级降低。当队员开始争吵时，进入情绪激动期，给他们时间争吵，领导应仔细聆听，对他们所关心的问题给予关注，支持他们，重复目标，采用关心型（海豚型）风格。但不要显示出与他们一样的焦虑，不要参与争吵，否则无法结束这个阶段。

行动期，计划在监督下实施，个人冲突消失，协调度会增加，团队体现出集体性，成员们变得更加易于管理。船长应该给他们支持和指导，让队员们知道干什么，并且信心大增。

(2)应急管理中的注意事项

领导船员在应急管理中，应注意：为摆脱危机，指导者要分派任务，但不要超负荷；监控自己和他人的紧张程度，关注极端行为；给予支持并鼓励，沟通简报之后继续按计划行动，情况变化后要以闭环形式通过核查搞清楚；进行简报，形成闭环；抓住重点，避免只关注细节；监控时间，控制进展，搜集信息，避免遗漏，根据变化快速调整计划。

(3)应急过后的善后工作

应急过后，公司、主管机关和保险公司会对事故进行技术调查。人员方面的善后非常重要，主要体现在，防止出现创伤后应激障碍，通过重大事件后缓解压力，总结经验。

(4)人群管理

在危急时人们需要有力的领导，应急中人群管理时，应使用发布警告的技巧包括：使用"决定""确信"等词语；避免用刺激性语言，如"紧急""危险""失火"等；不要用否定语句，如"没有危险""不要惊慌""不需撤离"。疏散过程中需要注意：要经常用肯定语气给出明确指令；在人群中树立领导权威；身着制服；"帮助人群"可指导"惊呆"人群；那些"英雄"们大多没有经过专业培训，需在指导下帮助他人。

任务9.4　团队任务和工作量管理

任务情景

T轮2006年第0065E航次，厦门—釜山。靠泊期间大副处理装卸业务睡眠不足。二副下班后，大副单独进行驾驶台航行值班。由于疲劳，在晨昏蒙影的特定夜幕环境下，大脑缺失了促进思维活动兴奋点，从而渐渐患困，引起了瞌睡。当大副睁眼发现前方船舶时，T轮以22节以上的高速追尾了一艘5 000吨级的杂货船，导致该杂货船左舷尾部机舱浸水，船舶在极短的时间内沉没，10人死亡。本次事故造成对方沉没、全船21名海员被救起11名，属海上特大交通事故。

本任务从团队任务和工作量管理的角度出发，讨论本案例发生的原因。

任务目标

了解具备任务和工作量管理的能力。

任务分析

驾驶台团队成员必须合理安排和充分利用各种资源,借助驾驶台资源管理的优势,加强团队协作,严格有序地执行相关工作的操作程序,保持良好的情景意识,及时识别、切断事故链,保证船舶安全。

驾驶台团队形成的基本要素:①成员有着共同的目标;②成员间相互依赖;③各个成员具有团队意识;④成员具有责任心。

导致本案例事故发生的原因,首先是大副单独进行驾驶台航行值班,没有安排值班水手,缺少团队成员,导致人员孤立工作,不能及时发现问题和切断事故链。其次是大副本身在疲劳状态下工作,加上人力资源的缺少,导致大副的工作量增大,进一步加剧疲劳,不能保持清醒,瞭望严重疏忽,没能对形成的追越局面作出正确的判断,未履行追越船的义务。

知识获取

由于船舶配员规模较小,许多操作是特殊性甚至是临界操作,疲劳对船上操作的威胁较大,可能导致不可估量的后果,因此需要进行良好的任务和工作量管理,防止疲劳操作。

一、计划和协调

为了合理利用船舶资源,负责船舶航行和机舱管理的人员应该掌握现代管理的基础知识与技能,通过对管理本身的计划、组织、指挥、协调和控制五大功能的运用,做到事先周密的计划、现场组织和实施有效的控制,正确操纵与指挥,并合理协调相关各方之间的关系及工作,以保证各项活动不发生矛盾、重叠和冲突,从而顺利地完成船舶资源管理的组织目标——船舶安全、货物安全、人员(包括旅客)安全和防止海洋环境污染。

二、人事安排

首先船上的人员安排是船公司按照国际、国内有关规定根据船舶的种类、等级、航区等情况,为每艘船舶配备合格、持证并健康的船员。前提是配员首先应满足《最低安全配员证书》的要求,船员的资格应完全符合 STCW 公约中所规定的强制性最低要求或可供选择的发证标准使其资格与其担任的职责相适应。另外还要充分考虑正常情况下船员职责履行、防止船员疲劳值守、船舶紧急情况时的需要、救生艇筏操纵的需要、急救和医护的需要、船员之间、船员与旅客间以及船员与外界的语言交流能力等。这就需要船上人员完成一些常规工作和偶发、应急事件的委派和安排。

1. 委派和安排的原则

委派工作制订好计划后,管理者就要保证工作按照计划有条不紊地进行。在这个过程中,管理者需要注意以下几方面的内容:需要完成的目标;完成的期限;可以评估的、衡量的标准;委派的权力、资源的大小。

2. 委派工作的沟通交流

在委派之前,管理者需要事先和员工做些沟通,如告诉下属由他承担这项工作的原因,这时要多强调积极因素,比如对他的肯定、欣赏、关注、信任和重视等。

3. 委派沟通的原则

在委派工作的时候,管理者要遵循三个原则:简单、准确、高效。

在委派工作的时候,管理者要多花点时间跟下属沟通,告知下属应该做的事情,帮助经验不足的下属分析工作,给他们提供技能培训,一定要简洁明了地告诉员工委派工作所需的必要条件、必要结果、必须取得的效果及衡量标准。

如果管理者事先不说明,只是简单地下达一个命令,下属的配合性和主动性就会相应降低。

4. 委派沟通的步骤

沟通的核心是上、下级交流,委派能否成功与沟通交流的效果有关,良好的沟通效果是下属做出承诺、上级确信下属能够达成最终目标。由此可见,委派不仅仅是把工作交给下属,还是一个磋商和安排工作的过程。

委派沟通的步骤如下:尽可能地描述该工作的任务目标和全部信息,以及预期的结果;确保绩效标准和完成时间达成一致,共同制定一个进度表;确认需要哪些帮助或技能培训,明确何时将提供这些培训;界定各种参数和资源以及预算;明确告诉下属自己期望的结果,如反馈信息、反馈方式、反馈频率和反馈通路;明确告诉下属所委派职权的大小,将委派工作通报相关人员,同时告诉下属如果碰到困难,在不同情形下可以寻求哪些人的帮助。

5. 进行必要的技能训练

管理者在委派工作时,要根据计划安排多种方案,将关键环节和要点整理出来,对下属没有把握的、难度较大的环节做训练。

这里需要明确一点,教育不等于训练。教育传达的是基础知识、基本理论和基本概念,不涉及技能。应知需要的是教育,而应会需要的是训练,两者是不同的概念。

6. 检查、反馈下属的工作

检查委派工作的进展需要讲究技巧,检查得太多会浪费时间,不检查也会有问题。因此,对于不同的工作,检查制度、检查计划也要有所不同。

(1)检查下属的工作进展

检查工作进展是为了帮助下属解决可能出现的问题,为了达到这个目的,一般情况下一周检查一次即可,对于特别重要的工作,也可以1~2天检查一次。

检查工作时,管理者可以让下属做简单汇报,也可以鼓励下属在有问题的时候随时寻求自己帮助,当然管理者还要让下属懂得善于自己解决问题。

(2)评价下属的工作进展

管理者应该如何评价下属的工作进展?答案是方法要明确,主要针对以下内容:要求下属报告目前的工作进度,以及工作中遇见的问题;要向下属明确工作完成的期限,做提醒行动的方案;严肃对待工作问题的态度,否则会让下属以为工作问题无关紧要。

(3)反馈下属的工作进展

管理者要及时反馈下属的工作进展状况,无论是正面的还是负面的,都要提供准确而客观的信息,对其进行绩效评估。管理者的反馈要有针对性,即评估标准要客观、细化,能够及时反映问题。这个反馈很有针对性,比泛泛而谈的“这个报告做得不理想,还没有达到应有的水平,改一下更好”要可取得多。

管理者反馈下属工作时,也要听取下属的自我评价和自我剖析,但要注意一点,就是“要为成功找理由,莫为失败找借口”,不允许员工推卸责任。

(4)评估完善委派系统

当委派的工作任务完成以后,管理者还要对委派系统做一个评估和总结。这时可以组成评估小组用书面方式从以下几个方面做评价:委派工作有没有按期完成;工作目标有没有达到;有没有创新的方法;有没有学到新东西。

评价过程中要论功行赏。这是很多管理者容易犯一个普遍性的错误——“鞭打快牛”,即总是把任务分给能干的下属,于是下属越优秀,就会接到越多越繁重的任务,导致下属不敢展露自己的才华,最终反而会使工作效率下降。

三、人力局限

关于资源中人的运用,受到其他因素的制约,特别是周围环境的不确定性。具体表现在“人-人”“人-硬件”“人-环境”“人-软件”四方面。

1. 人与人界面

管理者应重视“人-人”界面活动,团队的管理,人与人之间的有效交流协调依赖于“人-人”界面活动,“人-人”界面活动也是提高管理绩效、降低危险的载体。

2. 人与硬件界面

船舶硬件设备的设计安装、放置应便于人员对其进行管理、维护、使用和操作,并考虑使用者的便利、高效和安全;船员则要尽可能了解和适应船舶硬件设备,并能安全和有效地管理、使用和操作它们。

3. 人与环境界面

船员必须了解和适应自然环境和社会环境的变化,避免因自然环境发生感知上的差错和受到社会环境的负面影响而导致发生事故。

4. 人与软件界面

船员应重视配备、保持更新各种航海图书资料、航行指导文件、船舶与设备操作文件,同时应重视从软件中获得的信息,避免由于软件方面存在的问题和忽视从软件中获得的信息面导致发生事故。

四、人员能力

公司和船舶的管理应当保证与其安全管理体系有关的所有人员充分理解相关法规、规定、规则和指南;应当建立和遵守有关程序,以使船上人员能够获得以一种工作语言或他们懂得的其他语言或通过书面方式获得有关安全管理体系的信息,并保证船上人员在履行其涉及安全管理体系职责时能够有效地交流。为达到上述目标,公司应制定涉及船员聘用、培训、考核、健康检查以及船员调配等方面的程序,以保证船舶人员能力的具备。

五、时间和资源局限

时间资源是对时机性的把握,是完成任务所需的时间跨度,是船舶的重要资源之一。同时,时间资源具有以下局限性:

1. 无法开源

时间的供给量是固定不变的,在任何情况下不会增加、也不会减少,不管你是谁,都是一样的,每天都是 24 h,所以我们无法开源。也就是资源只有在一定的时间内才存在着价值,及时利用资源是保证资源有效性的前提。

2. 无法节流

时间不像人力、财力、物力和技术那样被积蓄储藏。不论愿不愿意,我们都必须消费时间,所以我们无法节流。在有效利用资源过程中,不会因为情况的紧急和特殊而中断,一旦存在时间,应在固定时间内有效利用资源。所谓节约时间就是对时间的合理、充分的利用,就是对资源的珍惜。

3. 不可取代

任何一项资源的利用都有赖于时间的推动,这就是说,时间是任何操作所不可缺少的基本资源。因此,时间是不可取代的(时间是不可复制的奢侈)。

4. 不可再生

时间一旦丧失,则会永远丧失。消耗了其他资源,时间允许尚可再生,但倘若错过了恰当的时间,任何资源都无法失而复得。

六、优先化

安全工作中“人”所处的特定系统界面的原理(SHEL 模型)确定了事故中人为因素的基本要素(软件、硬件、环境、生命件)及各要素之间的相互关系,并且给出界面形象图形。通过分析可以发现,事故是由组织因素、不安全监督、不安全行为的前提、不安全行为的系列过程而产生的,很难决定某单纯因素为事故主因。通过 SHEL 模型也可以得出,在人、机和环境众多因素中,决定优先排序是一个很难的工作。需要通过管理技能的提升,以提高资源排序的决策能力。

七、工作量、休息和疲劳

疲劳又称疲乏,是主观上一种疲乏无力的不适感觉,是一种人的保护性生理反应。疲劳是由于工作时间过长劳动强度过大,心理压力过重以及得不到足够的休息和睡眠而导致精疲力竭,学习或工作效率下降的一种现象。

1. 疲劳的分类

疲劳包括生理疲劳、心理疲劳。

(1)生理疲劳

生理疲劳即肌肉疲劳。人在连续从事体力活动一定时间后就会产生生理疲劳,这时在人体内发生了生理活动变化,分解代谢和合成代谢难以维持,肌肉收缩变弱,中枢神经系统产生抑制作用,全身感到精疲力竭,渴望休息或睡眠。

(2)心理疲劳

心理疲劳即精神疲劳,引起心理疲劳的主要原因有:工作单调,缺乏兴趣,困难较多,技能不熟练;劳动条件较差;心里不舒服;人际关系紧张、精神负担重;不愉快;工作压力过大等。

2. 疲劳的症状

疲劳的症状包括:身体和头脑反应迟钝,缺少必要的警觉,易于忘事,不能很好地做出判断,难于决策;变得脾气暴躁、喜怒无常;注意力分散,意志减弱,缺少积极性,对身边的事无动于衷;处理信息缓慢,动作缺乏准确性甚至出现失误。

3. 疲劳导致的后果

疲劳导致的不良后果包括:注意力不能集中,不能组织有效的活动;记忆力下降,遗忘掉某一项任务或任务的某一个部分,忽略连贯性工作程序中的一些步骤;决策能力降低,错误的判断或为了节省精力常会选择一些具有高风险的工作策略；对非正常或紧急情况的反应迟钝，需要更长的时间对变化进行感知和反应；活动失去控制，不能保持清醒和自制，语言发生障碍；态度和行为改变，沉默寡语、沮丧、易发怒。

4. 减少船员疲劳的措施

减少船员疲劳的最有效的方法是保证船员获得高质量、足够的和有效的睡眠。

睡眠是解决疲劳的最有效的策略。一个有效的睡眠必须同时具有以下 3 个条件：适当的持续时间；高质量的睡眠；较好的连续性睡眠不被打断。

除了睡眠以外，对于维持人体机能来说，休息或小睡是必须的。研究表明，短暂的小睡作为短时间的缓解措施可以帮助在较长时间的清醒中保持身体机能。小睡最有效的时间是 20 min。但是小睡也有某些缺点，一个潜在的危险是小睡如果长于 30 min，将会导致睡眠惯性，而情境意识将会受到影响，醒来之后的 20 min 内将会头昏眼花和迷失方向。小睡也可能会干扰之后的睡眠，在应该睡眠时可能感觉不困。

根据人体生理节奏，夜间工作可能会使人更加疲劳，此外，人在白天睡觉不踏实，容易受到嘈杂声、温度等因素的影响。显然，在管理过程中必须对这个因素予以考虑，从而缓解在特殊情况下需要夜间作业而给船员带来的疲劳。

八、船长管理方式

船长管理方式直接影响船舶风格，也影响船舶气氛，船长不论采取什么管理风格，总是拥有最终权力。作为领导，应根据团队的经验和整体环境，随时调整自己的管理风格。了解船长的管理风格，对其他驾驶员和引航也很重要，可以通过理解和支持，使船长做得更好。管理方式分类如下：

1. 老虎型-成绩型管理

这类管理方式的特点和后果包括：古板、不苟言笑，对人严厉、爱发脾气、一意孤行；这些人只关心成绩，很少关心下属，属于独裁型领导，只在乎自己，不在乎他人感受，通常是有能力的领导，随时可以下决定，对自己的行为勇于承担；独裁管理，单向发令，不讨论，不喜欢质询，善于处理危机，任何事都喜欢自己做，不善于利用资源和分派任务，喜欢唱独角戏。对下属的影响是：沉默谨小慎微、缺乏沟通和质询、被动工作、士气低落。

面对老虎型的管理方式，应坚持自信和质询，幽默可能有所帮助。运用一些委婉的方式建议船长向关心下属的方面转变，表现出你可以分担一部分工作，示意船长不会因分派任务而失去权威。

2. 企鹅型-俱乐部型管理

这类管理方式的特点和后果包括：老好人，管理无力度，工作标准不高、要求不严，成绩一般；成绩并不重要，而人的感受很重要，相处容易，但成绩不足；能为驾驶台营造一个友好气氛，适合倾诉但谈话与工作相关的不多；双向沟通，但多为琐事，喜欢聊天，不喜欢谈工作，由于不想被破坏友好的工作关系，很少质询和回应，船长容易原谅下属的错误，避免发生冲突，小结时，只提成绩，很少从失败中吸取教训；认为高标准是为难下属，不利于维护关系，所以接受低标准。对下属的影响：降低了专业水准，由于容易满足，导致下属自满：容忍错误，失去了培训机会；由于缺乏质询，领导得不到应有的敬畏。

此类船长重视关系培养，所以容易接受建议，面对企鹅型的管理方式，应多进行工作方面的沟通，表现出你不会因受到质询、提出高标准，或提出要求而不愉快。

参考文献

[1] 中华人民共和国海事局. 海船船员考试大纲(2022 版)[EB/OL]. (2022-07-05)[2023-03-01]. https://www.sh.msa.gov.cn/u/cms/www/202209/16154604166331436 4916.pdf.
[2] 卜仁祥,陶肆,肖金峰. 船舶管理[M]. 大连:大连海事大学出版社,2020.
[3] 卜仁祥,刘贤朋. 船舶管理[M]. 大连:大连海事大学出版社,2013.
[4] 张晓,龚雪根. 船舶管理(驾驶员)[M]. 北京:人民交通出版社,2012.
[5] 卜仁祥. 船舶管理[M]. 大连:大连海事大学出版社,2012.
[6] 戴耀存. 船舶管理[M]. 大连:大连海事大学出版社,2014.
[7] 龚雪根. 船舶管理(驾驶专业)[M]. 北京:人民交通出版社,2005.
[8] 陈伟炯,高德毅,张亚赞. 船舶管理(驾驶)[M]. 北京:人民交通出版社,2000.
[9] 尤庆华. 船舶管理[M]. 北京:人民交通出版社,2002.
[10] 国际海事组织. 国际海上人命安全公约:综合文本 2014[M]. 北京:人民交通出版社,2014.
[11] 国际海事组织. 经一九七八年议定书修订的一九七三年国际防止船舶造成污染公约:2021 综合文本[M]. 北京:中国航海图书出版社,2021.
[12] 国际海事组织. 1978 年海员培训、发证和值班标准公约[M]. 北京:中国航海图书出版社,2020.
[13] 国际海事组织. 2006 年海事劳工公约[M]. 大连:大连海事大学出版社,2013.
[14] 国际海事组织. 2004 年国际船舶压载水和沉积物控制与管理公约及其导则[M]. 北京:中国农业出版社,2019.
[15] 吴宛青. 船舶防污染技术[M]. 大连:大连海事大学出版社,2020.
[16] 中华人民共和国劳动合同法起草小组. 中华人民共和国劳动合同法释义[M]. 北京:市场出版社,2007.
[17] 刘功臣,赵晓光,何建中. 中华人民共和国船员条例释义[M]. 北京:人民交通出版社,2007.

2. 无法节流

时间不像人力、财力、物力和技术那样被积蓄储藏。不论愿不愿意，我们都必须消费时间，所以我们无法节流。在有效利用资源过程中，不会因为情况的紧急和特殊而中断，一旦存在时间，应在固定时间内有效利用资源。所谓节约时间就是对时间的合理、充分的利用，就是对资源的珍惜。

3. 不可取代

任何一项资源的利用都有赖于时间的推动，这就是说，时间是任何操作所不可缺少的基本资源。因此，时间是不可取代的（时间是不可复制的奢侈）。

4. 不可再生

时间一旦丧失，则会永远丧失。消耗了其他资源，时间允许尚可再生，但倘若错过了恰当的时间，任何资源都无法失而复得。

六、优先化

安全工作中“人”所处的特定系统界面的原理（SHEL 模型）确定了事故中人为因素的基本要素（软件、硬件、环境、生命件）及各要素之间的相互关系，并且给出界面形象图形。通过分析可以发现，事故是由组织因素、不安全监督、不安全行为的前提、不安全行为的系列过程而产生的，很难决定某单纯因素为事故主因。通过 SHEL 模型也可以得出，在人、机和环境众多因素中，决定优先排序是一个很难的工作。需要通过管理技能的提升，以提高资源排序的决策能力。

七、工作量、休息和疲劳

疲劳又称疲乏，是主观上一种疲乏无力的不适感觉，是一种人的保护性生理反应。疲劳是由于工作时间过长劳动强度过大，心理压力过重以及得不到足够的休息和睡眠而导致精疲力竭，学习或工作效率下降的一种现象。

1. 疲劳的分类

疲劳包括生理疲劳、心理疲劳。

（1）生理疲劳

生理疲劳即肌肉疲劳。人在连续从事体力活动一定时间后就会产生生理疲劳，这时在人体内发生了生理活动变化，分解代谢和合成代谢难以维持，肌肉收缩变弱，中枢神经系统产生抑制作用，全身感到精疲力竭，渴望休息或睡眠。

（2）心理疲劳

心理疲劳即精神疲劳，引起心理疲劳的主要原因有：工作单调，缺乏兴趣，困难较多，技能不熟练；劳动条件较差；心里不舒服；人际关系紧张、精神负担重；不愉快；工作压力过大等。

2. 疲劳的症状

疲劳的症状包括：身体和头脑反应迟钝，缺少必要的警觉，易于忘事，不能很好地做出判断，难于决策；变得脾气暴躁、喜怒无常；注意力分散，意志减弱，缺少积极性，对身边的事无动于衷；处理信息缓慢，动作缺乏准确性甚至出现失误。

3. 疲劳导致的后果

疲劳导致的不良后果包括：注意力不能集中，不能组织有效的活动；记忆力下降，遗忘掉某一项任务或任务的某一个部分，忽略连贯性工作程序中的一些步骤；决策能力降低，错误的判断或为了节省精力常会选择一些具有高风险的工作策略；对非正常或紧急情况的反应迟钝，需要更长的时间对变化进行感知和反应；活动失去控制，不能保持清醒和自制，语言发生障碍；态度和行为改变，沉默寡语、沮丧、易发怒。

4. 减少船员疲劳的措施

减少船员疲劳的最有效的方法是保证船员获得高质量、足够的和有效的睡眠。

睡眠是解决疲劳的最有效的策略。一个有效的睡眠必须同时具有以下 3 个条件：适当的持续时间；高质量的睡眠；较好的连续性睡眠不被打断。

除了睡眠以外，对于维持人体机能来说，休息或小睡是必须的。研究表明，短暂的小睡作为短时间的缓解措施可以帮助在较长时间的清醒中保持身体机能。小睡最有效的时间是 20 min。但是小睡也有某些缺点，一个潜在的危险是小睡如果长于 30 min，将会导致睡眠惯性，而情境意识将会受到影响，醒来之后的 20 min 内将会头昏眼花和迷失方向。小睡也可能会干扰之后的睡眠，在应该睡眠时可能感觉不困。

根据人体生理节奏，夜间工作可能会使人更加疲劳，此外，人在白天睡觉不踏实，容易受到嘈杂声、温度等因素的影响。显然，在管理过程中必须对这个因素予以考虑，从而缓解在特殊情况下需要夜间作业而给船员带来的疲劳。

八、船长管理方式

船长管理方式直接影响船舶风格，也影响船舶气氛，船长不论采取什么管理风格，总是拥有最终权力。作为领导，应根据团队的经验和整体环境，随时调整自己的管理风格。了解船长的管理风格，对其他驾驶员和引航也很重要，可以通过理解和支持，使船长做得更好。管理方式分类如下：

1. 老虎型-成绩型管理

这类管理方式的特点和后果包括：古板、不苟言笑，对人严厉、爱发脾气、一意孤行；这些人只关心成绩，很少关心下属，属于独裁型领导，只在乎自己，不在乎他人感受，通常是有能力的领导，随时可以下决定，对自己的行为勇于承担；独裁管理，单向发令，不讨论，不喜欢质询，善于处理危机，任何事都喜欢自己做，不善于利用资源和分派任务，喜欢唱独角戏。对下属的影响是：沉默谨小慎微、缺乏沟通和质询、被动工作、士气低落。

面对老虎型的管理方式，应坚持自信和质询，幽默可能有所帮助。运用一些委婉的方式建议船长向关心下属的方面转变，表现出你可以分担一部分工作，示意船长不会因分派任务而失去权威。

2. 企鹅型-俱乐部型管理

这类管理方式的特点和后果包括：老好人，管理无力度，工作标准不高、要求不严，成绩一般；成绩并不重要，而人的感受很重要，相处容易，但成绩不足；能为驾驶台营造一个友好气氛，适合倾诉但谈话与工作相关的不多；双向沟通，但多为琐事，喜欢聊天，不喜欢谈工作，由于不想被破坏友好的工作关系，很少质询和回应，船长容易原谅下属的错误，避免发生冲突，小结时，只提成绩，很少从失败中吸取教训；认为高标准是为难下属，不利于维护关系，所以接受低标准。对下属的影响：降低了专业水准，由于容易满足，导致下属自满：容忍错误，失去了培训机会；由于缺乏质询，领导得不到应有的敬畏。

此类船长重视关系培养，所以容易接受建议，面对企鹅型的管理方式，应多进行工作方面的沟通，表现出你不会因受到质询、提出高标准，或提出要求而不愉快。